中等职业教育国家规划教材
全国中等职业教育教材审定委员会审定
全国建设行业中等职业教育推荐教材

城市道路工程施工与管理

(市政工程施工专业)

主　　编　杨玉衡
责任主审　刘伟庆
审　　稿　艾　军　张雪华

中国建筑工业出版社

图书在版编目（CIP）数据

城市道路工程施工与管理/杨玉衡主编．—北京：中国建筑工业出版社，2003

中等职业教育国家规划教材，市政工程施工专业
ISBN 978-7-112-05292-9

Ⅰ．城… Ⅱ．杨… Ⅲ．①城市道路-施工技术-专业学校-教材②城市道路-施工管理-专业学校-教材 Ⅳ．U415

中国版本图书馆 CIP 数据核字（2003）第 001058 号

中 等 职 业 教 育 国 家 规 划 教 材
全国中等职业教育教材审定委员会审定
全国建设行业中等职业教育推荐教材

城市道路工程施工与管理

（市政工程施工专业）

主　　编　杨玉衡
责任主审　刘伟庆
审　　稿　艾　军　张雪华

*

中国建筑工业出版社出版、发行（北京西郊百万庄）
各地新华书店、建筑书店经销
廊坊市海涛印刷有限公司印刷

*

开本：787×1092 毫米　1/16　印张：19½　字数：470千字
2003年5月第一版　2015年8月第十四次印刷
定价：**27.00**元
ISBN 978-7-112-05292-9
（14964）

版权所有　翻印必究
如有印装质量问题，可寄本社退换
（邮政编码　100037）

中等职业教育国家规划教材出版说明

　　为了贯彻《中共中央国务院关于深化教育改革全面推进素质教育的决定》精神，落实《面向21世纪教育振兴行动计划》中提出的职业教育课程改革和教材建设规划，根据教育部关于《中等职业教育国家规划教材申报、立项及管理意见》（教职成〔2001〕1号）的精神，我们组织力量对实现中等职业教育培养目标和保证基本教学规格起保障作用的德育课程、文化基础课程、专业技术基础课程和80个重点建设专业主干课程的教材进行了规划和编写，从2001年秋季开学起，国家规划教材将陆续提供给各类中等职业学校选用。

　　国家规划教材是根据教育部最新颁布的德育课程、文化基础课程、专业技术基础课程和80个重点建设专业主干课程的教学大纲（课程教学基本要求）编写，并经全国中等职业教育教材审定委员会审定。新教材全面贯彻素质教育思想，从社会发展对高素质劳动者和中初级专门人才需要的实际出发，注重对学生的创新精神和实践能力的培养。新教材在理论体系、组织结构和阐述方法等方面均作了一些新的尝试。新教材实行一纲多本，努力为教材选用提供比较和选择，满足不同学制、不同专业和不同办学条件的教学需要。

　　希望各地、各部门积极推广和选用国家规划教材，并在使用过程中，注意总结经验，及时提出修改意见和建议，使之不断完善和提高。

教育部职业教育与成人教育司
2002年10月

前 言

本教材是根据"建设部中等专业学校市政工程施工与给排水专业指导委员会"审定通过的"城市道路工程施工与管理"教材大纲而编写的。在编写过程中，始终围绕培养学生具有道路、排水工程施工工艺操作能力；具有选用工程施工机电设备的初步能力；具有道路、排水工程施工组织管理初步能力；具有收集整理工程资料的能力；具有工程质量、进度、安全等的检控能力为目标而组织编审。

本书以城市道路工程施工为核心，以施工组织管理为重点，全面阐述了城市道路施工及组织管理的全部过程。主要内容有：城市道路工程施工的前期准备工作、施工作业方式、网络计划、流水作业网络计划、施工组织设计；城市道路路基、排水、路面及附属构筑物施工的基本程序和施工过程中的具体操作工艺；城市道路工程施工质量、进度、安全及环保的管理。针对市政建设的发展要求，本书增加了城市道路路面新结构、新工艺以及管道施工非开挖技术的内容。此外，对城市道路工程施工中密切相关的工程招标投标、监理工作及施工过程中承包商与有关各方关系的处理也作了介绍。

全书共6章，编写分工为：第1章 概论、第2章 施工组织、第6章 道路附属构筑物施工，由广州市市政建设学校杨玉衡编写；第3章 路基施工、第4章 管道施工，由成都市建设学校赵拥平编写；第5章 路面施工，由成都市建设学校梅小明编写；第7章 施工管理，由石家庄城建职工中专学校张改云编写；全书由上海市城市建设工程学校黄志明主审。为方便教学，每章均附习题。

本书为市政工程施工专业三年制教学用书，也可供公路工程、市政工程专业施工人员学习参考。

书中打 * 的章节，各校可根据实际情况选学。

目 录

第1章 概论 ... 1
第1节 基本建设程序 ... 1
第2节 建设项目 ... 3
第3节 工程施工组织与管理 ... 4
第4节 施工过程中多方关系的处理 ... 9
习题 ... 12

第2章 施工组织 ... 13
第1节 施工准备 ... 13
第2节 施工组织设计 ... 22
第3节 施工作业方式 ... 31
第4节 网络计划 ... 35
第5节 流水作业网络计划 ... 48
第6节 分部工程作业计划 ... 52
习题 ... 60

第3章 路基施工 ... 61
第1节 概述 ... 61
第2节 路基土石方施工 ... 62
*第3节 特殊土路基施工 ... 80
第4节 路基施工质量、安全、文明要求 ... 90
习题 ... 99

第4章 管道施工 ... 100
第1节 概述 ... 100
第2节 开槽埋管法施工程序和工艺 ... 104
第3节 室外管道的不开槽法施工 ... 125
第4节 管道施工质量、安全、文明要求 ... 145
习题 ... 151

第5章 路面施工 ... 152
第1节 概述 ... 152
第2节 道路基层（垫层）施工 ... 154
第3节 沥青路面施工 ... 174
第4节 水泥混凝土路面施工 ... 201
习题 ... 223

第6章 道路附属构筑物施工 ... 225

  第 1 节 侧平石施工 ··· 225
  第 2 节 人行道施工 ··· 229
  第 3 节 雨水井施工 ··· 233
  第 4 节 挡土墙施工 ··· 236
  习题 ··· 243
第 7 章 施工管理 ··· 244
  第 1 节 概述 ··· 244
  第 2 节 施工管理制度 ··· 246
  第 3 节 施工质量管理 ··· 249
  第 4 节 施工安全与检查 ·· 270
  第 5 节 施工进度与成本控制 ··· 277
  第 6 节 文明施工与环境保护 ··· 292
  第 7 节 工伤事故处理 ··· 299
  习题 ··· 302

第1章 概 论

市政工程是指在市政府统筹规划管理之下,为满足城市经济建设需要而修建的基础设施和城市居民生活所必须的公共设施,包括城市道路、桥梁、给排水、煤气管道、电力通讯、轨道交通、公园绿地等,即所谓"大市政"的概念。由于全国各城市市政工程行政归口管理的不同,直接由市政府投资建设的工程项目在管理上有较大区别,但就城市的公共基础设施:道路、桥梁、排水工程项目管理运作基本相同,即所谓"小市政"的概念。"城市道路工程施工与管理"是市政工程施工专业一门重要的专业骨干课,本课程是继学习《市政工程建筑材料》、《市政工程识图》、《市政工程施工测量》之后,在了解城市道路结构构造的基础上,进一步介绍城市道路(排水工程)工程建设的前期准备工作、道路路基(排水工程)路面施工、道路附属工程施工以及施工中的质量控制、施工过程中的组织管理工作等。学习本门专业课不但要了解城市道路工程施工的整个过程,同时要掌握施工程序及工艺操作,还要了解参与施工的业主、施工单位、设计单位、监理单位等有关部门对工程施工的要求及相互配合和制约关系,学习中可参照《道路工程施工案例》相关章节的内容。

市政工程施工和其他土建工程施工一样,属于国家基本建设工程的范畴,凡是基本建设工程,必须遵守国家制定的"基本建设程序"。

第1节 基本建设程序

基本建设程序是基本建设工作程序的简称,是指基本建设项目从决策、设计、施工到竣工验收全过程中,各项工作必须遵循的先后次序。

基本建设受其自然条件的制约,它本身具有必须遵循的客观规律,基本建设程序则是这一规律的客观反映,也是国家对基本建设工程进行调控的程序体现。

1.1.1 一般大中型项目的基本建设程序(见图1.1)

1.1.2 基本建设程序的主要内容

1. 提出项目建议书,进行可行性研究

项目建议书,是有关地区、部门或企业根据国民经济和社会发展的长远规划、地区规划及行业规划的要求,结合各项自然资源、生产力布局状况、社会与环境需要等,经过调查研究、分析、提出具体项目建设的必要性和可行性条件,据以向国家推荐建议书,它是国家主管部门经综合平衡后,选择建设项目和有计划地进行可行性研究的依据。

可行性研究,是对拟建项目在技术上、经济上、环境上是否可行的一种科学分析与论证,是对拟建项目能否成立而进行决策和作为审批计划任务书的依据和基础,是建设前期的重要工作内容。

2. 编制计划任务书,选择建设地点

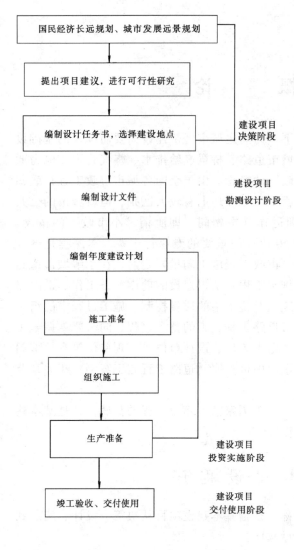

图 1.1 基本建设程序

计划任务书亦称设计任务书，是确定建设方案的基本文件。按现行规定，基本建设工程在进行了可行性研究、技术、经济论证之后，如果可行，即可按照项目的隶属关系，由主管部门组织有关单位编制计划任务书。它是项目最终决策并据以进行初步设计的主要依据。

建设地点的选择应根据地区规划、生产力布局和要求，同时综合考虑工程的水文地质等自然条件、可否节约投资等经济问题，特别要着重考虑建设项目交付使用后的资源需要和社会效益等。

3．编制设计文件

计划任务书选点报告经批准后，主管部门即可委托设计单位，或进行公开招投标选择设计单位，按计划任务书规定的内容编制设计文件。设计文件（包括经济文件）是从技术、经济上对建设项目作通盘规划和组织施工或进行施工招标与投标的依据。我国现行规定，重大项目或特殊项目分三阶段进行，即初步设计、技术设计和施工图设计，同时编制与此相应的总概算、修正概算和施工图预算。一般建设项目，则采用两阶段设计，即初步设计和施工图设计，同时编制与此相应的总概算和施工图预算。

在上述内容中，施工图设计是为满足具体施工需要而设计、绘制的施工详图。对于城市道路工程，主要包括：平面图、纵断面图、横断面图、路面结构图、排水工程结构图、附属结构图等。

4．编制年度建设计划

建设项目的初步设计和总概算，经过综合平衡、审查批准后，才能列入基本建设年度计划。它是进行基本建设拨款或贷款的主要依据。

基本建设工程生产周期长，建设项目或单项工程往往要跨越计划年度。因此，应根据设计、概算与工期，合理安排各建设年度的建设内容和投资，使当年分配的投资、材料、设备与施工和施工进度相适应，并同时安排配套项目，做好相互衔接。

5．施工准备

当建设项目列入年度计划之后，即可组织工程招投标，施工单位中标后，签订工程合同，着手进行施工准备。施工准备的内容很广泛，包括征地、拆迁、编制施工组织设计，搞好"三通一平"、搭建临时设施等等。

6．组织施工

在完成上述准备工作后，建设单位和施工单位即须提出申请开工报告，经主管部门审查批准后，方可开工。其后，则是在组织施工中的大量工作。

7．生产准备

对大中型项目，还要根据其生产技术的特点，提前抓好生产准备工作，以保证工程建成后能及时投产。

8．竣工验收、交付使用

所有建设项目，按批准的设计文件所规定的内容建完，均应及时组织自验。一般是先由施工单位组织自验；再由建设单位组织设计、施工等单位进行初验，并向主管部门提出初验报告；最后进行正式验收，办理移交手续。建设单位还要认真清理所有财产和物资，编报竣工决算，考核投资效果。

第2节 建 设 项 目

就项目而言，是指某种一次性的任务。按照项目的最终成果来分，有科研项目、基本建设项目、航天项目及大型维修项目等。项目具有一个明确的目标，包括数量、功能和质量标准，要求项目执行者按照限定的时间和财务预算完成项目所规定的目标。

1.2.1 项目应具备如下三条特征

1．项目的一次性：如道路工程竣工验收后，标志该项目结束，不会再出现与此项目完全相同的另一项任务。

2．项目目标的明确性：如道路工程有明确的设计标准，施工工期、造价质量等方面的要求。

3．项目的整体性：如制定道路工程进行施工方案时必须从总体出发，结合考虑工期、质量、安全及效益，进行总体优化，确定合理方案。

1.2.2 建设项目的划分

基本建设工程，一般都是由许多具有不同功能的部分所组成，共同形成独立的生产能力和效益，是一种庞大而复杂的综合体，而且，每一项建设工程由于其建设地点和具体条件的不同，其价值构成均有差异。这就给如何确定其工程造价和加强施工组织与管理带来了一些特殊问题。因此，必须对基本建设工程整体进行科学地分解，以便于其价格的计算和从组织施工等角度加强管理。

建设项目的划分，就是将基本建设工程项目（简称建设项目），科学地划分为若干个体，以达到上述之目的。

1．建设项目

建设项目也称基本建设项目，是指经批准在一个设计任务书范围内按同一总体设计进行建设的全部工程。建设项目由一个或几个单项工程组成，经济上实行统一核算，行政上实行统一管理，一般以一个企业（或联合企业）、事业单位或独立工程作为一个建设项目。道路工程基本建设以单独设计的道路路线、独立桥梁作为建设项目。

2．单项工程

单项工程也称工程项目，是指建设项目中具有独立的设计文件，建成后可独立发挥生产能力或使用效益的工程。如工业建筑中的生产车间、办公楼、仓库，民用建筑中的教学楼、图书馆、实验室，道路工程独立合同段的路线、大桥、隧道等属于单项工程。

3．单位工程

单位工程是单项工程的组成部分，是指在单项工程中具有单独设计文件和独立施工条件，而又单独作为一个施工对象的工程。如生产车间的厂房修建、设备安装，道路工程中某一合同段内的线路、桥涵等属单位工程。由此可见，单位工程一般不能独立发挥生产能力和使用效益。

4．分部工程

分部工程是按工程结构、材料或施工方法不同所作的分类，它是单位工程的组成部分。如房屋的基础、地面、墙体、门窗、道路的路基、路面、桥梁的上、下部构造等分部工程。

5．分项工程

分项工程是指通过较为简单的施工过程就能生产出来，并且可以用适当计量单位计算的"假定"的建筑或安装产品，如 $10m^3$ 块石基础、$100m^2$ 水泥混凝土路面、一台某型号龙门吊的安装等。一般说来，分项工程只是建筑或安装工程的一种基本构成要素，是为了确定建筑或安装工程费用而划分出来的一种假定产品，以便作为分部工程的组成部分。因此，分项工程的独立存在是没有意义的，它不像工程项目那样是完整的产品。

第3节　工程施工组织与管理

市政工程建设项目实施大致可划分为三个阶段即：准备工作阶段—组织施工阶段—竣工验收、交付使用阶段。

1.3.1　准备工作

市政工程的建设是一个系统工程，需要政府部门、建设单位、监理单位、施工企业等多方面的共同工作，为同一个目标——建设项目的顺利完成而协同作战。在这一过程中，各方既是围绕各自的工作重心相互协作关系，又是为了使项目多快好省的建成而互相约束监督的关系。

准备工作阶段，首先由建设单位（业主）进行工程招标，通过竞争确定施工单位、监理单位；施工单位为获得工程施工权而积极进行工程投标，这是建设项目的实施准备。施工单位在中标后仍需为工程顺利开工进行大量的准备工作，这属于施工准备，施工准备的内容详见第2章第1节施工准备。下面就实施准备阶段的招投标工作做一简要介绍。

一、承发包方式

根据建设单位（业主）和施工企业（承包商）承发包关系的途径不同，市政工程施工承发包方式可分为招标方式和协商承包（议标）方式两类。

1．招标方式

这是一种通过竞争由招标单位从投标单位中择优选择承包单位的方式，这种方式又可分为公开招标和不公开招标两种。

（1）公开招标

公开招标也称为无限竞争招标，由业主在国内外主要报纸、有关刊物上，或在电视、广播上发布招标广告。凡对此有兴趣的承包商都可购买资格预审文件，预审合格者可购买招标文件进行投标。这种招标方式可为所有的承包商提供一个平等竞争的机会，业主有较大的选择余地，有利于降低工程造价，提高工程质量和缩短工期，但由于参与竞争的承包商可能很多，增加了资格预审和评标的工作量，也有可能出现故意压低投标报价的投机承包商，以低价挤掉对报价严肃认真而报价较高的承包商。因此，采用这种招标方式时，业主要加强对投标商的资格预审，认真评标。

（2）不公开招标

又称为邀请招标或有限竞争招标。这种招标方式不发布广告，业主根据自己的经验和对各信息资料的了解，对那些被认为有能力承担该工程的承包商发出邀请，一般邀请5～10家（但不少于3家）前来投标。这种招标方式一般可以保证参加投标的承包商有此项工程施工经验，信誉可靠，有能力完成该工程项目，但由于经验和信息资料有一定的局限性，有可能漏掉一些在技术上，报价上有竞争力的后起之秀。

2．协商承包（议标）方式

这种方式是业主邀请一家，最多不超过两家承包商来直接协商谈判，由此确定承发包关系，使用于以下情形：

（1）工程特殊，需特殊的施工方法，而某一公司拥有该项专门技术；
（2）大、中修和改造工程项目，业主拿不出详细施工资料，只好由双方协商议标；
（3）工程的主要部分已经发包，留下零星部分议标发包；
（4）工程工期紧，如抢修工程，采用公开招标已来不及，只好采用议标发包；
（5）在公开招标、不公开招标时均无人投标，只好转而采用议标形式。

二、招标程序

在工程招标前，建设单位（业主）或委托设计咨询单位编制招标文件，向投标单位介绍招标工程的情况、招标要求、合同条款等内容以及招标的程序和规则。编制招标文件是招标工作中的一项很重要的内容，其实质性的部分往往是字斟句酌，反复推敲，以免发生不必要的纠纷。对于市政建设项目，可参照编好的招标文件范本和表格，招标单位只需按规定填写，附上图纸，即可成为完整的招标文件。

招标工作的一般程序是：

1．刊登招标公告或发出招标邀请书；
2．发出资格预审文件；
3．进行资格预审，如属邀请招标，2、3两项可不必进行；
4．分发或发售招标文件；
5．组织投标单位介绍情况，解答及勘察现场；
6．招标文件的修改（补充通知）及回答投标者的提问；
7．接受投标者的投标文件；
8．开标；
9．评标；
10．授标与签约。

三、工程投标

1. 投标及其必备条件

投标,就是施工企业争取获得承包工程任务的竞争活动,是企业在竞争中承接任务的一种手段。

投标企业在认真研究招标文件的基础上,根据招标单位的要求条件,权衡价格、工期、质量、物资等关键因素,在规定的期限内向招标单位递交投标文件,提出报价,以争取击败对手而中标,这就是投标的简单过程。

投标,不应只看作是工程造价的竞争,实际上,这就是企业比实力、比信誉、比管理水平、比应变能力的竞争。企业通过投标竞争,还可以促进自身管理水平的提高,使企业在不断改革中提高信誉,达到降低工程造价、确保工程质量、缩短建设工期、提高投资效益的目的。

根据我国招标承包制的有关规定,道路施工企业必须具备以下条件,才能参加投标。

(1) 必须持有营业执照,具备法人资格。

(2) 必须按技术等级规定的范围营业,不得越级承担任务。总包单位对所承包工程的主要部分必须自行完成,不得转包。

(3) 跨地区承包任务时,必须有省(市)局级见证或担保,或所在地区地市级以上行政主管机关的批准书,并在本地注册取得临时施工执照。

2. 投标机构的设置

为了适应市场的竞争,施工企业必须建立一个精干且具备决策能力的经营班子负责投标工作,一般称为经营办公室,班子的大小视企业的规模而定。有时,对某项大型的或有影响的招标工程,甚至要单独组建投标班子,从事专门工作。

投标机构的决策班子,除少数企业领导成员外,其余具体工作人员则由富有经验的专业人员配套组成,应该包括道路、桥梁、隧道等方面的工程技术人员,预算、财务方面的专业人员,熟悉经营和物资供应业务的人员等。他们应有较高的技术业务素质及宽广的知识面,应该既懂业务又懂经营管理,既能踏踏实实地工作又有外交上的应变能力,能言善辩,头脑清醒。

投标机构的职责是承担企业投标的全部工作。即从收集各种信息情报资料开始,进行定性、定量的综合分析,做出参加哪一项工程投标的决策,然后申请投标,参加有关会议和现场勘察,编制投标文件,提出报价。一旦中标,还要负责合同的起草与谈判工作。与此同时,积累有关报价的各种原始数据、经验和对手情报,分类归档,并逐步制定出密级较强的本企业先进合理的各类定额,如人工、机械、材料消耗定额等,也是投标机构份内的工作。

3. 投标工作的一般程序

投标工作一般程序,可用框图表示,见图1.2。

1.3.2 组织施工

施工单位在施工准备工作就绪后,即可提出开工申请报告,办理好开工许可证后方可正式施工。在整个施工过程中,应以审批通过的"施工组织设计"为依据,合理组织施工。各级技术管理人员要明确工程施工内容(工程对象的结构、质量标准、进度要求等),做到心中有数。实际施工中可能会发生各方面的不利因素,施工人员应根据具体情况适时作出相应调整,即要加强监控与管理。工程竣工后需提交竣工总结文件,其中包括施工的

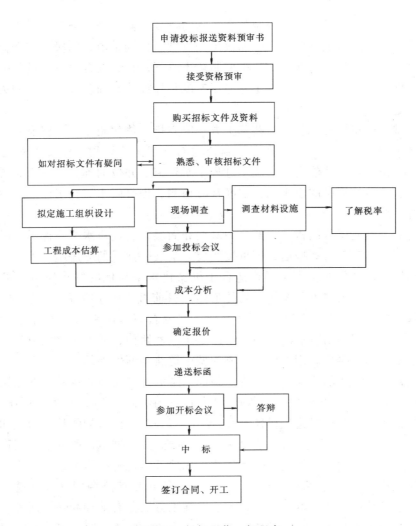

图 1.2 投标工作一般程序

大量原始资料、表格，是工程竣工验收的必备资料，应在施工过程中及时收集整理。

1．明确施工内容

城市道路工程的施工内容一般根据施工图确定，通常包括路基填（挖）的土石方工程，地下排水管道工程，地形起伏较大时还有挡土墙结构工程，路基路面工程，道路附属的人行道、侧平石的铺砌工程。详见图 1.3 城市道路结构示意图。

城市道路路基土（石）方工程，当地形平坦时，只需铲高垫低，碾压密实，施工较简

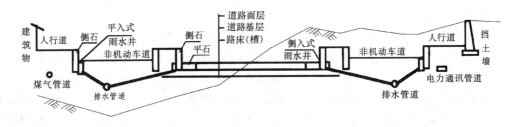

图 1.3 城市道路横断面结构示意

7

单；当填挖工程量较大时，往往控制整个工程的进度，需要分段施工，采用平行作业，合理配置机械设备，组织机械化施工，加快工程进度。特别是填方路段，应选择良好的工程用土，采用分层填筑，分层碾压，严格控制填土厚度，在最佳含水量下进行碾压密实，确保土体压实度符合设计要求。路基土方的压实度是保证路基强度和稳定性的关键，施工中应予以足够重视。

新建的城市道路，排水管道与路基土方一般安排一体化施工，这就需要综合考虑施工方法，施工顺序，现场条件等因素，编制合理的施工作业计划，注意工序之间的衔接配合，使施工有条不紊，井然有序。施工过程中对管道、井位的标高、平面位置应加强测量复核，对管道、井位周围的填土的压实度及时检测，做好闭水试验工作。上述具体内容详见第3章有关章节。

道路路面工程是层状结构，一般分为基层和面层，当地质水文条件不良时，可在基层之下增设垫层。路床整修完毕后，即可按垫层—基层—面层的顺序组织施工。施工方法可分为人工操作和机械作业，人工操作适合于机械化水平较低的中小城镇及级别较低的道路，机械作业适用于大城市及等级较高的道路。目前城市中主要采用三种路面结构形式，即：粒料基层和沥青混合料铺筑的柔性路面，水泥石屑基层和水泥混凝土摊铺的刚性路面，水泥混凝土基层和沥青混凝土面层组成的半刚性路面，沥青类路面以其低噪声、成型期短、便于维护和可再生利用的优点，成为城市道路路面发展的方向。

城市道路使用品质的优劣主要取决于路面面层的施工质量。高品质的道路是由合格的材料，先进的施工方法，科学的组织管理，认真负责的工艺操作，严格的工序质量检测，共同塑造的。施工中应认真执行施工操作规程，遵守工艺施工流程，加强技术管理和现场组织指挥，强化质量意识，树立"百年大计、质量第一"的观念，搞好城市道路的建设工作。

道路工程的施工一般遵循先主体后附属、先地下后地上的原则，道路主体工程是指路基（包括地下排水工程）、路面结构。附属工程一般包括道路两侧的人行道、侧平石、雨水口、挡土墙等结构。供人群行走的人行道按施工方法分有铺砌和铺筑两种，采用铺砌施工时，通常为预制混凝土方砖、陶砖铺砌而成，采用铺筑施工时，可由水泥混凝土或沥青类摊铺而成。侧石是车行道与人行道或车行道与绿化带之间分界结构，有砌筑和现浇两种施工方法，使用最普遍的是水泥混凝土预制块砌筑而成，平石也有现浇混凝土和预制块铺筑两种，沥青类路面为使施工摊铺碾压方便均设平石，水泥混凝土路面一般可不设平石。当道路纵坡小于0.5%时，平石可用来形成锯齿型边沟，将雨水汇入雨水井。

城市道路中常用的挡土墙按设置位置分为路堤挡土墙和路堑挡土墙，按使用材料分为砌体挡土墙和钢筋混凝土挡土墙。路堤挡土墙可先于路基进行，路堑挡土墙须在路基开挖后进行。临街挡土墙为了美化环境还可进行墙面装饰。挡土墙的施工详见第5章第4节。

2．加强监控与管理

在施工过程中，监控与管理是工程技术管理人员的主要职责。要进行有效的监控与管理，必须健全项目组织管理机构，完善各项规章制度。监控与管理的主要方面是施工质量、施工进度、施工成本、施工安全。施工质量包括原材料，半成品的质量检测，施工工艺过程的质量控制，工序的交接检查，隐蔽工程的检查验收，工程变更的处理，工程质量事故的处理。施工进度监控与管理包括施工进度的分解与落实，工程进度的定期检查，工程进度的动态管理，组织现场协调会议。施工成本的监控与管理包括材料进料与领料的制度管理，材料使用中的节约措施，工程收尾阶段的清场清料工作，杜绝返工重做，提高施工机械设备的效率，合理组织劳动力作业。施工安全监控与管理包括安全生产责任制的建立，开展安全生产教育，制订安全技术措施计划，定期或不定期进行安全生产大检查，做好安全事故处理工作。

3. 及时收集整理工程施工资料

工程竣工验收时，施工单位必须按照《市政工程施工技术资料管理的规定》及各省市有关规定提交完备的各项技术资料，这些资料一方面是作为市政工程今后的合理使用、维护、改建、扩建的参考文件，该部分资料在工程交工时，随同其他交工资料，提交建设单位保存。另一方面作为施工企业系统地积累施工技术经济资料，由施工单位保存使用。市政工程施工资料主要有施工管理记录，如施工预检记录等；原材料半成品检验记录，如钢材、水泥、砂、石、沥青、侧平石等出厂合格证及试验报告；各种施工记录，如给水管道水压试验记录，热力管线水压试验记录等。

工程施工资料的收集和整理，施工单位必须从工程准备阶段开始，就建立工程技术档案，安排资料员负责工程资料的汇集、整理工作。这项工作贯穿于整个施工过程，直到竣工验收后结束。所有资料都要求真实可靠，如实反映工程施工的实际状况，不得擅自修改、伪造和事后补做。特别是原始资料是作为工程竣工验收的保证性资料，必须手续完备，如有关人员的签字、审定等，这部分内容可参阅《道路工程施工案例》。

1.3.3 竣工验收、交付使用

工程竣工验收阶段对承包商而言，表明工程进入收尾阶段，并非所有工作的终结，还必须善始善终，不可忽视。施工经验证明，此阶段的工作若不抓紧，往往形成现场收尾久拖不绝，造成竣工图及竣工文件、结算、决算、债权、债务不能及时完成。因此，必须做好五快一总结。

1. 快收：组织力量迅速收尾，消灭尾巴工程，不留缺陷、不漏项。
2. 快清：对整个工程和施工现场进行全面检查，彻底清理。使全部交验项目都达到设计标准，做到工完料清，场地净。
3. 快竣：按照竣工要求，及时组织竣工测量，绘制竣工图表，整理核对各种记录、资料，写出竣工文字说明，经审阅后按期上报。
4. 快验：在完成上述工作后，项目部应尽快组织有关技术管理人员进行自检，对自检发现的问题尽快解决，然后提出申请，上级有关部门进行复验，达到验收的条件后，由业主组织有关单位进行检查验收，验收合格后，施工单位向业主办理正式移交手续。
5. 快结：就是要及时将有关结算的洽商凭证和竣工验收记录等交到财务部门，核准数据与业主进行结算。
6. 做好工程总结：施工单位与业主办理结算签认手续，至此施工合同解除。施工单位内部应认真进行工程成本核算，进行经济分析，做好工程总结。

第4节 施工过程中多方关系的处理

市政工程施工过程中会涉及到多方面人为影响和制约，正确处理各方关系，对保证整个工程的顺利进行至关重要。归纳起来应处理好三方面的关系，即处理好与有关部门

（单位）、居民的关系，处理好与业主的关系，处理好与监理的关系。

1.4.1 与有关部门（单位）、居民的关系

城市道路的建设无疑是造福于城市居民的好事，但在施工中也不可避免会对人们的生活带来不便，这就需要施工单位在施工作业中尽量趋利避害，做好以下4点工作，处理好施工中所涉及到的各有关部门的关系。

1. 自觉履行报批程序。在城市道路的新扩建或改建中，会遇到临时封路改道、移动公交车站点、占用道路等作为施工现场，为取得合法的支配权，必须事前向城市交通管理部门、市容监察部门、公安部门、公交部门、电信部门等有关部门或单位办理申报批准手续，遇到问题主动协商解决，争取他们的支持与配合。

2. 签订有关协议或合同。在施工中工地的用水、用电、供料或机械设备的租用等，为保证工程施工按计划连续作业，应与电力部门、搅拌站等有关单位签订协议或合同，明确双方权利与义务，确保工程进度质量不受影响。

3. 做好宣传教育工作。道路工程施工，特别是改扩建工程，对沿线居民、商铺的正常生活、营业带来诸多不便，施工单位应做好沿线人民群众的宣传教育工作，对于他们提出的合理要求应重视，能解决的尽快解决，争取他们的理解与支持，不能解决的应依靠行政部门解决处理，以说服教育为主，不与他们发生正面冲突，以保证工程顺利进行。

4. 文明施工，减少扰民。道路施工点多，线长，为减少对正常环境的影响，现场作业必须设立警示标志，工期较长应实行现场围蔽，对有关部门制定的排污、噪声、作业时间的限制及环境保护规定应认真遵守。对施工队伍内部加强管理，增强文明施工意识。

1.4.2 与业主的关系

目前，市政工程的投资主体是国家或地方政府，而建设单位大多数也是国有企业，双方的目标是一致的，都是为了国家的基本建设，因而双方是平等协作、兼顾双方利益、互助互利的关系。由于业主是政府组织，可以帮助、协调改变一些因合同条款和具体工程情况给施工单位带来的不利因素或局面。因此，主动与业主搞好关系，对于保证工程进度，避免损失，增加效益是十分重要的。

一、处理的原则和方法

1. 严格按合同条款行事。这是处理与业主关系的基本要求。施工单位（承包商）应根据合同规定，以高度的责任心组织施工并完成工程及修复工程的任何缺陷。所有参加施工的管理人员必须认真学习掌握合同条款，懂得应该做什么，应尽的责任是什么，信守合同，严格履约，把工程搞好。

2. 保护自身正当利益。遇到施工企业自身正当利益受到损害时，不应一味迁就退让，而应依据法律条款，敢于维护自身利益，该索赔的应及时提出书面要求。

3. 加强联系，增进了解。承包商与业主双方发生矛盾，往往是双方互相缺乏了解，特别是在工程前期，承包商对业主的工作方法、工作要求以及业主对承包商的施工组织能力都缺乏了解，只有在较短期内尽快互相了解，遇事才能通融协商，不至于事事都要诉诸条文，形成扯皮僵持的局面。在施工中，应多接触业主代表，加强联系，征求意见，满足业主要求，处理好执行合同的有关事宜。

二、应注意的问题

1. 明确业主与承包商的关系。业主与承包商之间并非谁领导谁的关系，而是互相间

以合同为准则、互相约束的合同职责分工关系，是一种"发包"与"承包"的关系。业主按照合同文件的规定监督合同履行并按时向承包商支付价款，承包商则按照合同的规定和业主的要求认真实施施工并完成工程及修复工程缺陷，二者之间，既有"发包"与"承包"运行过程中的矛盾，更有目标和利益的一致性。作为承包商，认真履行合同，尽可能地满足业主的合理要求，摆正位置，处理好相互关系。

2．注意发挥监理的作用。业主与监理工程师是"委托"与"被委托"的关系，监理工程师与承包商是"监理"与"被监理"的关系。监理工程师站在公正的立场上，按照合同赋予的职权进行合同管理。因此，承包商处理与业主的关系时，监理工程师有不可替代的作用，尤其是当业主与承包商之间，就合同或工程执行方面，不论是在工程进行期间还是竣工以后，不论是在合同终止、放弃或者撕毁之前或之后，也不论发生任何争论或分歧，应当首先提交监理工程师协助解决。

1.4.3 与监理的关系

一、处理的原则和方法

1．尊重监理工程师。根据 FIDIC 条款，监理工程师受业主的雇用和委托并由业主授权，按照业主与承包商签订的合同，对工程开工、原材料选用、施工机械设备使用、施工队伍选用、施工工艺、施工方案、工程质量、工程进度、工程计量支付等一系列问题独立公正地进行工程监理，拥有无可争辩的权力。作为承包商的一切活动，尤其是工程进度、工程质量和计量支付，均应自觉接受和服从监理工程师的监督和指导，对监理工程师的要求要严肃对待，遵照执行，包括进度安排、各种表格、资料均应按照监理要求认真填写，及时送达。监理工程师来现场指导时，要热情接待，主动汇报存在的问题，提出和协商解决的办法。

2．按合同条款和监理程序办事。监理工程师既要贯彻业主的意图，又要配合承包商完成工程任务，如承包商能够按合同、按计划进度和质量要求施工，可以显示监理工程师的成绩。在这方面，监理工程师与承包商的目的和利益是一致的。如果工程在保修期内或期满后发生质量问题，将给业主造成重大损失，也会损害监理工程师的声誉。因此，监理工程师特别注意工程质量，尤其是开工初期更为严格，以便引起承包商的重视。所以，承包商从工程一开工，就应当树立"质量取胜"的观念，狠抓施工过程中的质量监控，树立良好的形象、取信与监理工程师。遇事先和监理工程师商量，严格按监理程序办事，老老实实的服从监理工程师的监督把关。对执行指示不坚决的，一经发现，严肃批评；故意对抗的应严肃处理。

3．从严要求，加强内部管理。监理制度不仅是工程质量、工程进度的有力保证，对于提高施工企业现代化管理水平也具有不可代替的促进作用。处理好与监理的关系，重要的是搞好自身的质量工作。因此，合同执行过程对承包商而言，既要服从业主和监理工程师监理，又有一个加强内部管理，苦练内功，提高管理水平的问题。承包商应建立和加强自身的质量保证体系，建立各级质量管理责任制，配备专职质检人员加强培训，掌握工程监理的程序和要求，熟悉 FIDIC 条款。施工中工程进度、经济效益无条件的服从工程质量，严格执行质量管理制度，堵塞漏洞，不断提高自身的质量管理水平。

二、应注意的问题

1．正确认识和发挥监理工程师的作用。在我国公有制为主体的社会主义条件下的监理工程师制度，具有不同于资本主义国家的监理工程师制度的特色。作为承包商一方面应积极发挥监理工程师的监督把关作用，不把监理当外人；另一方面，又不能把监理工程师当作自己的质量检查人员来对待。

2．坚持原则性和灵活性的完善统一。讲究工作方法、注意工作效果。处理与监理的关系既要符合有关法规条例，又要适应社交习惯。与监理工程师意见不一致时，应以监理意见为主，机动灵活，防止正面冲突。遇有故意刁难时，也应仔细分析原因，冷静思考，不可闹对立，形成成见，影响正常关系。个别监理工程师的意见也不全都代表业主的意图，承包商应与监理班子的所有成员增进联系，主动报告自己的想法，及时征求意见，摸清意图采取适当方法处理矛盾，搞好关系。

习　　题

1．基本建设工程划分为哪些项目？
2．招投标的方式有哪几种？
3．城市道路的施工内容一般包括哪些工程项目？
4．施工过程中应处理好哪几方面的关系？

第 2 章 施 工 组 织

第 1 节 施 工 准 备

施工企业在工程中标后,即着手进行工程的施工准备。施工准备又分为施工前期准备与施工过程中的准备工作。施工过程中的准备工作是针对具体的施工对象所做的某方面具体的准备工作,如路面施工前需进行测量放线、人员安排、机具配置、技术交底等,这部分内容可详见第3、4、5、6章。本节主要介绍施工前期准备,即针对整个工程项目具备开工条件以及开工后能够顺利进行施工所做的全面性的准备工作,包括:(1)施工的组织准备;(2)合同手续及法律准备;(3)施工技术准备;(4)施工现场准备;(5)外部协作准备;(6)管理基础工作的建立。

施工前期准备工作的主要任务是:(1)取得工程施工的法律依据;(2)掌握施工特点和关键;(3)调查各种施工条件;(4)创建计划技术、物质、组织、场地等方面的必备条件;(5)预测可能发生的变化,提出应变措施。

2.1.1 施工的组织准备

一、组建项目经理部

项目经理部的机构设置要根据项目的任务特点、规模、施工工期等条件决定。需注意三条原则:

1. 组织管理功能完备。
2. 人员、部门配置实行弹性制。
3. 遵循现代组织原则。

一般设置为直线职能制:见图2.1。

各部职能如下:

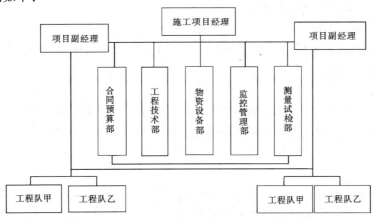

图 2.1 项目部机构设置

(1) 合同预算部：主要负责合同管理、工程结算、索赔、资金收支、成本核算、财务管理和劳动分配等工作。

(2) 工程技术部：主要负责施工组织设计、生产调度、技术管理、文明施工、计算统计等工作。

(3) 物资设备部：主要负责材料的询价、采购、计划供应、运输管理、工具管理、机械设备的租赁配套使用等工作。

(4) 监控管理部：主要负责质量检验、质量监督、处理质量问题、文明安全生产、消防保卫、环境保护等工作。

(5) 测量试验部：主要负责施工测量放样、试验、检验等工作。

二、组建施工队伍

1. 施工力量的选择

按照所承担工程的工程量大小和工期要求，安排出总进度计划网络图，并进一步估算出全部工程用工日数，平均日出工人数，施工高峰期日出工人数，以及技术工种、机械操作工种、普通工种等用工比例，选择能够适应其工程质量、工期进度要求的作业队伍，并与施工劳务作业单位签订《劳务合同》，实行合同制管理。

2. 施工队伍的技术培训

根据工程的具体情况，结合施工队伍施工特点、技术熟练程度和施工能力，抓好施工队伍的技术培训工作。

对于专业技术人员（技术、合同预算、测量、试验、物资、设备、财务等）主要学习FIDIC合同条款；弄懂、弄通并熟练掌握本专业规定的条款、规范；对和本专业相关的条款、规范、也要做到基本了解，以提高管理水平。

对于技术工人，主要是提高施工操作水平。要通过学习技术规范的有关规定，使操作人员，懂得本工种的生产技术原理、技术标准、"应知"、"应会"事项和技术操作、安全操作规程等。要特别注意及早培训缺少或数量不足的技术工种和难以掌握的工种。

2.1.2 合同手续及法律准备

法律准备是施工准备的首要工作。在接到中标通知后，要积极办理各种手续，认真学习合同文件，并尽快熟悉和掌握国际、国内、当地政府的有关法律、法规和规章制度。

一、承包商需要办理的各种手续

1. 签署合同

接到中标通知后 28 天内，业主和承包商签署工程合同，按照招标文件规定格式的合同协议书，就以下问题进行谈判。

(1) 价格问题

根据单位工程量的投标报价和预算工程量计算合同总报价。由于工程量变更而引起的总价超出则由业主负责；而单位工程价格中的成本增加，则由承包商负责。所以，单价的确定十分重要。

(2) 货币问题

如果是在国内施工的项目，业主一般要求投标者采用单一的人民币报价。用美元支付的数额和比例，按中国人民银行兑换汇率计算。外汇主要用于购买进口材料、设备，并按合同的有关规定办理。

（3）支付款方式

主要商讨支付时间、支付方法和支付保证等问题，商定预付款的偿还按月等分扣回，合同另有规定的除外；工程竣工缺陷维修期满结清全部工程价款。在进行合同条款谈判时，要先易后难，不纠缠细小的问题；谈判过程中应当以互相信任、平等互利、符合合同条款为原则，同时结合工程所在地的政策、法规等，从而达成合同的签约条件。

2．履约担保

FIDIC条款第10条规定：按标书附录规定的金额在收到中标通知书28天以内向雇主提供。……提供这种担保的单位应经监理工程师批准。通过担保公司等机构为承包商履行义务而开出的具有一定金额和具体期限的书面函件称作保函。有的将银行开出的担保称担保书。在工程承包中常见的担保有：

（1）履约担保：是承包商根据合同条款向业主提交正常履约的担保。履约担保在标书中有明确规定，一般为合同价的10%。业主要求"履约担保"是不可撤消的，而承包商则要求是不可转让的。履约担保格式，通常放在标书附录中。

（2）动员预付款担保：是业主向承包商支付一笔工程动员预付款，作为工程项目的启动费用。其担保金额与动员预付款的数额相等，一般为合同价的10%～15%。当币种不同时，按合同中规定的比例支付。其格式也放在标书附录中。

（3）保留金担保：是在第一次及每月的支付中向承包商扣除的质量保证金，一般为每次结算总金额的5%。在保修期结束后返还。

（4）临时进口设备关税担保：这是一种担保承包商在竣工后将临时进口设备向海关办理再出口的关税担保。其金额与临时关税相等，期限自进口之日至有关手续结束为止。

3．企业法人登记

根据国家工商行政管理局关于办理企业分支机构登记注册手续的有关规定，承包商应到当地工商局申请办理注册手续，并办理企业法人授权书证明。经当地工商局核准登记注册，领取"营业执照"，并刻制公章，开立银行帐户，方可进行业务活动。

4．税务登记的申请办理

根据《中国税收征收管理办法》第九条规定："企业在外地设立的分支机构和从事生产、经营的纳税人，自领取营业执照之日起30天内，带有关证件向税务机关申请办理税务登记"。第九条还规定："从事临时经营的纳税人办理税务登记后税收负担较低；未办理税务登记的按临时经营商进行征收，税收负担较高。"

5．办理进口材料、设备报批手续

根据海关总署、财政部（84）税收字第689号文规定：凡国内单位直接使用世界银行贷款进口的机械设备、材料可予以减免进口关税和工商税，以此配合业主设备管理部门办理进口材料、设备和产品税手续，同时报商检部门备案，加强联系，以利工作。

6．保险 《FIDIC》第21、22、23、24、25条就保险作了详细的规定和说明。

保险具有强制性，是承包商弥补经济损失的一种方法，一般由业主指定保险公司投保。工程承包中主要有以下几种保险：

（1）工程一切险

其内容为施工期工程本身、临时设施、现场材料、试验设备、施工机具等，凡保险单中规定的保险内容都属于保险范围。其保险金额以合同总价为准。保险期限自开工之日起至缺陷责任期结束止。

（2）第三方责任险

凡发生不属于施工双方即第三方造成的人身或财产的损失向保险公司投保的险种。

（3）人身意外险

合同中规定对所有参加施工的人员进行人身意外事故保险，其保险金额一般每人每年40000～100000元。

（4）货物运输险

是由保险公司承担货物运输过程中意外或自然灾害造成的部分损失。在国际工程承包中需要进口大量的材料和设备，要签订采购合同时应明确价格中保险的条件：离岸价（FOB）即货物加运费；到岸价（CLF）包括运费和保险费。

7．其他手续的办理

如开工许可证，土地征用、青苗树木等的处理和赔偿，现场原有居民或其他房屋、设施的拆迁，施工所需的各种证件、批件和临时用地、占道、封闭交通等的申报手续，要敦促业主及时办理，以免延误工期。

此外，中标的工程项目在外省市时，为便于工作管理，应设立办理机构。当承包商是一个联合体时，应签订《联合施工协议》。

二、法律准备

施工企业的工程经济活动必须在遵守国家、地方法律规定前提下进行，能够合法有序，并受法律保护，施工企业在施工前应组织各级管理人员学习有关的法律，做到学法、知法、守法。

1．学习和掌握《中华人民共和国合同法》、《中华人民共和国环境保护法》等法律以及各省市颁发的有关道路、交通、建筑等方面的条例规章。

2．学习和掌握FIDIC条款与有关合同文件。这是施工前期准备工作的重要内容，要组织管理人员认真学习，一切按合同办事。

3．建立和健全内部各种工作制度。

2.1.3　施工技术准备

施工技术准备是工程开工前期的一项重要准备工作。通过完善周密的技术准备工作，全面熟悉施工图纸，了解设计意图和业主的要求，初步提出完成整个施工任务的战略构想；编制施工组织设计，据此对整个工程施工的部署、施工计划和施工方法、进度、质量、安全和资源消耗等做出科学的安排，使全部工程施工都处于有组织、有计划、有秩序和有规范标准的严格控制的状态下，进而实现优质高效完成工程施工任务的总体目标。

一、图纸审查

1．图纸审查的目的

（1）了解工程全貌、工程整体情况和设计意图，形成对所承包工程整体的、全面的印象。在工程投标期间，通常由业主或发包单位对工程概况、工程量、设计标准、重点工程情况等做一般性的介绍，发送用于招标的工程图纸。工程中标后，由业主或发包单位发送完整、详细的设计图纸，作为工程承包合同的一部分。这时，承包商就应当组织力量，认真地研读设计图纸。

（2）根据设计图纸提出施工部署、施工安排的初步意见，深入施工现场、预制构件厂等提出初步意见,也可以设计几种方案。根据初步设想,对施工现场的自然环境、客观条件进行调查,了解现场实际情况能否满足初步的要求,是否需要增加新的内容等,作为施工安排和编制施工组织设计的依据。

(3) 根据设计图纸的内容,确定应收集的技术资料、标准、国家规范、实验规程等内容,做好技术保障工作。

(4) 根据工程内容,选派相应的管理、技术人员。市政工程施工涉及面广、专业内容多,需要测量、实验、材料、土建、电气、机械、预算、财务等各种技术人员。通过图纸会审,可以根据工程项目的内容确定需要的各种人员。

(5) 通过图纸审查,可以找出并收集设计图纸中存在的问题,以便在设计交底时提出。

2．图纸审查的方法

城市道路设计图纸一般由道路及排水平面设计、纵断面设计、横断面设计、结构物设计、标准图集、数据表等几部分组成。各部分内容相互独立又相互联系,在图纸审查时应把各部分结合起来,整体地了解工程面貌。

审查图纸时,首先应仔细阅读设计说明。在设计说明中,设计人一般对总体设计思想、设计标准、设计中的难点重点、设计图各部分之间的关系、施工人员应注意的问题等做简明扼要的阐述,语句不多,但包含的内容很广泛、很重要,在审图时应引起足够重视。在道路平面图中应了解路线的走向、转角、曲线情况、排水管线的纵坡,主管与支管联结,主管接驳,管线路线的配合,结构物设置情况,线路附近地表、地貌、河流村镇等情况。在纵断面图中应了解线路竖曲线的设置、线路纵坡设计、线路纵向排水设计等,了解路基土石方挖方填方及各段土方的需用量。在横断面中应了解道路横断面设计、路面各层结构设计、路线横断面超高、横断面排水等情况。在平面与纵断面读图时应结合结构物设计,了解结构物在道路上的位置,了解结构物的类型规模,重点了解大桥、特大桥、互通立交等结构的内容。

图纸审查可采用两种形式进行：

(1) 由若干技术人员相互独立的审查设计图纸,提出问题,互相交流、补充,最终达到审查图纸的目的。这种方法的优点是比较完整全面的反映问题,避免个人考虑问题不全面；缺点是审查图纸的时间相对要长一些。

(2) 按工程内容、施工区段划分由技术人员分别审图,这种方法时间短、完成任务快,但个人有时考虑问题不全面,有遗漏与不足得不到补充。采用这种方式,应选择有相当经验的技术人员才能胜任。

图纸审查时可同时绘制一些辅助性图表,如线路平面缩图、构筑物布置图、构件及主要工程量一览表等。通过绘制这些图表,进一步熟悉图纸了解工程内容,同时提炼出简单、清楚、有指导作用的内容,供决策者、管理人员、技术人员使用。

图纸审查时应对主要工程量、主要设计内容,如道路面层设计、大型构筑物等进行必要的计算,对设计图中存在的问题进行记录；根据施工单位的机械设备、施工工艺等情况对设计图纸中存在的问题提出修改意见,以便在设计交底会上进行讨论。

3．图纸审查的注意事项

(1) 内容方面：图纸审查工作量大,时间紧,面对较生疏的工程内容,审图人往往感到无从下手,很难抓住主要矛盾,可选择大型工程作为突破口,以构筑物为联系,延伸到整个工程。

(2) 人员方面:图纸审查应选择有丰富实践经验的工程技术人员,审图人员应对设计方案有一定了解,并了解与工程有关的专业知识及相关的工程实例,参加过大型工程施工的组织管理工作,工作细致。

(3) 成果方面:图纸审查要有一定的成果,如图纸审查报告、设计图纸存在的问题、疑点一览表,辅助性图表等,供有关人员参考,同时也可作为今后工作参考的资料。

(4) 图纸审查工作一般由专业技术人员进行,在审图时应注意征求计划、物资、设备、行政部门的意见,集思广益,提出较为全面、切实可行的意见。

另外,在进行了图纸审查和会审的基础上,要按照技术管理程序,在施工前对工程或分部、分项工程进行逐级技术交底,并把技术交底文件作为指导施工生产的技术依据。

二、编制施工组织设计

施工组织设计是指导施工全过程的重要技术文件,在开工前必须提交,它也是编制施工计划的基础。施工组织设计须在合同条款规定的时间内报监理工程师审批后方可实施。做好施工组织设计的关键是根据客观条件选择适当的施工组织方案和施工组织方法。施工组织设计的编制方法详见第2章第2节。

三、编制施工图预算

施工技术准备还包括施工图预算的编制,即依据审定后的施工图纸及说明书、施工组织设计及有关文件和资料,计算工程量,并严格按照工程量计算规定、预算定额取费标准和有关材料调价等合同规定进行编制,其内容主要是:

1. 编制说明书

包括编制的依据、办法、各项经济技术指标分析,对新技术、新工艺在工程中应用的考虑及其存在的问题等。

2. 工程预算书

主要包括工程数量汇总表、主要材料汇总表、机械设备台班明细表、费用计算表、工程预算书汇总表等。

编制施工图预算是在设计技术交底、图纸会审的基础上进行的,其主要作用是帮助承包商进行准确的工程计量和取费,从而取得经济效益。

四、编制施工生产计划

施工生产计划的作用和内容随计划期长短的不同而不同。施工总进度计划是指导整个项目生产活动的计划,具有控制总工期的作用,包括年度施工计划、用人规划和部署一年内的施工生产活动。季、月、旬的施工生产计划,属于作业计划的性质,特别是月、旬计划是直接组织施工生产活动的依据。随着项目法施工的推行,施工项目的计划由项目经理部自行编制,不需要公司审批,但可以报公司计划部门备案。

各类施工生产计划的主要内容如表2.1所示。

2.1.4 施工现场准备

道路施工现场的准备工作是对前一阶段的组织准备、技术准备工作的检验和进一步落实。内容包括:实地勘察;三通一平;现场临时设施;现场测量;设备材料进场。

不同计划期的施工生产计划的内容　　　　　　　　　　　　　　　表 2.1

总进度（年度）施工生产计划	季度施工生产计划	月、旬生产计划
1．主要工程项目施工进度计划 2．分季工作量及主要实物工程量计划 3．分季物资供应计划 4．主要施工机械设备保证计划	1．主要工程项目形象进度计划 2．分月工作量及主要实物工程量计划 3．附属、辅助生产计划 4．分月物资供应计划 5．施工机械设备保证及平衡计划 6．主要工程保证及平衡计划	1．工程项目形象进度计划 2．实物工程量计划 3．分日综合施工进度计划 4．材料半成品保证计划 5．机械运输保证计划 6．劳动力保证计划

一、实地勘察

施工准备时，不仅要从已有图纸、设计说明书等文件资料上了解工程施工的情况，还必须深入实地，调查了解，核实情况，搜集必要的资料。市政工程实地勘察的内容包括：

1．施工现场及附近的地形、地物。

2．施工范围内的地下埋设物。如地下原有的雨、污排水管道，供水、供电、通讯、煤气管线，人防工事等，应向有关部门调查了解其准确位置、深度、结构等，作好记录。

3．施工范围内的其他情况。道路交通可利用的情况，地面排水的出路，附近可利用的空地，办公地点的选择，土质、水文状况等。

二、三通一平工作

做好"三通一平"工作。即在施工期间保证道路畅通，必要时修便道；接通施工用水用电，落实业主提供的接驳地点和方式；清除现场范围内的施工障碍并平整施工场地，做好施工期间的排水工作。

三、现场临时设施的准备

施工临时设施有生活办公临设和生产临设，市政工程的生活办公临设应尽量租用附近房屋或建造活动办公用房；生产临时设施应根据施工平面规划，因地制宜，精打细算，在满足施工要求的同时，尽量降低成本。

四、现场测量

可靠的施工测量是保障正确执行设计意图的前提。工程开工前，要对业主及设计单位提供的现场平面、桩志、基准高程桩志等进行现场复核，确认无误后才能使用。道路施工现场施工前实施的测量主要内容有：

1．控制点的复测与加密。道路的中线及其沿线构筑物的位置是由导线控制的，施工前必须对设计单位提供的控制点坐标及其现场桩志进行复测，核对准确。如发现设置的控制点过稀或控制点可能会因施工而损坏，应对控制点进行加密或移位。

2．中线的复测。根据设计单位在现场标定的中线控制桩进行复测，确认其与实际位置对应无误。

3．水准点的复测与增设。

4．路基横断面的检查与补测。

5．构筑物的详细放样等。

五、设备材料进场

施工现场大型设备进场安置调试，如桩工机械、起吊设备等；安排建筑材料，周转性材料的加工，如钢材、木材，模板、支架等。此外，还应做好冬、雨季施工准备工作。

2.1.5 外部协作准备

从事工程项目施工的承包商，需要取得业主、监理和当地政府的信任、理解与支持，需要尽快适应监理的严格监督和合同条款的严苛约束。此外，市政工程涉及面大，干扰影响因素多，需要有关协作单位的密切配合。因此，开工前应充分作好各方面的协调工作。

一、建立工程洽商制度

工程洽商是对设计图纸的补充，与施工有着同等作用，工程洽商也是工程承包合同的一部分，是承包商进行工程变更、按照新的技术或进度要求组织施工并办理工程索赔的依据。

图纸审查是工程变更和工程洽商的前提。通过图纸审查，不仅可掌握设计意图，了解设计方案、技术措施、贯彻国际和国内规范、标准，了解采用新技术、新工艺、新材料、新设备等情况，更重要的是发现其设计图纸内容存在的差错、各专业之间存在的矛盾以及疑难问题等等，据此提出设计变更和工程洽商的要求，并与业主和监理、设计单位建立工程洽商制度。

工程洽商必须经业主、监理、设计单位与承包商共同签认方能有效。洽商的内容要明确具体，语言准确，不得涂改，必要时应附简图。变更事项办理洽商后，应及时编号，原件存档。

二、召开施工配合会议。在施工前应召开施工范围内的地区政府、拆迁配合主管单位及其他有关企业、学校、商铺、居委会、交通部门等单位参加的施工配合会议，提出施工目的、内容、方法、进度等有关要求，争取各方面的协作和配合。

三、落实有关拆迁工作。如房屋的拆迁，电力设施、通信、给水排水管线的迁移等工作应尽早落实，保证开工后施工进度的顺利进行。

2.1.6 管理基础工作的建立

施工管理工作贯穿于工程施工的全过程。施工管理的基础工作是项目管理工作的重要组成部分，是实施各项专业管理工作的重要前提。其主要内容有：

一、建立健全以责任为核心的规章制度

施工项目管理的规章制度大致可分为：

1. 岗位责任制

岗位责任制是把生产任务和各项工作的有关规定、要求、注意事项具体落实到每一职工的一种责任制度，从而做到职责分明，这种责任制又是建立经济责任的基础。健全的责任制要求：(1) 人人有基本职责；(2) 有明确的考核标准；(3) 有明确的办事细则。这样就明确了每个岗位的重要性和存在的价值，以避免盲目定员和因人设事。

只有健全了岗位责任制，才能做到有效和有序的管理。所谓有效，是指各司其职，各负其责，关系清楚，目标统一；所谓有序，是指信息畅通，工作协调，步伐一致，有条不紊。

2. 经济管理规章制度

有内外合同制度、考勤制度、奖惩制度、领用料制度、仓库保管制度、内部计价及核算制度、财务制度。

二、标准化工作

包括技术标准、技术规程和管理标准的制订、执行和管理工作。

1．技术标准。一般是指道路、桥梁施工的技术标准。包括国家标准、企业标准和项目自定标准及项目招标文件、原材料与半成品的技术验收标准等。没有统一的技术标准，工程质量无据可依，工程质量也就无法保证。

2．技术规程。是为执行技术标准，保证生产有序及顺利进行而制订的统一行动准则。施工技术规程，用以规定施工过程的施工工艺、操作步骤、程序和方法；操作规程，用以规定进行某种工艺或使用某种机械设备必须遵守的操作方法或注意事项；设备维护和检修规程，用以规定机械设备的维修、保养制度，保证设备处于良好的技术状态；安全技术规程，即对安全生产的各种要求和规定。

3．管理标准。是对项目管理中各项管理工作的职责、要求所做的规定，它是围绕完善经济责任制和提高管理水平的要求制定的。其内容包括工作质量标准和管理程序标准，以使项目管理中的各项管理工作合理化、规范化和高效化。

三、建立健全各类技术经济定额

定额是在生产经营活动中根据一定的生产技术、组织条件所规定的人力、物力、财务的利用或消耗方面应当遵守和达到的标准，是处理企业和项目管理活动中各个要素、各种数量关系的依据。没有定额，就没有科学的管理。

定额按对象不同，可分为劳动手段定额、劳动对象定额、活劳动定额。

按用途不同，定额可分为：消耗定额，用以规定活劳动和物化劳动的消耗量；状态定额，它是与期量标准有关的定额；效率定额，用以反映各项资源消耗的效果。在道路项目施工管理中采用的定额见表2.2。

道路项目施工管理中的定额　　　　　　表2.2

按用途分 按对象分	消耗定额	状态定额	效率定额
劳动手段定额	设备修理定额 工具消耗定额 机械台班定额	设备有效工时定额 设备修理周期定额	机械产量定额 固定资产产值率
劳动对象定额	材料消耗定额 燃料、动力定额 修理、辅助材料定额	库存量定额 供货周期定额	材料利用系数 产品合格率
活劳动定额	时间定额 产品定额 工资定额	工作班制度	劳动生产率 各类人员比例 平均工资水平

四、计量工作

包括计量、检定、测试、化验分析等方面的计量手段的管理工作。主要是用科学的方法、程序和器具，对工程项目的各种物质要素的数量和质量进行控制和管理。建立必要的检测管理制度，改善落后的检测器具和计量测试技术，逐步实现检测手段和计量技术的现代化。

五、信息及资料管理工作

主要是对项目管理中决策及执行所必须的资料数据的收集、处理、传送、归档等管理工作。科学的项目管理信息系统应由原始凭证、统计分析资料、经济技术情报、科技档案等构成。

项目管理要加强统计工作，整理和完善各种原始资料，建立健全各种统计分析和统计监督制度，实行数据、文书管理。有条件的项目要积极筹建数据库，运用电子计算机进行数据、信息的处理，实现办公自动化。积极做好项目外部的经济、科技情报工作，建立相应的工作体系和工作制度，搞好预测和决策工作。

六、技术业务培训工作

主要是使项目中的全体员工具备从事本职工作所必需的知识和技术业务能力，并在实践中不断提高，其中包括项目各个岗位的"应知、应会"和按照其要求进行的基础知识教育与基本技能训练。

对于施工中的新工艺、新结构、新方案，可以在实施之前，派人员外出学习，也可请有经验的技术专家和技术能手进行业务咨询和指导。

第2节 施 工 组 织 设 计

施工组织设计，是指工程项目在施工前，根据设计文件及业主和监理工程师的要求，以及主客观条件，对工程项目施工的全过程所进行的一系列筹划和安排。编制施工组织设计，既是一项重要的施工准备工作，也是合理组织施工和加强施工管理的一项重要措施。关于施工组织设计的重要性，可作如下比喻：

工程的整个施工过程就像一个大型乐队的合奏演出，要想演出成功，必须是在总乐谱的控制之下，各乐手齐心协力、听从指挥、认真投入地演奏好自己的乐章。诚然，高雅优美的乐谱是获得成功演出效果的前提。那么，施工组织设计就是我们工程施工的总乐谱，它编制的是否周密合理是工程能否顺利进行并取得良好的施工效益的前提。要说乐队的演出和工程施工过程有什么不同的话，那就是工程施工过程只能是一次进行，无法进行排练和预演。这就要求施工组织设计要有预见性和留有余地。作为基层施工技术人员，重点在于对施工组织设计意图的理解和贯彻执行，并能够在这一总体原则指导下，合理编制分工负责的分部工程作业计划（相当于各乐手分谱），同时，认真负责地付诸实施。

2.2.1 施工组织设计的总体要求

一、施工组织设计的编制依据

1．合同文件（包括设计文件、设计技术交底会议纪要）。

2．现场调查资料或报告。

3．国家或行业现行的相关施工技术规范、试验规程、工程质量检验评定标准。

4．现行相关的专业预算定额、施工定额。

二、施工组织设计的编制者

1．应遵守"谁施工，谁编制"的原则，一般应由项目部总工（或技术负责人）组织，施工技术主管部门负责，主要分部分项工程施工技术人员参与编制。

2．重大工程可由公司总工程师负责组织，公司有关人员编制（项目部必须派人参加），或以项目部有关人员为主，公司派人参加编制。

三、施工组织设计的编制要求

1．项目部技术负责人应组织有关施工技术人员、物资装备管理人员、工程质检人员学习、熟悉合同文件和设计文件，将编制任务分工落实，限时完成并应有考核措施。

2．施工组织设计应有目录，并应在目录中注明各部分的编制者。

3．尽量采用图表和示意图，做到图文并茂。

4．应附有缩小比例的工程主要结构物平面和立面图。

5．若工程地质情况复杂，可附上必要的地质资料。

6．多人合作编制的施工组织设计，必须由工程技术主管统一审核，以免重复叙述或遗漏等。

7．如果选择的施工方案与投标时的施工方案有较大差异，应将选择的施工方案征得监理工程师和业主的认可。

8．一般工程的施工组织设计应在收齐图纸后一个月内完成，重大工程项目在两个月内完成；或按监理工程师要求的时间内完成。

2.2.2 施工组织设计的编制内容

施工组织设计编制的内容，视工程建设规模和技术复杂程度的不同而有所区别，工程简单时可相应简化。一般应包括：工程概况；施工进度计划；施工平面布置图；施工顺序及施工方法；劳动力需要量计划；机械设备需要量计划；物资需要量计划；质量保证计划；安全劳保措施；文明施工与环境保护措施。当工程施工准备阶段时间较长，工作量繁重时，应编制施工准备工作计划，有必要时还应编制大型临时工程施工方案、资金计划、成本降低措施计划等，这部分内容可参阅《道路工程施工案例》第二篇有关章节。

一、工程概况

1、简要说明工程名称、施工单位、业主及监理机构、设计单位、质检站名称、合同开工日期和施工工期，合同价（中标价）；

2．简要介绍拟建工程的地理位置、地形地貌、水文、气候、降雨量、交通运输、水电等情况；

3．施工组织机构设置及职责部门之间的关系；

4．工程结构、规模、主要工程数量表；

5．合同特殊要求：如业主提供材料、指定分包商等。

二、施工进度计划

1．施工进度计划一般用网络图表示，必要时配合使用横道图；

2．计划一般以分项工程划分项目并标明工程数量；

3．将关键线路（工序）用粗线条（或双线）表示；必要时标明每日、每周或每月的施工强度。如浇筑混凝土××m^3/日，砌体××m^3/周。

4．根据施工强度配备的各类机械设备及操作人员。

三、施工平面部署

1．简要说明可供使用的土地、设施、周围环境、环保要求、附近房屋、农田、鱼塘，需要保护或注意的情况；

2．施工平面布置必须以平面布置图表示，并应标明：拟建工程平面位置、生产区、生活区、预制场、材料场、爆破器材库位置；

3．施工总平面布置可用一张图，也可用多张相关的图表示；图上无法表示的，应用文字简单叙述。

四、施工顺序及施工方法

1．施工顺序：一般应以流程图表示各分项工程的施工顺序和相互关系，必要时以文字简要说明关键（或复杂）的要点。

2．施工方法：施工方法是施工组织设计重点叙述的章节，它包含主要分项工程的施工方法，重点叙述技术难度大、工种多、机械设备配合多、经验不足的工序和结构关键部位。对于常规的施工工序则简要说明。

3．施工方法一般以分项工程为单位分别叙述：

（1）本分项工程的施工顺序；

（2）本分项工程的工程数量；

（3）测量控制及标志的设置；

（4）选择的施工机械设备；

（5）如何进行施工和质量控制，特殊过程的监控方法；

（6）施工高峰期施工强度和材料供应强度。

五、劳动力需用量计划

1．劳动力需用量计划以表格表示。

2．计划应将各技术工种和普杂工分开，根据总进度计划需要，按月列出需用人数，并统计各月工种最多和最少人数。

3．计划应说明本单位各工种自有人数和需要调配或雇用人数。

六、设备需要量计划

1．机械设备需要量计划一般用表格表示。

2．计划应说明施工所需机、车设备的名称、规格、型号和数量。

3．计划应标明最迟的进场时间和总的使用时间。

4．必要时，可注明某一种设备是租用外单位或自行购置。

七、物资需用量计划

1．本计划用表格表示，并将施工材料和施工用料分开。

2．计划应注明由业主提供或自行采购。

3．计划一般按月提出物资需用量，以分项工程为单位计算需用量。

4．本计划应同时附有物资计划汇总表，将各品种规格、型号的物资汇总。

八、质量保证计划

1．明确工程质量目标；

2．确定质量保证措施：

（1）根据工程实际情况，按分项工程项目分别制订质量保证技术措施，并配备工程所需的各类技术人员。

（2）对于工程的特殊过程，应对其连续监控和持证上岗作业，并制订相应的措施和规定。

（3）对于分包工程的质量要制订相应的措施和规定。

九、安全劳保技术措施

1．安全合同、安全机构、施工现场安全措施、施工人员安全措施。
2．水上作业、高空作业、夜间作业、起重安装、预应力张拉、爆破作业、汽车运输和机械作业等安全措施；
3．安全用电、防水、防火、防风、防洪、防震的措施；
4．机械、车辆多工种交叉作业的安全措施；
5．操作者安全环境，所需要采取的措施；
6．拟建工程施工过程中工程本身的防护和防碰撞措施，维持交通安全的标志；
7．本措施应遵守行业和公司各类安全技术操作规程和各项预防事故的规定；
8．本措施应由项目安全部负责人审核后定稿。

十、文明施工与环境保护措施

市政工程施工不仅要塑造未来美好的城市环境，而且在施工的同时要保护现有的优美环境，自觉接受市容监察部门的监督和指导，做好以下工作。

（1）施工现场场容整洁，施工标准规范，实行全围蔽作业。
（2）现场管理有章可循，材料、机具堆放井然有序。
（3）防止扬尘、噪声、水体污染，制定相应控制措施和作业时段限制安排。
（4）加强各类操作人员环保、文明施工意识的教育。

2.2.3 施工组织设计资料

1．自然条件和经济调查资料

道路勘测设计阶段对沿线自然条件和经济状况调查的原始文件（也是施工组织设计的资料），特别是以下几点在编制前应组织有关人员补充收集：道路沿线的地形、地貌、土壤、地质、水文和气象条件；当地筑路材料、劳动力和能源的分布情况；对外交通运输现状，沿线村镇、居民点、厂矿企业、其他工程建设的分布情况等。

2．各种定额及概、预算资料

编制施工组织设计时，应对投标前所做的施工组织设计文件进行分析，收集有关的定额及概算（或预算）资料，例如设计采用的预算定额（或概算定额）、施工定额、沿线地区性定额，预算单价、工程概算（或预算）的编制依据等。

3．工程设计文件及合同条款

除了设计说明书、计算书、图表必须齐全外，还应详细了解：各项工程结构形式和细部构造特点；各分项工程的工程及其分布情况；工程所需的各种材料与构件、成品的数量和规格；个别工程对施工的特殊要求。

4．施工技术资料

合同条款中规定的各种施工技术规范、施工操作规程、施工安全作业规程等，此外还应收集施工新工艺新方法、操作新技术以及新材料、机具等资料。

5．施工时可能调用的资源

由于施工进度直接受到资源供应的限制，在做实施性施工组织设计时，对资源的情况应有十分具体而确切的资料。在做施工方案和施工组织设计时，资源的供应情况也可由建设单位提供。

施工时可能调用的资源包括以下内容：劳动力数量及技术水平；施工机具的类型和数量；外购材料的来源及数量；各种资源的供应时间。

6．其他资料

其他资料指施工组织与管理工作的有关政策规定、环境保护条例、上级部门对施工有关规定和工期要求等。

2.2.4 施工组织设计的编制原则和程序

一、编制原则

1．严格遵守合同条款或上级下达的施工期限，保质保量按期完成施工任务。对工期较长的关键项目，要根据施工情况对大、中桥（涵）编制单项工程的施工组织设计，以确保总工期。

2．科学而合理地安排施工程序，在保证质量的基础上，尽可能缩短工期，加快施工进度。

3．应用科学的计划方法确定最合理的施工组织方法，根据工程特点和工期要求，因地制宜地采用快速施工，平行作业。对于复杂工程及控制工期的大中桥涵及高填方部位，通过网络计划找出最佳的施工组织方案。

4．采用先进的施工方法和技术，不断提高施工机械化、预制装配化，减轻劳动强度，提高劳动生产率。

5．精打细算、开源节流，充分利用现有设施，尽量减少临时工程，降低工程成本，提高经济效益。

6．落实冬、雨季施工的措施，确保全年连续施工，全面平衡人工、材料的需用量，力求实现均衡生产。

7．妥善安排施工现场，确保施工安全，实现文明施工。

二、编制程序

编制施工组织设计要遵循一定的程序，一般的编制程序归纳成图2.2。

三、注意事项

编制施工组织设计，特别是编制实施性施工组织设计时，应注意处理好以下几个问题。

1．根据工程的特点，解决好施工中主要矛盾，对全线重点部位和桥梁、涵洞、大型拌和站等在施工设计中都应重点说明或编制单项的施工组织设计。

2．认真细致地做好工程排序工作。安排工程进度，各项工程的施工顺序和搭接关系以及保证重点工程等是施工设计必须解决的关键问题。

3．留有余地，便于调整。由于影响施工的因素很多，所以在计划执行时必然会出现不可预见到的问题，这就要求编制计划时力求可行，执行时又可根据现场具体情况进行修改、调整、补充。施工初期计划安排更应留有余地，以免造成人财物的浪费。

4．注意为工地运输创造条件，如新建道路可逐段通车，方便工程物资与生活资料的补给。

2.2.5 施工组织设计编制要点

一、施工方案的拟定

施工方案就是对工程的施工做出总体安排和部署。它是在结合分析施工组织设计资料的基础上，争取对工程的特点和施工单位自身的施工能力，对各分部分项工程的施工顺序和施工方法做出选择。合理安排施工顺序，首先需满足施工工艺顺序的要求，如道路工程

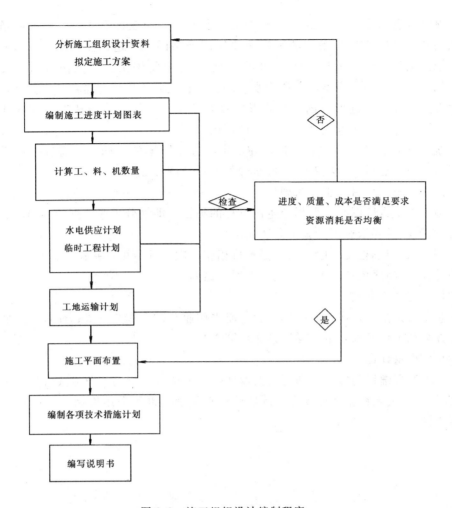

图 2.2 施工组织设计编制程序

的一般施工顺序为：路基土方→排水结构→道路基层→路面→附属工程。排水管道的施工顺序为：开槽→混凝土基础及养护→安管（移管、接口）→闭水试验后回填。但施工方法与施工顺序有时是互相影响的，如上述排水管道施工，当采用"四合一稳管法"时，混凝土基础的浇筑是在安管之后进行。再如，路面工程施工中，如果是水泥混凝土路面时，应先浇筑路面而后安砌侧平石，但沥青类路面摊铺，则应先做侧平石安砌。因此，施工方案的确定应综合考虑以下五方面的原则。

1. 各施工项目（工序）之间客观上存在的工艺顺序必须遵守；
2. 采用的施工方法、工程机械必须与施工顺序协调一致；
3. 体现施工组织的基本原则，即施工过程的连续性、协调性、均衡性和经济性；
4. 满足施工质量和施工安全的基本要求；
5. 应考虑工艺间隔和季节性施工的要求。

二、施工进度图的绘制

施工进度图是施工组织设计的重要组成部分，是其他各项计划的核心。在施工方案确定后即可着手施工进度图的绘制。

1. 施工进度图的表达方式：一般施工进度图可选用三种形式表达，即横道图、垂直图、网络图。采用 FIDIC 条款的工程必须使用网络图。某道路工程总长 80km，共有 12 项主要施工项目，整个工程从 1 月初开工到 10 月上旬竣工。用三种不同形式表达成图 2.3、图 2.4、图 2.5。横道图也称为水平图，工程实际中应用非常广泛，垂直图是在流水作业垂直图基础上改进形成的，具有形象直观的特点，网络图表达工程进度计划逻辑性强，是一种先进的表达方式，应大力推广使用。

2. 施工进度图绘制步骤和方法。在确定了施工方案的基础上，需进一步详尽分析计算作图的参数，然后进行绘制，一般步骤如下：见图 2.6。

（1）划分施工项目，也称为列项。

在编制施工进度图时，要划分生产过程的细目，即划分工序。列项时应注意：

1）所列项目要依选用的施工方法而定；

2）分项目粗细程度一般宜与定额子目相应，次要项目可合并；

3）按施工顺序填列，不可漏列、重列、错列。

（2）确定作业方式

作业方式是指平行作业，顺序作业，流水作业及综合作业方式，作业方式的确定应结合施工方案和工程要求而定，详见第 2 章第 3 节。

（3）工程量计算

将施工过程细目列出后，即可根据设计图纸，结合确定的作业方式（如是否分段流水等），并依照有关工程量计算规则，逐项计算工程量。也可采用编制概（预）算时的工程量计算成果。

编号	工程名称	施工方法	工程量单位	工程量数量	1月	2月	3月	4月	5月	6月	7月	8月	9月	10月	开工	结束
1	临时通讯线路	人工为主	km	80	6										1月初	7月底
2	沥青混凝土基地	人工安装	处	1	35										1月上旬	5月上旬
3	清除路基	机械	m²	700000			4								3月初	7月底
4	路用房屋	人工	m²	1300	60				40						1月初	6月底
5	大桥	半机械化	座	1					94						5月中旬	9月中旬
6	中桥	半机械化	座	5			53				38				3月15	8月底
7	集中性土方	机械	m³	430000				20							4月上旬	9月底
8	小型构造物	半机械化	座	23					30						5月初	9月底
9	沿线土方	机械为主	m³	89000					36						5月初	10月底
10	基层	半机械化	m²	560000					48						5月上旬	10月上旬
11	面层	半机械化	m²	560000					18						5月上旬	10月上旬
12	整修工程	人工为主	km	80					10						5月上旬	10月上旬

图 2.3 工程进度图（水平图）

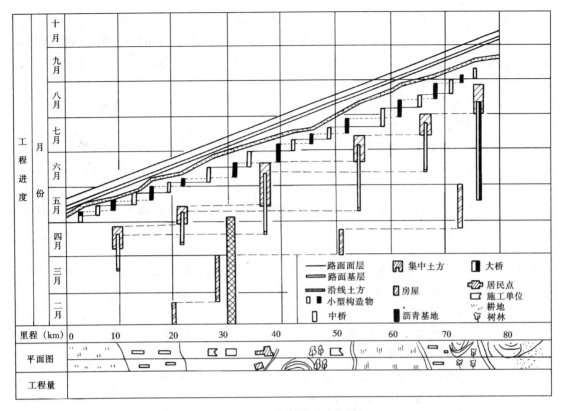

图 2.4 工程进度图（垂直图）

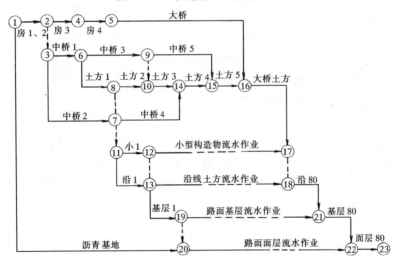

图 2.5 工程进度图（网络图）

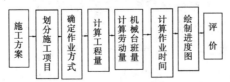

图 2.6 施工进度图编制步骤

（4）劳动量计算

所谓劳动量，就是工程细目的工程量与相应时间定额的乘积或等于施工时实际使用的机械台数与作业时间的乘积，人工操作时叫劳动量，机械作业时叫作业量，单位是台班，可通称为劳动量，例如：安排5人进行土方施工2天，则劳动量（工日）＝5×2＝10工日。计算所需劳动量的公式如下：

$$劳动量（工日或台班）＝工程量×时间定额＝工程量÷产量定额$$

（5）计算作业时间

计算各施工项目的作业时间，应先确定作业班制和安排的作业人数或机械台数。

1）作业班制：市政工程一般安排一班制作业，当工期紧张或工艺有连续作业要求时，可安排二班或三班制，如钻孔灌注桩钻孔及灌注混凝土。

2）作业人数：一般由施工班组的人数编制而定，但必须考虑最小工作面的限制和最小劳动组合的要求。

计算公式：

$$作业时间（日）＝劳动量（工日或台班）÷作业人数（或机械台数）÷作业班制$$

实际中也可先确定作业时间和作业班制，用上式计算作业人数或机械台数。

（6）绘制进度图

根据以上分析计算的作图参数绘制横道图，垂直图或网络图。

（7）施工进度图的评价

编制施工进度图时，应当搞几个方案，绘制几个施工进度草图，经过反复平衡、比较评价后，确定最终方案。其比较、评价要点是：

1）工期能否满足合同或业主的需要；

2）施工顺序是否合理；

3）劳动力、机械、材料等资源的供应能否保证，消耗是否均衡；

4）是否符合合理组织生产过程的四项基本原则；

5）是否充分估计了客观因素的影响，可行性如何；

6）各项安排是否既先进合理又留有余地。

二、施工平面布置图

施工平面布置图也称为现场平面布置图，它是施工组织设计的意图在空间上的体现。对合理安排现场布置，进行文明施工具有指导意义。道路工程施工过程中，应根据工程进度及现场条件的变化，分别绘制不同施工阶段的施工平面布置图。见图2.7。

1．施工平面布置图的一般内容：

（1）原有地形、地物、拟建工程平面位置；

（2）大宗材料和构件的堆放位置；

（3）临时设施位置，包括生活区、搅拌点、加工场地、机械设备停放点等；

（4）供水、供电线路、重要测量标志，及场内运输通道；

（5）施工排水及环境保护设施；

（6）施工现场围蔽范围。

2．施工平面布置的原则

城市道路工程施工平面布置图可利用原设计平面图直接进行现场安排布置。在布置时

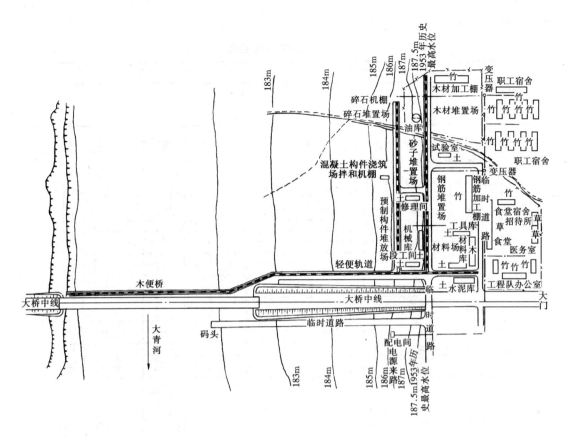

图 2.7 施工场地布置图

应考虑以下原则：
(1) 尽量利用原有地形、建筑物，因地制宜，降低成本；
(2) 合理布置场地，尽量减少材料的二次搬运；
(3) 各种临时设施的布局应本着有利施工，方便生活的原则；
(4) 必须符合安全生产、保安防火和文明施工的规定和要求。

四、其他

施工组织设计的其他各种计划和经济技术措施的编制在此不再详述，可参阅《道路工程施工案例》第二章。

第 3 节 施 工 作 业 方 式

施工组织作业的基本方式有三种：顺序作业、平行作业和流水作业。进行施工方式组织的目的就是希望在时间上、各作业项目之间、按施工方案确定的施工顺序紧密衔接，在符合工艺要求、充分利用工时和设备的条件下，尽量缩短工期。在施工组织时，三种基本作业方式可单独使用，也可综合运用。为了对三种作业方式更好地理解，现结合实例给以说明：

【例 2.1】 现有甲、乙、丙、丁结构形式相同，工程量相等的四座挡土墙，每座挡土墙均划分为挖基坑、砌基础、砌墙身、勾缝四道工序，分别安排的作业人数和确定的作业时间见表2.3。

施工工序和劳动组织　　　　　　　　　　　表2.3

施工工序	作业人数（人）	作业时间（天）	施工工序	作业人数（人）	作业时间（天）
挖基坑	6	4	砌墙身	10	4
砌基础	5	4	勾通缝	3	4

如果组织三种不同的作业方式进行施工，即可画出图2.8所示的施工进度图。

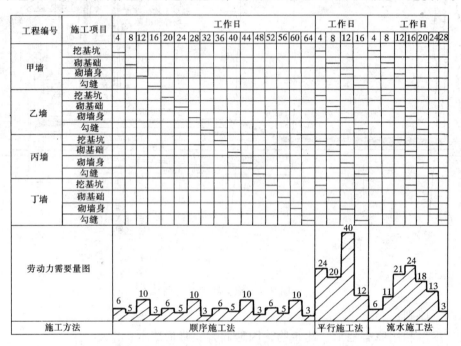

图2.8 三种作业方式施工进度图

2.3.1 顺序作业

顺序作业是指有多个施工任务，完成一个任务后，接着完成另一个任务，依次按顺序逐个进行，直到完成全部任务为止的作业方式。

本例中即是按甲、乙、丙、丁的顺序施工，全部完成需64天，显然，顺序作业每天需劳动力少，每一工种的劳动力变化大，特别是按专业班组分工的情况下，每一工种的劳动力会造成严重的窝工现象，不符合施工的连续性和均衡性。

2.3.2 平行作业

平行作业是指有多个施工任务，各个施工任务同时开工，各工序平行进行，同时完成的作业方式。

本例中四座挡土墙采用平行作业，工期最短，仅16天，但劳动力和材料需要量过分集中，最高人数40人。不符合施工组织的均衡性，协调性和经济性，不便于现场施工管理。

2.3.3 流水作业

流水作业是指有多个施工任务，每个施工任务相隔一定的时间依次投入施工，相同的工序依次进行，不同的工序则平行进行的一种作业方式。

本例中，四座挡土墙每隔 4 天投入施工，四个不同的作业组在现场同时作业，每个不同工种作业组每天均在连续施工。虽然工期不是最短，但也不是最长，它克服了顺序作业造成窝工和平行作业突击赶工造成的集中压力，使工程施工的劳动力和材料、机械设备的消耗达到了连续、均衡、协调和经济的要求，是最理想的作业方式。

一、流水作业方式的组织

流水作业具有连续、均衡的优点，所以凡是有重复作业的工作内容，一般均可组织流水作业。实际工程中如多个独立挡土墙、桥墩、排水管道的施工，甚至道路施工，均可组织流水作业。

【例 2.2】 某水泥混凝土路面工程，拟划分为 A、B、C 三段流水施工，每段的工序分为路床整形、基层铺筑、路面浇筑。经过人员和机械设备的调配，每段每工序的作业时间均为 4 天。请画出流水作业的施工进度图：见图 2.9。

工序名称	施工进度（天）				
	4	8	12	16	20
路床整形	A	B	C		
基层铺筑		A	B	C	
路面浇筑			A	B	C

图 2.9 道路流水作业进度图（横道图）

流水作业组织的方法步骤如下：

1．划分施工段。把施工对象人为地划分为工程量大致相等的若干施工段。本例中分为长度相等的 A、B、C 三段。

2．划分施工工序。将施工对象划分为若干工序，各工序分别由按工艺原则建立的专业班组负责施工。本例中将路面工程分为路床整形（包括铲高、垫低、碾压成型）、基层铺路（包括混合料摊铺、碾压密实），路面浇筑（包括支模、浇筑混凝土、各种缝的施工），并相应建立路床、基层、路面三个作业组。

3．组织施工。每个作业班组按照一定的施工顺序，依次、连续地由一个施工段转移到下一个施工段，不断地完成相同作业施工，本例中路床、基层、路面三个作业组分别相隔 4 天进入各段施工。

4．尽量做到连续施工。各工段、各工序之间尽量互相衔接，保持连续作业，但工艺或技术上要求的间断应满足。

二、流水作业的主要参数

为了说明流水施工在时间和空间上的开展情况，我们必须引入一些量的描述。这些量称为流水参数，主要有：施工段数 m、工序数 n、流水节拍 t、流水步距 k、施工总工期 T 等。

1. 施工段数

从以上分析,我们已经知道了流水作业是在分工协作和成批生产的基础上产生的,其存在也总是以此作为前提的。但是市政工程施工有一个最大特点就是单件生产,即每次生产一件产品,不可能如流水般地连续不断地进行,这种情况使利用流水作业法组织施工发生了很大的困难。但市政产品的另一个特点是形体庞大,这个特点使我们有可能把一个庞大的施工对象划分成若干个段落,使每一个段落成为一个假想的"产品",这样就把一个产品变成了多个"产品",从而满足了流水作业多件生产的要求,单件生产也就变成了"多件"生产了。这种为了便于组织流水作业而划分的段落,我们把它叫做施工段。

施工段的划分,一种是自然形成的,如几座桥、几个构件等,一种是人为划分的,如一条路的路面分为若干段等。[例2.2]中 $m=3$。

在划分施工段时,应考虑以下几点:

(1) 施工段的分界同施工对象的结构界限(伸缩缝、沉降缝等)取得一致;

(2) 主要施工过程在各施工段上所消耗的劳动量尽可能相近;

(3) 划分的段数不宜过多。过多了因工作面缩小,势必要减少施工过程的施工人数,放慢施工速度,拉长工期。即每段要有足够的工作面,使工人操作方便,机械能充分发挥效能,这样,既有利于提高工效,又能保证施工安全。

所谓工作面,是指施工对象的场地或空间可能安排工人或机械进行有效率地工作的地段,用来反映施工过程的空间布置的可能性。

工作面的大小可采用不同单位来计量,通常使用 m/人、m^2/人、m^3/人等单位。在确定一个施工过程必要的工作面时,不仅要考虑前一施工过程可能提供的工作面大小,也要遵守安全技术和施工技术规范的规定。

2. 工序数

为了组织流水作业,必须把一个综合的施工过程划分成若干个具有独自工艺特点的个别施工过程,组织专业施工队进行施工,划分的数量 n 称为施工过程数或工序数。由于每一个别施工过程一般由专业班组承担,故施工班组(或队)数也等于 n。例2.2中 $n=3$。

施工过程的划分应根据具体的施工对象来确定。如挖土、整平等简单的施工过程,工序就应划分少些;而对钢筋混凝土、高级路面等技术复杂的施工过程,则应多划分一些工序。在流水作业过程中,大多数施工过程是连续施工,但也有间断的施工过程,如等待混凝土到规定强度、油漆待干等,这些称为技术间歇,它对于确定流水步距和施工过程的衔接都是十分重要的。

3. 流水节拍

一个专业施工队在一个施工段上完成某一施工过程的作业持续时间叫流水节拍,常用 t 表示。流水节拍的大小直接关系着投入的劳动力、机械和材料用量的多少,决定着施工速度和施工的节奏性。流水节拍可以根据工期要求确定,也可以根据现有能够投入的资源来确定。流水节拍的计算,参见本章第2节2.2.5施工组织设计编制要点"计算作业时间",例2.2中 $t=4$ 天。

4. 流水步距

流水步距 k 是指两相邻不同专业队相继投入同一施工段开始工作的时间间隔,即开始时间之差。例 2.2 中 $k=4$ 天。

流水步距的大小,对总工期具有很大影响。在施工段数目和流水节拍不变的条件下,流水步距大,则总工期长。流水步距 k 值可以是常数,也可以不是常数。流水步距一般定为整工日或 0.5 个工日的倍数。流水步距应根据工艺、质量、安全等具体条件来确定。

5. 总工期

总工期 T 是指从第一个专业队投入流水作业开始,到最后一个专业队完成最后一个施工段工作退出流水作业为止的整个持续时间。有固定节拍流水作业的总工期可用公式计算,$T=(n-1)\times k+m\times t$。

如例 2.2 $T=(3-1)\times 4+3\times 4=20$ 天

三、流水作业分类简介

流水作业按流水节拍的表现规律,大致可分为两类。一类是有节拍流水,另一类是无节拍流水。前述的例子是一种典型的有节拍流水作业。实际中,由于市政工程结构的多样性和一次性,往往造成流水节拍、流水步距无规则,很难组织典型的流水作业。但即使是无节拍流水作业,也仍可以参照流水作业组织的方法步骤,取得较好的施工组织效果,所以工程施工应尽量采用流水作业组织施工。

流水作业按照工程段落来划分,可有分段流水和线性流水两种。前述的例子即是分段流水。所谓线性流水,适用于线型工程结构,即按照确定的流水方向,安排各作业组依次沿工程结构,以一定的速度连续不断地向前施工,直到工程结束。前述的例 2.2 也可以按线性流水组织施工,此时不再划分施工段,但各工序和相互作业组的划分同前,用带有里程坐标的垂直图表示为图 2.10。总工期也可用公式计算,此时,$m=1$、$n=3$、$k=4$、$t=12$、则 $T=(n-1)\times k+m\times t=(3-1)\times 4+1\times 12=20$ 天。

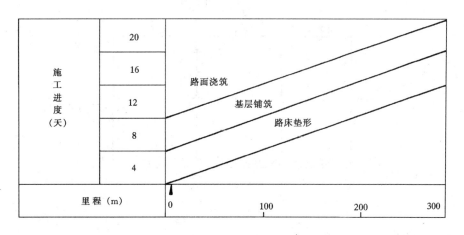

图 2.10 道路流水作业进度图(垂直图)

第 4 节 网 络 计 划

网络计划也称"网络图",是用来表达工作计划的一种工具,工程上用来表示工程施工的进度计划。它既是一种科学的计划方法,又是一种有效的施工管理方法。因此,网图应用十分广泛，在工业、农业、交通运输、高科技等领域都发挥着重要作用。

为了规范网络图的表达形式，建设部专门制定了《工程网络计划技术规程》（JGJ/T1001—91），该"规程"中规定了两种网络图的表达形式，一种是单代号网络，另一种是双代号网络。工程实际中绝大部分使用双代号网络，故本节只介绍双代号网络。

下面结合工程实例，并对照已熟悉的横道图来认识网络图。某道路工程有A、B、C三座结构相同的盖板涵洞，下部结构已完成，上部盖板采用现浇施工，并组织流水作业，每个盖板均分为三道工序：支模3天，扎筋2天，混凝土1天。本例中三座盖板涵洞的施工进度计划，既可以用横道图（图2.11）表达，也可用网络图（图2.12）表达。二者反映的内容相同，但形式不同。那么，网络图中各符号的含义、绘制方法是怎样的呢？下面作一详细介绍。

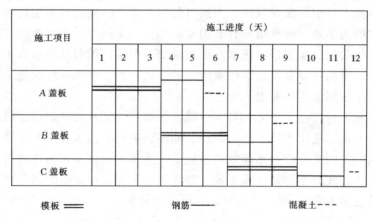

图2.11 横道图

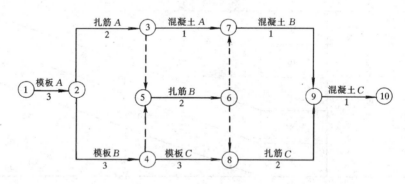

图2.12 网络图

2.4.1 网络图基本知识

如图2.12这种由若干表示工序的箭线（→）和节点（○）按照一定规则组成的图形称为网络图。其中每一道工序都用一个箭线和两个节点来表示，每个节点都必须编号，箭线前后两个节点的号码即代表该箭线所表示的工序，"双代号"的名称即由此而来。

一、箭线

1.在双代号网络图中，一条箭线表示一道工序（又称工作、作业、活动），如支模板、绑钢筋、浇混凝土，但所包括的工作范围可大可小，视情况而定。故一条箭线既可表示一道工序,也可表示一项复杂的施工过程,甚至一项工程任务,以下统称为"工序"。

2.每道工序都要占用一定的时间,一般地讲也要消耗一定的资源(如劳动力、材料、机具设备等)。因此,凡是占用一定时间的过程,都应作为一道工序来看待。

3.在无时间坐标的网络图中,箭线的长短并不反映该工序占用时间的长短。原则上讲箭线的形状怎么画都行,可以是水平直线,也可以画成折线,但是不得中断。在同一张网络图上,箭线的画法要求统一。图面要求整齐醒目,最好都画成水平线或带水平线的折线。

4.箭线所指的方向表示工序进行的方向,箭线的箭尾表示该工序的开始,箭头表示该工序的结束,一条箭线表示工序的全部内容。工序名称应注在箭线水平部分的上方,工序的持续时间(也称作业时间)则注在下方,如图2.13所示。

图2.13 工序的表示方法

5.两道工序前后连续施工时,代表两道工序的箭线也前后连续画下去。工程施工时还经常出现平行工序,平行的工序其箭线也平行的绘制。如图2.14所示。就某工序而言,紧靠其前面的工序叫紧前工序,紧靠其后面的工序叫紧后工序,与之平行的工序叫做平行工序,该工序本身则叫"本工序"。

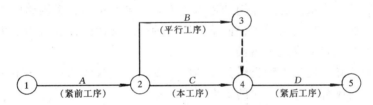

图2.14 工序的关系

6.在双代号网络图中,除有表示工序的实箭线外,还有一种带箭头的虚线,称为虚箭线,它表示一个虚工序。虚工序是虚拟的,工程中实际并不存在,因此它没有工序名称,不占用时间,不消耗资源,它的主要作用是在网络图中解决工序之间的连接关系问题。有关虚工序的性质、作用将在本节后面详细论述,虚工序的表示方法如图2.15(a)所示。在某些书中也有采用实箭线加注零时间表示的,如图2.15(b)所示。

图2.15 虚工序的表示方法

二、节点

1.节点就是网络图中两道工序之间的交接之点,用圆圈表示。在有的书上,也把节点称为"事件"。双代号网络图中的节点一般是表示前一道工序的结束,同时也表示后一道工序的开始。

2.箭线尾部的节点称箭尾节点,箭线头部的节点称箭头节点,前者又称开始节点,后者又称结束节点，如图 2.13（a）所示：ⓘ 为开始节点，ⓙ 为结束节点。

3．节点仅为前后两道工序交接之点，只是一个"瞬间"，它既不占用时间也不消耗资源。

4．网络图中第一个节点叫起点节点，它意味着一项工程或任务的开始，最后一个节点叫终点节点，它意味着一项工程或任务的完成，网络图中的其他节点称为中间节点。

三、节点编号

1．如前所述，一道工序是用一条箭线和两个节点来表示的。为了使网络图便于检查和计算，所以节点均编号，一条箭线前后两个节点的号码就是该箭线所表示的工序的代号。因此，一道工序用两个号码来表示，如图 2.13（b）中工序扎筋的代号就是 5—6。

2．在对网络图进行编号时，箭尾节点的号码应小于箭头节点的号码，如图 2.13（a）中所示：ⓘ 必须小于 ⓙ，即 $i<j$。

四、一道工序的完整表示方法

如图 2.13 中"扎筋"，在网络中该工序的开始节点编号为 5，结束节点编号为 6，持续时间为 2 天，则该工序的完整表示方法就是图 2.13（b）。

2.4.2 网络图的绘制方法

一、双代号网络图各种逻辑关系的正确表示方法

1．逻辑关系

逻辑关系是指根据施工工艺和施工组织的要求所确定的各种工序之间相互依赖和相互制约的一种先后顺序关系。各工序间的逻辑关系表达是否正确，是网络图能否反映工程实际情况的关键。如果逻辑关系错了，网络图中各种时间参数的计算就会发生错误，关键线路和工程的总工期跟着也将发生错误。

要画出一个正确地反映工程逻辑关系的网络图，首先就要搞清楚各道工序之间的逻辑关系，也就是要具体解决每个工序的下面三个问题：

（1）该工序必须在哪些工序之前进行？
（2）该工序必须在哪些工序之后进行？
（3）该工序可以与哪些工序平行进行？

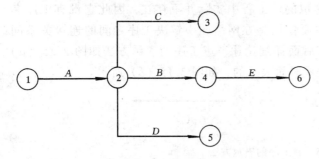

图 2.16　工序的逻辑关系

图 2.16 中，就工序 B 而言，它必须在工序 E 之前进行，是工序 E 的紧前工序；工序 B 必须在工序 A 之后进行，是工序 A 的紧后工序；工序 B 可以与工序 C、D 平行进行，是工序 C 和 D 的平行工序。这种严格的逻辑关系，必须根据施工工艺和施工组织的要求加以确定，只有这样才能逐步地按工序的先后次序把代表各工序的箭线连接起来，绘制成一张正确的网络图。

2．各种逻辑关系的正确表示方法

在网络中，各工艺之间在逻辑上的关系是变化多端的。表 2.4 所列的是网络图中最常见的一些逻辑关系及其表示方法。表中的工序名称以字母来表示。

二、虚箭线在双代号网络中的应用

常见逻辑关系表示方法　　　　　　　　　　　　　　　　　　表 2.4

序号	工作之间的逻辑关系	在网络图中的表示方法	说　明
1	A 的紧后工作是 B B 的紧后工作是 C	①—A→②—B→③—C→④	A、B、C 顺序作业
2	A 的紧后工作是 B、C、D E 的紧前工作是 B、C、D	(网络图：①—A→②，②经B、C、D 到⑤—E→⑥)	B、C、D 平行作业
3	A、B 都是 C、D 的紧前工作	(网络图：①、②汇于③，③分出C到④、D到⑤)	节点③正确表达了 A、B、C、D 之间的先后关系
4	A、B 都是 C 的紧前工作 D 只是 B 的紧后工作	(网络图：①—A→④—C→⑤，②—B→⑥—D→⑥，虚箭线③┄→④)	虚箭线③┄→④ "割断" 了 A 与 D 的衔接关系，即 A 与 D 无关
5	A 进行的途中 B 开始，B 最后完成	(网络图：①—A_1→②—A_2→③—A_3→⑤—B_3→⑥，③—B_1→④—B_2→⑤)	A、B 平行搭接
6	A、B 是 C 的紧前工作 B、D 是 E 的紧前工作	(网络图含虚工作②┄→④ 和 ②┄→⑦)	虚工作②┄→④ 使 C 受 B 的约束 虚工作②┄→⑦ 使 B、E "连接"
7	A 的紧后工作是 B、C B 的紧后工作是 D、E C 的紧前工作是 E D、E 的紧后工作是 F	(网络图含虚工作③┄→④)	虚工作③┄→④ "连接" B、E 同时又 "割断" C、D 实现 B、C 和 D、E 各自平行作业
8	A、B、C 都是 D、E、F 的紧前工作	(网络图：①经 A、B、C 汇于④，④分出 D、E、F)	虚箭线避免①、④两个节点之间出现多条箭线，满足绘图规则

通过上面介绍的各种工序逻辑关系的表示方法，可以清楚地看出，虚箭线不是一道正式的工序，而是在绘制网络图时根据逻辑关系的需要而增设的。虚箭线的作用主要是帮助正确表达各工序的关系，避免逻辑错误，也用来防止发生代号混乱的现象。现将虚箭线的应用列举如下。

1. 虚箭线在工序的逻辑连接方面的应用

绘制网络图时经常会遇到图 2.17 中的情况，A 工序结束后可同时进行 B、D 两道工序，C 工序结束后进行 D 工序。从这四道工序的逻辑关系可以看出，A 完成后其紧后工序为 B，C 完成后其紧后工序为 D，但 D 又为 A 的紧后工序，为了把 A、D 两道工序紧

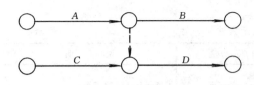

图 2.17 虚箭线的应用（一）

前紧后的关系连接起来，这里就需要引入虚箭线。因虚箭线的持续时间是零，虽然 A、D 间隔有一条虚箭线，又有两个节点，但二者的关系仍是在 A 工序完成后，D 工序才可以开始。

2. 虚箭线在工序的逻辑"断路"方面的应用

绘制双代号网络图时，最容易产生的错误是把本来不应发生逻辑关系的工序联系起来了，使网络图发生逻辑上的错误。这时就必须使用虚箭线在图上加以处理，以隔断不应有的工序联系，用虚箭线隔断网络图中无逻辑关系的各项工序的方法称为"断路法"。产生错误的地方总是在同时有多条内向和外向箭线的节点处（如图 2.16 中对于节点②而言 A 工序即为内向箭线，C、B、D 即为外向箭线），画图时应特别注意。只有一条内向或外向箭线的地方是不会出错的。

例如，绘制某基础工程的网络图，该基础共四道工序（挖槽、垫层、墙基、回填土），分两段施工，如绘制成图 2.18 的形式那就错了。因为第二施工段的挖槽（即挖槽 2）与第一施工段的墙基（即墙基 1）没有逻辑上的关系（图中用双线表示），同样第一施工段回填土（回填土 1）与第二施工段垫层（垫层 2）也不存在逻辑上的关系（图中用双线表示）。这是网络中的原则错误，它将会导致以后计算中的一系列错误。但是，在图 2.19 中

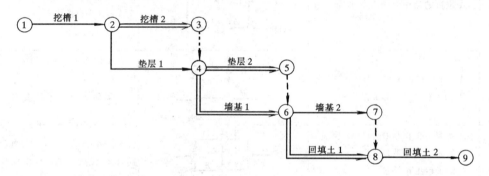

图 2.18 虚箭线的应用（一）（逻辑关系错误）

却发生了关系，直接联系起来了。上述情况如要避免，必须运用断路法，增加虚箭线来加以分隔，使墙基 1 仅为垫层 1 的紧后工序，而与挖槽 2 断路；使回填 1 仅为墙基 1 的紧后工序，而与垫层 2 断路。正确的网络图应如图 2.19 所示。这种断路法在组织分段流水作

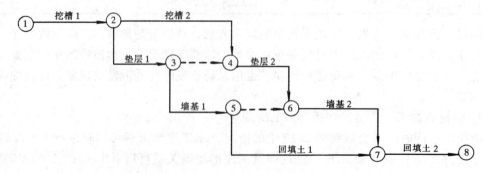

图 2.19 虚箭线的应用（二）（正确表达逻辑关系）

业的网络图中使用很多,十分重要。

3. 两道或两道以上工序同时开始和同时完成的,必须引进虚线工序,以免造成混乱。图 2.20 (a) 中,A、B 两道工序的箭线共用②、③两个节点,2—3 代号既表示 A 工序又可表示 B 工序,代号不清,这就会在工作中造成混乱。而图 2.20 (b) 中,引进了虚工序,即图中的②、③表式 A 工序,②、④表示 B 工序,前面那种两道工序共用一个双代号的现象就消除了。

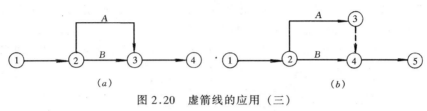

图 2.20 虚箭线的应用(三)
(a) 错误;(b) 正确

4. 虚箭线在不同工程项目的工序之间互相有联系时的应用

在不同工程项目之间,施工过程中的某些工序间有联系时,也可引用虚箭线来表示它们的互相关系。例如在两条单独的作业线(两项工程)施工中,绘制网络图时,把两条作业线分别排列在两条水平线上,如果两条作业线上某些工序要利用同一台机械或某一工人班组施工时,这些联系就应用虚箭线来表示。如图 2.21 所示。

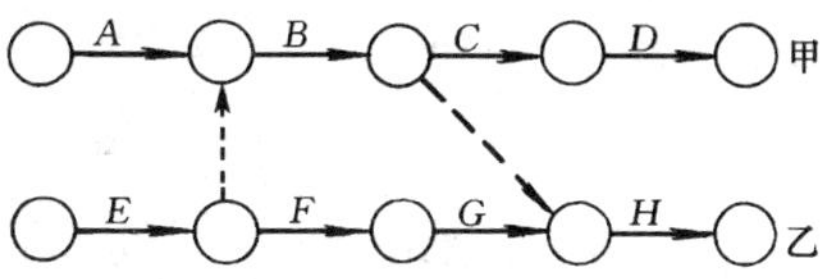

图 2.21 中,甲工程的 B 工序需待 A 工序和乙工程的 E 工序完成后才能开始,乙工程的 H 工序需待 G 工序和甲工程的 B 工序完成后才能开始。

图 2.21 虚箭线的应用(四)

综上所述,在绘制双代号网络图时虚箭线的应用是非常重要的,但应用又要恰如其分,不得滥用,因为每增加一条虚箭线,一般就要相应地增加节点,这样不仅使图面繁杂,增加绘图工作量,而且还要增加时间参数计算的工作量。因此,虚箭线的数量应以必不可少为限度,多余的删除。此外,还应注意在增加虚箭线后,要全面检查一下有关工序的逻辑关系是否出现新的错误,不要顾此失彼。

三、绘制双代号网络图的基本规则

绘制双代号网络图时,要正确地表示工序之间的逻辑关系和遵循有关绘图的基本规则,否则,就不能正确反映工程的工作流程和进行时间计算,绘制双代号网络图一般必须遵循以下一些基本规则:

1. 按工序本身的逻辑顺序连接箭线,在绘图之前,先确定施工顺序,明确各工序之间的衔接关系,根据施工的先后次序逐步把代表各道工序的箭线连起来,绘制成网络图。

2. 网络图中不允许出现循环线路

在网络图中如果从一个节点出发顺着某一线路又能回到原出发点,这种线路就称作循环线路。例如图 2.22 中的 2→3→5→2 和 2→4→5→2 就是循环线路,它表示的逻辑关系是错误的,在顺序上是相互矛盾的。

3. 在网络图中不允许出现代号相同的箭线

网络图中每一条箭线都各有一个开始节点和结束节点的代号,号码不得重复,一道工

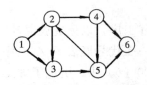

图 2.22 循环线路是逻辑错误

序只能有惟一的代号。例如：图 2.20（a）中的两条箭线在网络图中表示两道工序，但其代号均为 2—3，这就无法分清 2—3 究竟是代表哪道工序，这种情况正确的表示方法应该增加一个节点和一条虚箭线，如图 2.20（b）所示。

4．在一个网络中只允许有一个起点节点

在一个网络图中，除了起点节点外，不允许再出现没有内向箭线的节点。例如图 2.23 所示的网络图中出现了两个没有内向箭线的节点①、④，这是不允许的。如果遇到这种情况，最简单的办法就是像图 2.23（b）那样，用虚箭线把①、④连接起来，使之变成一个起点节点。在本例中，最好还是把多余的④节点删除，而直接把①、⑤两节点用箭线连接起来。

5．在一个网络图中，一般只允许出现一个终点节点

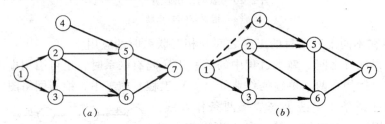

图 2.23 只允许有一个起点节点
（a）错误；（b）正确

在一个网络图中，除终点节点外，一般不允许再出现没有外向箭线的节点（除多目标网络图外）。例如，图 2.24（a）所示的网络图中出现了两个没有外向箭线的网络终点节点④、⑦，这是不允许的。如果遇到这种情况，最简单的办法就是增加虚箭线，像图 2.24（b）那样，使它变成一个终点节点。在本例中，最好是去掉多余的④节点，而直接把②、⑦节点连接起来。

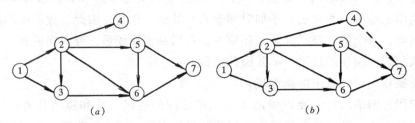

图 2.24 一般只允许有一个终点节点
（a）错误；（b）正确

6．在网络图中不允许出现有双向箭头的箭线或无箭头的线段。

用于表示工程计划的网络图是一种有向图，是沿着箭头指引的方向前进的，因此，一条箭线只能有一个箭头，不允许出现有双向箭头的箭线，如图 2.25 的 2—4 工序；同样也不允许出现无箭头的线段。

7．在一个网络图中，应尽量避免使用反向箭线，即图 2.26 中的虚箭线。因为反向箭线容易发生错误，可能会造成循环线路。在时标网络图中更是决不允许的。

8．在网络图中，尽可能避免交叉箭线，当交叉不可避免时，可采用图 2.27 所示的几

种表示方法。

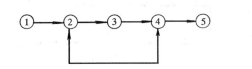

图 2.25 双向箭头和错误

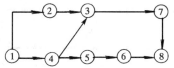

图 2.26 避免反向箭线

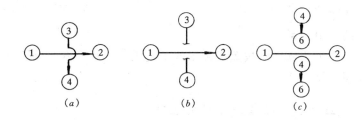

图 2.27 箭线交叉的表示方法
(a) 过桥法；(b) 断线法；(c) 指向法

四、网络图的编号

按照各道工序的逻辑顺序将网络图绘制好之后，即可进行节点编号。节点编号的目的是赋予每道工序一个代号，并便于对网络图进行时间参数的计算。当采用电子计算机进行计算时，工序代号更是绝对必要的。

1．网络图的节点编号应遵循以下两条规则：

（1）一条箭线（工序）的箭头节点的编号"j"应大于箭尾节点的编号"i"，即 $j>i$。编号时号码应从小到大，箭头节点编号必须在其前面的所有箭尾节点都已编号之后进行。如图 2.28 中要给节点③编号，就必须先给①、②节点编号。

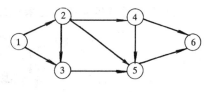

图 2.28 正确编号

（2）在一个网络图中，所有的节点不能出现重复的编号。有时考虑到可能在网络图中会增添或改动某些工序，故在节点编号时可预先留出备用的节点号，即采用不连续编号的方法，如 1，3，5 或 2，4，6…等等，以便调整，避免以后由于中间增加一道或几道工序而改动整个网络图的节点编号。

2．网络图节点编号的方法

网络图的节点编号除应遵循上述原则外，在编排方法上也有不同，一般编号方法有两种，即水平编号法和垂直编号法。

（1）水平编号法

水平编号法就是从起点节点开始由上到下逐行编号，每行则自左到右按顺序编排，如图 2.29 所示。

（2）垂直编号法

垂直编号法就是从起点节点开始自左到右逐列编号，每列则根据编号规则的要求或自上而下、或自下而上、或先上下后中间、或先中间后上下进行编号。如图 2.30 所示。

五、网络图绘制综合举例

现以本节三座涵洞施工网络图为例介绍其绘制过程。绘制时必须考虑施工工艺的逻辑

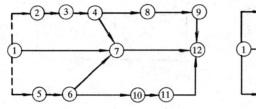
图 2.29 水平编号法

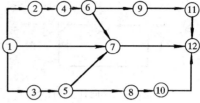
图 2.30 垂直编号法

顺序和作业方式的组织关系。

第一步：先考虑工艺顺序。按盖板施工的工艺顺序，水平方向分别排出 A、B、C 三个盖板的施工工序。见图 2.31。

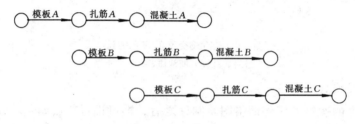
图 2.31 网络图（一）

第二步：再考虑组织顺序。根据 A、B、C 三个盖板流水作业的组织关系，用虚箭线将上下三层网络初步连接起来，见图 2.32。

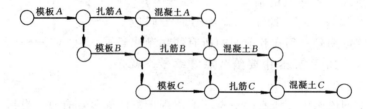
图 2.32 网络图（二）

第三步：全面检查。检查整个网络的施工工艺和施工组织的逻辑关系是否正确。从第三层检查即可，发现图中有两处错误，一是"模板 C"的紧前工序应该只有"模板 B"，而不应有"扎筋 A"。因"扎筋 A"与"模板 C"无论在工艺的先后关系，还是施工的场地、人员、组织方面均不发生联系。同理，"扎筋 C"的紧前工序只应有"模板 C"和"扎筋 B"，不应有"混凝土 A"修改的办法就是增加节点将错误的联系断开。修改后的网络见图 2.33。

第四步：整理编号。图 2.33 的网络图从逻辑关系而言已正确无误，但存在多余的虚工序，图面不简洁，不方便以后的时间计算，应将多余的虚工序去掉，同时可核对节点编号，见图 2.34。

至此，如没有其他方面的要求，图 2.34 的网络图可作为最后结果。在实际中为了突出表达施工计划的工期进度，常在网络图下面加注时间坐标。这时，就需要将网络图中水

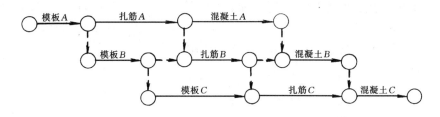

图 2.33 网络图（三）

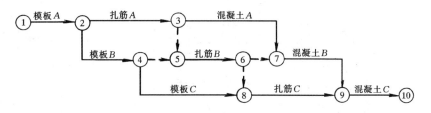

图 2.34 网络图（四）

平方向的虚箭线改画在垂直方向（因为虚工序不能占用时间）。就本图而言，最简单的做法是将④┄┄┄⑤和⑥┄┄┄⑦分别以⑤和⑥为中心转到垂直方向即可，再将图面调整到整齐、对称的位置。见图2.35。

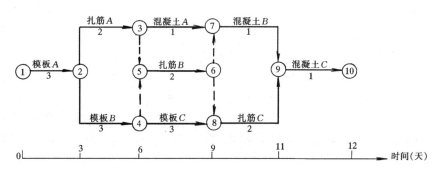

图 2.35 网络图

2.4.3 网络图时间参数的计算

一、基本概念

网络图的突出优点是各工序之间的逻辑关系清晰明确，但在施工进度方面没有横道图直观，更没有垂直图那样形象。为了更好地指导施工，需要了解各工序的具体开工时间、结束时间、控制工期的关键线路等。要回答这些问题，必须进行网络图的时间参数计算。

网络图的时间参数主要有：工序作业时间（T）；工序最早可能开始时间（ES）；工序最迟必须开始时间（LS）；总时差（TF）；自由时差（FF）；关键线路的持续时间（Lcp）；工序最迟必须结束时间（LF）；工序最早可能结束时间（EF）。实际工程中不必对上述时间全部计算，也完全能够满足工程需要，所以工序的最迟必须结束时间（LF）和工序最早可能结束时间（EF）就不作介绍了。

二、时间参数的计算

网络图时间参数计算方法有图算法和表格计算法两种,图算法就是直接在网络图上分析计算,并将结果标注在图上。表格计算法就是列表进行时间参数的计算,现以图 2.35 为例,介绍时间参数的图算法,并将计算结果标注如图 2.36 所示。

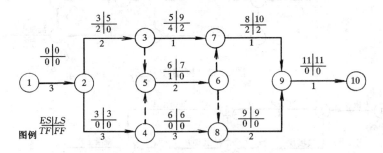

图 2.36 网络图时间参数计算(L_{op} = 12 天)

1. 工序作业时间:按照第 2 章 2.2.5 施工组织设计编制要点"(5)计算作业时间"的办法确定或根据施工经验估定。

2. 工序最早可能开始时间(ES)或简称工序最早开始时间。它是指该工序的所有紧前工序都施工完毕,则该工序才具备了开始工作的条件。网络图的第一道工序的最早开始时间规定为零,以后各序的最早开始时间 = 紧前工序的最早开始时间 + 紧前工序的作业时间。计算规则:

(1)从始点向终点用加法逐工序计算;

(2)当有多个紧前工序时,计算结果取最大值。

歌诀:最早开始从头算,紧前工序先算完,多个紧前取大数,平行工作同时间。"平行工作同时间",即是指凡从同一节点出发的工序最早开始时间都一样。

在本例中:工序②—③和②—④的最早开工时间都是一样的,都等于 0 + 3 = 3,同理工序③—⑦和④—⑧的计算方法一样,都是只有一个紧前工序。如工序③—⑦的最早开始时间 = 紧前工序②—③的最早开始时间 3 + ②—③工序的作业时间 2 = 5。但计算⑤—⑥工序时紧前工序有两个。按照"多个紧前取大数"的歌诀,取②—④工序计算,即,3 + 3 = 6。按此逐工序计算,最后工序⑨—⑩的最早开工时间为 11。

3. 总工期计算。至此可以计算本网络图的总工期(也就是关键线路的持续时间 Lcp),Lcp = 最后工序最早开始时间 + 本工序作业时间。结果为 12,同时标注在图的右下方。

4. 工序最迟必须开始时间(LS),简称工序最迟开始时间。它是指在不影响工程总工期的前提下,各工序最迟开始的时间。显然,计算工序最迟开始时间必须从终节点开始倒推往前计算。

最后一道工序的最迟开工时间就是总工期减最后工序的作业时间。若总工期另有规定,则按规定工期计算,否则就采用上述计算的总工期。

其他工序的最迟开始时间 = 紧后工序最迟开始时间 — 本工序的作业时间。

计算规则:(1)从终节点向始节点用减法逐工序计算;

(2)当有多个紧后工序时,计算结果取最小值。

歌诀:最迟开始倒着找,紧后工序先算好,多个紧后取小数,减去作业就正好。

在本例中，最后工序⑨—⑩的最迟开始时间为 12-1=11，工序⑦—⑨和⑧—⑨的计算方法相同，如工序⑧—⑨的最迟开始时间＝工序⑨—⑩的最迟开始时间 11—本工序⑧—⑨的作业时间 2=9。工序⑤—⑥的计算有两个紧后工序，按照歌诀"多个紧后取小数"的规则，应取工序⑧—⑨的最迟开始时间计算，结果是 9-2=7。其他工序的结果如图 2.36 所示。

需说明的是，各工序最早或最迟开始时间计算数值指的是该数值的终了时刻，如工序⑤—⑥的最早开始时间 6，意为第 6 天末开始，实际意义即为第 7 天一上班开始。造成这一问题的原因是第一道工序最早开始时间作了零的规定，这样规定的好处是计算简单，更重要的是总工期的实际天数与计算值吻合。

5. 总时差。就是一个工序拥有的最大限度的机动时间，所谓机动就是说它可以在开始时间上机动，也可以在作业时间上机动。

总时差＝最迟开始时间－最早开始时间。本例中③—⑦工序的总时差为 9-5=4。说明工序③—⑦有 4 天机动时间，④—⑧工序总时差为 6-6=0，说明该工序无机动余地。总时差为零的工序能否按时开工，就决定了总工期能否按期完成。所以我们把总时差为零的工序称为关键工序，总时差不为零的工序称非关键工序。

6. 自由时差。自由时差是属于总时差的一部分。自由时差＝紧后工序最早开始时间－本工序最早开始时间－本工序作业时间。它是在保证紧前、紧后工序都能在最早开始时间作业的条件下拥有的机动时间。如本例中工序③—⑦的自由时差为 8-5-1=2，工序②—③的自由时差取③—⑦紧后工序计算，为 5-3-2=0。注意，不能取⑤—⑥这个紧后工序计算。凡是总时差为零的工序，自由时差也为零，不必计算。

7. 关键线路：在网络图中，凡是由关键工序连通的线路，称为关键线路。关键线路是施工进度控制的重点，应醒目注明，一般可以画双线或涂为红色。本例中的①—②—④—⑧—⑨—⑩是关键线路。关键线路上各工序作业时间的总和就是网络图的总工期，即，$Lcp = 12$ 天。

三、时差和关键线路的工程意义

1. 时差：总时差或自由时差都是机动时间，不同的是，总时差是相邻的紧前、紧后工序共有的机动时，也可以认为是某条线路的机动时间，而自由时差是专属于该工序的机动时间，相邻工序不能共用。计算网络图时差的意义在于利用时差，施工中可以考虑将非关键工序的资源调给关键工序使用，以达到压缩工期的目的。如调非关键工序上的人员、机械或调整非关键工序的开工时间，使整个工程的施工力量、材料消耗不会过分集中，取得均衡协调的效果。非关键工序的自由时差要及时使用，因为它不可以给后面的工序使用。也就是说它不能转移和储备，到时不用，过期作废。

2. 关键线路。网络图中的线路有若干条，一般关键线路只有一条，但在施工中如果某些非关键工序的时差被用尽，则也会变成关键工序，从而使网络图有多条关键线路。一旦出现这种情况，说明该工程施工就变得非常紧张。关键线路是整个工程进度控制的主线，施工管理人员必须心中有数：关键线路上任一工序的工期拖延一天，那么总工期就延长一天；关键线路上任一工序的工期提前一天，则总工期就提前一天。关键线路如此重要，所以也有人将网络计划称为"关键线路法"。作为施工技术人员应时刻关注关键线路，充分利用时差，积极采用新工艺、新技术，努力确保合同工期按时完成或提前完工。

第5节 流水作业网络计划

流水作业网络计划方法是20世纪70年代末与80年代初由我国土建施工组织与管理人员研究出的一种新型网络计划方法。它针对我国建筑业多年应用推广网络计划方法中，遇到的流水作业网络计划问题，结合计划管理的实际情况和施工条件，综合运用流水施工原理和网络计划技术，开发研究的一种新型进度控制方法。

2.5.1 流水施工网络图

一般网络计划方法应用于流水施工时，尽可能使工作连续，以便加快施工进度，缩短工期，而在施工组织上不考虑各专业队能否连续施工．如果采用双代号网络图表示流水施工进度计划时，则必须把一道工序分割成为几个完全独立的工序，因而使计划变得相当复杂，计算工作量大，使用不便。而施工组织上保证专业和机械连续作业又是流水施工的核心。

下面举例说明如何利用网络计划满足流水施工组织的要求，并充分发挥两者的优点。

例如，某项工程分为4个施工段，该工程分解为 A、B、C 三道工序，分别组织3个专业队进行流水施工，各道工序在每个施工段的作业持续时间如表2.5所示。

各工序在各个施工段上的持续时间　　　　　表2.5

工序	各施工段的作业时间（d）			
	Ⅰ	Ⅱ	Ⅲ	Ⅳ
A	2	3	4	2
B	2	2	3	3
C	3	3	3	2

一、组织流水施工

1．计算流水步距 K

相邻两工序之间的流水步距按累计数列错位相减取大差法计算。

$K_{A,B}$ 如下，则 $K_{A,B}=4$ d　　　　　　$K_{B,C}$ 如下，则 $K_{B,C}=2$d

$$\begin{array}{r} 2,\ 5,\ 8,\ 10 \\ -)2,\ 4,\ 7,\ 10 \\ \hline 2,\ 3,\ 4,\ 3,\ -10 \end{array} \qquad \begin{array}{r} 2,\ 4,\ 7,\ 10 \\ -)3,\ 6,\ 9,\ 11 \\ \hline 2,\ 1,\ 1,\ 1,\ -11 \end{array}$$

2．计算总工期 T

$$T = \Sigma K + T_n = K_{A,B} + K_{B,C} + (3+3+3+2) = 17 \text{ d}$$

式中　$K_{A,B}$——相邻 A、B 两工序之间的流水步距；

$K_{B,C}$——相邻 B，C 两工序之间的流水步距；

T_n——末道工序各流水段上流水节拍之和。

3．绘制无节拍流水施工进度横道图（图2.37）。

二、流水作业双代号网络图及时间参数计算

根据表2.5可绘出一般双代号网络图并计算时间参数，如图2.38所示，总工期为16d。

工序或专业队	施 工 进 度																
	1	2	3	4	5	6	7	8	9	10	11	12	13	14	15	16	17
A		Ⅰ		Ⅱ			Ⅲ			Ⅳ							
B						Ⅰ		Ⅱ				Ⅲ		Ⅳ			
C								Ⅰ				Ⅱ			Ⅲ		Ⅳ

图 2.37 流水作业横道图

由图 2.38 可以看出，专业队 A 只有按最早时间在各施工段上开始工作才能做到连续施工；专业队 C 必须按最迟开始时间工作才可不间断地进行；而 B 专业队不管按最早或最迟开始时间进行，均不能实现连续施工。

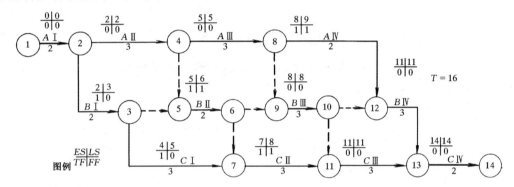

图 2.38 流水作业双代号网络图

三、表达流水施工组织的双代号网络图

目前使用的网络计划方法不能表达流水作业计划，其惟一的原因是没有反映流水施工组织的要求，两相邻工序的最早开始时间不是按流水步距计算确定的。如果把流水步距这个因素加入到一般双代号网络图中，那么，只要所有的工序均按最早开始时间施工，则所有专业队都能连续作业，从而形成表达流水施工组织的双代号网络图，见图 2.39 所示，其计划工期为 17 天。

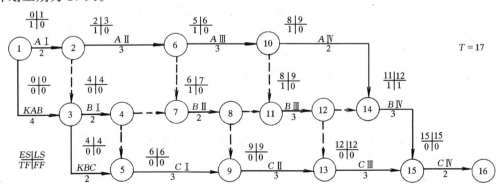

图 2.39 引入流水步距的双代号网络图

由此可见，要使网络计划满足流水作业的要求，只要把流水步距的概念引入网络计划方法中，就能使流水作业和网络计划的优点兼而备之。

2.5.2 流水箭杆网络图

双代号网络图表达流水作业施工进度计划十分繁琐，为了简化网络图，取消其虚箭杆，可采用流水箭杆网络图。

一、流水箭杆和时距箭杆

1．用一根箭杆表示一道工序在各个施工段上的连续施工，称此作业箭杆为流水箭杆。流水箭杆的图形如图 2.40 所示。

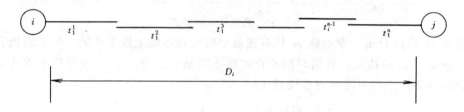

图 2.40 流水箭杆意图

2．在两根流水箭杆之间，画时距箭杆进行逻辑联系，以取代被取消的虚箭杆的功能。时距箭杆如图 2.41 所示。

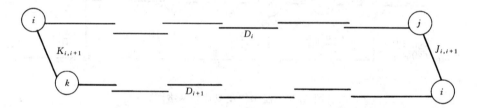

图 2.41 时距箭杆示意图

图中 $K_{i,i+1}$：开始时距箭杆，表示本工序流水箭杆 i 开始多少时间后才能进行紧后工序流水箭杆 $i+1$；$J_{i,i+1}$：结束时距箭杆，表示本工序流水箭杆 i 完成多少时间后才能进行紧后工序流水箭杆 $i+1$；i：本工序的编号；$i+1$：紧后工序的编号。

二、流水网络简化图

根据流水作业双代号网络图的一般形式，引入流水箭杆和时距箭杆后，可对流水作业网络图进行简化，形成简化的流水网络计划图。流水作业网络图 2.39 可简化成图 2.42。

2.5.3 流水网络图时间参数的计算

流水作业双代号网络图，引用流水箭杆和时距箭杆形成简化的流水网络图，可按下列原则和顺序计算各项时间参数。

一、计算流水箭杆的施工持续时间 D_i

流水箭杆的施工持续时间，相当于流水施工中工序专业队的持续时间。

1．在有节拍流水网络中

$$D_i = mt_i$$

式中 m——流水作业的施工段数；

t_i——某工序 i 在施工段上的流水节拍。

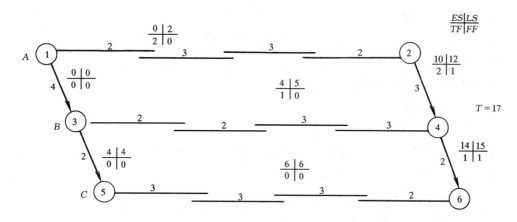

图 2.42 简化的流水网络图

2. 在无节拍流水网络中

$$D_i = t_i^1 + t_i^2 + \cdots + t_i^{m-1} + t_i^m$$

式中 t_i^{m-1} 某工序 i 在第 $(m-1)$ 施工段上的持续时间；

其他符号意义同上。

二、计算时距箭杆

1. 计算开始时距 $K_{i,i+1}$，流水网络图中开始时距 $K_{I,I+1}$ 的计算与流水作业原理中流水步距的计算完全相同。最简单的计算方法为：相邻工序的专业队作业时间累加数列错位相减取大差法。

2. 计算结束时距 $J_{i,i+1}$

无论是有节拍流水作业，还是无节拍流水施工，结束时距 $J_{i,i+1}$ 均按下式计算

$$J_{i,i+1} = t_{i+1}^m + t_g$$

式中：t_{i+1}^m——工序 $(i+1)$ 在第 m 施工段上的持续时间；

t_g——工序 i 与工序 $(i+1)$ 之间的工序间歇时间。

三、计算时间参数

在流水箭杆网络图中，流水箭杆的最早开始时间、最早完成时间，最迟开始时间、最迟完成时间，总时差和自由时差的计算方法和计算步骤与一般双代号网络图完全一样。

四、计算示例

现以图 2.42 为例，计算流水网络图时间参数如下：

1. 计算流水箭杆的持续时间 D_i

$$D_A = 2 + 3 + 3 + 2 = 10d$$

$$D_B = 2 + 2 + 3 + 3 = 10d$$

$$D_C = 3 + 3 + 3 + 2 = 11d$$

2. 计算开始时距 $K_{i,i+1}$

开始时距 $K_{A,B}$ 和 $K_{B,C}$ 采用前述计算结果，即

$$K_{A,B} = 4d, K_{B,C} = 2d$$

3. 计算结束时距 $J_{i,i+1}$

$$J_{A,B} = t_b^m + t_g = 3 + 0 = 3d$$
$$J_{A,B} = t_c^m + t_g = 2 + 0 = 2d$$

4. 计算各项工作时间参数

$ES_A = 0 \quad ES_B = ES_A + K_{A,B} = 0 + 4 = 4$

$ES_C = ES_B + K_{B,C} = 4 + 2 = 6$

$ES_{(1,2)} = 0 \quad ES_{(2,4)} = ES_{(1,2)} + D_A = 0 + 10 = 10$

$ES_{(3,5)} = ES_A + K_{A,B} = 0 + 4 = 4$

$ES_{(4,6)} = \max\begin{Bmatrix} ES_{(2,4)} + J_{A,B} = 10 + 3 = 13 \\ ES_B + D_B = 4 + 10 = 14 \end{Bmatrix} = 14$

$T = \max\begin{Bmatrix} ES_{(4,6)} = J_{A,B} = 14 + 2 = 16 \\ ES_C + D_C = 6 + 11 = 17 \end{Bmatrix} = 17$

$LS_C = T - D_C = 17 - 11 = 6$

$LS_{(4,6)} = T - J_{B,C} = 17 - 2 = 15$

$LS_{(3,5)} = LS_C - K_{B,C} = 6 - 2 = 4$

$LS_B = LS_{(4,6)} - D_B = 15 - 10 = 5$

$LS_{(2,4)} = LS_{(4,6)} - J_{A,B} = 15 - 3 = 12$

$LS_A = LS_{(2,4)} - D_A = 12 - 10 = 2$

$LS_{(1,3)} = \min\begin{Bmatrix} LS_B \\ LS_{(3,5)} \end{Bmatrix} - K_{A,B}$

$\quad\quad\quad = \min\begin{Bmatrix} 5 \\ 4 \end{Bmatrix} - 4 = 0$

$TF_A = LS_A - ES_A = 2 - 0 = 2$

$TF_C = LS_C - ES_C = 6 - 6 = 0$

$TF_{(4,6)} = LS_{(4,6)} - ES_{(4,6)} = 15 - 14 = 1$

$FF_A = ES_{(2,4)} - ES_A - D_A = 10 - 0 - 10 = 0$

$TF_C = T - ES_C - D_A = 17 - 6 - 11 = 0$

$FF_{(4,6)} = T - ES_{(4,6)} - J_{B,C} = 17 - 14 - 2 = 1$

以上计算结果标注在图 2.42 中的"+"栏内。

第6节 分部工程作业计划

施工组织设计是从工程全局考虑的施工总体部署,是对整个施工项目的总体控制计划。总体控制计划能否实现,需要施工企业进一步逐月将工程施工任务分解落实,即需要进一步编制月度工程施工作业计划,在此基础上,各作业班组负责人下达施工任务单,将工程施工作业落实到每天的日常工作中。月度施工作业计划的核心是各分部工程作业计划。

2.6.1 作业计划的编制依据

1．工程施工部位的结构详图。
2．施工组织设计和工程预算的有关内容。
3．现有主要施工机械，劳动力（包括主要工种）的数量状况。
4．上月完成情况及本月工程部位的进度计划与要求。
5．项目部或监理工程师的有关指示、要求。

2.6.2 作业计划编制的主要内容

1．分部工程项目、工程量、劳动力及开工、完成日期。
2．分部工程的施工进度计划。主要表达分部工程中各分项工程的进度安排及其衔接配合关系。
3．劳动力平衡计划。包括各主要工种现有人数、计划需要人数和劳动力调配措施等。
4．机械设备配置计划。包括机械设备的规格、名称、数量、进退场时间等。
5．主要材料需用量计划。包括主要材料、半成品的数量、规格、时间等。

2.6.3 作业计划的编制步骤

1．确定施工作业方案。应根据分部工程的结构特点、质量要求、工艺原则、工期限制等确定。分部工程有路基土方、排水工程、路基路面工程，沿线小型人工结构物等。
2．划分施工工序。
3．计算工程量。
4．计算劳动量。
5．计算作业时间。
6．编排作业进度计划。
7．编制其他计划。

2.6.4 施工作业方案

道路工程施工作业方案，就是在整个工程施工组织设计控制的框架之下，进一步考虑各分部工程施工组织的安排部署。根据道路土石方和排水工程、路基路面工程、沿线其他小型构筑物在整个工程项目中所限定的工期要求和任务分工，划分分项工程的施工项目，确定施工顺序和施工方法。由于所针对的作业内容是具体明确的分项工程，所以在作业方案确定时还必须满足施工质量、安全、工艺方面的要求，同时应兼顾施工企业的经济效益。

一、路基土石方和排水管道的施工组织

1．路基土石方和排水管道施工组织的基本问题

（1）土石方调配。根据路基横断面计算出土石方的"断面方数"，经复核完毕后，即可进行土石方调配。调配时需考虑技术经济条件，尽量在经济合理的范围内移挖作填，使路堑和路堤中土石方数量达到平衡，减少废方与借方。在全部土石方合理调配后，即可得出路基土石方施工方数。

在平原地区的路基施工中，路基填方为主导工序，土方调配应重点处理好摊铺、碾压以及与桥涵施工的关系，做到分段施工，使工作面得到充分利用。

（2）路基土方施工组织。按照土的种类、土方数量、运距、施工机械等具体条件，并

根据工程期限和各种施工方法的技术经济指标来决定施工方法，正确地选用土方机械，并据以进行土方调配。土方调配与施工方法的选择二者密切相关，互为影响，必须同时考虑，最后的调配结果应与所选用的机械的经济运距相适应。现场施工，应根据施工进度计划所安排的施工方法、施工期限、施工程序来进行。每一施工工地应按照所规定的施工程序，将路基土石方专业施工队所承担的施工地段，具体按各种土方施工机械（如推土机、铲运机、挖土机等）所施工的地段划分为施工分段，该施工分段将开挖路堑与填筑路堤的地点规划在一段，成为完整的挖、运、填、压的工作循环。

（3）排水管道施工。排水管道施工一般的施工程序是挖槽—基础—安装（及砌井）—闭水试验—回填。从施工方法而言可选择机械开挖或人工开挖，但必须结合土质、地下水、开挖深度考虑是否需设支撑，以及支撑后对施工方法的影响，综合考虑后确定经济高效的作业方式。管道安装应确定安装进行的方向，一般井段之间应自下游向上游进行，这样方便承插管的套接并易保证质量。

（4）路基土方与排水管道施工的协调配合。路基土方与排水管道施工交互进行，为保证施工质量和防止相互干扰，应考虑好两者的协调配合。原地面高于路基设计标高的地段，先进行路基土方施工至设计标高，然后再进行排水沟槽开挖；原地面低于路基设计标高但高于管顶标高的路段，先进行排水施工，然后再进行路基土方填筑；原地面低于管顶标高的路段，先进行路基土方填筑至管顶以上，再进行排水施工。

2．路基工程施工作业计划的编制

对重点土石方工程应按个别工点为对象进行编制，对一般工程则可按地段（如工程段）进行编制。

（1）研究分析有关资料，全面了解工程情况和施工条件；

（2）结合当地具体情况，选择施工方法，确定土方调配方案、工点划分和施工顺序；

（3）按照施工方法及土方调配资料，查有关技术定额，计算劳动力工日数和施工机械的台班数；

（4）安排施工进度计划，计算各施工分段所需工期，并安排各分段开工、竣工日期；

（5）编制劳动力、施工机械、机具和材料的供应计划；根据以上计算结果可进一步计算配合机械施工的人工辅助作业所需的人工数量（如路基整修、排水设施等）；根据所计算的主导机械需要量，计算出辅助机械需要量，对于施工机械应适当编制备用量；

（6）按照施工进度计划及劳动力和施工机械的分布情况，确定生活供应、材料供应、机械修理等组织工作及机械分布，并计算临时房屋需要量和机械设备的需要量。

二、路面基层与面层的施工组织

1．路面施工组织的特点

（1）路面除了基层或面层的构造有变化外，每公里的工作量大致是相同的。因此，路面工程队就可以保持比较固定的组织，就能按更均衡的流水速度向前推进。

（2）路面工程要用许多材料，因此路面的施工必须和加工与储存这些材料的基地密切联系。组织路面施工时，也应考虑基地工作情况。例如，计算沥青摊铺机的数量时，必须考虑有机结合料基地的位置；决定沥青混凝土面层的施工流水方向时，也应当考虑沥青混凝土工厂所在地点的影响。

（3）在设计路面施工日程以及各工序的推进速度时，必须考虑路面施工的特殊技术要求。例如，沥青类路面不宜在过低的气温时施工，因此，路面施工就要安排在气温高于最低限值的时期内。又如，施工深贯入式路面时，上层嵌缝料的摊铺与碾压必须在主层所贯入的结合料凝结之前完成，因此上层的摊铺与碾压就必须符合一定的速度要求。

(4) 由于路面用料数量很大，以及对于下面各层的平整度有一定的要求，所以对堆料地点、运料路线以及机械的行驶路线都应予以适当的规定，即做好工地布置。例如，天然砂砾基层的用料可以随运随铺；需要人工掺配的材料，则应预先预定数量运至路基两侧堆放，以备用。

(5) 修筑不同的基层或面层时，要根据各工序的繁重程度以及所遇到的具体情况，决定哪种机械是主要机械。例如，建造贯入式路面或碎石路面时，大多数以压路机为主要机械；而修筑沥青土基层时，大多数以平地机（或犁拌机具）为主要机械。

2．路面工程施工作业计划

(1) 根据设计路面的类型，进行料场勘察与选择，确定材料供应范围及加工方法；
(2) 选择施工方法和作业工序；
(3) 计算工作量；
(4) 编制流水作业图，布置工地，组织工程队；
(5) 编制工程进度日程图；
(6) 计算所需资源（劳动力、机械、材料）及平衡分期的需要量，编制材料运输日程计划。

三、小型人工结构物的施工组织

1．小型人工结构物施工组织的特点

道路工程小型人工建筑物主要有小桥、涵洞等，这些结构物施工比较简单，但沿线的数量却不少，在型式构造上比较相似，大多采用装配式结构。因此，在施工组织中是列入路线工作来考虑的。而大型桥梁及施工条件较复杂的中桥则为集中工程，单独进行施工组织设计。在流水作业法施工中，负责建造人工结构物的工程队要比路基工程队早期进入施工的线路上，各处的人工构造物应依次在路基工程队到达之前完成，以保证路基和路面的施工能够连续不断地向前推进。

2．桥涵建筑的施工组织

与路基、路面的施工组织相同，内容包括：选定施工方法并拟定和排列各工序，计算各工程队或工序的工作量，编制流水作业图及施工现场布置图，组织施工队，编制工程进度日程图表，计算所需的资源和平衡各期的需要量。

(1) 施工方法与施工顺序。施工方法与顺序实际上已被结构设计大体决定。例如，桥梁主体工程包括下部工程、上部建筑以及附属工程（河床加固、锥体护坡等）。而桥墩（台）的施工顺序为：挖基、立模板、基础片石混凝土、基坑回填土、墩（台）身混凝土、绑扎钢筋、墩（台）帽钢筋混凝土、锥体填土、浆砌片石护坡。又如涵管的施工顺序为：挖基、砌基础、安装管节、砌洞口、防水层、进出口铺砌、回填土。在结构设计所限定的范围内，根据现有的机具、现场的地形、施工期限等具体条件，在几种可能的施工方法中进行选择。例如，挖基坑的工作，可以用人工挖基坑，也可用挖掘机施工。又如吊装涵管可以用汽车式起重机，也可以用龙门起重机或木支架吊装，在决定时要兼顾可能性与经济性。

(2) 计算工程量。在确定工序以后，可以根据施工图纸或通过计算，求出各工序的工程量。项目的划分要结合工种与工程队的划分与组织情况，并与所用的定额中的划分项目所包括的内容相一致。

(3) 施工现场布置。施工现场布置得妥当与否，直接影响到工程造价和施工期限。布置时首先要考虑材料和机具堆放的地点，即要尽量接近施工地点，又要避免占用即将施工的位置，当然也要考虑堆料地点是否有被水淹没的危险。现场的布置，要照顾各工种作业间的相互关系及其连续性。

(4) 组织工程队。有了以上所确定的一些资料，就可以组织工程队。工程队可以分为综合工程队和专业工程队两类。综合工程队负责施工一整套工作的几道工序，专业工程队只负责做一二种有关的工序。例如，在组织安装预制圆管的工作时，可以组织综合工程队，负责挖基坑、浇注基础混凝土、安装管节、做防水层及回填土等一整套若干工序，也可以组成几个专业工程队，一队负责挖基坑，二队负责浇注基础，三队负责拼装等。在综合工程队中，工人有更多的机会调换着另一个专业的工作，各工序的衔接可以更紧凑。根据我国现有经验，一般都是采用综合工程队的组织形式。但综合工程队也须调度适当，以避免一部分工人或设备发生窝工现象。如果采用的调度措施尚不能避免不合理的窝工现象时，则有必要组织专业工程队。

工程队内的员工和设备的配置情况须视工作情况、要求的工作速度和生产量等条件而定。即使是在专业工程队中，也不可能只配备同一工种的工人。也还需要配备主要工种的工人和辅助工种的工人，这样就可以避免有时使工人做他所不熟悉的工作，也可避免使技术工人去做普通工人的工作。所配备的工人与机械数量是否合适，则应当根据工作量和生产率加以核算。核算时不应专就一座涵管或一座桥梁来考虑，而应当从整个路段中的这类工作来考虑。

(5) 计算工作延续时间。上述工作完成以后，就可以根据工作量和工程队的生产率，计算出每座桥涵上各部分工作所需的延续工作时间，按照总日程图中所提出的日程范围，以及工程队负责施工的各桥涵的先后顺序，排定各桥涵或各部分的施工日程图。

(6) 计算资源的分期需要量。按照施工图和施工日程图算出分期（分月）的各种劳动力、各种材料和各种机械设备的需要量，并检查其平衡情况。如果平衡情况有不合理处，就需要修改施工日程或另寻解决方案。计算劳动力的分期需要量时，应把各工种的人数分别列出，工作性质相近工种的劳动力，则有互相调剂的可能性。在机械设备方面，在工作量较小的工种中，希望采用可以做几种不同工作的机械。例如，起重机既可以用来起吊，也可以改装为挖土机或小型打桩机。编制材料的分期需要量时，应结合考虑自采砂石材料的开采进度和自采及外运材料的运输能力。这些材料的初期需要量不宜太大，以免使开采和运输工作供不应求。对于材料，还应算出逐期的累计需要量，以控制材料的调拨与开采。

2.6.5 施工作业计划编制实例

一、工程概况

某道路工程，沿线工程项目有涵洞工程，污水管道工程、雨水管道工程，挡土墙结构及路基路面工程。施工组织设计确定的施工进度网络如图2.43，合同总工期为86天。其中污水管道分部工程全长120m，土质为红色粉质黏土，每40m设检查井一座，排水管为

$D=300$ 钢筋混凝土预制管。污水管道工程必须在路基填筑前完成,安排在 6 月 1 日开工,计划工期 35 天。该污水管道分部工程的作业计划编制如下:

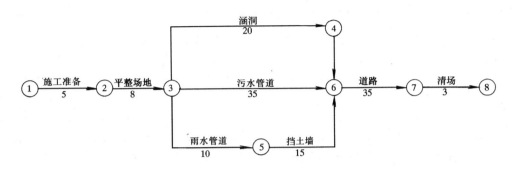

图 2.43 某道路工程网络图

二、施工方案

1. 污水管道施工总体采用分段流水作业施工,具体考虑以检查井为界分三段安排流水作业,流水方向沿道路前进方向进行。

2. 由于当地劳动力多,该分部工程考虑以人工施工为主,工地在市区范围内,故现场不设混凝土搅拌机,采用商品混凝土直接供应。沿线管道开挖深度在 2—3m 内,为保证安全,故考虑设支撑开挖。

3. 由于工期紧张,施工期间不考虑节假日休息,必要时可安排多班作业。

三、划分施工项目

即列出该分部工程的分项。根据施工图、施工工艺程序,结合《××省市政工程单位估价表》的定额子目,分别列出各分项工程见表 2.6。考虑到施工作业的配合及施工作业队的组织问题,将相关项目合并,其中将"挖沟槽土方"和"沟槽木板疏撑"两个子目合并为一项,称为"挖沟槽";"现浇 C20 混凝土套环"、"D300 平接式混凝土管铺设"和"污水检查井砌筑"3 个子目合并为一项,称为"管道铺设",并建立综合施工作业组,主要由技术工人负责施工。各分项工程的施工工艺程序为:挖沟槽→管道基础→管道铺设→闭水试验→回填夯实。

四、计算工程量

各分项工程量计算以施工图纸提供尺寸为准,结合定额工程量计算规则分别计算,汇总于表 2.6 中。

劳 动 量 计 算 表 表 2.6

定额编号	分 项 工 程	工程量	定额单位	时间定额	劳动量(工日)
粤 1~5	挖沟槽土方(3m 内、带支撑)	5.73	100m³	85.90	492.2
1~229	沟槽木板疏撑	6.72	100m²	16.62	111.7
补 2~14 换	D300 平接式管道基础(C20 混凝土)	1.20	100m³	61.24	73.5
补 2~43	D300 平接式混凝土管铺设	1.20	100m	10.75	12.7
6~395	现浇 C20 混凝土套环	0.20	10m³	27.10	5.4

续表

定额编号	分项工程	工程量	定额单位	时间定额	劳动量（工日）
补(2~103)+ (补2~104) ×8.5	污水检查井(ϕ1000)砌筑（平均井深2.85m）	4	座	8.63	34.5
补2~153	闭水试验	1.20	100m	29.27	35.12
粤1~29	回填夯实	5.32	100m^3	26.59	141.5
	合计				911.40

五、计算劳动量、主要材料、机械台班数量

1．计算劳动量

按照列出的分项工程，套用"××省市政工程单位估价表"相应子目，将查得的时间定额值填入表2.6，则劳动量＝分项工程量×时间定额。如"挖沟槽"劳动量＝5.73×85.9＝492.2（工日）

2．主要材料用量计算

根据施工方案确定的使用商品混凝土的方案，主要材料不再列出水泥、砂、石等材料。各分项工程需要的主要材料数量＝分项工程量×材料消耗定额值。计算结果汇总于表2.7中。

主要材料半成品数量计算表　　　　表2.7

分项工程	原木 m^3	枋材 m^3	板材 m^3	C20混凝土 m^3	1:2水泥砂浆（m^3）	混凝土管材（m）	砖（千块）
沟槽木板撑	1.52	0.34	1.61				1.26
D300平接式管道基础				0.41	13.31		
D300平接式混凝土管铺设					0.18	121	
现浇C20混凝土套环				0.16	2.04		
污水检查井(ϕ1000)砌筑				1.08	0.62		5.0

3．机械台班用量计算

计算方法与材料用量的计算相同。各分项工程机械台班＝分项工程量×台班定额，计算结果汇总于表2.8。

机械台班计算表　　　　表2.8

分项工程	扦入式振捣器（台班）	翻斗车（台班）	电动打夯机（台班）
D300平接式管道基础	1.16	2.32	
回填夯实			47.88

六、计算作业时间

工地现有作业人员情况为：土方工程队34人，混凝土工6人，技术工6人。根据以上施工队基本条件，按照施工方案确定的分三段流水作业的组织方式，进行各分项工程作业时间试算：

1．挖沟槽（492.2＋111.70）÷34人＝17.76（天）
　　　每段挖沟槽作业时间为17.76÷3＝5.29≈6天
2．管道基础：73.5÷6人＝12.25天
　　　每段管道基础的作业时间为：12.25÷3＝4.08≈4天
3．管道铺设（12.7＋5.4＋34.5）÷6人＝8.77天
　　　每段管道基础的作业时间为8.77÷3＝2.92天≈3天
4．闭水试验：

为检验预制管本身的质量，管道铺设时的施工质量和检查井的砌筑质量，污水管道必须做闭水试验，从技术工艺要求考虑，安排3天完成。则所需技术工人数为35.12÷3天＝11.71≈12人（可调配混凝土工配合作业）。

5．回填夯实：

全线回填考虑安排34人作业，则作业时间为：141.5÷34人＝4.16天≈5天

七、绘制进度计划（网络图）

根据以上分析计算，结合施工方案确定的施工顺序及组织方式，网络进度计划如图2.44：

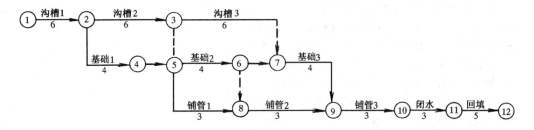

图2.44　分部工程施工网络图

该网络图的关键线路为①—②—③—⑧—⑩—⑪—⑫—⑬，工期为33天，比计划工期35天，提前2天。从人员要求和工期限制方面均符合要求，并为整个工程的提前完工创造了有利条件。故该进度计划作为污水管道分部工程施工的实施性计划。

八、该污水管道分部工程施工相应的"劳动力计划表"，"主要材料、半成品需用量计划表"，"主要机械需要量计划表"分别见表2.9，表2.10，表2.11。

劳 动 力 计 划 表　　　　表2.9

分项名称	挖沟槽	管道基础	管道铺设	闭水试验	回填夯实
工种	普工	混凝土工	技工	技工	普工
人数	34	6	6	12	34
进退场日期	6月1～18日	6月11～22日	6月17～25日	6月26～28日	6月29～7月3日

主要材料、半成品需要量计划表　　　　表2.10

材料名称	原材（m³）	枋材（m³）	板材（m³）	C20混凝土（m³）	1:2水泥砂浆（m³）	混凝土管材（m）	砖（千块）
数量	1.52	0.34	2.18	16.43	0.8	121	6.26
进场日期	6月1日	6月1日	6月1日	6月11日	6月17日	6月17日	6月1日

主要机械需要量计划表　　　　　　　　表 2.11

机械名称	插入式振捣器	翻斗车	电动打夯机
台数	2	1	5
进退场日期	6月11~22日	6月11~22日	6月29~7月3日

　　以上是人工施工为主的计算举例,在实际施工中,机械施工为主的分部工程很多。如沥青类路面施工,即可安排机械化施工作业,需用到的机械有沥青摊铺机、6~8t 光轮压路机、12~15t 光轮压路机、9~16t 轮式压路机。此时,路面施工作业时间的确定,应根据现行的定额计算机械台班量,再根据施工单位具有各型号机械的台数,分别计算作业时间,计算的最长作业时间就是主导该项目施工的控制值,即为沥青类路面施工的作业时间。

习　　题

1. 施工的前期准备工作有哪几项内容?
2. 施工技术准备、施工现场准备、合同手续及法律准备、外部协作准备的主要内容是什么?
3. 施工组织设计的编制一般应包括哪些内容?
4. 施工组织设计编制的程序是怎样的?
5. 顺序、平行、流水三种作业方式各有何优缺点?
6. 流水作业的参数有哪几项?各项的含义是什么?
7. 如何组织流水作业?
8. 网络图中箭线和节点的含义是什么?如何表示?
9. 何为工序的逻辑关系?常见的工序逻辑关系如何表达?
10. 掌握三段流水作业网络图的绘制步骤和方法。
11. 掌握网络图的时间计算方法。
12. 了解流水作业网络图的概念及流水网络简化图的画法。
13. 分部工程作业计划有哪些主要内容?
14. 路基路面工程施工作业方案如何编制?
15. 掌握分部工程施工作业计划的编制步骤和方法。

第3章 路基施工

第1节 概 述

3.1.1 路基施工简述

一、路基工程特点

路基是路面的基础，路基工程的施工工艺比较简单，通常是挖、运、填、压。但由于自然条件变化多、涉及的范围广，特别是城市道路下面埋有各种管道，造成施工难度加大。为确保工程质量，实现安全、文明、高质量施工，必须重视施工技术，建立和健全施工技术操作规程与质量检验制度，采用合理的施工方法，选择合适的填筑材料，采用先进的施工技术和机械设备，周密的施工组织和科学的管理，有效地保证路基工程的高质量和高标准。

二、路基施工的基本方法

城市道路路基土石方的施工作业主要包括开挖、运输、填筑、压实、整理等工作。路基施工的基本方法有以下几种。

1. 人工和半机械化施工。主要靠人力，使用手工工具，对技术要求高的工序采用机械或简易机械，适用于零星工程以及某些辅助性工作。

2. 水力机械化施工。运用水泵、水枪等水力机械喷射强力水流，把土冲散，并泵送到指定地点沉积。

这种方法可用来挖掘比较松散的土层，或进行软土地基加固的钻孔工作，施工现场需有充足的水源和动力。

3. 爆破施工。是开挖岩石路堑的基本方法，也可用来开采石料，松动冻土（硬土）。

4. 机械化施工。使用配套机械，共同协调地进行施工的方法。它可以极大地提高劳动效率，减轻劳动强度，确保工程质量。

3.1.2 路基施工的一般程序

路基施工的一般程序为：施工前准备工作，修建小型人工构筑物，路基基础处理，路基土石方工程，路基工程的检查与验收等。

一、施工前的准备工作

为保证施工正常进行，施工前的准备工作极为重要，必须足够重视并认真做好。施工前的准备工作内容较多，大致可归纳为组织准备、物质准备和技术准备三个方面。

二、路基施工的基本工作

施工的基本工作包括路基和小型人工构筑物两部分。

路基施工的主要内容为开挖路堑、填筑路堤、路基压实、整平路基表面、整修边坡、修筑排水沟渠及防护加固设施等。

小型人工构筑物包括小桥、涵洞和挡土墙的修筑等。

三、路基工程的质量控制、检查与验收

为加强工程质量管理以确保工程质量，在施工过程中应按施工标准和技术规范的要求进行质量控制、检查与验收。

施工中间的检查是施工过程中每当一部分工程完成时，特别是隐蔽工程，应按设计图纸、设计文件和技术规范的要求进行检查与验收。中间检查的目的在于检查分部工程质量，及时发现存在问题，采取补救措施，以利下一步工序顺利进行。

路基工程检查与验收的项目主要包括路基有关工程的位置、标高、断面尺寸、压实度等，应满足规定的允许误差范围。在全部工程完工后，还应由施工单位会同设计、监理、建设、使用和养护单位进行交工验收。

第2节 路基土石方施工

3.2.1 路基的基本知识

一、路基的含义

路基是路面的基础，是带状构筑物，它与路面共同承担汽车荷载的作用。道路的路面靠路基来支承，没有稳固的路基就没有稳固的路面，所以应保证路基工程的施工质量。

二、路基横断面的基本形式

路基的基本横断面形式有：路堤、路堑、半填半挖和不填不挖四种类型。

1. 路堤

高于原地面，由填方构成的路基断面形式称为路堤（见图3.1）。

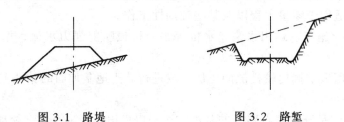

图3.1 路堤　　　　　　　图3.2 路堑

2. 路堑

低于原地面，由挖方构成的路基断面形式称为路堑（见图3.2）。

3. 半填半挖路基

是路堤和路堑的综合形式，主要设置在较陡的山坡上（见图3.3）。

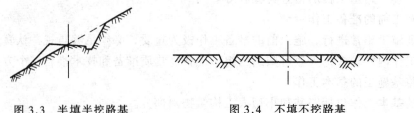

图3.3 半填半挖路基　　　　图3.4 不填不挖路基

4. 不填不挖路基

原地面与路基标高相同构成不填不挖的路基断面形式（见图3.4）。

三、土的分类和特性

城市道路用土分类表

土壤及岩石（普氏）分类表   表 3.1

定额分类	普氏分类	土壤及岩石名称	天然湿度下平均密度（kg/m³）	极限压碎强度（MPa）	用轻钻孔机钻进1m耗时（min）	开挖方法及工具	紧固系数 f
一、二类土壤	Ⅰ	砂 砂黏土 腐殖土 泥炭	1500 1600 1200 600			用锹开挖	0.5～0.6
一、二类土壤	Ⅱ	轻黏土和黄土类土 潮湿而松散的黄土，软的盐渍土和碱土 平均直径15mm以内松散而软的砾石 含有草根的密实腐殖土 含有直径在30mm以内根类的泥炭和腐殖土 掺有卵石、碎石和屑的砂和腐殖土 含有卵石或碎石杂质的胶结成块的填土 含有卵石、碎石和建筑杂质的砂黏土	1600 1600 1700 1400 1100 1650 1750 1900			用锹开挖并少数用镐开挖	0.6～0.8
三类土壤	Ⅲ	肥黏土其中包括石炭纪、侏罗纪黏土和冰黏土重黏土、粗砾石，粒径为15～40mm的砾石和卵石 干黄土和掺有碎石的自然含水量黄土 含有直径大于30mm根类的腐殖土或泥炭 掺有碎石或卵石和建筑垃圾的壤土	1800 1750 1790 1400 1900			用锹并同时用镐开挖30%	0.8～1.0
四类土壤	Ⅳ	含碎石重黏土、其中包括侏罗纪黏土和石炭纪的硬黏土 含有碎石、卵石、建筑碎料和重达25kg以内的顽石（占总体积10%以内）等杂质的肥黏土和重黏土 冰碛黏土，含有重量在50kg以内的巨砾，其含量为总体积10%以内 泥板岩 不含或含量达10kg的顽石	1950 1950 2000 2000 1950			用锹并同时用镐和撬棍开挖30%	1.0～1.5
松石	Ⅴ	含有重量在50kg以内的巨砾石（占体积10%以上）的冰碛石 砂藻岩和软白垩岩 胶结力弱的砾岩 各种不坚实的片岩 石膏	2100 1800 1900 2600 2200	小于20	小于3.5	部分用手工凿部分用爆破开挖	1.5～2.0
次坚石	Ⅵ	凝灰岩和浮石 松软多孔和裂隙严重的石灰和介质石灰岩 中等硬度的片岩 中等硬度的泥灰岩	1100 1200 2700 2300	20.0～39.0	3.5	用风镐和爆破开挖	2.0～4.0
次坚石	Ⅶ	石灰石胶结构的带有卵石和沉积岩的砾石 风化的和大裂缝的黏土质砂岩 坚实的泥板岩 坚实的泥灰岩	2200 2000 2800 2500	39.0～59.0	6.0	爆破开挖	4.0～6.0

续表

定额分类	普式分类	土壤及岩石名称	天然湿度下平均密度（kg/m³）	极限压碎强度（MPa）	用轻钻孔机钻进1m耗时（min）	开挖方法及工具	紧固系数 f
次坚石	Ⅷ	砾质花岗岩 泥灰质石灰岩 黏土质砂岩 砂质云母片岩 硬石膏	2300 2300 2200 2300 2900	59.0～78.0	8.5	用爆破方法开挖	6.0～8.0
普坚石	Ⅸ	严重风化的软弱的花岗岩、片麻岩和正长岩 滑石化的蛇纹岩 致密的石灰岩 含有卵石、沉积岩的硅质胶结的砾岩 砂岩 砂质石灰质片岩 菱镁矿	2500 2400 2500 2500 2500 2500 3000	78.0～98.0	11.5	用爆破方法开挖	8～10
	Ⅹ	白云石 坚固的石灰岩 大理石 石灰质胶结的致密砾石 坚固砂质片岩	2700 2700 2700 2600 2600	98.0～118.0	15.0	用爆破方法开挖	10～12
特坚石	Ⅺ	粗花岗岩 非常坚硬的白云岩 蛇纹岩 石灰质胶结构的含有火成岩之卵石的砾岩 石英胶结的坚固砂岩 粗粒正长岩	2800 2900 2600 2800 2700 2700	118.0～137.0	18.5	用爆破方法开挖	12～14
	Ⅻ	具有风化痕迹的安山岩和玄武岩 片麻岩 非常坚固的石灰岩 硅质胶结的含有火成岩之卵石的砾岩 粗石岩	2700 2600 2900 2900 2600	137.0～157.0	22.0	用爆破方法开挖	14～16
	ⅩⅢ	中粒花岗石 坚固的片麻岩 辉绿岩 玢岩 坚固的粗石岩 中粒正长岩	3100 2800 2700 2500 2800 2800	157.0～176.0	27.5	用爆破方法开挖	16～18
	ⅩⅣ	非常坚固的粗粒花岗岩 花岗岩麻岩 闪长岩 高硬度的石灰岩 坚固的玢岩	3300 2900 2900 3100 3100	176.0～196.0	32.0	用爆破方法开挖	18～20
	ⅩⅤ	安山岩、玄武岩、坚固的角页岩 高硬度的辉绿岩和闪长岩 坚固的辉长岩和石英岩	3100 2900 2800	196.0～245.0	46.0	用爆破方法开挖	20～25
	ⅩⅥ	拉长玄武岩的橄榄玄武岩 特别坚固的辉长辉绿岩、石英岩和玢岩	3300 3000	大于245.0	大于60	用爆破方法开挖	大于25

3.2.2 路基施工的程序和工艺

路基施工的一般程序为：施工前准备工作—修建小型人工构筑物—路基基础处理—路基土石方工程—路基工程的检查与验收等。

一、路基施工前的准备工作

1. 施工前准备工作的内容

组织准备工作。主要是建立和健全施工队伍和管理机构，针对施工任务的情况，制定规章制度，确定预期应达到的目标，明确分工，落实责任。

物质准备工作。包括各种材料与机具设备购置、调配、运输、加工和储存，临时道路及工程用房的修建，水、电、通讯以及必需的生活设施的建设等。

技术准备工作。在施工前应全面熟悉设计文件，并会同设计单位进行现场核对和调查，对不符合实际的设计提出修改意见。根据核实的工程数量、工地特点、工期要求及施工设备情况，编制施工组织计划。进行路线的控制测量、划定路界、清理施工现场、路基放样和场地的临时工程等。

施工组织计划关系到施工过程的全局，应包括确定施工方案、确定施工方法、布置施工现场、编制施工进度计划、劳动力安排计划、材料机具供应计划等，工程编制计划的详细程度视实际需要而定。

2. 施工控制测量

路基施工控制测量分为高程和平面控制测量，城市道路路基施工前，建设单位组织有关勘测单位在现场测定路线主要控制点，如路线起点、终点、交点、转点、曲线上主点和临时水准点等主要控制点，并移交给施工单位。施工单位对控制点进行复核并加以固定保护和加密控制桩，同时另用桩志移到红线之外栓桩。

施工测量不仅是为路基施工提供方便条件，同时也是结合当地具体条件熟悉设计文件，检查、复核、补充、完善工程设计的有效手段，可以及早发现原设计文件中不合理部分，提前采取措施。

在施工过程中，应对路基开挖或填筑的情况经常进行检查，以符合设计要求或根据实际情况会同设计单位予以修正。

3. 路基放样

路基放样是把路基设计横断面的主要特征点根据路线中桩把路基边缘、路堤坡脚、路堑坡顶或边沟具体位置标定在地面上，以便定出路基轮廓作为施工的依据。

（1）路基边桩放样

路基边桩可根据横断面图中所示的尺寸，直接在地面上沿横断面方向量出路肩、坡脚等各特征点路中桩的距离，定出边桩。当地形平坦或地面横向坡度均匀一致时，可用计算法放样路基边桩。

平地上放边桩时

路堤坡脚至中桩的距离（l_1）

$$l = \frac{b}{2} + m \cdot H \tag{3.1}$$

路堑坡顶至中桩的距离（l_2）

$$l = \frac{b_1}{2} + m \cdot H \tag{3.2}$$

式中　b——路基设计宽度（m）；

　　　b_1——路基与两侧边沟宽度之和（m）；

　　　m——边坡设计坡率；

　　　H——路基中心设计填挖高度（m）。

坡地上放边桩时，须先测出地面横坡 $l:s$（s 为地面横坡率），如图 3.5，按图示几何关系可得：

路堤上坡脚至中桩距离 l_1

$$l_1 = \left(\frac{b}{2} + m \cdot H\right)\frac{s}{s+m} \tag{3.3}$$

路堤下坡脚至中桩距离 l_2

$$l_2 = \left(\frac{b}{2} + m \cdot H\right)\frac{s}{s-m} \tag{3.4}$$

路堑上侧坡顶和下侧坡顶至中桩距离

$$l_1 = \left(\frac{b_1}{2} + m \cdot H\right)\frac{s}{s-m} \tag{3.5}$$

$$l_2 = \left(\frac{b_1}{2} + m \cdot H\right)\frac{s}{s+m} \tag{3.6}$$

公式中的符号见图 3.5 所示。

当地形复杂，地面横向坡度变化较大，而路基中心填挖高度较大时，可采用渐近法，即按计算结果和水平测量距离验证，逐步移动边桩，使计算与实际丈量一致时为止。

（2）边坡放样

可采用符合设计边坡坡率的样板，施工时用样板校正开挖和填筑。样板有固定式和活动式。见图 3.6。

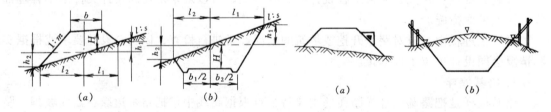

　　图 3.5　坡地上放边桩　　　　　　　图 3.6　用样板放边坡
　　　（a）路堤；（b）路堑　　　　　　（a）活动样板；（b）固定样板

4．场地清理

路基施工范围内原有的房屋、道路、沟渠、通讯电力设施、上下水道、坟墓及其他建筑物，均应会同有关部门协商妥善拆迁、清除或改造。因路基施工影响沿线附近建筑物的稳定时应予适当加固，对历史文物、古树等应妥善保护。

路基施工前应切实做好场地排水工作，并注意随时维修，保证排水顺畅，为施工提供方便条件。

5．临时工程

为维持施工期间场内外的交通，保证机具、材料、人员和给养运送，在开工前修筑临时道路，且应尽量利用原道路，拓宽整平。跨越灌渠或河道需架设临时便桥的，应会同有关部门协商解决。

为保证施工人员住宿,设备器材的存放,机具的维修,要修建临时房屋、仓库或工棚。

为保证工程用水和生活用水的需要,应充分利用就近水源,必要时需铺设临时供水管道。

为保证工程用电的需要,应充分利用附近电源,必要时铺设临时电力线。

二、填方路基的施工程序和方法

路堤填筑施工的工艺流程见图 3.7。

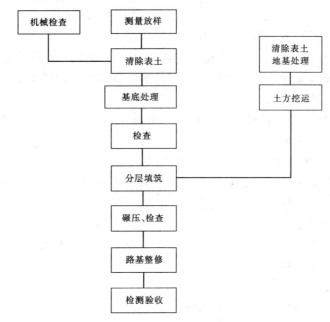

图 3.7 填方路堤施工工艺流程图

1. 基底的处理

路堤基底是指路堤所在的原地面表面部分。为使路堤填筑后不致产生过大的沉陷变形,并使路堤与原地面结合紧密,防止路堤沿基底发生滑动,应根据基底的土质、水文、坡度和植被情况及填土高度采取相应措施。

(1) 基底土密实稳定,地面横坡不陡于 1∶10 且路堤高超过 0.5m 时,基底可不做处理,路堤直接填筑在天然地面上。路堤高度低于 0.5 的地段,应清除原地面的草皮杂物;地面横坡为 1∶10～1∶5 时,应清除草皮杂物等再填筑;地面横坡陡于 1∶5 时,在清除草皮杂物后,还应将坡面挖成台阶,其阶梯宽不小于 1m,高度为 0.2～0.3m。

(2) 路堤基底为耕地或松土时,应先清除有机土、种植土、平整后按规定要求压实。在深耕地段,必要时应将松土翻挖,土块打碎然后回填、整平、压实。经过水田、池塘或洼地时,应根据具体情况采取排水疏干、挖除淤泥,打沙桩,抛填片石、砂砾石或石灰(水泥)处理土等措施,以保持基底的稳固。

(3) 路堤修筑范围内,原地面的坑、洞、墓穴等,应用原地的土或砂性土回填,并按规定进行压实。

2．填料的选择

（1）填筑路堤的材料（以下简称填料）以采用强度高，水稳定性好，压缩性小，便于施工压实以及运距短的土、石材料为宜。在选择填料时，一方面要考虑料源和经济性，另一方面要顾及填料的性质是否合适。如淤泥、沼泽土、含有残树根和易于腐朽物质的土以及含水量过大的土，均不能填筑路堤。各种填料的工程性质和适用性分述如下：

1）不易风化的石块 透水性大，强度高，水稳定性好，使用场合和施工季节均不受限制，为最好的填料。但石块之间要嵌密实，以免在自重和行车荷载作用下，石块松动位移产生沉陷变形。

2）碎（砾）石土 透水性大，内摩擦系数高，水稳定性好，施工压实方便，为很好的填料。若细粒含量增多，则透水性和水稳定性就下降。

3）砂土 无塑性，透水性和水稳定性均良好，毛细管上升高度很小，具有较大的内摩擦系数。但由于其黏性小，易于松散，对流水冲刷和风蚀的抵抗能力很弱。为克服该缺点，可适当掺加一些黏性大的土。

4）砂性土 内摩擦系数较大，又有一定的黏结性，易于压实，或获得足够的强度和稳定性，是良好的填筑材料。

5）粉性土 因含有较多的粉粒，毛细现象严重，干时易被风蚀，浸水后很快被湿透，在季节性冰冻地区常引起冻胀和翻浆，水饱和时有振动液化问题。粉性土，特别是粉土，是稳定性差的填料，不得已使用时，宜掺配其他材料，并加强排水和隔离等措施。

6）黏性土 透水性小，干燥时坚硬而不易挖掘，浸水后强度下降较多，干湿循环因胀缩引起的体积变化也大，过干或过湿时都不便施工。在给予充分压实和良好排水的条件下，粘性土可作路堤填料。

7）膨胀性重黏土 几乎不透水，黏结力特强，干时难挖掘，湿时膨胀性和塑性都很大。膨胀性重黏土工程性质受黏土矿物成分影响较大（含高岭土为最好，伊里土次之，蒙脱土最差），不宜用来填筑路堤。

8）易风化的软质岩石（如泥灰岩、硅藻岩等）浸水后易崩解，强度显著降低，变形量大，一般不宜作路堤填料。

（2）规范中规定：

1）路堤填料不得使用淤泥、沼泽土、冻土、有机土、含草皮土、生活垃圾、树根和含有腐朽物质的土。采用盐渍土、黄土、膨胀土填筑路堤时，应遵照有关规定执行。

2）液限大于50%、塑性指数大于26的土，以及含水量超过规定的土，不得直接作为路堤填料。需要应用时，必须采取满足设计要求的技术措施，经检验合格后方可使用。

3）钢渣、粉煤灰等材料，可用作路堤填料，其他工业废渣在使用前应进行有害物质的含量试验，避免有害物质超标，污染环境。

3．填筑方式

路堤填筑必须考虑不同的土质，从原地面逐层填起并分层压实，不允许任意混填，每层厚度随压实方法而定。一般有下列几种填筑方式。

（1）水平分层填筑

水平分层填筑是路堤填筑的基本方案,即按照路堤设计横断面,在路基总宽度内,采用水平分层方法自下而上逐层填筑,可将不同性质的土有规则地水平分层填筑和压实,易于获得必要的压实度和稳定性,如原地面不平,应由最低处开始分层填筑。水平分层填筑有利于压实,可以保证不同的填料按规定层次填筑。每层虚厚随压实方法和土质而定,一般为:

  压 路 机   不大于 0.3m
  动力打夯机   不大于 0.3m
  人 工 打 夯   不大于 0.2m

当采用不同的土质分层填筑路堤时应遵守以下规则:

1) 以透水性较差的土填筑路堤下层时,其表面应做成 4%的双向横坡,以保证来自上层透水性填土的水分及时排出。

2) 以透水性较差的土填筑路堤上层时,不应覆盖封闭其下层透水性较大的填料,以保证水分的蒸发和排除。

3) 不得将透水性好的土混杂乱填。

4) 根据强度和稳定性的要求合理安排不同土质的层位,将不因潮湿或冻结而改变其体积的优良土类填在路堤上层,强度较低的土填在下层。

5) 在路线纵向用不同土质填筑的相接处,为防止发生不均匀变形,在交接处做成斜面,将透水性差的土安排在斜面的下部。

6) 桥涵、挡土墙等结构物的回填土,宜采用砂性土,以防止产生不均匀沉陷,并按有关操作规程回填并夯实。不同的填筑方案如图 3.8 所示。

(2) 竖向填筑

竖向填筑指沿道路纵向或横向逐步向前填筑,如图 3.9 所示。在路线跨越深谷陡坡地段时,地面高差大,难以水平分层卸土填筑,或局部横坡较陡难以分层填筑时,可采用竖向填筑方案。

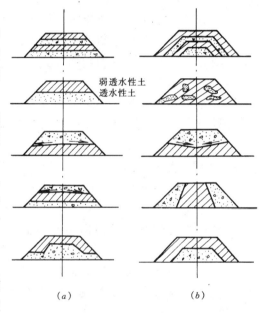

图 3.8 路堤分层填筑方案
(a)正确;(b)错误

竖向填筑因填土过厚不易压实,宜采取必要的技术措施,如选用沉陷量较小的砂石或开挖路堑的废石方,并以路堤全宽一次填足,选用高效能压实机械进行夯实。

(3) 混合填筑

混合填筑指路堤下层用竖向填筑而上层用水平分层填筑,以使上部填土经分层压实获得足够的密实程度。如图 3.10 所示。

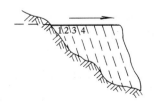 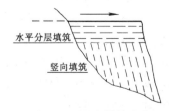

图 3.9 竖向填筑方案   图 3.10 混合填筑方案

4. 碾压

碾压是路基工程的一个关键工序，有效地压实路基填筑土，才能保证路基工程的施工质量。除了采用透水性良好的砂石材料外，其他填料均需使其含水量在最佳含水量±2%内，方可进行碾压。因此，在施工中应分层碾压，同时必须经常检查填土的含水量，并按规定和要求检查压实度。

(1) 确定要求的压实度。路基要求的压实度根据填挖类型和道路等级及路堤填筑的高度而定（见表3.13），通常根据表中的规定，用标准击实试验，求出最大干密度和相应的最佳含水量，计算出要求的干密度。

(2) 各种压实机具碾压不同土类的适宜厚度和所需压实遍数与填土的实际含水量（最佳含水量±2%以内）及所要求的压实度大小有关，应根据要求的压实度，在做试验段时加以确定。采用振动压路机碾压时，第一遍应静压，第二遍开始用振动压实。

(3) 压实过程中严格控制填土的含水量。含水量过大时，应将土翻晒至要求的含水量再碾压；含水量过小时，需均匀洒水后再进行碾压。通常，天然土的含水量接近最佳含水量，因此在填土后应随即压实。

(4) 用灌砂法检查压实度时，取土样的底面位置为每一压实层底部；用环刀法试验时，环刀位于压实层厚的1/2深度；用核子仪测试时，应根据仪器类型，按说明书要求测试。

(5) 填石路堤压实到所要求的密实度所需的碾压遍数（或夯压遍数）应经过试验确定。以12t以上振动压路机进行压实试验，当压实层顶面稳定，不再下沉（无轮迹）时，可判为密实状态，即压实度合格。

(6) 土石路堤的压实要根据混合料中巨粒土含量的多少来确定。当巨粒土含量较少时，应按填土路堤的压实方法进行压实，当巨粒土含量较大时，应按填石路堤的压实方法进行压实。土石路堤的压实度检测采用灌砂法或水袋法，其标准干密度应根据每种填料的不同含石量，从标准干密度曲线上查出对应的标准密度。压实度的要求同土质路堤的标准。

不论何种路堤，碾压都必须确保均匀密实。

(7) 检查填土的压实度。检查压实后填土的含水量和干密度，并求得压实度 K：

$$K = \frac{\text{检查点土的干密度}}{\text{最大干密度}} \times 100 \tag{3.7}$$

每个测点的压实度必须合格，不合格的，须重新处理，直至压实度合格为止。

压实度检测方法有环刀法、灌砂法、水袋法和核子密度仪，在使用核子密度仪时，事先应作与规定试验方法的对比试验。

5. 路基填土压实应注意的问题

(1) 达到密实度95%（重型压实）应采取的措施：

使用15t或15t以上的三轮压路机或净重12t以上的振动压路机；严格控制压实含水量在最佳含水量的±2%以内；填土的松铺厚度不应大于23cm（对于15t静力压路机）或18cm（对于12t振动压路机）；砂类土的碾压遍数4~6遍（加振减重，取小值），黏质土6~8遍（加振减重，取小值）。

(2) 路基压实每一层均应检验压实度，合格后方可填筑其上一层。路基压实的最终目的是要确定整体强度——路床的回弹模量是否满足路面设计要求。由于实测土基回弹模量 E 比较困难，常用测试弯沉值 l_s 代替。路床弯沉值反映路基上部的整体强度，而压实度反映路基每一层的密实状态，只有弯沉值和压实度两者都合格，路基的整体强度、稳定性和耐久性才能符合设计要求。弯沉值的测试由建设单位组织相关单位进行检测。

（3）城市道路路基施工范围内有地下管线，为防止路基范围内沟槽、检查井及雨水口等填土沉陷，以保证路基质量，可按表 3.2 中的要求采取相应措施。

管、涵沟槽及检查井、雨水口周围回填土的填料和压实度要求　　　表 3.2

部　位			填料	最低压实度（%）
胸腔	填料距路床顶 <80cm		石灰土	90/95
			砂、砂砾	93/95
	>80cm		素土	90/95
管顶以上至路床顶	管顶距路床顶大小 80cm	管顶上 30cm 以内	石灰土	85/88
			砂、砂砾	88/90
		管顶 30cm 以上	石灰土	92/95
			砂、砂砾	95/98
检查井及雨水口周围	路床顶以下 0~80cm		石灰土	92/95
			砂	95/98
	80cm 以下		石灰土	90/92
			砂	93/95

注：1. 表中数字，最低压实度分子为重型击实标准的压实度，分母为轻型击实标准的压实度。两者均以相应的击实试验法求得的最大干密度为 100%。
　　2. 管顶距路床顶小于 30cm 的雨水支管采用水泥混凝土满包。
　　3. 各地可根据具体情况选用与路基压实相同的击实标准。

（4）路基下废旧管、沟、坟、井、雨水口等，应按规定密实度填筑，最低密实度不应小于 87%（重型）、90%（轻型）。涵管填土应两侧对称分层填筑，每层厚不得大于 20~25cm，并注意保持涵管防水层的完好。在填土施工过程中，应经常检验土壤含水量及压实度。

（5）碾压时应特别注意均匀一致，并随时保持土壤含水量符合要求，不得干压。在填土施工过程中，应经常检查土壤含水量及密实度。

（6）碾轮外侧距填土边缘不得小于 50cm，以防发生溜坡事故；一般可将路堤填土两侧加宽 30~50cm，碾压完成后修整至设计宽度；对于不易碾压的路基边缘，可用人工或蛙式打夯机夯实。

（7）桥涵附近的填土，应注意填料、填筑、排水、压实等工作，以免桥头与路基连接处发生不均匀沉降。

（8）严禁用有机土、垃圾土、淤泥、建筑垃圾、耕作土回填路基。

（9）为使路床弯沉值达到设计要求，可对路床进行加强处理，如采用含石灰 8% 的石灰土。

三、挖方路基的施工程序和方法

土质路堑开挖根据挖方数量大小及施工方法的不同主要有横向全宽挖掘法、纵向挖掘法和混合法几种。不论采用何种方法开挖，均应保证施工过程中及竣工后能顺利排水，随时注意边坡的稳定，防止因开挖不当导致坍方，并有计划地处理废方。注意有效地扩大工作面，提高生产效率，保证施工安全。各种挖掘方案的选择应视当地的地形条件、工程量的大小、施工方法和工期长短而定。

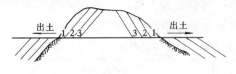

图 3.11 全断面开挖法

1. 横向全宽挖掘法

横向全宽挖掘法适用于短而深的路堑，可按其整个横断面从路堑的一端或两端进行，如图 3.11 所示。用人力挖掘时，为了增加工作面，加快施工进度，可以在不同高度处分为几个台阶进行开挖，其深度视施工操作便利与安全而定，一般为 1.5~2.0m。无论自两端或分台阶挖掘，均应有其单独的运土路线和临时排水沟渠，以便顺利进行施工。

2. 纵向开挖法

纵向开挖法可分为分层纵挖法和通道纵挖法。

分层纵挖法是沿路线全宽分为宽度及深度都不大的纵向层次挖掘，如图 3.12 所示。挖掘工作可用各式铲运机，在短距离及大坡度时可用推土机，较长较宽的路堑可用铲运机并配备运土机具进行挖掘。通道纵挖法是先沿路堑纵向挖一通道，然后向两侧开挖，如图 3.13 所示。用此方法时，可采用人力或机械挖掘。

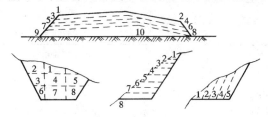

图 3.12 分层纵挖法

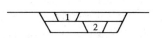

图 3.13 通道纵挖法
1—第一次通道；2—第二次通道

3. 混合式开挖法

混合式开挖法是将横挖法和通道纵挖法混合使用，即先沿路堑纵向挖通道，然后沿横向坡面挖掘，以增加开挖坡面，每一开挖坡面应能容纳一个施工作业组或一台机械。如图 3.14 所示。在较大的挖土地段，还可沿横向再挖掘通道，以装置运土传动设备或布置运土车辆。

四、路基整修

路基工程基本完工后，应由施工单位会同施工、监理人员，按设计文件要求检测路基中线、高程、宽度、边坡坡度和排水系统。在重要桩号及坡度变更处用水平仪复核高程，根据检查结果编制整修计划，进行路基及排水系统整修。

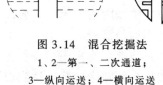

图 3.14 混合挖掘法
1、2—第一、二次通道；
3—纵向运送；4—横向运送

整修工作应包括路床、路肩、边沟、边坡等项目。

1. 路基填挖方接近路床标高时，应按设计检测路床宽度、标高和平整度，并进行整修，路基压实不合格处应处理至合格。

2. 根据设计要求，机动车车行道的路拱横坡度，非机动车和人行道应整修平顺。

3. 整修路床应根据设计纵横高程清理土方，检查路拱、纵坡及边线，对不符合设计要求的部分，整修后再泼水作补充碾压。

4. 挖方路床均须碾压，应压至表面无显著轮迹，并符合密实度要求为止。如路床土壤干燥时，须酌量泼水，在水分渗透后不粘时，再开始碾压。

5. 路肩的碾压要求与路床相同，因碾压而破坏的路肩边线应重新修整。填土路基的路肩边缘压路机未压实处，应用小型压实机具或人工夯实，路肩及肩线横坡应符合设计要求。

6. 边沟在整修时，应用边沟样板或拉线放样，通过修整挖除土方后，要求边直坡平。在土质不良或纵坡过大地段，边沟宜用块石、卵石等加固处理。

7. 整修挖土路堑边坡时，对凸出部分应予整平、对凹入部分应挖成台阶培土拍实以保证边坡坚实稳定。

8. 填土路基，填土到最高层后应进行边坡的修筑，整修时应按路基宽度挂线，削坡修整，使之符合设计要求，不得有挖亏贴坡现象。

9. 开挖岩石边坡应一次做到设计标准。如在边坡上有附着不牢的石块，或在净空范围内有突出的石块，均应即时清除。在土质不良或边坡易被雨水冲刷的地段，应按设计要求进行加固。

五、爆破工程

适用于一般市政工程的清理及平整场地、开挖基坑、沟槽和路基挖方时的各种爆破工程。爆破工程应有专人负责，并应严格按国家规定的爆破工程安全规程办理。

1. 爆破工程必须在完成下列准备工作后方可进行：

（1）组织好爆破材料的安全储存和运输工作。

（2）做好危险区内的房屋、构筑物和设备的安全防护工作。

（3）在危险区边界设立警告标志，统一信号、警戒哨和指挥站等危险区的工作。

（4）将准备进行的爆破工程及其警告标志、信号的意义和规定的放炮时间等通知当地政府、有关单位和居民。

（5）配合当地政府等有关单位做思想和组织工作，爆破时督促人畜等避开危险区。

2. 选择炮眼位置及其间距应根据岩石的性质、装药重量、炸药重量、炸药种类、各个炮眼爆炸的先后及其引起相邻炮眼爆炸的可能性而定。

在选择炮眼位置时应注意下列事项：

（1）必须注意检查石层、石质、石纹、石穴，以在无裂缝干燥的岩石上打眼为宜。

（2）选炮眼时可用锤敲击，发生空音处应避开。

（3）炮眼应避免选在两种岩石硬度相差很大的边界处。

（4）炮眼应尽量选在暴露面的一边或暴露面较多的位置。

（5）有两个以上暴露面时，炮眼位置应与各暴露面的距离接近相等。

3 在山坡上开炸石方修筑路堑或半挖路基时，可根据爆破层厚度采用小眼炮、蛇穴炮（猫洞炮）、药壶炮（烘堂炮）或采用平排炮等方法进行爆炸。

（1）厚度小于2m时采用炮眼法。

（2）厚度为2～6m时采用炮眼药壶法或直井法。

(3) 厚度超过 6m 时采用深眼法、深眼药壶法或洞室法。采用直井或平洞装药法爆破石方时，药室应靠近被炸台阶的暴露面。

4．注意事项

当路堑不长时，可以路堑两端开始同时进行石方爆破，如路堑较长，为加速施工进度，可在路堑中段的适当地点增辟新的工作场地。

已炸碎的优质石料应放置在适当地点，不可任意抛弃或与废石混在一起。

用挖土机装运炸碎石料时，石料尺寸不得超过挖土铲斗最小边长的 2/3。用爆破法开沟槽时，炮眼深度不得超过沟宽的 0.5 倍。如沟深超过沟宽的 0.5 倍时应分层进行。

接近边坡及路基顶面时，应注意炮眼深度及位置，使爆破断面符合设计要求。

一般可用引线雷管点火引起爆破，或用电雷管通电引起爆破。当分组使整个炮同时起爆或地势险要不易躲避时，应采用通电爆破方法。

引线雷管的导火线长度应根据爆破员在点火后避入安全地点所需的时间来规定，但不得短于 1m。

当岩层不太零乱，路堑较深及路线通过突出的山咀时，采用大爆破为宜。采用大爆破施工时，必须进行大爆破设计。在页岩、片岩、砂岩、砾岩层中夹有砂层或黏土层时，则不宜采用大爆破。大爆破分抛坍、多面临空，和扬弃爆破等不同爆炸方法。其用药量必须根据岩石性质最小抵抗线等进行计算确定。在可能情况下除引炸药包用硝铵炸药（约占总药量 1/10）外，其余采用铵油炸药较为经济。

药室的位置、竖井和横峒的布置、爆炸安全半径以及竖井和横峒等开挖工作，均需根据爆破设计进行。

在潮湿条件下进行爆破时，传爆线及导火线的各段均应用防水材料加以保护。裸露于地面上的传爆线，在气温高于 30℃ 时，应加遮盖，避免日光直接照射。

5．起爆前爆破人员应注意作好以下各项检查：

(1) 放置药包用的直井、洞室、深眼、平洞和其他坑洞是否符合设计要求；

(2) 坑洞中的药包和起爆线路的设置是否正确；

(3) 起爆器是否灵敏有效，并确定线路电阻和所需电流；

(4) 电力起爆线路是否正确。

为证明爆炸准备工作的完成情况，应做出记录。清除瞎炮必须严格按国家规定的"爆破作业的统一安全规程"进行。

3.2.3　路基施工常用机械简介

一、常用机械简介

1．推土机

(1) 推土机的用途

推土机是由履带式或轮胎式基础车、工作装置和操纵机构组成。它是一种自行式的铲土运输机械，推土机适用于高度在 3m 以内，运距 10~100m 以内的路堤和路堑土方。也可用以平整场地、挖基坑、填埋沟槽，配合其他机械进行辅助工作，如堆集、整平、碾压等。

推土机作业时将铲刀切入土中，机械向前行驶，完成土的切削和推运作业。推土机可进行以下工作：

铲土、运土——一般在 100m 运距以内铲、运松散物料（合理的运距与机型、施工条件等有关）。用来推铲基坑、路堑、构筑路堤。

填土——回填施工现场和路基。

平地——平整施工现场和路基。

松土——硬土、冻土及破坏需修的路面，利用松土器。

其他用途——清除积雪、树桩，推土机还易改型为其他施工机械，如装载机、除草机等。

（2）推土机分类

推土机类型主要是根据发动机功率，推土刀的安装、操纵方式等方面进行分类。

按发动机功率分类

1）小型　发动机功率小于 88kW 称为小型推土机；

2）中型　发动功率在 88～160kW，称为中型推土机；

3）大型　发动机功率在 160kW 以上，称为大型推土机。

2．装载机

（1）装载机的用途

装载机是土方工程使用最广泛的机械，有拖式和自行式两种。铲运机的斗容量一般为 $4～12m^3$，它可以进行自挖、自装、自运、自卸各个工序，并有铺平和压实的作用，可以用来填筑路堤、开挖路堑、填挖和整平场地。还可以进行推土、起重、装卸等作业。因此，它被广泛地应用于道路工程中，对加快工程建设速度，减轻劳动强度，提高工程质量，降低工程成本具有重要作用。铲运机的经济运距随铲斗容积而不同，容积为 $4～8m^3$ 的铲运机适用于 400m 以内的运距，$9～12m^3$ 的铲运机适用于 600m 以内的运距。铲运机运行道路的坡度一般应不大于 15%。

（2）装载机的分类

装载机有单斗和多斗两种，在施工上常用的是单斗装载机，单斗装载机按发动机的功率分类：

1）小型　功率小于 74kW；

2）中型　功率为 74～147kW；

3）大型　功率为 147～515kW；

4）特大型　功率大于 515kW。

3．平地机

（1）平地机用途

平地机是土方工程中进行大面积整形和平整作业的主要机械，它的机动性大，工效高，可用以进行大面积场地平整，修筑路基表面和路拱，修筑 0.75m 以下矮路堤和 0.5～0.6m 的浅路堑，平整边坡，开挖排水沟、边沟等。还可以用来在路基上拌和路面材料，清除杂草和积雪等。

（2）平地机的分类

1）按行走车轮数目分为四轮和六轮。

2）按车轮驱动方式分为后轮驱动和全轮驱动。

3）按传动形式分为机械传动、液压机械传动和全液压传动。

4．挖土机

（1）挖土机的用途

工程施工中常用全圆回转的履带式挖土机，斗容量为 0.25，0.50，0.75，1.0，1.5，2.0m³ 等几种，常用的工作装置有正铲和反铲，此外还有拉铲和抓铲等类型，挖土机只完成挖土和装土的工作，必须配备运土机具（如汽车和其他运输机械）共同作业。挖土机工作效率高，但机动性差，调运困难，仅当工程数量大且集中（数万立方米以上），并有运土车辆在数量上能予以保证时方可采用。

正铲可直接开挖 I～Ⅳ 类土，常用于挖土坑高于挖土机所在位置的情况，如开挖路堑、集中取土等。

反铲适合于非石质土壤和地下水位较高或水下挖土。反铲斗容量为 0.25～1.0m³ 时，其土斗工作行程可以低于挖土机停留面以下 3～6m，常用于挖基坑、沟槽等。

工程数量不大而必须使用挖土机施工时，可选用斗容量小、机动性大的汽车轮胎式挖土机或装载机。

（2）单斗挖掘机的分类

单斗挖掘机一般按下列主要特征来分类。

1）根据铲斗容量分

小型　斗容量在 1m³ 以下；

中型　斗容量在 1～4m³；

大型　斗容量超过 4m³；

2）根据工作装置分

正铲挖掘机　铲斗向上挖掘停机面以上的工作面；

反铲挖掘机　铲斗向下挖掘停机面以下的工作面；

拉铲挖掘机　铲斗是由钢索悬吊进行操纵，铲斗在拉向机身时进行挖掘，适用于开挖停机面以下的工作面和抛掷卸土；

抓铲挖掘机　合瓣形的铲斗由钢索悬吊进行操纵，适于开挖停机面以上和以下的工作面。

3）根据行走方式分

轮胎式挖掘机。这种自行式挖掘机的底盘是专门设计制造的轮胎底盘。最大优点是机动性高，操作灵活。

履带式挖掘机。大、中型单斗挖掘机普遍为履带式行走装置。这种履带装置与拖拉机相比，有更宽的履带板，履带刺很短或没有，接地压力小，便于转向而不致破坏地面。最大的优点是工作时稳定、机身不下沉、不倾斜。

5．土方压实机械

路基压实是保证路基质量的重要施工环节，在施工中，根据不同的土质和压实质量要求，选用不同的压实机械，各种土质适宜的压实机械可参见表 3.5。压实机械的分类如下：

（1）静力式压实机械

靠自重压实土的压路机，具有静压作用，称为静力式压实机械。开始碾压时，由于土体处于松散状态，易被压缩，产生较大的塑性变形，随着碾压遍数增加，压实度不断提高，土体变得越来越密实。

1）光轮压路机

静力式光轮压路机的单位直线压力较小，压实深度也浅。其中三轮压路机的吨位较大，多用于基层的压实，二轮压路机用于路基与路面的压实。光轮压路机用来完成砾石、碎石和沥青混凝土路面的施工，使之达到足够的承载力和平整的表面。

国产光轮压路机有6~8t与8~10t的二轮二轴式压路机，10~12t、12~15t与18~20t的三轮二轴式压路机。见表3.3。

光 轮 压 路 机 性 能　　　　表3.3

型　式	质　量 (t)	单位线压力 (N/cm³)	发动机功率 (kW)	应 用 范 围
轻型	3~5	200~400	15~18	一般道路、广场、车间和人行道的压实
中型	6~9	400~600	20~30	
重型	10~14	600~800	30~44	碎石路面、黑色路面的压实
超重型	15~20	800~1200	44以上	碎石路面、黑色路面的压实

2）羊脚轮压路机

羊脚轮压路机有较大的单位压力（包括羊脚步的挤压力），压实深度大而均匀，并能挤碎土块，因而有很好的压实效果和较高的生产率，多用于填土或路基的初压工作，特别对含水量较大，土颗粒大，土颗粒大小不等的黏性土，压实效果较好。广泛应用于黏性土壤的分层碾压，而对于非黏性土壤和高含水量黏土的效果不好，不宜采用。

3）轮胎压路机

轮胎压路机是一种静力作用压路机，它是以充气轮胎对铺层材料施以压实作用。具有弹性的轮胎压路机在压实土料时的情况与刚性光轮压路机不同，在最初几遍碾压过程中，土料强度不断提高，沉陷量逐渐减小，从而引起轮胎接触面积减小，接触压力增大。

轮胎压路机由于轮胎具有弹性，在碾压时土与轮胎同时变形，压实土壤在同一点上受压的时间长，力的影响深，故功效较高，并且机动性好，是一种较为理想的压实机械。它适用于压实黏性土及非黏性土，如黏土、砂黏土、砂土、砂砾料以及结合料。

（2）振动压路机

振动压路机的压实原理是在振动轮上利用机械高频振动（对于土壤为1000~3000次/min）使材料微粒产生共振。此时材料微粒间由于动荷载的作用，其摩擦阻力减小，又因为材料微粒的质量不同，它们运动的速度也各异，从而破坏了材料微粒间的原始结构，产生相对位移，互相楔紧，使密实度大大增加。

在振实过程中，与振动机械直接接触的材料最先受到压实，此后被压实层又作为一种弹性体把振动能传到更深的材料层中去依此类推，一直传到振动力所能及的地方。振实的深度与效果随振动机械的质量和振动力的增加而提高。

1）按行走方式分为自行式和拖式。

2）按驱动方式分为单轮驱动和全轮驱动。

3）按传动方式分为机械式、液力机械式和全液压式。

4）按自身质量大小可分为：

轻型　3~6t；

中型　6~14t；

重型　14t以上。

(3) 夯击式

主要有机夯、人力夯。适用于压路机不能压实的狭窄部位的碾压或管线的胸腔范围。

(4) 压路机的施工方法

压路机碾压施工前，填土层应先整平，并自路中线向两侧作2%~4%的横坡。碾压时一般遵循：先轻后重，先慢后快，先两侧后中间，在小半径曲线段应先内侧后外侧的原则。相邻两次压实，后轮应重叠1/3轮宽，三轮压路机后轮应重叠1/2轮宽。对夯锤应重叠40~50cm。

采用先轻后重、先慢后快的原则，是因为初压阶段，土料中各颗粒尚呈松散状态，低速碾压可使土料各个颗粒得到较好的嵌入，减少压路机前土体的推移现象，压路机本身行驶也较稳定。经初压后，面层的颗粒不再滑动，表面也渐平滑，此时压路机的碾压速度可快一些，压路机吨位也可大一些。

压路机碾压路基时，必须分层进行，每层铺土厚度应均匀，填土的含水量必须接近最佳含水量。为达到规定压实度的碾压遍数，应通过试验，主要根据压路机吨位，松铺厚度等。

二、路基土方作业机械的选择与分层碾压遍数

1. 路基土方作业机械的选择

路基土方作业，是道路工程重要的一道工序，通常工程量大，作业种类多，尤其在市内地下管线多，施工更为复杂。因此有必要对机械功能进行选择，结合机械供应情况，确定适应性较强的机械组合，见表3.4、表3.5。

筑路机械适应土方作业种类表　　　　　表3.4

作业种类	筑路机械种类
伐树挖根	推土机
挖　掘	铲式挖掘机[正铲、反铲、拉铲挖土机]、牵引式铲斗装载机、推土机、豁土机、轧碎机
装　载	装载机、铲式挖掘机[正铲、反铲、拉铲挖土机]、牵引式铲斗装载机、旋斗式挖土机、铲运机
挖掘运载	铲式挖掘机[动力铲、反铲式、索铲挖土机、蛤引式铲斗装载机]、牵引式铲斗装载机、旋斗式挖土机
挖掘运输	推土机、挖掘机、铲运机、运输车
运　输	自卸卡车、皮带式运输机、装载机
推　铺	推土机、自动平地机
调节含水量	悬挂犁、圆盘耙、自动平地机、洒水车
压　实	轮胎压路机、振动压路机、光面压路机、冲击式夯实机、夯具、推土机
整　平	推土机、自动平地机
挖　沟	挖沟机、反铲挖掘机

路基土碾压机械选择　　　　　表 3.5

机械名称	土质名称							备注
	块石圆石砾石	砾石土	砂	砂质土	黏土,黏质土	混杂砾石的黏性土、黏土	软黏土、黏性土	硬黏土、黏性土	
钢质光轮压路机	B	A	A	B	B	B	C	C	路基、路面的平整
自行式轮胎压路机	B	A	A	A	A	A	C	B	最常用
牵引式轮胎压路机	B	A	A	A	A	A	C	B	用于坡面,坡长 5～6m 时最有效
振动压路机	A	A	A	A	C	B	C	C	适用于路基、基层
夯实机	A	A	A	A	A	B	C	C	适用于狭窄地点的碾压
夯锤	B	A	A	A	B	B	C	C	适用于狭窄地点的碾压
推土机	A	A	A	A	A	A	B	A	用于摊平
夯式压路机	C	C	B	B	B	B	C	A	破碎作用大
沼泽地区推土机	C	C	C	B	B	A	C		常用于含水量比较高的土壤

注:A—适合使用;B—无适当的机械时可用;C—不适合使用

2．路基土方分层厚度与碾压遍数

路基土方分层厚度与碾压遍数,可参考表 3.6。

路基土方分层厚度与碾压(夯击)遍数参考表　　　　表 3.6

压实机具		每层松铺厚度(cm)	有效碾压(夯击)遍数		合理选用压实机具的条件
			非塑性土	塑性土	
羊蹄路碾(6～8t)		20～30	4	8	
钢质光轮压路机	轻型(6～8t)	15～20	4	8	碾压段长度不宜小于100m,宜于压实塑性土;钢质光轮压路机适用于压实非塑性土
	中型(9～10t)(10～12t)	20～30	4	8	
	重型(12～15t)	25～35	4	8	
轮胎压路机	(16t)	30～35	4	8	
振动压路机	2t	11～20	3	5	碾压段长度不宜小于100m,宜于压实非塑性土,亦可用于压实塑性土
	4.5t	25～35	3	5	
	10t	30～50	3	4	
	12t	40～55	3	4	
	15t	50～70	3	4	
重锤(板夯)	1t 举高 2m	65～80	3	5	用于工作面受限制时,宜于夯实非塑性土,亦可夯实塑性土
	1.5t 举高 1m	60～70	3	5	
	1.5t 举高 2m	70～90	3	4	
机夯 人力夯	(0.3t)	30～50	3	4	用于工作面受到限制及结构物接头处
	(0.04t)	20～25	3	4	
振动器	(2t)	60～75	1～3min	3～5min	宜于压实非塑性土

注:非塑性土是指砂、砂砾等无塑性的土

*第3节 特殊土路基施工

特殊土的种类主要有泥沼和软土、杂填土、盐渍土、膨胀土、湿陷性黄土等，由这些土构成的路基，常常会受到自然条件的影响，其中主要是湿度和温度引起的路基土的性质变化，而导致路基产生过大的沉降和沉降差异，出现各种路基病害。因此在不同区域的路基施工中，必须了解各区域不同的湿度和温度变化规律，因地制宜，采取相应的工程技术手段，改善路基的水温条件，以确保路基具有足够的强度和稳定性。

3.3.1 泥沼和软土路基的施工

一、特性

泥沼和软土具有含水丰富、抗剪强度低、承载能力低的特性。在这种地区修筑路堤，可能出现路基基底土被压缩而产生较大的沉落，以及基底土被挤压塑流，向两侧或下坡一侧隆起，使路堤下陷或滑动而坍塌。

二、规定

在泥沼和软土地区修筑路堤，应遵守以下规定：

1. 视地形情况排除地表水，保持基底干燥，最好安排在有利季节进行施工。
2. 最小填土高度应符合设计的有关规定。
3. 泥沼及软土区，原则上应填筑渗水性良好的土，其上可分层夯填一般土，每层填土厚不大于30cm，不得已需采用淤泥作填料时，应将淤泥晒干粉碎，分层夯实，困难地段可采取特殊设计。
4. 填筑路堤的土，应在坡脚20cm以外挖取或远运。
5. 填土应由路中心向两侧填筑，填土高出水面后，要分层填筑，并压实。

三、软土地基的加固方法

当路堤经稳定验算或沉降计算不能满足设计要求时，还须对软土地基进行加固。加固的方法可根据地区特点和条件按表3.7中所列，选用一种方法或几种方法综合处理。

泥沼、软土路基基底加固方法　　　　表3.7

方法	方法与特点 特点	适用范围	说明或图示
换填	将泥炭、软土全部挖除，使路堤筑于基底或尽量换填渗水性土	泥沼及软土厚度小于2m时	
抛石挤淤	在路基底从中部向两侧抛投一定数量片石，将淤泥挤出路基范围，以提高路基强度。所用片石宜采用不易风化大石块，尺寸一般不宜小于0.3m	厚度小于3.0m，表层无硬壳、呈流动状态、排水困难、石料易得时	

续表

方法与特点		适用范围	说明或图示
方法	特点		
砂垫层	砂垫层厚度一般为0.6~1.0m，其可使软土顶面增加一个排水面，促进路基底的排水固结，提高路基强度与稳定性	软土地区路堤高度小于两倍极限高度时	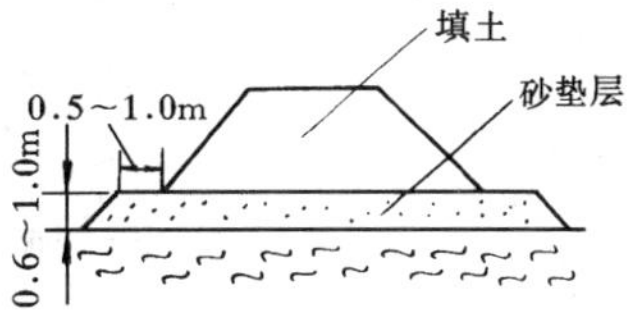
设置砂井	砂井与连接砂井的砂垫层配合使用效果较好。一般砂井直径为0.2~0.3m，井距为井径的8~10倍，常用范围为2~4m，平面上呈矩形或梅花形布置	当泥沼或软土层厚度超过5m，且路堤高度超过天然地基承载力很多时	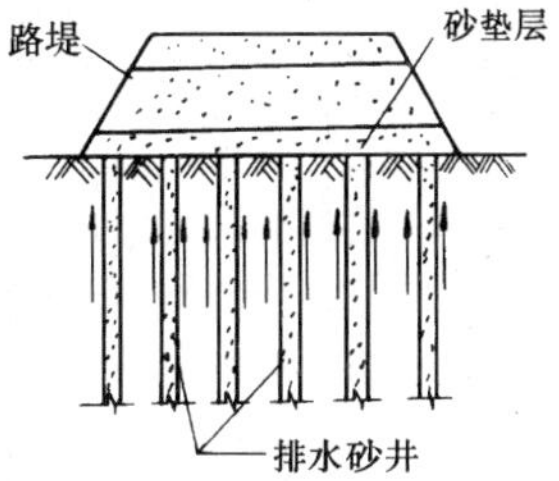
摊铺土工布	以土工布摊铺底层，并折向沿边坡作防护，既提高基底刚度，也使边坡受到维护，有利于排水并因地基应力再分配而增加路基的稳定性	特别松软地基、土壤潮湿、地下水位高	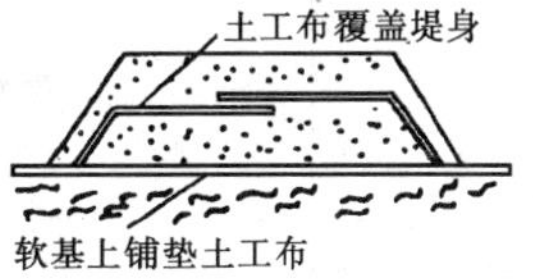
竖向塑料排水板	在泥炭饱和淤泥地带，利用土工布或塑料排水板作垂直与横向排水，可使路堤加快固结，加快沉降，提高路基强度	竖向排除地下水与排水夹层相配合	

用软土修筑路堤时，为防止路堤沉陷、滑坍，必须采取加固措施，才能保证路堤稳定与正常施工。软土路堤常用的处理措施和施工程序参见表3.8。

软土路堤处理措施施工程序 表3.8

处理方法		图示	施工程序
砂井排水法	打入（或振动）桩法	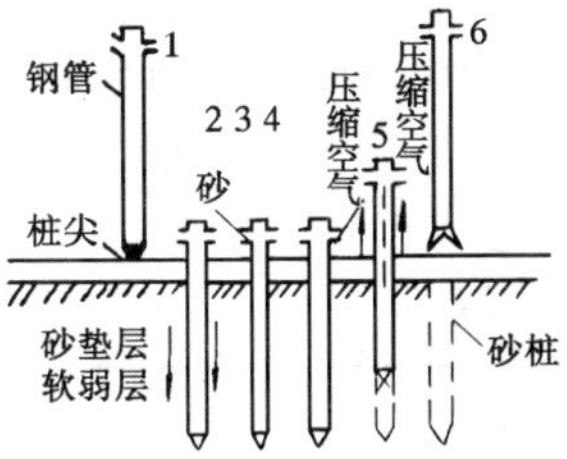	1. 吊起钢管桩放在确定位置 2. 将钢管桩锤击或振动打入 3. 到预定深度后放入砂袋或灌砂 4. 使砂或砂袋放至桩底 5. 将钢管拔出 6. 钢管完全拔离地面

续表

处理方法		图示	施工程序
砂井排水法	射水沉桩法	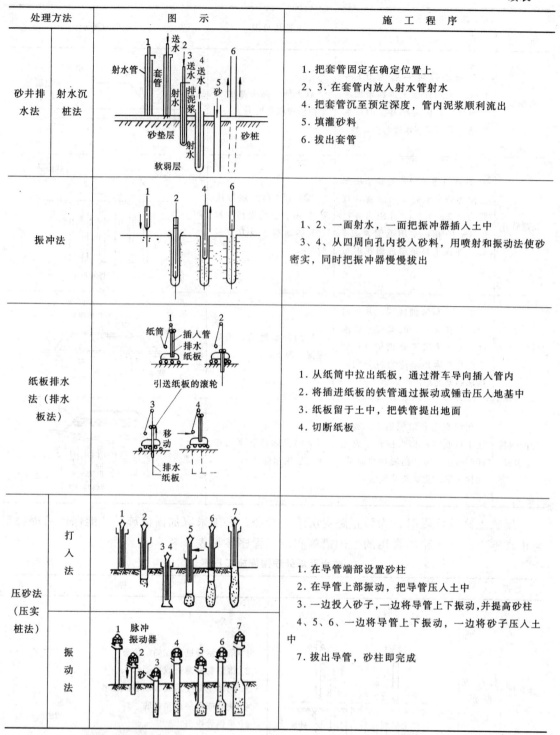	1. 把套管固定在确定位置上 2、3. 在套管内放入射水管射水 4. 把套管沉至预定深度，管内泥浆顺利流出 5. 填灌砂料 6. 拔出套管
振冲法			1、2、一面射水，一面把振冲器插入土中 3、4、从四周向孔内投入砂料，用喷射和振动法使砂密实，同时把振冲器慢慢拔出
纸板排水法（排水板法）			1. 从纸筒中拉出纸板，通过滑车导向插入管内 2. 将插进纸板的铁管通过振动或锤击压入地基中 3. 纸板留于土中，把铁管提出地面 4. 切断纸板
压砂法（压实桩法）	打入法		1. 在导管端部设置砂柱 2. 在导管上部振动，把导管压入土中 3. 一边投入砂子，一边使导管上下振动，并提高砂柱 4、5、6、一边将导管上下振动，一边将砂子压入土中 7. 拔出导管，砂柱即完成
	振动法		

3.3.2 盐渍土路基施工
一、一般规定
1. 盐渍土的分类，见表3.9。

盐渍土的分类　　　　　　　　　　　表 3.9

分类依据	盐渍土名称	离子含量比值[①]	
		Cl^{-1}/SO_4^{-2}	$CO_3^{-2}+HCO_3^{-1}/Cl^{-1}+SO_4^{-2}$
按含盐性质分	氯盐渍土	>2	—
	亚氯盐渍土	2～1	—
	亚硫酸盐渍土	1～0.3	—
	硫酸盐渍土	<0.3	—
	碳酸盐渍土	—	>0.3

分类依据	盐渍土名称	土层的平均含盐量（重量百分数）	
		氯盐渍土及亚氯盐渍土	硫酸盐渍土及亚硫酸盐渍土
按含盐量分	弱盐渍土	0.5～1.0	—
	中盐渍土	1～5	5～2.0
	强盐渍土	5～8	2～5
	过盐渍土	>8	>5

①离子含量以 100g 干土内的 g/1000 当量计。

2．盐渍土路基一般采用路堤形式，其最小高度见表 3.10，其边坡坡度见表 3.11。

盐渍土路堤最小高度　　　　　　　　　　　表 3.10

土　名	最小高度（m）	
	弱、中盐渍土	强盐渍土
中、细砂	1.0～1.2	1.1～1.3
砂性土	1.3～1.7	1.4～1.8
黏性土	1.8～2.3	2.0～2.5
粉性土	2.1～2.6	2.3～2.8

注：碱土路段可采用低限。

盐渍土路堤边坡坡度表　　　　　　　　　　　表 3.11

没有水浸时		有　水　浸　时		
路堤高度（m）	边坡坡度	浸水程度	填细粒土	填粗粒土
<1.5	1:1.5	短期浸水	1:2～3	1:1.75～2.0
>1.5	1:2	长期浸水	不可用	1:2.0～3.0

当流水速度引起冲刷时，边坡应加防护

3．盐渍土路基的地下排水管与地面排水沟渠，必须采取防渗措施，盐土地区不宜采用渗沟。

4．盐渍土作路堤填料时，土中易溶盐容许容量：总含量不得大于 5%，其中氯盐含量不得大于 5%；硫酸盐含量不得大于 2%；碳酸盐含量不得大于 0.5%。施工时应注意含盐量的均匀性。

二、盐渍土路基处理的技术要求

盐渍土路基基底的处理应视其软弱土体的含水量及地下水位而定：

1．如含水量超过液限的土层在 50～100cm 时，须全部换填渗水性土。

2．如含水量界于液限和塑限之间时，应铺 10～30cm 的渗水性土后，再填黏性土。

3．如含水量在塑限以下时，可直接填筑黏性土。

4．当清除软弱土体达到地下水位以下时，则应铺填渗水性土，并应高出地下水位30cm以上，再填黏性土。

5．在难以取得渗水性土的地区，应在路堤下部设置可靠的防水层（如用不透水的黏土层等），以隔断地下水的上升后患。

6．对于强盐渍土，不论其路基结构如何，边坡及路肩必须以砾石、碎石或黏土加固。

7．长期浸土地区，需在高水位以上0.5m做护坡道，并予防护。

8．盐渍土地区，如表土含盐量超过设计规范的规定，应在填筑路堤前予以挖除，挖除深度根据试验决定。

9．当路堤高度小于1.0m时，除将基底含盐量较重的表层土挖除外，应换填渗水性土，其厚度不小于0.7m。

10．当地下水位高，对黏性土的盐土地区，以夏季施工为宜；对砂性土的盐土地区，以春季和夏初施工为宜；强盐渍土地区，应在表层含盐量降低的春季施工为宜。

三、路基压实和含水量的控制

1．路基应分层压实，每层填土厚度，黏性土不得大于20cm，砂性土不得大于30cm。压实标准按设计规范或设计要求执行。

2．在干旱缺水地区，对路基填土可采用加大压实功能的办法进行压实，并应设法（如远运）洒水，使路基表层20cm厚的土层在碾压时达到最佳含水量。

3．当填土含水量过大时，施工中除按设计挖好该地区排水沟外，可在取土坑附近挖临时排水沟，以截断地表水和降低地下水位。此外，也可延长施工地段，在取土坑内分层挖土，分段填土曝晾，分段夯压。

3.3.3 膨胀土路基施工

膨胀土是指土中黏粒成分主要由亲水性矿物组成，同时具有吸水膨胀，失水收缩两种变形的高液限黏土。凡同时具备下列两条件的黏土均可判断为膨胀土：液限大于或等于40％；自由膨胀率大于或等于40％。膨胀土遇水易膨胀，因此在施工中尤其要重视压实和防水工作。

一、施工注意事项

1．膨胀土地区的路基应避免在雨季施工，土方工程及防护加固工程应连续施工，避免边坡长期暴露。

2．挖方路段应先做好路堑堑顶排水工程，施工期内不得沿坡面排水。

3．膨胀土地区的路基可采取换填好土，换填普通土时，可按路基土的施工要求进行压实，挖出的土不应堆积在路基两侧，以免积水。

二、原土筑路要求

1．洒水应均匀，大于2.5cm的土块应小于40％。

2．用平衡含水量（在一定的土基部位，土的含水量呈稳定不变状态）的土作为填筑用土。

3．人行道（路肩）应加固，以防止地面水浸入和冲刷，路肩横坡不得小于4％。人行道或路肩的加固应采用良好级配的碎石土铺筑，经压实后形成密实结构层，其厚度宜为15～30cm。采用砂砾料铺筑时，应掺入少量水泥予以加固。

三、路基边坡的加固

采用厚度大于15cm的碎石土加固边坡。先用非膨胀土将路堤包裹一层,厚度为30cm,路肩宽度不宜小于2m。

四、路堤封闭

路堤封闭形式有三种:路基底部封闭(防止毛细水上升而影响路基稳定),路基全封闭(保持路基土含水量不变),路基顶面封闭(防降水渗入路基)。

五、稳定处理

1. 石灰处治,适用于塑性指数大于7的土,石灰用量不宜低于8%。
2. 水泥处治,水泥用量宜为4%～8%。
3. 石灰—水泥处治,适用于塑性指数大于30的土。拌合时,石灰与土先拌合均匀,再加水泥拌匀。

六、压实

膨胀土压实宜采用重型压路机在最佳含水量状态下碾压,要求压实度达到轻型击实标准的100%。

3.3.4 黄土地区路基施工

一、黄土地区路基施工的一般规定

1. 用黄土填筑路堤时,若基底无不良地质现象或地下水活动时,只须作好基底的夯实和两侧排水,可不作其他处理。在基底有水或地下水位较高的地段,应采取疏干和降低地下水位等措施,或设置毛细水隔离层,不得用黄土填筑浸水路堤。黄土路堤边坡,应整平拍实,防止雨水下渗。边坡上的坑洼处,应用当地黄土回填夯实。当边坡缓于1:1.5时,坡面上宜铺设人工防护层,防止雨水冲刷。

2. 黄土路堤的压实要求与一般粘土相同。压实黄土的最佳含水量,一般应根据试验确定。根据施工经验,老黄土的含水量在15%～20%,新黄土的含水量在10%～15%时,最适于压实。当含水量过小时,应采取适当加水,或改进压实工具和操作方法等措施,以保证夯填质量。

3. 黄土路堑边坡,应严格按设计坡度开挖,如设计为陡坡时(如1:0.1),施工中不可放缓,以免引起边坡冲刷。路堑施工,当挖到接近设计标高时,应预留一部分土方,经洒水后用重碾碾压,以保证路基顶面有足够的强度,预留度应按密实度要求经试验确定。

4. 为防止路面水冲刷高路堤的边坡,可在路基边缘设置护墙、挡水埂或加固的边沟,将水引至路堑边沟,再排出路基范围。筑墙后的路肩宽度,应保证符合规范规定的路肩最小宽度,否则应加宽路基。当路基较长时,也可选择适当位置,在路堤边坡上设置急流槽,将水引至坡脚以外并不影响路基稳定处排出。

5. 黄土地区,特别应注意加强路基排水,将水迅速引离路基范围之外。黄土地区的边沟、截水沟、排水沟的长度超过200m,而纵坡又大于规定时,均应采用加固及防止渗漏等措施。

二、黄土陷穴处理

黄土陷穴处理方法及适用条件如下:

1. 灌沙法。适用于小而直的陷穴,以干沙灌实整个洞穴。
2. 灌浆法。适用于洞身不大,但洞壁起伏曲折较大,并离路基中线较远的小陷穴,以水、粘土和砂拌匀使用，需重复多次灌注，有时为了封闭水道，也可灌水泥砂浆。

3．开挖回填夯实。适用于较大、较深的洞穴，根据各种洞穴情况，进行开挖后重新回填。填料一般采用当地黄土分层夯实，为提高回填质量和工效，也可采用土坯砖砌的回填方法。

4．导洞和竖井。适用于较大和较深的洞穴，由洞穴内向外逐步回填夯实，在回填前，应将洞穴内虚土和杂物彻底清除干净。当接近地面0.5m时，应用粘土或粘土加10%砂子回填夯实。

5．为防止陷穴再生，应将处理好的陷穴附近的地面水引离，并严防地面水流入处理好的陷穴。为防止产生新的黄土陷穴，应切实加强地面排水措施，并应防止形成地表积水及水流集中产生冲刷。

6．黄土陷穴的处理范围，应视具体情况而定，一般在路基填方或挖方边坡外，上侧50m，下侧10～20m。若陷穴倾向路基，虽在50m以外，仍应作适当处理，对串珠状陷穴应彻底进行处理。

3.3.5 水网及水田路基施工

一、水网及水田地区的特征

一般地势平坦，水道纵横，土壤中有机物含量较高，且其上部表土层常年或季节性处于过湿状态。在确定路基横断面时，应注意选择稳定路基所必要的最小值，从而尽可能降低路堤高度，减少占用农田的面积。

二、水网、水田区路基施工要点

1．施工前应做好排水、排淤工作：

（1）施工水田内填筑路堤，必须先在距坡脚至少3m处开挖足够深度的排水沟，排除路基范围内的积水，再清除基底杂草和淤泥。在坡脚处筑起50cm高的田埂，以阻挡路基填土掉入沟中，排水沟应有0.5%～1%的最小纵坡。

（2）当地下水位高，路基不可能提高到最小填土高度时，必须设置砂砾垫层、隔离层或盲沟，以隔绝毛细水上升至路基。

（3）跨越水田的路基，应设有足够的灌溉涵管，以适应农田灌溉的要求。

2．路堤填土，不用含有腐殖质的淤泥或耕作土，宜使用透水性良好的土，分层填筑，碾压密实。严禁挖取田间耕土，如需远运取土时，应考虑挖土后平整造田。

3．跨经水田的路堑，必须在坡顶上筑起拦水的田埂，田埂须夯实，以防止田间积水渗入路堑。

4．尽量纵向运土填筑路堤，避免路侧取土；否则应将取土坑表层种植土妥善保留，竣工后再铺于坑底，以便恢复原有农田。

5．妥善安排施工时间，在少雨季施工，采取逐段推进，防止全线拉开和施工程序前后倒置。

3.3.6 沿河路基、库堤施工

一、河滩、海滩路堤施工要点

1．在河滩和滨河修筑路堤，要注意基底有无松软土层。路堤的浸水部分，一般用非黏性土填筑。

2．路堤浸水部分的边坡坡度，应考虑浸水后的稳定性。一般较普通边坡放缓一级。

峡谷地段，宜采用石质填料或挡土墙。

3．路堤边坡应考虑防护工程。防护高度为设计水位＋波浪侵袭高度＋壅水高度，再加0.5m的安全高度。在水流坡度较大，河滩宽阔的情况下，还应考虑河弯段桥前水面横坡形成的附加高度。

4．路堤浸水部分，必要时可在一侧或两侧设置护道，并按有关规定做防冲刷处理。

5．路堤施工期间应注意防洪。防洪工程应在洪水期前完工。

二、水库路堤施工要点

1．跨越既有水库路堤，首先应查明库堤稳定程度和是否符合路堤使用要求。经当地水利部门同意后，应尽量利用原有库堤。若原有库堤宽度不足时，应在水库外侧加宽，以筑路后不影响原有库堤使用为原则。如属新建水库，应争取路堤在水库蓄水前施工。

2．对于在地方性小型水库堤上做路基，其标高应适当提高，以备日后该水库建造时，留有余地。

3．水库库岸，由于水位及地下水位的变化，有可能发生崩塌、滑坡、松软等现象，对危及路基者，则必须进行防护加固。库岸和路堤的防护加固措施，应根据水位、波浪和流速决定，采取足以抵抗波浪冲击的防护措施。在最低水位以下，则根据水库淤泥积情况，可采取轻型防护或不防护。

4．路堤基底，在施工时已被库水浸泡，或蓄水引起地下水位升高，而造成基底松软者，填筑前应先对基底加以处理。

5．水库路基及防护，除按有关条文执行外，根据水库特点，尚应符合下列规定：

（1）深水浸泡或急浪冲击的高路堤，宜在防护物顶面设置宽度不少于2m的护道。

（2）路堤长期浸水部分宜采用渗水性良好的土填筑。如有困难，必须用一般黏性土填筑时，应经稳定验算，确定水下边坡的坡度。一般高度低于20m者，可采用1:2～1:3。

（3）土质库岸防护，应根据路线位置，库岸高、低、陡、缓，浸水深、浅，分别缓、急，考虑分期处理。

3.3.7 沙漠地区路基施工

一、一般规定

1．沙漠地区路堤高度，一般以1m为宜，路堤的最小高度为0.3～0.5m。沙丘地段，路基高度的确定应以路基两侧各50m范围内，高出沙丘平均高度0.3～0.5m为标准。

2．路堤边坡，应根据填料性质、防护材料及铺砌方法而定，一般采用1:1.5～1:2.0，高度小于1m路堤边坡，可视情况适当放缓，当道路与主导风向斜交或垂直时，应采取措施防止沙害。

3．沙漠地区，应尽量利用挖方弃土填筑路堤。如需挖取土坑时，取土坑应设在下风一侧距路堤坡脚外至少5m。当必须两侧取土时，上风一侧的取土坑应予封闭或摊平。路堑挖方地段，弃土应设置在下风一侧，距路堑坡顶不得小于10m，并应摊平，且不得随意堆放。

4．固沙宽度，一般在路基的迎风侧为不小于100m，下风侧为50m。格状沙障，可用树枝、灌木、芦苇等编成方格，一般为1m×1m～2m×2m。

二、施工要点

1．路基施工前对沿路线原有植物、灌木丛及覆盖物不得任意破坏，施工中应集中力量完成一段，防护一段。

2．沙漠地区，在有风及干燥季节，对填筑路堤当日不能完工的地段以草席覆盖；对开挖路堑，应从一开始就随挖随用平铺式栅栏或草席、芦苇等将坡肩护好，周围用小木桩固定或用大石块（混凝土预制块）压住。

3．在地形较开阔的风沙流地段，宜将路基两侧30～50m范围内的小沙滩、弃土、小土丘等，凡可引起积水的阻障物，均应予以清除摊平，并使路基边缘高出两侧地面不小于0.3m，以利流沙顺利通过。

4．沙漠地区用细沙或粉沙填筑路堤时，仍应分层沉实，有条件的应适当洒水沉实。

5．沙漠地区筑路时，路线主要控制桩及护桩、水准基点桩、路基边桩等均应设有明显的较高的标志，并妥善保护，以防被沙掩埋。

6．沙漠地区路基施工，宜在少风季节或雨季进行。

3.3.8 杂填土路基的施工

道路穿越填土地段，可选用以下几种方法处理，使其达到设计强度要求。

一、片石表面挤实法

适用于非冰冻地区，地下水位较低（地面1.0m以下），含软土较少和厚度不大的房渣土。可用20～30cm长的片石，尖端向下，密排夯入土中（从疏到密），以提高表层土的密实程度，减少土基的变形。

二、重锤夯实法

适用于处理地下水位在0.8m以上的稍湿的各种粘性土、砂土、湿陷性黄土和房渣土，以及工作面受限制及结构物接头处的填土。含水多的软弱土层不宜采用，大块钢渣因难以击碎，也不宜采用。

三、振动压实法

适用于处理地下水位离振实面不小于0.6m，含水黏性的房渣土、工业废渣。新填房渣土、炉渣及有级配的稳定炼渣应先用机械碾压数遍，再用重型压路机碾压至要求的压实度。

3.3.9 多年冻土地区、季节性冻融翻浆地区路基施工

一、多年冻土地区

1．施工方法必须严格按照保护冻土的原则施工，使路基施工后仍处于热学稳定状态。路基原则上均采用路堤形式。

2．加强路基侧向保护，注意路基排水。

3．路基基底应注意设置毛细水隔离层或隔温层；应选取保温隔水性能均较好的细粒土作填料；压实采用重型压路机碾压，并采用重型击实标准。

二、季节性冻融翻浆地区

1．冻融翻浆地区施工，必须贯彻以防为主，防治结合的原则。按照因地制宜、就地取材和路基路面综合整治的原则。

2．施工前应认真了解地形及水文地质情况，搞好路基排水；施工后，各沟、管、井、涵等能形成整体有效的排水系统。

3．合理提高路基。路基上层一定区间内应选用水稳性和冻稳性较好的粗粒土填筑。

4．压实标准采用重型实压标准，压实时的含水量应控制在最佳含水量的±2%范围以

内。

3.3.10 路基土方雨期施工

一、雨期施工计划，应集中力量分段突击，完成一段再开一段，切忌在全线大挖大填，雨前应选择因雨易翻浆处或低洼处等不利地段先行施工。

二、填土地段或取土坑，应按原地面排水系统作好临时排水沟，使施工地段能及时排除积水。填土时宜留出3%以上的横坡，每日收工前或遇雨时，应将已填土碾压坚实平整，防止表面积水，槽形路床应在路肩上多挖横沟将水引出。

三、雨后应重点检查下列情况：

1．路拱及边沟等排水设施的排水情况；
2．碾压完成或未及碾压的路基排水及渗水情况；
3．路床积水情况。

边沟、积水坑、渗水坑等排水设施畅通，如阻塞、溢满，应立即挑通放水，以防连日阴雨积水倒流。

四、路基因雨造成翻浆时，应遵守下列要求：

1．逐段处理，不得全线开挖。
2．每段应在下雨前坚持做到"三完"即"挖完、填完、压完"。
3．大片翻浆地段尽量利用推土机等机械铲除；小片翻浆相距较近时，应一次挖通处理。
4．刨挖翻浆应彻底干净，挖出全部软泥。

3.3.11 路基土方冬期施工

一、冬期施工，应编制冬期施工措施

为防止土冻结，可用砂、干松土等保温材料覆盖挖土地段或用剷路机先将土壤表面剷松30cm左右，以减少冻结深度。

二、开挖冻土采用下列方法

1．用人工破冻土时，依冻土厚度不同可采用铲钎或钢钎冲击。
2．如土方工程数量不大，冻土厚度在0.7m以内时，可用机械破碎。
3．用正铲（容量0.5～1m³）挖土机挖冻土，当冻结深度小于0.25m时可不必先松散冻层，而直接采用正铲挖土机施工。
4．炸药爆破冻土时应采用炮眼装药法和蛇穴装药法。炮眼深度为冻土层厚度0.75～0.9倍，蛇穴长度为爆破层厚度的1.0～1.2倍，蛇穴应设在未冻的下层土中。
5．融化冻土时应采用设置在钻孔中的蒸汽或热水的循环井管法，此法适用于冻结深度大于1.0m的冻土。根据工程情况和现场设备，先进行技术经济比较，选择冻土破碎方法。当冻土破碎后，再用撬棍、推土机等移开冻块，应尽量做到当日挖至规定深度，及时整理碾压成型，避免当夜再冻。
6．冬季石方施工方法同常温施工，但应有完善的安全设备。
7．填土高度应根据施工期间室外平均气温确定，当气温在-5℃以上时，填土高度不受限制，在-5℃以下时，则不得超过表3.12的数值：

表 3.12

气 温	填土高度
-5～-10℃	4.5m
-10～-15℃	3.5m
-15～-20℃	2.5m

用砂石、石和石块填筑路基时,任何气温条件下填方高度均不受限制。填方上层宜用未冻易透水的好土,在-5℃以下时每层虚厚须较常温施工所规定的标准小20%～25%。

8．使用粘土填筑路基时,除应符合本节内各有关规定外,并注意下列各点:
(1) 施工前预测出土壤含水量。
(2) 施工中有较长时间中断时,工作面的斜坡宜用保温材料覆盖。
(3) 填方土层厚度在1m以内时,不得用冻土填筑。
(4) 路基分段的联结部分应按阶梯形进行,每层宽度不得小于1m。

9．使用含有冻土的土料填筑路基时,冻土块尺寸不得大于15cm,其含量不得超过下列数值:
(1) 填土后即作路面时　小于15%
(2) 填土沉落后再作路面时　小于30%

10．不许在冻结土壤上砌筑基础,一般挖至设计标高以上30～40cm,应即行中止。在浇筑基础混凝土前把最后一层冻土挖去。如基坑已挖至设计标高,不能及时砌筑基础时,应立即铺一层厚10cm的砂石,或铺盖草帘两层,以免土壤冻结。坑底土壤如已受冻,而必须进行基础施工时,应将冻层完全刨除,换铺砂砾石。

11．应随时与当地气象台取得联系,在寒流来临前,视工地条件作好防冻防滑等措施。机械施工可分为三班连续作业。

12．冬期所弃冻土,当在自然坡较大的傍山路线下有人行小道、房屋、通航河道时,应注意堆置稳定,以免化冻时肇祸。

第4节　路基施工质量、安全、文明要求

路基施工质量控制主要有施工准备阶段质量控制、施工工艺过程质量控制、进度控制、施工阶段的投资控制、竣工阶段质量控制。

3.4.1　质量标准

建设部标准《市政道路工程质量检验评定标准》(CJJ1—90)。

一、土质路基
(1) 填土经碾压夯实后不得有翻浆、"弹簧"现象。
(2) 填土中不得含有淤泥、腐殖土及有机物质等。
(3) 路基土方压实度标准应符合表3.13的规定。

路基土方压实度标准　　表3.13

序号	项目			压实度(%) 重型击实/轻型击实	检查频率 范围	检查频率 点数	检验方法
1	路床以下深度(cm)	填方	0～30 快速路和主干路	95/98	1000m²	每层一组(三点)	环刀法检验
			0～30 次干路	93/95			
			0～30 支路	90/92			
2			80～150 快速路和主干路	93/95			
			80～150 次干路	90/92			
			80～150 支路	87/90			

续表

序号	项 目			压实度（%）重型击实/轻型击实	检查频率		检验方法
					范围	点数	
3	路床以下深度(cm)	填方	>150		1000m²	每层一组（三点）	环刀法检验
			快速路和主干路	87/90			
			次干路	87/90			
			支 路	87/90			
4		挖方	0～30				
			快速路和主干路	93/95			
			次干路	93/95			
			支 路	90/92			

注：1. 表中所列轻型击实标准和重型击实标准的压实度均以相应的标准击实试验法，求得最大压实度为100%。
2. 填方高度小于80cm及不填不挖路段，原地面以下0～30cm范围内土的压实度不低于表中所列挖方的要求。
3. 道路的类型应根据设计要求确定。分期扩建的道路需按永久规划的道路类型设计。
4. 本表摘自建设部标准《市政道路工程质量检验评定标准》(CJJ1—90)。
5. 在不具备实行重型击实标准的条件下，允许采用轻型击实标准，代替重型击实标准。

2．石方路基
(1) 上边坡必须稳定，严禁有松石、险石。
(2) 路基石方允许偏差应符合表3.14的规定。

路基石方允许偏差　　　　表3.14

序号	项 目		允许偏差	检验频率		检验方法
				范围(m)	点数	
1	高 程		+50mm −200mm	20	3	用水准仪沿横断面测量
2	路基宽(m)	路堑挖深≤3	+100mm 0	20	2	用尺量（沿横断面路中心向两边各量1点）
		路堑挖深>3	+200mm −50mm			
		填 方	不小于设计规定			
3	边 坡		不陡于设计规定		2	用坡度尺量，每侧计1点

注：本表摘自建设部标准《市政道路工程质量检验评定标准》(CJJ1—90)。

3．路床

土、石路床必须用12～15t压路机碾压检验，其轮迹不得大于5mm；石质路床必须嵌缝紧密，不得有坑槽和松石；土质路床不得有翻浆、软弹、起皮、波浪、积水等现象。压实度不得小于表3.15中规定，每100m²至少测3点。路床允许偏差应符合表3.15的规定。

路 床 允 许 偏 差　　　　　　　　　表 3.15

序号	项 目		允许偏差		检查频率		检验方法
			土路床	石路床	范 围	点 数	
1	△压实度（深度 0～30cm）	快速路和主干路	轻型击实 98		1000m²	3	用环刀法检验
			重型击实 95				
		次干路	轻型击实 95				
			重型击实 93				
		支路	轻型击实 92				
			重型击实 90				
2	中线高程		±20mm	±20mm	20m	1	用水准仪测量
3	平整度		20mm	20mm	20m	路宽(m): <9 / 9～15 / >15	1 / 2 / 3	用 3m 直尺量取最大值
4	宽度		+200mm	+100mm	40m	1	用尺量
5	横坡		±20mm 且不大于 ±0.3%	±0.5%	20m	路宽(m): <9 / 9～15 / >15	1 / 2 / 3	用水准仪测量

注：1．快速路和主干路挖方地段重型击实压实度为 93%。
　　2．本表摘自建设部标准《市政道路工程质量检验评定标准》(CJJ1—90)。

4．边坡和边沟

土质边坡必须平整、坚实、稳定、严禁贴坡；边沟上口线应整齐直顺，沟底平整，排水畅通。边沟、边坡允许偏差应符合表 3.16 规定。

边沟、边坡允许偏差　　　　　　　　　表 3.16

序号	项 目	允许偏差	检验频率		检验方法
			范围（m）	点数	
1	边坡坡度	不陡于设计规定	20	2	用坡度尺量，每侧边坡各 1 点
2	沟底标高	+0～-30mm	20	2	用水准仪测量每侧边沟各 1 点
3	沟底宽	±10mm	20	2	用尺量每侧边沟各 1 点

注：本表摘自建设部标准《市政道路工程质量检验评定标准》(CJJ1—90)。

5．路肩

路肩允许偏差见表 3.17

路 肩 允 许 偏 差　　　　　　　　　表 3.17

序号	项 目	压实度（%）及允许偏差	检验频率		检 验 方 法
			范围（m）	点数	
1	压实度	≥90（轻型击实）	100	2	用环刀法检验，每侧计 1 点
2	宽度	不小于设计规定	40	2	用尺量，每侧各计 1 点
3	横坡	±1%	40	2	用水准仪测量，每侧各计 1 点

注：1．硬质路肩应补充相应的检查项目
　　2．本表摘自建设部标准《市政道路工程质量检验评定标准》(CJJ1—90)。

3.4.2　路基施工质量控制

路基施工中，按设计图正确放样，确定其平面位置和高程，填方路基应对原地面进行处理，回填时分层回填，每层≤30cm，并按规范进行密实度测试。采用合格土壤回填。

挖方路基应按设计图要求，按其平面位置，高程进行施工，施工至路床前应预留一定的标底高度，不能一次挖至路床标高以便进行路床碾压施工，达到设计高程要求，如挖至路床时土质软弱应请设计单位提出处理方案后进行施工。路床碾压成型后进行弯沉测试，合格后方可进入下一道工序。

一、施工阶段质量控制

1．施工准备阶段质量控制

（1）掌握、熟悉质量控制的标准、规范；

（2）开工前准备工作，人员、机械、材料是否到位，施工场地是否具备"三通一平"；

（3）施工用材料、半成品、施工机械的材质证明、合格证；

（4）施工组织设计或方案的审查；

（5）质量保证体系落实。

2．施工工艺过程质量控制

（1）施工工艺过程控制，见表3.18。

路基施工工艺过程控制表　　　　　　　　　　　表3.18

项目	质量控制点	控制手段	项目	质量控制点	控制手段
路基放样	1．中线、边线复核 2．放坡、测量 3．高程控制	测量	路床施工	1．压实度　4．宽度检查 2．中线高程　5．压实度 3．平整度　6．弯沉值测试	现场测量、检测 取样试验
路基施工	1．中线高程　4．边坡 2．宽度　　5．压实度 3．横坡	现场测量、检测	路肩施工	1．压实度 2．宽度检查 3．横坡检测	现场检测 取样试验

（2）施工工艺过程易发生质量问题的预控措施，见表3.19。

路基施工工艺过程易发生质量问题的预控措施表　　　　　表3.19

质量问题	成因分析	预控措施	质量问题	成因分析	预控措施
塌方	1．边坡系数小 2．土方堆放有误 3．槽底被水浸泡 4．土质原因	合理放坡 土方应堆放槽边1m以外 降水或排水 施工方案调整	回填土沉陷	1．土质不合格 2．压实度不够	禁用不合格土源 作好压实工作 分层夯实，每层≤30cm 检查密实度

3．竣工阶段质量控制

（1）整理竣工图和技术资料。

（2）准备验收。

二、进度控制

（1）实施总进度计划。

（2）确定施工方案。

（3）进行工程进度的动态管理。

（4）作好月进度安排。

三、施工阶段的投资控制

（1）熟悉施工图，明确费用支付部位和环节。

（2）预测可能发生工程质量隐患的因素，制定相应措施。

（3）进行技术改进，力争节约造价。

（4）严格工程计量。

（5）严格执行工程变更、技术变更审批制度。

四、质量控制其他要求

1．工程材料

（1）随时检测现场材料，作好原材料试验。

（2）水泥：同一编号不足200吨必须抽检一次。

（3）砂石：每一料源，200m³检测一次。

（4）石灰：每批料到现场均需检测其CaO、MgO含量。

（5）土：均作塑、液限试验。

（6）水：开工前检测施工用水是否符合要求。

（7）砖：每一料源检测一次。

（8）钢筋：每个品种、每批钢材应检测一次。

（9）成品、半成品：有出厂合格证、生产许可证，质量符合设计要求和规范要求。

3.4.3 安全施工要求：

一、安全施工的一般规定

1．工程开工前，施工单位必须详细核对设计文件，根据施工地段的地形、地质、水文、气象等资料，在编制施工组织设计的同时，制定相应的安全技术措施。

2．参加施工的人员，必须接受安全技术教育，熟知和遵守本工种的各项安全技术操作规程，并应定期进行安全技术考核，合格者持证上岗。

3．施工单位均应按国家规定建立健全各级安全管理机构和设立专职或兼职安全检查人员。

4．施工现场要设置足够的消防设备。施工人员应熟悉消防设备的性能和使用方法，并应组织一支经过训练的义务消防队伍。

5．施工单位应加强与气象、水文等部门的联系，及时掌握气温、雨雪、风暴和汛情等预报，做好防范工作。

6．施工中采用新技术、新工艺、新设备、新材料时，必须制定相应的安全技术措施。

7．操作人员上岗前，必须按规定穿戴防护用品。施工负责人和安全检查员应随时检查劳动防护用品的穿戴情况，不按规定穿戴防护用品的人员不得上岗。

8．施工所用的各种机具设备和劳动保护用品，应定期进行检查和必要的检验，保证其经常处于完好状态，不合格的机具设备和劳动保护用品严禁使用。

9．下挖工程，施工前应根据设计文件复查地下构造物（电缆、管道等）的埋置及走向，并采取防护措施；施工中如发现有危险品及其他可疑物品时，应立即停止施工，报请有关部门处理。

10．爆破施工时，除应遵守国家现行的《爆破安全规程》（GB6722—86）外，还应在爆破前详细检查后再进行作业。

11．重要的安全设施必须执行与主体工程"三同时"的原则，即：同时设计、审批，同时施工，同时验收，投入使用。

二、施工现场安全

1．施工现场应有利于生产，方便职工生活，符合防洪、防火等安全要求，具备文明生产、文明施工的条件。

2．施工现场的临时设施，选在水文、地质良好的地段。施工现场内的各种运输道路、生产生活房屋、易燃易爆仓库、材料堆放，以及动力通讯线路和其他临时工程，应按照有关安全的规定制定出合理的平面布置图。

3．施工现场的生活生产房屋、变电所、发电机房、临时油库等均应设在干燥的地基上，并应符合防火、防洪、防风、防爆、防震的要求。

4．施工现场应设置安全标志，并不得擅自拆除。施工现场内的沟、坑、水塘等边缘应设安全护栏。场地狭小，行人和运输繁忙的路段应设专人指挥交通。

5．生产生活房屋应按防火规定保持必需的安全净距，一般情况下活动板房不小于7m，铁皮板房不小于5m，临时的锅炉房、发电机房、变电室、铁工房、厨房等与其他房屋的间距不小于15m。

6．易燃易爆品仓库、发电机房，应采取必要的安全防护措施，严禁用易燃材料修建，炸药库的设置应符合国家有关规定。

7．工地上较高的建（构）筑物、临时设施及重要库房，如炸药房、油库、发（变）电房等，均应加设避雷装置。

8．对环境有污染的设施和材料应设置在远离人员居住的较为空旷的地点。污染严重的工程场所应配有防污染的设备。

三、场内交通及水电设备

1．场内道路应经常维护，保持畅通。载重车辆通过较多的道路，其弯道半径一般不小于15m，特殊情况不得小于10m。手推车道路的宽度不小于1.5m。急弯及陡坡地段应设置明显交通标志。与铁路交叉处应有专人照管，并设信号装置和落杆。

2．生产生活用水应进行鉴定，其水质必须符合国家现行标准。水源应采取保护措施，防止水质污染。

3．场内架设的电线应绝缘良好，悬挂高度及线间距必须符合电业部门的安全规定。现场架设的临时线路必须用绝缘物支持，不得将电线缠绕在钢筋、树木或脚手架上。电工在接近高压线操作时，其安全距离为：10kV以下不得小于0.7m，20～35kV以下不得小于0.7m，20～35kV不得小于1m，44kV不得小于1.2m，否则必须停电后方可操作。

4．各种电器设备应配有专用开关，室外使用的开关、插座应外装防水箱并加锁，在操作处加设绝缘垫层。各种电气设备的检查维修，一般应停电作业，如必须带电作业时，应有可靠的安全措施并派专人监护。

5．工地安装变压器必须符合电业部门的要求，并设专人管理。施工用电要尽量保持三相平衡。现场的变（配）电设备处，必须备有灭火器材和高压安全用具，非电工人员严禁接近电设备。

四、施工机械

操作人员在工作中不得擅离岗位，不得操作与操作证不相符的机械，不得将机械设备交给无本机种操作证的人员操作，操作人员应严格执行工作前的检查制度和工作中注意观察及工作后的检查保养制度。

1．工作前检查：

工作场地周围有无妨碍工作的障碍物，油、水、电及其他保证机械设备正常运转的条件是否完备。安全、操作机构是否灵活可靠，指示仪表、指示灯显示是否正常可靠，油温、水温是否达到正常使用温度。

2．工作中应观察：

工作机械有无过热、松动或其他故障，参照例行保养规定进行例保作业，做好下一班的准备工作，填写好机械操作履历表。

3．大型机械进场前，应查清所通过道路、桥梁的净宽和承载力是否满足要求，否则应预先拓宽和加固。

4．施工单位应为进场机械提供临时机棚或停机场地，机械在停机棚内起动时，必须保持通风；棚内严禁烟火，机械人员应掌握所备灭火器材的使用方法。

5．在电杆附近挖土时，对于不能取消的拉线地垄及杆身，应留出土台。土台半径：电杆为 1~1.5m，拉线 1.5~2.5m，并视土质决定边坡坡度。土台周围应插标杆示警。

6．机械在危险地段作业时，必须设明显的安全警告标志，并应设专人站在操作人员能看清的地方指挥，驾机人员只能接受指挥人员发出的规定信号。

7．会车时应轻车让重车。通过窄路、十字路口、交通繁忙地段及转弯时，应注意来往行人及车辆。重车运行，前后两车间距必须大于 5m。下坡时，间距不小于 10m，并严禁车上乘人。电动蛙式打夯机的电源线必须完好无损，并应安装漏电保护器。操作时应戴绝缘手套，一人操作、一人扶持电缆，辅助人员与操作人员必须紧密配合，严禁在夯机前方隔机扔电缆和背线拖拉前进。电缆线不应扭结和缠绕，不得夯电源线，停用或搬运夯机时应切断电源。

8．拌和机应安置稳妥，开机前必须确认传动及各部装置牢固可靠，操作灵活。运转中不得用手或木棒等伸进筒内清理筒口的灰浆。

9．起重作业应遵守下列规定：

大型吊装工程，应编制安全技术措施，并向参加施工作业人员进行安全技术交底。吊装作业应指派专人统一指挥，参加吊装的起重工要掌握作业的安全要求，其他人员要有明确分工。吊装作业前必须严格检查起重设备各部件的可靠性和安全性，并进行试吊。各种起重机具不得超负荷使用，吊臂下严禁站人，注意周围情况。作业中遇有停电或其他特殊情况，应将吊物落至地面，不得悬在空中。起重机械的使用应符合现行的国家标准《起重机械安全规程》（GB6067—85）的规定。

五、土方工程

人工挖掘土方必须遵守下列规定：

1．开挖土方的操作人员之间，必须保持足够的安全距离；横向间距不小于 2m，纵向间距不小于 3m。

2．土方开挖必须自上而下顺序放坡进行，严禁采用挖空底脚的操作方法。

3．人工挖土基作业时，从基坑内抛上的土方应边挖边运。用土台分层抛掷传运出土时，台阶宽度不得小于 0.7m，基坑上边缘暂时堆放的土方至少应距坑边 1.5m。

高陡边坡处施工必须遵守下列规定：

1．作业人员必须绑系安全带。

2．边坡开挖中如遇地下水涌出，应先排水，后开挖。

3．开挖工作应与装运作业面相互错开，严禁上、下双重作业。

4．弃土下方和有滚石危及范围的道路，应设警告标志，作业时坡下严禁通行。

5．坡面上的操作人员对松土、石块必须及时清除，严禁在危石下面作业、休息和存放机具。

6．设有支挡工程的地质不良地段，在考虑分段开挖的同时，应分段修建支挡工程。

六、混凝土预制场

1．预制场地

预制场地的选择、场区的平面布置、场内的道路、运输和水电设施等应注意相关安全要求的规定。

2．搅拌站

搅拌站应按设计要求，安装在具有足够承载力、坚固、稳定的基座上。操作处应设作业平台及防护栏杆。搅拌站的电气设备和线路，应绝缘良好。机械设备外露的转动部分，应设防护装置。搅拌站的机械设备安装完毕后，要检查离合器、制动器、升降器是否灵活可靠、转动滑轮是否良好、钢丝绳有无断裂或损坏等，并经试转，全部机械达到正常后，方可作业。

3．发电机组

工期较长的工程，发电机组应设置在安全可靠的机房内，其基础应平整坚实，必要时应设置在混凝土基座上。机房内配备消防设备。发电机应设接地保护，接地电阻不得大于 4Ω。发电机连接配电盘，及通向所有配电设备的导线，必须绝缘良好，接线牢固。施工单位的发电机电源应与外电线路电源联锁，严禁并列运行，发电机附近不得放置易燃、易爆物品。

4．混凝土拌和及灌注

人工手推车上料时，手推车不得松手撒把。运输斜道上，应设有防滑设施。机械上料时，在铲斗（或拉铲）移动范围内不得站人。铲斗下面严禁有人停留和通过。向搅拌机内倾倒水泥，宜采用封闭式加料斗。为减少进出料口的粉尘飞扬应加设防护板，作业结束时，应将料斗放下，落入斗坑或平台上并冲洗干净。

5．电动振捣器的操作人员要配戴安全防护用品，配电盘（箱）的接线宜使用电缆线，随时检查振捣器使用情况。

七、特殊季节与夜间施工

1．雨季

雨季及洪水期施工应根据当地气象预报及施工所在地的具体情况，做好施工期间的防洪排涝工作。

在雨季施工时，施工现场应及时排除积水，人行道的上下坡应挖步梯或铺砂。脚手板、斜道板、跳板上应采取相应措施。

雨季施工时，处于洪水可能淹没地带的机械设备、材料等应做好防范措施，施工中遇有暴风雨应暂停施工。

2．冬季

冬季施工应做好保温、防冻等安全防护措施。冬季施工在江河冰面上通行时，事先应详细调查冰层的厚度及承载能力。冰面结冻不实地段，严禁通行。结冻不实地段、可通行地段都应设明显标志。初冬及春融季节应经常检查冰层变化情况，以确定可否通行。

3．高温季节

高温季节施工，应按劳动保护规定做好防暑降温措施。适当调整作息时间，尽量避开高温时间。有条件的宜搭设凉棚，供应冷饮，准备防暑药品等。

4．夜间施工

夜间施工时，现场必须有符合操作要求的照明设备，施工住地要设置路灯。危险地段应设置围栏，并悬挂红灯示警标志并设照明灯具。

八、边通车、边施工地段的交通安全要求

1．改建工程中，为保证边通车、边施工路段的安全生产，应对通行车辆进行管理，确保施工、交通安全。

2．改建工程需挖除旧路路基、路面进行重建的路段，在施工路段的两端应竖立显示正在施工的警告标志。标志应鲜明、醒目。标志与施工路段的距离，应根据开挖宽度、道路等级、交通量等情况确定。

3．一侧拓宽或两侧拓宽的改建工程，原有道路的路面宜先保留，以维持交通。

4．在拓宽地段，如须在原有道路上运送土石方，宜采用机动车辆运输。采用手推车运输时，可划分部分路面，专供手推车行驶。并应做到：

剩余部分路面宽度应保证机动车行车安全；

用红白相间的栏杆等隔离设施与机动车行车道隔开；

设专职人员指挥来往车辆。

5．通车路段的路面应经常清扫干净，防止车辆碾飞土石伤人或雨后泥泞影响通车。

6．半幅通车路段，在车辆驶出（人）前方应设置指示方向和减速慢行的标志。同时在施工作业区的两端设置明显的路栏。晚间要在路栏上加设施工标志灯。半幅施工区与行车道之间设置红白相间的隔离栅。

7．半幅施工的路段不宜过长，一般以不超过 300～500m 为宜。

8．在单车道维持通车路段上，当路段不长，交通量不大时，可在该路段的适当地点设置车辆会让处；当施工路段较长、交通量较大时，应实行交通管制。每班配置专职人员和通讯设备，指挥交通，疏导车辆。

9．在居民点或公共场所附近开挖沟槽时，应设护栏及搭设跳板供行人通过。夜间应设置照明灯和红灯。

3.4.4 文明施工要求

一、主要内容及标准

1．外部环境

（1）打围作业，封闭施工，有"净化、绿化、美化、亮化"措施，内部标准化，外部景观化。

（2）书写规范的宣传标语，严禁张贴商业广告，尽量做到围挡一段、施工一段，并设警示标志。

（3）"五牌一图"齐全，即施工总平面图、安全警示牌、安民告示、工程规模和质量要求、施工进度、主要施工和管理人员。

（4）出入口处用密筛网折叠或钢筋笆子、草帘等设置出入口，专人清理。

（5）保证施工场地周边、出入口无垃圾、污水，安全、整洁、畅通。

2．内部环境

（1）施工现场总平面布置纳入施工组织设计。

按照布局紧凑、规划周密、管理方便和安全可靠的原则，符合劳动保护、安全生产、消防、卫生和文明施工规定。

（2）料具场地平整夯实，裸露地面要绿化，施工通道可用沙石进行硬化。

（3）施工现场的临时设施、机具设备、各类建筑材料应按总平面图合理布置，材料堆码整齐。

（4）施工场区内无乱搭乱建，保持工地内干净整洁。

二、防止扬尘、污水、噪声措施

1．严禁在施工现场焚烧废弃物，防止有毒有害烟尘和恶臭气体产生。

2．防止尘土飞扬，清扫场地应洒水作业。未经处理，施工废水不得排入城市排水管。

3．合理安排施工进度，对易产生噪声（震动）的施工机械，应减轻噪声扰民。

三、环境卫生管理

施工现场建立健全卫生管理和有效保洁制度，落实各项卫生防病措施。搞好"除四害"及消毒工作，保持工地内部生活环境整洁。

1．临时用房按总平面布置设置，采光、通风、卫生、消防满足要求，简洁实用。

2．食堂必须符合《中华人民共和国食品卫生法》的规定，食堂工作人员有《卫生许可证》和《健康证》，各种用具应一清、二洗、三消毒。

3．施工运输车辆、挖掘土方设备驶出工地前，必须作除泥、除尘处理，泥尘严禁带出工地。

4．运输砂石、土方、垃圾、水泥等易产生扬尘物的车辆，应封置严密，严禁撒漏。

5．施工现场基础，通道土方开挖时，堆土要相对集中，存土时间超过一个月的应采取覆盖、固化或绿化措施。短期存放应采取洒水降尘。

6．四级风以上的天气，停止土方施工。

7．施工现场应设置冲洗车辆设备的设施。

8．工地临时办公室要整洁卫生，建立卫生责任制度。

9．有条件时应建立卫生标准的水冲式厕所和浴室并专人管理，定期施放药物杀灭蚊蟑，做到无蝇、无臭味等。

习　　题

1．试述路基施工的程序和基本方法？

2．试述路基施工准备工作的内容？

3．试述路基施工放样的主要内容？

4．不同土质填筑路堤时，填筑的原则是什么？

5．简述路基压实的施工要点？

6．试述路基施工机械的类型？

7．试述路基质量控制的主要内容？

8．路基安全与文明施工的主要内容有那些？

9．常用的路基压实度试验方法有几种？

第4章 管道施工

第1节 概 述

4.1.1 排水管道

城市排水管道主要分为污水管道和雨水管道，雨水管道用于排除降落到地面上的雨

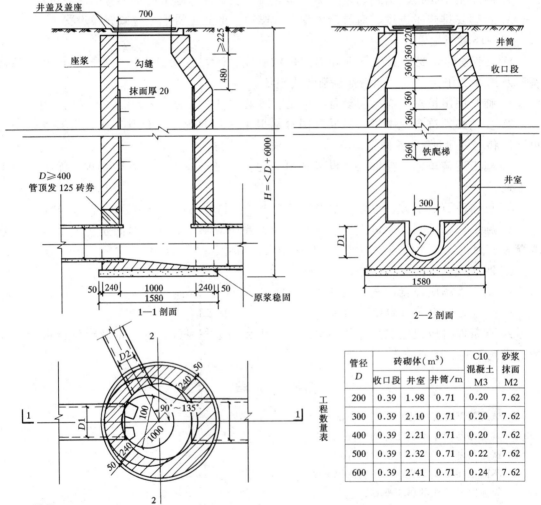

说明：
1. 单位：毫米。
2. 井墙用 M7.5 水泥砂浆砌 MU7.5 砖，无地下水时，可用 M5 混合砂浆砌 MU7.5 砖。
3. 抹面、勾缝、座浆均用 1:2 水泥砂浆。
4. 遇地下水时，井外壁抹面至地下水位以上 500，厚 20，井底铺碎石，厚 100。
5. 接入支管超挖部分用级配砂石、混凝土或砌块填实。
6. 井室高度：自井底至收口段一般为：$D+1800$，当埋深不允许时可酌情减小。井基材料采用 C10 混凝土，厚度等于干管管基厚，若干管为土管时，井基厚度为 100。

图 4.1 1000mm 砖砌圆形污水检查井

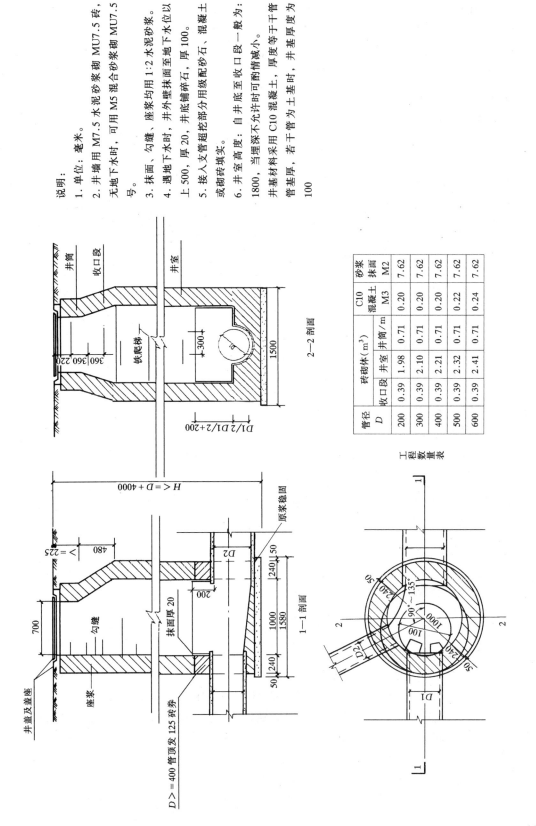

图 4.2 1000mm 砖砌圆形雨水检查井

水，污水管道用于排除城镇的各种污水，并将其送至污水处理厂或水体中。污水和雨水管道主干管，一般沿道路纵向布置，平行于道路中心线，设置在城市街道下。

一般情况下，污水管道比雨水管道埋置较深，故先施工污水管道，后施工雨水管道，污水管道和雨水管道主要是由管道、基础、接口抹带、检查井等构成。主要排水管道构筑物见图4.1、图4.2、图4.3、图4.4。

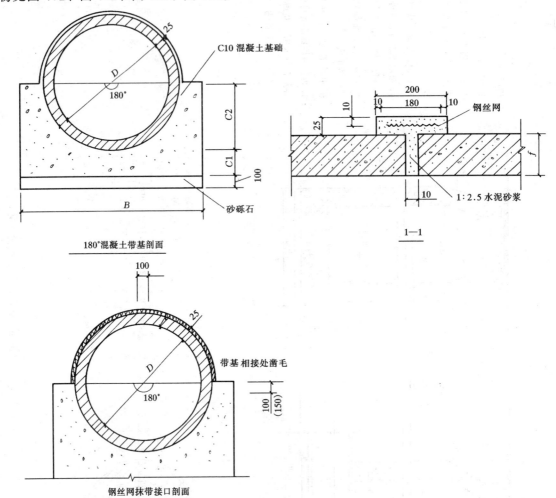

图4.3 180°污水带基

4.1.2 管道施工特点

城市道路排水管道一般分为污水管道和雨水管道，管道施工通常需要开挖沟槽并进行安装和回填，并在路基施工前完工。由于地质条件不同，施工难度较大，为确保施工质量，必须重视管道施工技术，采用合理的施工方法，选用合格的材料，并按施工技术规程进行施工，达到质量标准。

4.1.3 管道施工的基本方法

按沟槽的开挖方式不同分为开槽埋管法和不开槽的掘进顶法，盾构法，浅埋暗挖法等施工方法。

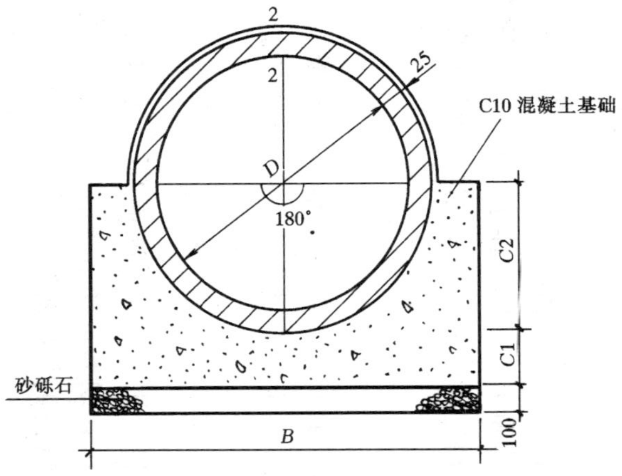

图 4.4 180°雨水枕基

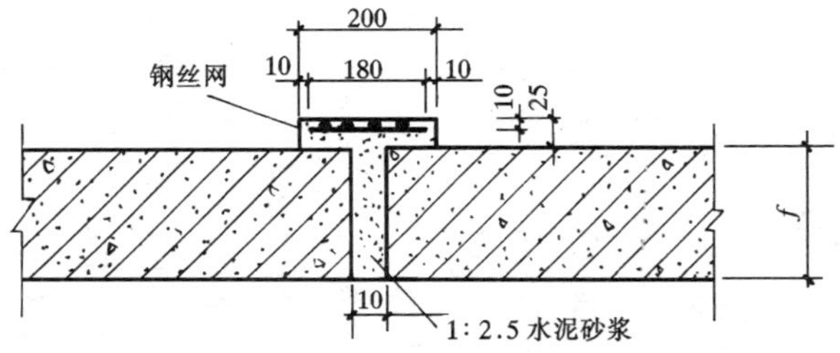

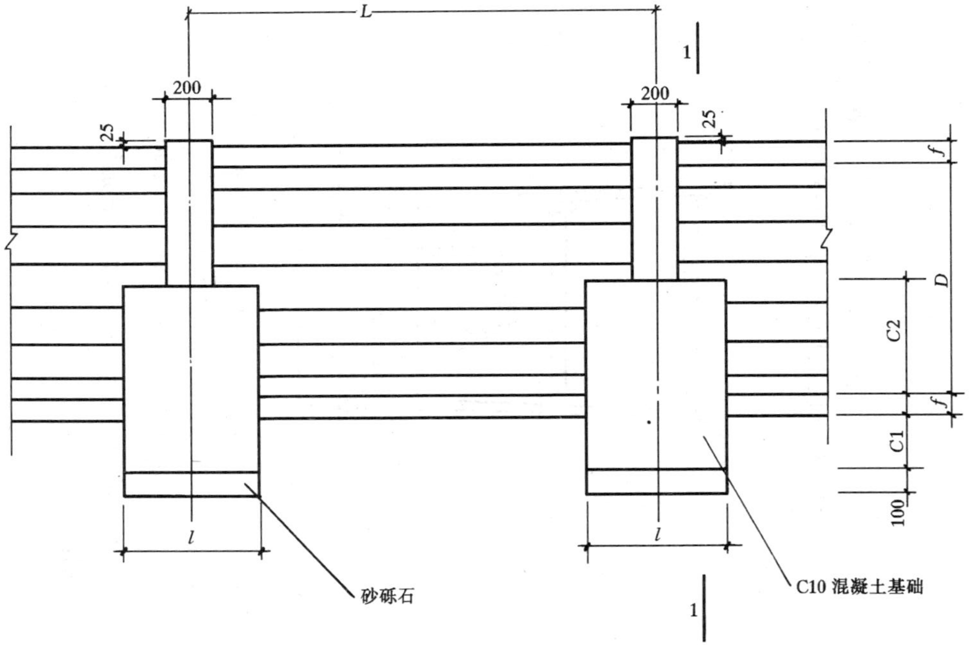

按管道安装方式不同，分为柔性按口和刚性按口施工，本章主要介绍开槽埋管施工法。

4.1.4 沟槽开挖断面

在排水管道施工中，常用开槽法施工，其沟槽断面形式有梯形槽、混合槽、直槽、联合槽等。其中联合槽适用于两条或两条以上管道埋设在同一沟槽内的断面形式，如图4.5、图4.6。

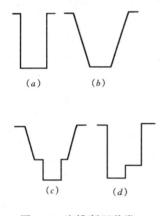

图 4.5 沟槽断面种类
（a）直槽；（b）梯形槽；
（c）混合槽；（d）联合槽

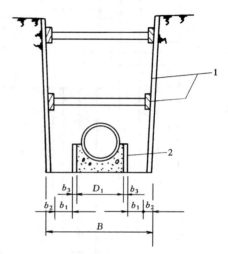

图 4.6 沟槽底部开挖宽度图
1—支撑；2—模板

排水管道施工应合理确定沟槽开挖断面，为管道施工创造条件，同时保证工程质量和安全生产。选定何种沟槽断面形式，要考虑土的种类、地下水水位、管道结构尺寸、管道埋深、开挖方式和方法、施工排水、现场的其他因素等。

第 2 节　开槽埋管法施工程序和工艺

城市排水管道施工，就开槽法施工而言，一般包括施工的准备工作，土方开挖，管道基础，下管和稳管，按口、砌筑附属构筑物和土方回填等程序，由于污水管道与雨水管道在道路红线内平面位置和标高不同，应分别进行施工，一般先进行埋深较深的污水管道施工，再进行埋深较浅的雨水管道施工。

管道施工的一般程序：

污（雨）水管道施工一般程序为：施工前准备工作----沟槽开挖----基础浇筑---管道安装----构筑物的砌筑-----闭水试验（污水）------土方的回填及管道工程的检查与验收等。

4.2.1 施工前准备工作

一、施工前准备工作的内容：

排水管道施工准备工作的内容：组织准备工作、物质准备工作、技术准备工作。目的是针对施工任务，制定规章制度，编制组织计划和选择适当的施工方案，确定施工方法，合理安排施工进度计划，劳动力以及材料机具供应计划等。

二、施工前控制测量

施工测量分为施工前测量，施工中测量，竣工测量三种。施工前测量主要是设立临时水准点和管道轴线控制桩测设。施工中测量是在构筑物施工时为符合设计图要求进行的现场定位测量，竣工测量是各构筑物完工后进行的测量。

施工前，建设单位组织勘测单位向施工单位进行现场交桩，施工单位根据勘测单位移交的中心控制桩和高程控制桩，根据管道工程情况再进行加密控制桩和栓桩，并经过复核，方可使用。并在施工前校测已建管道，构筑物与本工程衔接的平面位置和高程与设计图进行对比，有疑问的地方应及时提请设计单位进行处理。

管道施工前的测量主要分为：

1．建立临时水准点和栓桩

建立临时水准点的水准测量的闭合差不得大于 $\pm 12\sqrt{L}$，其中 L 为水平距离，以 km 计。

临时水准点应设在稳固且不易被碰撞的地点，开槽铺设管道的临时水准点每 200m 不宜少于 1 个，并加以保护且每次使用前应当校测。

冬季施工，应每隔 2～3 个水准点，设置不受冻胀的水准点一处。如无条件将水准点设在永久建筑物的固定点上，可砌筑保护井，深入地下 1m 左右，水准点设于井内，并做好防冻措施。

2．测定管道中线并栓桩

管道中线控制桩的设置，应便于观测且必须牢固，并应采取保护措施。测定管道中线时，应在起点、终点、交叉点、平面折点、纵向折点及直线段的控制点测设中心桩。桩顶钉中心钉，并应在起点、终点及平面折点的沟槽外面适当位置进行栓桩。

加密中心桩时，可用钢尺丈量中心钉的水平距离。丈量时钢尺必须抻紧拉平。控制桩固定间距＜200m 时，精度要求为 1/5000，间距 200～500m 时，精度要求 1/10000。

4.2.2 沟槽开挖施工

根据管道结构的宽度，土质的条件、自然地形和开挖方式、沟槽断面形式以及沟槽的深度，对沟槽断面进行放样并开挖，目的便于管道的施工。

一、沟槽测量控制：

沟槽测量控制方法较多，常用的有坡度板法，坡度板既控制高程又控制中心位置。

1．坡度板安设

坡度板埋设的间距一般为 10～20m，管道平面及纵向折点和附属构筑物处，应根据需要增设一块坡度板，坡度板距槽底的高度不应大于 3m。人工挖土，一层沟槽坡度板一般应在开槽前埋设，多层沟槽一般应在开挖底层槽前埋设；机械挖土，则在机械挖土后人工清底前埋设，坡度板安设见图 4.7。

坡度板应埋设牢固，板顶不应高出地面（设于底层槽者，不应高出槽台面），两端伸出槽边不宜小于 30cm，板的截面一般采用 5cm×15cm。施测或校测坡度板时，必须与另一水准点闭合。

坡度板上应钉管线中心钉和高程板，高程板上钉高程钉，一般做法如下：

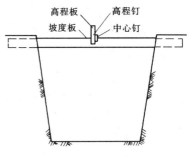

图 4.7 坡度板

第一，管线中心钉钉在坡度板的顶面；

第二，高程板钉在坡度板的侧面上，应保持垂直，所有高程板宜钉在管道路线的同一侧；

第三，高程钉钉在高程板靠中心线的一侧；

第四，坡度板上应标明桩号（井室处的坡度板同时标明井室号）及高程钉至各有关部位的下挖常数。变换常数处，应在坡度板两面分别书写清楚，并分别标明其所用高程钉。

受地面沟槽断面等条件限制，不宜埋设坡度板的沟槽，可在沟槽两侧边坡或槽底两边，对称地测设一对高程桩，每对高程桩上钉一对等高的高程钉。高程桩的纵向距离以10m为宜。并且在挖槽见底前及管道铺设或砌筑前，测设管道中心线或辅助中心线。

2．沟槽开挖线放样

无论人工，机械开挖，均需放出开挖线。开挖线的放样方法同道路路堑放样放法相同，可参见路堑放样。

二、施工排水

由于开槽施工，为确保施工质量和施工安全，如施工中受到地下水和地表水的影响，应注意解决施工排水问题。

1．地下水降排

如地下水位高于沟槽底面，一般沿管线纵向设置降水井，降水井平面位置的布置应不影响沟槽施工，且离沟槽边缘大于2m。

降水井个数、深度、间距、出水量应根据施工现场确定，应确保地下水位降至沟槽底面以下并距沟槽底面不小于0.5m。排出的地下水应排至抽水影响半径以外，当管道施工或回填在原地下水位以上时可停止抽排水。

2．地表水排除

首先应在沟槽范围外纵向设置排水沟，且距沟槽大于5m，切断流向沟槽的地表水。其次在开挖的沟槽底侧挖临时排水沟，排水沟宽和深为0.2m×0.2m，每井段设一集水井，井径0.5m，深0.8～1.0m，由潜水泵抽排沟槽内的渗水。

三、沟槽开挖

分为人工和机械开挖。在天然湿度的土中开挖沟槽，如地下水位低于槽底，可开直槽，不支撑，但槽深不得超过下列规定：砂土和砂砾石≤1.0m，粉质砂土和粉质黏土≤1.25m，黏土≤1.5m。

较深的沟槽，宜分层开挖。每层槽的深度，机械挖槽根据机械性能而定，人工挖槽一般2m左右。一层槽和多层槽的头槽，在条件许可时，一般采用大开槽（即放坡不支撑）；人工开挖多层槽的中槽和下槽，一般采用直槽支撑。

支撑直槽的边坡度一般采用1∶0.05（即20∶1）。大开槽的边坡度可参照表4.2的规定。

人工开挖多层槽的层间留台宽度，大开槽与直槽之间一般不小于0.8m，直槽与直槽之间宜留0.3～0.5m。安装井点时，槽台宽度不应小于1m。

1．沟槽开挖宽度

管道沟槽底部的开挖宽度，宜按下式计算：

$$B = D_1 + 2(b_1 + b_2 + b_3) \tag{4.1}$$

式中 B——管道沟槽底部的开挖宽度（mm）；
　　D_1——管道结构的外缘宽度（mm）；
　　b_1——管道一侧的工作面宽度（mm），可按表4.1采用；
　　b_2——管道一侧的支撑厚度，可取150～200mm；
　　b_3——现场浇筑混凝土或钢筋混凝土管渠一侧模板的厚度（mm）。

管道一侧的工作面宽度（mm）　　　　　　表4.1

管道结构的外缘宽度 D_1	管道一侧的工作面宽度 b_1		管道结构的外缘宽度 D_1	管道一侧的工作面宽度 b_1	
	非金属管道	金属管道		非金属管道	金属管道
$D_1 \leqslant 500$	400	300	$1000 < D_1 \leqslant 1500$	600	600
$500 < D_1 \leqslant 1000$	500	400	$1500 < D_1 \leqslant 3000$	800	800

注：1. 槽底需设排水沟时，工作面宽度 b_1 应适当增加。
　　2. 管道有现场施工的外防水层时，每侧工作宽度宜取800mm。
　　3. 本表摘自中华人民共和国国家标准《给水排水管道工程施工及验收规范》（GB 50268—97）。

2．沟槽开挖边坡度

当地质条件良好、土质均匀，地下水位低于沟槽底面高程，且开挖深度在5m以内边坡不加支撑时，沟槽边坡最陡坡度应符合表4.2的规定。

深度在5m以内的沟槽边坡的最陡坡度　　　　　　表4.2

土　的　类　别	边 坡 坡 度 （高：宽）		
	坡顶无荷载	坡顶有静载	坡顶有动载
中密的砂土	1:1.00	1:1.25	1:1.50
中密的碎石类土（充填物为砂土）	1:0.75	1:1.00	1:1.25
硬塑的轻亚粘土	1:0.67	1:0.75	1:1.00
中密的碎石类土（充填物为黏性土）	1:0.50	1:0.67	1:0.75
硬塑的亚黏土、黏土	1:0.33	1:0.50	1:0.67
老黄土	1:0.10	1:0.25	1:0.33
软土（经井点降水后）	1:1.00		

注：1. 当有成熟施工经验时，可不受本表限制。
　　2. 在软土沟槽顶不宜设置静载或动载；需要设置时，应对土的承载力和边坡的稳定性进行验算。
　　3. 本表摘自中华人民共和国国家标准《给水排水管道工程施工及验收规范》（GB 50268—97）。

3．沟槽的开挖

（1）机械开挖

采用机械挖槽时，应向机械司机详细交底，交底内容一般应包括挖槽断面、堆土位置、现有地下构筑物情况及施工要求等；并应指定专人与司机配合，其配合人员应熟悉机械挖土有关安全操作规程，并及时丈量槽底高程和宽度，防止超挖或亏挖。机械挖槽，应确保槽底土壤结构不被扰动或破坏，同时由于机械不可能准确地将槽底按规定高程整平，设计槽底高程以上宜留20cm左右一层不挖，待人工清挖。

单斗挖土不得在架空输电线路下工作。如在架空线路一侧工作时，与线路的垂直、水平安全距离，不应小于表4.3的规定。

单斗挖土吊车在架空输电线路一侧工作时与线路的安全距离　　　表4.3

输电线路电压 (kV)	垂直安全距离 (m)	水平安全距离 (m)	输电线路电压 (kV)	垂直安全距离 (m)	水平安全距离 (m)
<1	1.5	1.5	154	2.5	5.0
1～20	1.5	2.0	220	2.5	6.0
35～110	2.5	4.0			

注：1．遇有大风、雷雨、大雾天气时，机械不得在高压线附近施工。
　　2．如因施工条件所限，不能满足上表要求时，应与有关部门共同研究，采取必要的安全措施后，方可施工。
　　3．本表摘自中华人民共和国国家标准《给水排水管道工程施工及验收规范》(GB 50268-97)。

（2）人工挖槽

人工挖槽时，应认真控制槽底高程、宽度、边坡度，并注意不使槽底土壤结构遭受扰动或破坏。在农田中开槽时，根据需要，应将表层熟土与生土分开堆存，填土时熟土仍填于表层。

挖槽挖出的土方，应妥善安排堆存位置。沟槽挖土一般堆在沟槽两侧。在下管一侧的槽边，应根据下管操作的需要，不堆土或少堆土。堆土应堆在槽边2m以外，沟槽两侧不能满足堆土需要时，应选择堆土场所和运土路线，随挖随运。堆土不得掩埋消火栓、雨水口、测量标志、各种地下管道的井盖及施工料具等。靠房屋、墙壁土高度，不得超过檐高的1/3，同时不得超过1.5m。结构强度较差的墙体，不得靠墙堆土。管道结构所占位置多余的土方，应及时外运，以免影响交通、市容环境和排水。

四、沟槽支撑

1．目的

当沟槽开挖断面采用直槽时，如土质、地下水位、荷载因素影响施工安全时，应进行沟槽支撑、防止土壁垮塌，减小土方开挖量，但支撑对后续工序的操作有一定影响。

2．支撑种类和适用条件

支撑常用撑板支撑和钢板桩支撑，一般排水工程沟槽常采用撑板支撑。

（1）撑板支撑的种类，一般有如下几种：

第一，单板撑：如图4.8，一块立板紧贴槽帮，撑木撑在立板上。

第二，井字撑：如图4.9，两块横板紧贴槽帮，两块立板紧靠在横板上，撑木撑在立板上。

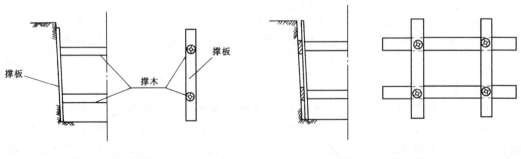

图4.8　单板撑　　　　　　　　图4.9　井字撑

第三，稀撑：如图4.10，三至五块横板紧贴槽帮，用方木立靠在横板上，撑木撑在方木上。

第四，密撑分横板密撑和立板密撑两种：

横板密撑：如图 4.11，基本同稀撑，但横板为密排，紧贴槽帮，用方木立靠在横板上，撑木撑在方木上。

立板密撑：如图 4.12，立板连续排列，紧贴槽帮，顺沟线用两根方木靠在立板上，撑木撑在横方木上。

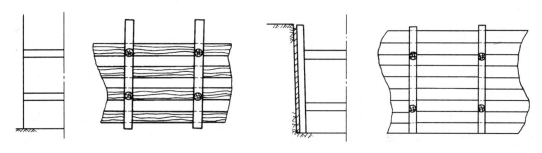

图 4.10　稀撑　　　　　　　　　　图 4.11　横板密撑

第五、企口板桩：用企口板桩顺沟线连续排列，支撑方法基本和立板密撑同。

支撑型式应根据槽深、土质、地下水位、施工季节以及槽边建筑物情况等选定，在一般情况下可参照表 4.4 选用。在施工便桥下面或沟槽离建筑物较近时，以及雨季施工，支撑形式宜提高一级。

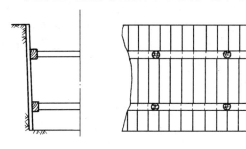

图 4.12　立板密撑

（2）木材的选用

应符合下列要求：

第一，撑板的厚度一般为 5cm；企口板桩的厚度一般为 6.5～7.5cm。

第二，方木截面一般为 15cm×15cm，如因下管需要，横方木的支撑点间距大于 2.5m 时，其方木截面应加大或换用钢梁。

支　撑　的　选　用　　　　　　　表 4.4

项　目	黏土、粉质黏土紧密回填土		粉土、粉质砂土		砂土、砾石、炉渣土	
	无　水	有　水	无　水	有　水	无　水	有　水
第一层支撑直槽	单板支撑或井撑	井　撑	稀　撑	密　撑	稀撑或密撑	密　撑
第二层支撑直槽	稀　撑	稀　撑	稀撑或密撑	立板密撑或板桩	立板密撑	立板密撑或板桩

注：1．如多层槽的头槽大开，二槽三槽开直槽支撑，则头槽不算，二槽即为"第一层支撑直槽"，三槽即为"第二层支撑直槽"
　　2．表中所列密撑，可用立板密撑或横板密撑，但在材料条件许可时，应先选用立板密撑。槽帮有垮塌情况者不得使用横板密撑。
　　3．采用井点或深井泵将地下水位降至槽底以下者，按无水考虑。但井点安装在槽台上者，应采用支撑加固。
　　4．本表摘自中华人民共和国国家标准《给水排水管道工程施工及验收规范》（GB 50268—97）

第三，圆撑木的小头直径，一般采用 10～15cm，可根据槽深、槽宽、土质等情况合理选用，长度应与所撑沟槽适应，不得长材短用。

第四，劈裂、槽朽的木料不得作为支撑材料，撑木端头如有轻微劈裂，可用 8～10 号铁丝缠固后使用。

第五，易于劈裂的木料，不得用作托木。

3．撑板支撑注意事项

(1) 支撑工程是开挖直槽（边坡坡度一般约为20:1）时关系到安全施工的一项重要工程，其中包括支撑的设计、施工、维护和拆除。对这些内容，必须精心设计和精心施工，以免槽壁失稳，出现塌方，影响施工，甚至造成人身安全事故等，支撑设计应确保槽壁的稳定。

(2) 沟槽挖到一定深度时，开始支设支撑，先校核一下沟槽开挖断面是否符合要求，然后用铁锹将槽壁找平按要求将撑板紧贴于槽壁上，再将纵梁或横梁紧贴撑板，继而将横撑支设在纵梁或横梁上，若采用木撑板时，使用木楔，扒钉撑板固定于纵梁或横梁上，下边钉一木托防止横撑下滑。支设施工中一定要保证横平竖直，支设牢固可靠。

(3) 施工中，如原支撑妨碍下一工序进行时，原支撑不稳定时；一次拆撑有危险时或因其他原因必须重新安设支撑时，这时需要更换纵梁和横撑位置，这一过程称为倒撑，倒撑操作应特别注意安全，必须先制定好安全措施。

(4) 应注意支撑的沟槽，应随开槽及时支撑。雨季施工不得空槽过夜，支撑、倒撑、拆撑必须有实践经验的工人指导进行。

4.2.3 排水管道铺设

污、雨水管道铺设前，应对沟槽进行验收，确定其尺寸、坡度、平面位置是否符合要求，当槽底无水、无杂物且基底检验合格，管材检验合格后（有支撑的工程应检查支撑是否牢固），方可进行管道铺设施工，管道铺设一般采用混凝土平基的施工方法。

混凝土平基的排水管道的铺设，一般有三种施工方法：

第一，先打平基，等平基达到一定强度后，再稳管、打管座及抹带。

第二，"四合一"施工，即平基、稳管、管座、抹带四个工序合在一起的施工方法。

第三，在垫块上稳管，然后灌注混凝土基础及抹带。

施工时应根据工人操作熟练程度，地基情况及管径大小等条件，合理地选择铺设方法。一般小管径者应采用四合一施工法。大管径的污水管应在垫块上稳管，雨水管亦应尽量在垫块上稳管，避免平基和管座分开灌注。雨季施工或地基不良者，可先打平基。

一、先打平基的施工工序

先浇筑平基混凝土，等平基达到一定强度再下管、安装、浇筑管座及抹带接口的安管方法，称为平基法。适合于雨季施工或地基不良者，雨水管用的较多，平基法铺设施工工序：

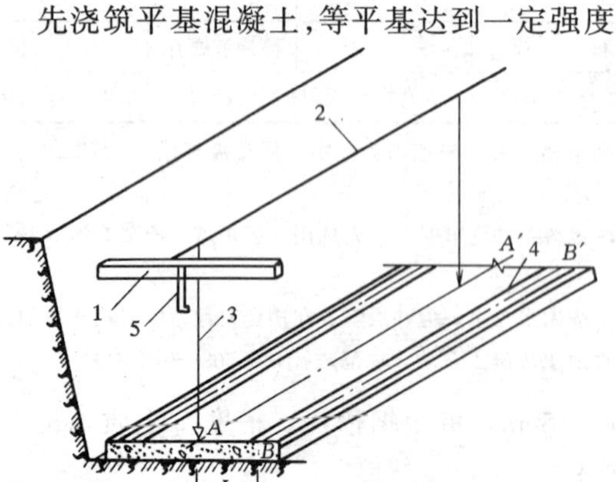

支平基模板→浇平基混凝土→下管→安管（稳管）→支管座模板→浇管座混凝土→抹带接口→养护。

图4.13 基础定位
1—坡度板；2—中心线；
3—中心垂线；4—管基础；5—高程钉

1．平基支模、浇筑

平基分为带状平基和枕形平基，污水管道采用带状平基，雨水管道采用枕形平基。按设计图确定的平面位置、高程，安设坡度板并准确放样和进行混凝土浇筑，当混凝土强度大于5.0MPa，且平基的尺寸、高程、位置经检验合格后方可下管。其基础的宽度、高度放样见基础定位图4.13。

施工注意要点：

（1）支模时面板对准给定的基础边线垂直竖立，内外打撑钉牢，内侧打钢钎固定，配合浇筑进行拼装，注意处理好拼缝以防漏浆，并在面板内侧弹线控制混凝土浇筑高度。

（2）用流动性大的混凝土浇筑180°管座时，第一次支模高不超过管座的1/2，于下层混凝土浇筑后，再支上层模板，并于下层混凝土失去流动性后浇上层混凝土，避免分层产生漂管。

（3）平基浇筑严禁带水浇筑，其高程、尺寸、强度须达到设计要求。

（4）验槽合格后，应及时浇筑平基混凝土，减少地基扰动的可能。

（5）应严格控制平基顶面高程，不能高于设计高程，低于设计高程不超过10mm；

（6）平基混凝土终凝前不得泡水，应进行养护。

2．下管

在沟槽和管道平基已验收合格后进行下管，下管前应对沟槽进行以下检查。

检查槽底杂物：应将槽底清理干净，如有棺木、粪污、腐朽不洁物，应妥善处理，必要时应进行消毒。

检查地基：地基土壤如有被扰动者，应进行处理，冬季施工应检查地基是否受冻，管道不得铺设在冻土上。

检查槽底高程及宽度：应符合挖槽的质量标准；检查槽帮：有裂缝及坍塌危险者必须处理。

检查堆土：下管的一侧堆土过高过陡者，应根据下管需要进行整理。

在混凝土基础上下管时，除检查基础面高程必须符合质量标准外，同时混凝土强度应达到5.0MPa以上。检查下管、运管的道路是否满足操作需要，遇有高压电线，采用机械下管时应特别注意，防止吊车背杆接触电线，发生触电事故。

下管方法有人工下管和机械下管法。施工时采用哪一种方法，应根据管子的重量和工程量的大小，施工环境，沟槽断面情况以及工期要求及设备供应等情况综合考虑确定。

下管方法及适用场合

$$\text{机械下管}\begin{cases}\text{管径大，自重大}\\ \text{沟槽深，工程量大}\\ \text{施工现场便于机械操作的条件下}\end{cases}$$

$$\text{人工下管}\begin{cases}\text{管径小，自重轻}\\ \text{施工现场窄狭，不便于机械操作}\\ \text{工程量较小，而且机械供应有困难}\end{cases}$$

无论采取哪一种下管法，一般采用沿沟槽分散下管，以减少在沟槽内的运输。当不便于沿沟槽下管，允许在沟槽内运管，采用集中下管法。

（1）人工下管法

人工下管应以施工方便，操作安全为原则，可根据工人操作的熟练程度、管子重量、管子长短、施工条件、沟槽深浅等因素，考虑采用何种人工下管法，工程上常用压绳下管法。

1）压绳下管法 压绳下管法是人工下管法中最常用的一种方法，如图4.14所示。适

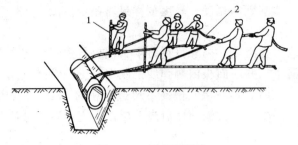

图 4.14 压绳下管法
1—撬棍；2—下管大绳

用于中、小型管子，方法灵活，可作为分散下管法。具体操作是在沟槽上边打入两根撬棍，分别套住一根下管大绳，绳子一端用脚踩牢，用手拉住绳子的另一端，听从一人号令，徐徐放松绳子，直至将管子放至沟槽底部。

当管子自重大，一根撬棍摩擦力不能克服管子自重时，两边可各自多打入一根撬棍，以增加大绳摩擦阻力。

2）集中压绳下管法 此种方法适用于较大管径，集中下管法，即从固定位置往沟槽内下管，然后在沟槽内将管子运至稳管位置。如图 4.15 所示。在下管处埋入 1/2 立管长度，内填土方，将下管用两根大绳缠绕（一般绕一圈）在立管上，绳子一端固定，另一端由人工操作，利用绳子与立管之间的摩擦力控制下管速度。操作时注意两边放绳要均匀，防止管子倾斜。

(2) 机械下管法

有条件尽可能采用机械下管法，因为机械下管速度快、安全，并且可以减轻工人的劳动强度。

机械下管视管子重量选择起重机械，常用有汽车起重机和履带式起重机。机械

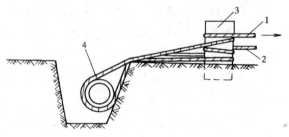

图 4.15 立管压绳下管法
1—放松绳；2—绳子固定端；3—立管；4—下管

下管一般沿沟槽移动，因此，沟槽开挖时应一侧堆土，另一侧作为机械工作面，运输道路以及堆放管材。管子堆放在下管机械的臂长范围之内，以减少管材的二次搬运。

采用机械下管时，应设专人统一指挥，驾驶员必须听从指挥信号进行操作。在起吊作业区内，禁止无关人员停留或通过。在吊钩和被吊起的重物下面，严禁任何人通过或站立。

机械下管不应一点起吊，采用两点起吊时吊绳应找好重心，平吊轻放。起重机禁止在斜坡地方吊着管子回转，轮胎式起重机作业前将支腿撑好，轮胎不应承担起吊的重量。支腿距沟边要有 2.0m 以上距离，必要时应垫木板。

起吊及搬运管材、配件时，对于非金属管材承插口工作面、金属管防腐层等，均应采取保护措施，以防损伤。

起吊作业不应在带电的架空线路下作业，在架空线路同侧作业时，起重机臂杆距架空线保持一定安全距离，并有专人看管。

电压≤2kV　　　　　　　$L = 2.0m$
35kV < 电压 < 110kV　$L = 3.0 \sim 4.0m$

3. 安管

安管前应将管子内外清扫干净，安管时应根据高程线认真掌握高程，高程以量管中线内底为准，当管子椭圆度及管皮厚度误差较小时，可量管顶外皮。调整管子高程时，所垫石子、石块必须稳固。

对管道中心线的控制,可采用边线法或中线法,采用边线法时,边线的高度应与管子中心调试一致,其位置以距管外皮10mm为宜。

在垫块上稳管时,应注意以下三点:

第一,垫块应放置平稳,高程符合质量标准;

第二,稳管时管子两侧应立保险杠,防止管子从垫块滚下伤人;

第三,稳较大的管子时,宜进入管内检查对口,减少错口现象。

稳管的对口间隙,管径700mm及大于700mm的管子按10mm掌握,以便于管内勾缝;管径600mm以内者,可不留间隙。管内底高程允许偏差±10mm,中心线允许偏差10mm,相邻管内底错口不得大于3mm。

在平基或垫块上稳管时,管子稳好后,应用干净石子或碎石从两边卡牢,防止管子移动。稳管后应及时灌注混凝土管座。

枕基或土基管道稳定时,一般挖弧形槽,并铺垫砂子,使管子与土基接触良好。

（1）稳管轴线位置的控制

管轴线位置的控制是指所铺设的管线符合设计规定的坐标位置。其方法在稳管前由测量人员将管中心钉测设在坡度板上,稳管时由操作人员将坡度板上中心钉挂上小线,即为管子轴线位置。

1）中心线法 如图4.16所示,即在中心线上挂一垂球,在管内放置一块带有中心刻度的水平尺,当垂球穿过水平尺的中心刻度时,则表示管子已经对中。倘若垂线往水平尺中心刻度左边偏离,表明管子往右偏离中心线相等一段距离,调整管子位置,使其居中为止。

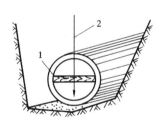

图4.16 中线对中法
1—水平尺;2—中心垂线

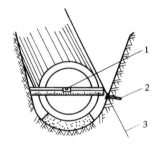

图4.17 边线对中法
1—水平尺;2—边桩;3—边桩

2）边线法 如图4.17所示,即在管子同一侧,钉一排边桩,其高度接近管中心处。在边桩上钉一小钉,其位置距中心垂线保持同一常数值。稳管时,将边桩上的小钉挂上边线。即边线与中心垂线相距同一距离的平行线。在稳管操作时,使管外皮与边线保持同一间距,则表示管道中心处于设计轴线位置。此时在管子两侧塞小石子,以使管子位置稳固。

（2）管内底高程控制

在检查井处以及沿沟槽每10m左右安设坡度板,先用吊线控制管道高程再用水准仪检查管道高程。

4．管座施工

管座是排水管道的重要构筑物，当稳管后，可进行管座施工。

首先，安设管座模板，在平基顶面上弹出管座边线，模板内侧对准边线，板面垂直用斜撑和平撑钉牢，每隔一定距离在侧板上口钉上搭头木，以保证基线模板尺寸准确和不位移。

其次，浇筑混凝土，要求混凝土配合比满足设计要求，混凝土输运、振捣密实，由于沟槽较深，采用串筒式溜槽输运，避免混凝土产生离析现象，拆摸后的尺寸、强度、外观质量符合设计要求。

浇筑管座施工要点：

（1）浇筑前，平基应凿毛或刷毛，并冲洗干净；

（2）对平基与管子接触的三角部分，要选用同强度等级混凝土中的软灰，先行填捣密实；

（3）浇筑混凝土时，应两侧同时进行，防止将管子挤偏；

（4）较大的管子，浇筑时宜同时进入配合勾捻内缝，直径＜700mm 的管子，可用麻袋球或其他工具在管内来回拖动，将流入管内的灰浆拉平。

5．接口

管道接口分为刚性接口和柔性接口，抹带接口的程序：

浇管座混凝土→勾捻管座部分管内缝→管带与管外皮及基础结合处凿毛清洗→管座上部内缝支垫托→抹带→勾捻管座以上内缝→接口养护。

（1）刚性接口：采用水泥砂浆抹带和钢丝水泥砂浆抹带（见图 4.3、图 4.4）

水泥砂浆接口可用于平口管或承插口管，用于平口管者，有水泥砂浆抹带和钢丝网水泥砂浆抹带。

水泥砂浆接口的材料，水泥应用 425 号，砂子应过 2mm 孔径的筛子，砂子含泥量不得大于 2%。接口用水泥砂浆配合比应按设计规定，设计无规定时，抹带可采取水泥∶砂子＝1∶2.5（重量比），水灰比一般不大于 0.5。

抹带应与灌注混凝土管座紧密配合，灌注管座后，随即进行抹带，使带与管座结合成一体；如不能随即抹带时，抹带前管座和管口应凿毛，洗净，以利与管带结合。

管径 700mm 及大于 700mm 的管道，管缝超过 10mm 时，抹带应在管内管缝上部支一垫托（一般用竹片做成），不得在管缝填塞碎石、碎砖、木片或纸屑等。

1）水泥砂浆抹带操作要点如下：

第一，先将管口洗刷干净，并刷水泥浆一道；

第二，抹第一层砂浆时，应注意找正，使管缝居中，厚度约为带厚的 1/3，并压实使与管壁粘结牢固，表面划成线槽，管径 400mm 以内者，后带可一层成形；

第三，待第一层砂浆初凝后；抹第二层，并用弧形抹子捋压成形，初凝后，再用抹子抹光压实。

钢丝网水泥砂浆抹带，钢丝网规格应符合设计要求，并应无锈、无油垢。每圈钢丝网应按设计要求，并留出搭接长度，事先截好。

2）钢丝网水泥砂浆抹带操作要点如下：

第一，管径 600mm 及大于 600mm 的管子，抹带部分的管口应凿毛；管径 500mm 及小于 500mm 的管子应刷去浆皮；

第二，将已凿毛的管口洗刷干净，并刷水泥浆一道；

第三，在灌注混凝土管座时，将钢丝网按设计规定位置和深度插入混凝土管座内，并另加适当抹带砂浆，认真捣固；

第四，在带的两侧安装好弧形边模；

第五，抹第一层水泥砂浆应压实，使与管壁粘结牢固，厚度为15mm，然后将两片钢丝网包拢，用20号镀锌钢丝将两片钢丝网扎牢；

第六，待第一层水泥砂浆初凝后，抹第二层水泥砂浆厚10mm，同上法包上第二层钢丝网，搭茬应与第一层错开；（如只用一层钢丝网时，这一层砂浆即与模板抹平，初凝后抹光压实）；

第七，待第二层水泥砂浆初凝后，抹第三层水泥砂浆，与模板抹平，初凝后抹光压实；

第八，抹带完成后，一般4～6h可以拆除模板，拆时应轻敲轻卸，不至碰坏带的边角。

直径700mm的管子的内缝，应用水泥砂浆填实抹平，灰浆不得高出管内壁。管座部分的内缝，应配合灌注混凝土时勾抹。管座以上的内缝应在管带终凝后勾抹，也可在抹带以前，将管缝支上内托，从外部将砂浆填实，然后拆去内托，勾抹平整。

直径600mm以内的管子，应配合灌注混凝土管座，用麻袋球或其他工具，在管内来回拖动，将流入管内的灰尘浆拉平。

承插管铺刚性接口铺设前应将承口内部及插口外部洗刷干净。铺设时应使承口朝着铺设前进方向。第一节管子稳好后，应在承口下部满座灰浆，随即将第二节管的插口挤入，注意保持接口缝隙均匀，然后将砂浆填满接口，填捣密实，口部抹成斜面，挤入管内的砂浆应及时抹光或清除。

水泥砂浆各种接口养护，均宜用草袋或草帘覆盖，并洒水养护。

3）水泥砂浆接口质量标准：抹带外观不裂缝，不空鼓，外光里实，宽度厚度允许偏差0～+5mm。管内缝平整严实，缝隙均匀。承插接口填捣密实，表面平整。

(2) 柔性接口

采用承插式接口，一般不作接口封口，直接回填土方，用于雨水管道，柔性接口管道安装一般不浇筑平基而采用垫块稳管，手拉葫芦安装钢筋混凝土管道。适用于工期较紧的市政排水工程。

目前国内外使用的柔性接口其密封材料多为橡胶圈。橡胶圈在接口中处于受压缩状态，起到防渗作用。这类橡胶圈接口不同于普通铸铁管胶圈石棉水泥接口中的橡胶圈，不是靠人工打入，而是靠机械的牵引或顶推力将插口推入承口内，使橡胶圈受到压缩。

承插式柔性接口的施工

1）安装前的准备

检查铸铁管有无损坏、裂缝，承插口工作面尺寸是否在允许范围内；对承插口工作面的毛刺和杂物清除干净；橡胶圈形体完整、表面光滑，用于扭曲和拉伸，其表面不得出现裂缝；检查安装机具是否配套齐全。

2）安装步骤

滑入式橡胶圈接口操作过程如下：清理承口——清理橡胶圈——上胶圈——刷润滑剂——将插口中心对准承口中心——检查——手拉葫芦安装

清刷承口，铲去所有粘结物，并擦洗干净。清理橡胶圈，清擦干净，检查接头、毛刺、污斑等缺陷。上胶圈，把胶圈上到承口内，如图4.18所示。

由于胶圈外径比承口凹槽内径稍大，故嵌入槽内后，需用手沿回转轻轻按压一遍，使其均匀一致的卡在槽内。刷润滑剂，用厂方提供的润滑剂，或用肥皂水均匀地刷在胶圈内表面和插口工作面上。

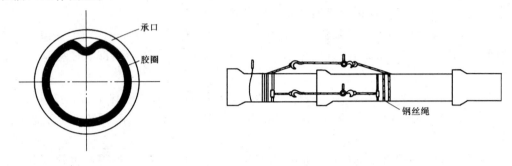

图4.18　上胶圈　　　　　　　　　图4.19　推入式安装机具

将插口中心对准承口中心，安装好顶推工具（见图4.19），使其就位。扳动手拉葫芦，均匀地使插口推入承口内。检查插口推入位置应符合规定，有的厂方生产管材，在插口端部标出推入深度标志，施工时画一标志，以便于推入时掌握。安装完毕，用一探尺伸入承插口间隙中，确定胶圈位置是否正确。为了避免新安装管道回弹，可用吊链3与安装好的管子连锁拉紧。

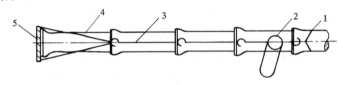

图4.20　手拉葫芦安装法

1—后背钢丝绳；2—手拉葫芦；3—拉杆；4—待安装管；5—横铁

手拉葫芦安装其；装置如图4.20所示。管径较小可设一台手拉葫芦（吊链），放置在管顶处；管径较大时可设2台，放置在管的两侧。钢丝绳1锁在已安装好管子前3~4节处，防止后背走动，将已安装好的管口拔出。利用手拉葫芦的上钩与后背钢丝绳1连接，手拉葫芦下钩与钢筋拉杆3连接，并连动横铁5移动。安装时，操作手拉葫芦链条，带动横铁5，将待安装的管子4进入承口内，直至胶圈就位为止。

3）安装柔性接口的注意事项

安装后的管身底部应与沟槽基础面均匀接触，防止产生局部应力集中。橡胶圈在管口内要平顺、无扭曲，严格控制胶圈到位情况。

安装预应力混凝土管时，由于生产工艺原因，管材承口内径的椭圆度不一，间隙不等，所以，安装前应逐根检查承口尺寸，标名记号，分别配制相应直径的胶圈。

倘若沟底坡度较大，管道安装应从低处向高处进行，防止因管身自重，管口产生回弹现象。

柔性接口—接口不作封口，可直接还土。但遇下列情况时应封管口。有侵蚀性地下水或土层；明装管道，因日光照射影响胶圈寿命；在埋设管道周围有树根或其他杂物。

二、"四合一"施工

排水管道施工，把平基、稳管、管座、抹带4道工序合在一起一气呵成的做法，称为"四合一"施工法，这种方法速度快，质量好，是小管径管普遍采用的施工方法之一。四合一施工，一般在基础模板上滚运和放置管子，模板安装应特别牢固。模板材料一般使用15cm×15cm枋木，枋木高程不合适时，用木板平铺找补，木板与方木用铁钎的方法。模板内部可用支杆临时支撑，外面应支牢，防止安装时走动，一般可采用靠模板外侧钉铁钉钉牢。90°基础者，模板一次支齐，135°及180°基础者，为了管道铺设的方便，模板宜分两次安装，上部模板待管子铺设后安装，上部模板使用材料及安装方法同一般模板。管子下入沟槽后，一般放置在一侧模板上。铺设前应将管子洗涮干净，并保持湿润。安管支模如图4.21。

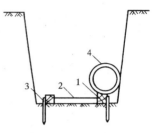

图4.21 "四合一"安管支模排管示意图
1—15 cm×15cm枋木底模；
2—临时撑杆；3—铁钎；4—排管

1. 施工程序

验槽→支模→下管→排管→四合一施工→养护

2. 四合一施工要点

（1）平基浇注

灌注平基混凝土，一般应使混凝土面高出平基面2~4cm（视管径大小而定），并进行捣固。管径400mm以内者，可将管座混凝土与平基一次灌齐，并将混凝土作成弧形。混凝土的坍落度一般采用2~4cm，应按管径大小和地基吸水程度适当调整。靠管口部位应铺适量与混凝土同配比的水泥砂浆，使基础与管口部位粘结良好。污水管管口部位应铺抹带砂浆，以防接口漏水。

（2）稳管

将管子从模板上移至混凝土面，轻轻揉动，将管子揉至设计高程（一般掌握高1~2mm，以备稳下一节时又稍有下沉），同时注意保持对口和中心线位置的准确。对口间隙符合规定。如管子下沉过多，超过质量要求时，应将管子撬起，补填混凝土或砂浆，重新揉至设计高程。管径较大者，可使用环链手拉葫芦或吊车稳管。

（3）管座

管子稳好后，补灌两侧管座混凝土，认真捣固，抹平管座两肩。如系钢丝网抹带接口，捣固时应注意保持钢丝网位置的准确。

（4）抹带

管座灌好后进行抹带，抹带按本章第三节的规定执行。抹带与稳管应至少相隔两根管的距离。

四合一施工管道铺设完成后，应注意不得碰撞。四合一施工的混凝土操作要求、质量标准及其雨、冬季施工，均按有关规定执行。四合一施工的质量标准，管道高程及中心线同本节稳管的要求相同，抹带同本节水泥砂浆接口的要求相同。

三、垫块稳管施工

管道施工，把在垫块上安管，然后再灌筑混凝土基础和接口的安管方法，称为垫块法施工。用这种方法可避免平基、管座分开浇筑，是污水管道常用的施工方法。

1. 施工程序

预制垫块→安垫块→下管→在垫块上安管→支模→浇混凝土基础→接口→养护。

2．预制混凝土垫块

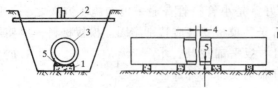

图 4.22 在垫块上安管示意图
1—垫块；2—坡度板；3—管子；4—对口间隙；
5—错口；6—干净石子或碎石卡牢

(1) 垫块尺寸：长等于管径的 0.7 倍，高等于平基厚度，允许偏差为 +0mm～－10mm，宽度大于或等于高。

(2) 垫块混凝土的强度等级同混凝土基础。

(3) 每根管垫块个数一般为 2 个。

3．垫块上安管要点

垫块上安管见图 4.22

(1) 垫块应放置平稳，高程符合质量要求。

(2) 安管时，管子两侧应立保险杠，防止管子从垫块上滚下伤人。

(3) 安管的对口间隙：管径 700mm 以上者按 10mm 左右掌握；稳较大的管子时，宜进入管内检查对口；减少错口现象。

(4) 管子安好后一定要用干净石子或碎石将管卡牢，并及时灌筑混凝土管座。

四、检查井的砌筑

污水、雨水检查井、雨水口的砌筑均在井的基础混凝土浇筑后进行，应首先放出构筑物的中心和平面位置，砌筑前应将砖用水浸透，当混凝土基础验收合格，抗压强度达到 $1.2N/mm^2$，基础面处理平整和洒水湿润后，方可铺浆砌筑。砌筑应满铺满挤、上下搭砌，水平灰缝厚度和竖向灰缝宽度宜为 10mm，并不得有竖向通缝。砌筑检查井及雨水口的内壁应采用水泥砂浆勾缝，有抹面要求时，内壁面应分层压实，外壁应采用水泥砂浆搓缝挤压密实。砖砌圆形污（雨）水检查井标准图（见图 4.1、图 4.2）。

1．检查井砌筑准备工作

(1) 清理基础表面，复核尺寸、位置和标高是否符合设计要求。

(2) 按设计要求选用合格机制普通粘土砖，并将砖湿润，但浇水应适量，否则会使墙面不清洁，灰缝不整。

(3) 按照施工砂浆配合比机械拌制砂浆。控制好拌制时间，使砂浆拌和均匀，做到随拌随用。

(4) 准备脚手架。

2．圆形检查井施工要点

(1) 在已安装完毕的排水管的检查井位置处，放出检查井中心位置线，按检查井半径摆出井壁砖墙位置。

(2) 井底基础应与管道基础同时浇筑。排水管检查井内的流槽，宜与井壁同时进行砌筑。污水检查井流槽的高度与管顶齐平，雨水检查井流槽的高度为管径的 1/2。当采用砖砌筑时，表面应用 1:2 水泥砂浆分层压实抹光，流槽应与上下游管道底部接顺，管道内底高程应符合设计的规定。

(3) 在井室砌筑时，应同时安装踏步，位置应准确，踏步安装后，在砌筑砂浆或混凝土达到规定抗压强度前不得踩踏。混凝土井壁的踏步在预制或现浇时安装，其埋入深度不得小于设计规定（参见国标 S147）。

(4) 在检查井基础面上，先铺砂浆后再砌砖，一般圆形检查井采用全丁24墙砌筑，如图4.23所示。采用内缝小外缝大的摆砖方法，外灰缝塞碎砖，每层砖上下皮竖灰缝应错开，随砌筑随检查弧形尺寸。

(5) 在砌筑检查井时应同时安装预留支管，预留支管的管径、方向、高程应符合设计要求，管与井壁衔接处应严密，预留支管管口宜采用低强度等级砂浆砌筑封口抹平。

(6) 当管径大于300mm时，管顶应砌砖圈加固，以减少管顶压力，当管径大于或等于1000mm时，拱圈高应为250mm；当管径小于1000mm时，拱圈高应为125mm。

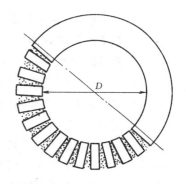

图4.23　全丁砌法

(7) 砖砌圆形检查井时，随砌随检测检查井直径尺寸；当需收口时，砌筑圆形检查井时，应随时检测直径尺寸，当三面收口时，每层收进不应大于30mm，当偏心收口时，每层收进不应大于50mm。

(8) 砌筑检查井的预留支管，应随砌随安，预留管的管径、方向、标高应符合设计要求。管与井壁衔接处应严密不得漏水，预留支管口宜用低标号砂浆砌筑，封口抹平。

3．抹面、勾缝技术要求

砌筑检查井、井室的内壁应用原浆勾缝，有抹面要求时，内外壁抹面应分层压实抹光。其抹面、勾缝、座浆、抹三角灰等均采用1:2水泥砂浆，抹面、勾缝用水泥砂浆的砂子应过筛。

(1) 抹面要求：

当无地下水时，污水井内壁抹面高度抹至工作顶板底；雨水井抹至底槽顶以上200mm。其余部分用1:2水泥砂浆勾缝。

当有地下水时，井外壁抹面，其高度抹至地下水位以上500mm。

抹面厚度20mm。抹面时用水泥板搓平，待水泥砂浆初凝后及时抹光、养护。

(2) 勾缝要求

勾缝一般采用平缝，要求勾缝砂浆塞入灰缝中，应压实拉平深浅一致，横竖缝交接处应平整。

4．井口、井盖的安装

检查井、井室砌筑安装至规定高程后，应及时浇筑安装井圈，盖好井盖。

安装时砖墙顶面应用水冲干净，并铺砂浆。按设计高程找平，井口安装就位后，井口四周用1:2水泥砂浆嵌牢，井口四周围成45°三角。安装铸铁井口时，核准标高后，井口周围用C20细石混凝土圬牢。

5．检查井及井室允许偏差

检查井及井室允许偏差见质量检验标准表

6．检查井、井室施工时的其他注意事项

(1) 在管道铺设后，井身应一次砌起。为防止漂管，必要时可在井室底部预留进水孔，但还土前必须砌堵严实。现场浇筑混凝土或砌体水泥砂浆强度应达到设计规定。

(2) 冬期砌井应有覆盖等防寒措施，并应在两端管头加设风挡，特别严寒地区管道施工应在解冻后砌筑。

(3) 检查井、井室周围填土前应检查下列各项，并应符合要求：
1) 井壁的勾缝抹面和防渗层应符合质量要求。
2) 井盖的高程应在±5mm以内。
3) 井壁同管道连接处应严密不得漏水。
4) 井室的井口应与闸阀的启闭杆中心对中。

五、排水管道闭水试验

排水管道施工，如果是污水管道、雨污水合流管道、倒虹吸管或设计要求作闭水的其他排水管道，必须作闭水试验。如该施工地区水源确有困难，无条件闭水，亦可采用闭气方法检验排水管道的严密性（只适用于直径300～1200mm混凝土排水管道）。

排水管道作闭水试验，主要是保证管道的渗漏在规定的范围内，分为带井闭水试验和不带井闭水试验。闭水试验应尽量从上游往下游分段进行，上游段试验完毕，可往下游段充水，倒段试验以节约用水。

1．闭水试验的条件

(1) 管线及沟槽的检查

1) 管道及检查井的外观质量及"量测"检验均已合格。
2) 管道未回填土且沟槽内无积水。
3) 全部预留孔洞应封堵不得漏水。

(2) 闭水堵头

管道两端的堵头应封堵严密和牢固，下游管堵设置放水管和截门，管堵须经核算承压力。

(3) 水源

现场的水源应满足闭水要求，不得影响其他用水。

(4) 放水

选好排放水的位置，不得影响附近的环境。

(5) 应注意在不带井闭水时，每个井段管口必须封死，准备专用的"量水筒"，其水位距闭水段上游管顶2m。

2．带井闭水试验

管道及检查井具备了闭水条件，即可灌水进行管道带井闭水试验（非金属管道闭水试验段每次长不宜大于500m）参见示意图4.24。

(1) 注水浸泡

管道两端管堵如用砖砌，必须养护3～4d达到一定强度后，再向闭水段的检查井内注水。闭水试验的水位，应为试验段上游管内顶以上2m，如井高不足2m，将水灌至接近上游井口高度（实测其距管内顶的高度并记录，在试验计算渗水量时按规定进行折减）。注水过程同时检查管堵、管道、井身，无漏水和严重渗水，再浸泡管和井1～2d后进行闭水试验。

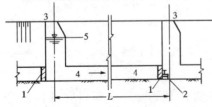

图4.24 灌水法作排水管道带井闭水试验示意图
1—闭水堵头；2—放水管和截门；3—检查井；
4—闭水管段；5—规定闭水的水位

(2) 闭水试验

将水灌至规定的水位，开始记录，对渗水量的测定时间,不少于30min。根据井内水面的下降值计算渗水量,渗水量即为合格。

(3) 试验渗水量计算

渗水量试验时间30min时,每km管道每昼夜渗水量为:
$$Q = 48q \times 1000/L \tag{4.2}$$

式中 Q——每km管道每天(d)的渗水量($m^3/(km·d)$);

　　　q——闭水管道30min的渗水量(m^3);

　　　L——闭水管段长度(m)。

当$Q \leqslant$允许渗水量时,试验即为合格。

3．闭水试验的规定标准

建设部标准《市政排水管渠工程质量检验评定标准》(CJJ3—90)中,有关闭水的规定如下:

(1) 污水管道、雨污水合流管道、倒虹吸管、设计要求闭水的其他排水管道,必须作闭水试验。

(2) 排水管道闭水试验允许偏差应符合表4.5的规定。

(3) 排水管道闭水试验允许渗水量应符合表4.6的规定。

排水管道闭水试验允许偏差　　表4.5

序号	项　目		允许偏差	检验频率		检验方法
				范围	点数	
1	其他管道	△倒虹吸管	不大于表4.6的规定	每个井段	1	灌水计算渗水量
2		△D<		每个井段	1	
3		△D700~1500mm		每3个井段抽验1段	1	
4		△>1500mm		每3个井段抽验1段	1	

注:1．闭水试验应在管道填土前进行。
　　2．闭水试验应在管道灌满水后经24h后再进行。
　　3．闭水试验的水位,应为试验段上游管道内顶以上2m。如上游管内顶至检查口的高度小于2m时,闭水试验水位可至井口为止。
　　4．对渗水量的测定时间不少于30min。
　　5．表中D为管径。

排水管道闭水试验允许渗水量见表4.6。

排水管道闭水试验允许渗水量　　表4.6

管径(mm)	陶土管		混凝土管、钢筋混凝土管和石棉水泥管		管径(mm)	陶土管		混凝土管、钢筋混凝土管和石棉水泥管	
	($m^3/(d·km)$)	(L/(h·m))	($m^3/(d·km)$)	(L/(h·m))		($m^3/(d·km)$)	(L/(h·m))	($m^3/(d·km)$)	(L/(h·m))
150以下	7	0.3	7	0.3	400	21	0.9	32	1.3
200	12	0.5	20	0.8	450	22	0.9	34	1.4
250	15	0.6	24	1.0	500	23	1.0	36	1.5
300	18	0.7	28	1.1	600	24	1.0	40	1.7
350	20	0.8	30	1.2	700	—	—	44	1.8

续表

管径(mm)	陶土管 (m³/(d·km))	陶土管 (L/(h·m))	混凝土管、钢筋混凝土管和石棉水泥管 (m³/(d·km))	混凝土管、钢筋混凝土管和石棉水泥管 (L/(h·m))	管径(mm)	陶土管 (m³/(d·km))	陶土管 (L/(h·m))	混凝土管、钢筋混凝土管和石棉水泥管 (m³/(d·km))	混凝土管、钢筋混凝土管和石棉水泥管 (L/(h·m))
800	—		48	2.0	1700	—		112	4.7
900	—		53	2.2	1800	—		123	5.1
1000	—		58	2.4	1900	—		135	5.6
1100	—		64	2.7	2000	—		148	6.2
1200	—		70	2.9	2100	—		163	6.8
1300	—		77	3.2	2200	—		179	7.5
1400	—		85	3.5	2300	—		197	8.2
1500	—		93	3.9	2400	—		217	9.0
1600	—		102	4.3					

4.2.4 沟槽回填

管道工程的主体结构经验收合格，凡已具备还土条件者，均应及时还土，尤应先将胸腔部分还好，以防晾槽过久，造成损失。沟槽回填土前应选好合格土源，并将槽底木料、草帘等杂物清除干净。

一、回填土的方法

1. 现浇混凝土管沟的强度达到设计要求，混合结构管沟的砌体水泥砂浆强度达到设计要求，刚性接口的管道的管座混凝土强度及接口抹带水泥砂浆强度达到 $5N/mm^2$ 以上，经验收合格后方可进行回填。

2. 槽底至管顶以上 50cm 范围内，回填土不得含有机物、冻土及大于 50mm 的砖、石等硬块；在接口抹带处，防腐绝缘层或电缆周围，应采用细粒土回填。管顶以上 50cm 范围外回填土不得含有机物、淤泥、冻土及大于 50mm 的砖、石等硬块。

3. 冬季回填时管顶以上 50cm 范围以外可均匀掺入冻土，其数量不得超过填土总体积的 15%，且冻块尺寸不得超过 100mm。

4. 采用石灰土、砂、砂砾、低强度混凝土材料回填时，应按有关标准或设计要求回填。

二、铺土及压实

1. 沟槽回填

沟槽回填必须分层回填，回填土的每层虚铺厚度，应根据压实机具、土质和要求的压实度来确定。铺土厚度可按表 4.7 选用。

回填土每层的压实遍数，应按要求的压实度、压实机具、虚铺厚度和含水量经过现场试验而定。

沟槽回填土的压实部位划分见图 4.25。

2. 回填土的压实度

回填土的压实度应逐层检查，其压实度标准应按设计规定执行。如设计无具体规定，应符合下列要求：

(1) 当管道沟槽位于路基范围内时，管顶以上 25cm 范围内回填土的压实度不应小于

87%,其他部位回填土的压实度应符合表 4.8 规定。

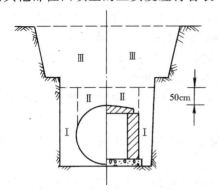

图 4.25 沟槽还土部位划分

每层回填土的虚铺厚度　　　表 4.7

压实机具	虚铺厚度(cm)
水夯、铁夯	≤20
蛙式夯	20～25
压路机	20～30
振动压路机	≤40

注：本表摘自中华人民共和国国家标准《给水排水管道工程施工及验收规范》(GB 50268-97)。

沟槽回填土作为路基的最小压实度　　　表 4.8

由路槽底算起的深度范围（cm）	道路类别	最低压实度（%）	
		重型击实标准	轻型击实标准
≤80	快速路及主干路	95	98
	次干路	93	95
	支路	90	92
>80～150	快速路及主干路	93	95
	次干路	90	92
	支路	87	90
>150	快速路及主干路	87	90
	次干路	87	90
	支路	87	90

注：表中重型击实标准的压实度和轻型击实标准的压实度，分别以相应的标准击实试验求得的最大干密度为 100%；本表摘自中华人民共和国国家标准《给水排水管道工程施工及验收规范》(GB 50268—97)。

三、注意事项

根据一层虚铺厚度的用量将回填材料运至槽内，且不得在影响压实的范围内堆料。管道两侧和管顶以上 50cm 范围内的回填材料，应由沟槽两侧对称运入槽内，不得直接扔在管道上；回填其他部位时，应均匀运入槽内，不得集中推入。需要拌和的回填材料，应在运入槽内前拌和均匀，不得在槽内拌和。

沟槽回填土或其他材料的压实，应符合下列规定：

1．回填压实应逐层进行，且不得损伤管道。管道两侧和管顶以上 50cm 范围内，应采用轻夯压实，管道两侧压实面的高并不应超过 30cm。

2．管道基础为土弧基础时，管道与基础之间的三角区应填实。压实时，管道两侧应对称进行，且不得使管道位移或损伤。

3．同一沟槽中有双排或多排管道的基础底面位于同一高程时，管道之间的回填压实应与管道与槽壁之间的回填压实对称进行。

4．同一沟槽中有双排或多排管道但基础底面的高程不同时，应先回填基础较低的沟槽。当回填至较高基础底面高程后，再按上款规定回填。

5．分段回填压实时，相邻段的接茬应呈阶梯形，且不得漏夯。采用木夯、蛙式夯等压实工具时，应夯夯相连。采用压路机时，碾压的重叠宽度不得小于20cm。

6．采用压路机、振动压路机等压实机械压实时，其行驶速度不得超过2km/h。

7．管道两侧回填土应对称分层回填，压实度不应小于90%。

8．没有修路计划的沟槽回填，在管顶以上50cm范围内，其压实度不应小于85%；其余部位，不应小于90%。

9．处于绿地或农田范围内的沟槽回填，表层50cm范围内不宜压实，但可将表面整平，并宜预留沉降量。

10．直接铺设在土弧基础上时，管道与基础之间三角部位应填实。压实时，管道两侧应对称进行，且不得使管道位移或损伤。

11．检查井、雨水口及其他井室周围的回填，应与管道沟槽的回填同时进行，当不便同时进行时，应留台阶形接茬。井室周围回填压实时应沿井室中心对称进行，且不得漏夯，回填材料压实后应与井壁紧贴。路面范围内的井室周围，应采用石灰土、砂、砂砾等材料回填，其宽度不宜小于40cm。

4.2.5 雨期施工和冬期施工

一、雨期施工

雨期施工，应尽量缩短开槽长度。雨期挖槽时，应充分考虑由于挖槽和堆土，破坏天然排水系统后，如何排除地面雨水的问题。根据需要，应重新规划排水出路，防止雨水浸泡房屋和淹没农田或道路。

沟槽应切断原有的排水沟或排水管道，如无其他适当排水出路，应架设安全可靠的渡槽或渡管。

雨期挖槽，应采取措施，严防雨水进入沟槽；但同时还应考虑当雨水危及附近居民或房屋等安全时，需将雨水放入沟槽的可能性，以及防止塌槽、漂管等相应的措施。

防止雨水进入沟槽，一般应采取如下措施：

1．沟槽四周的堆土缺口，如运料口、下管马道口、便桥桥头等，均应堆叠土埂，使其闭合，必要时并应在堆土外侧开挖排水沟。

2．堆土向槽一侧的边坡、应铲平拍实，避免雨水冲塌。在暴雨季节，宜在堆土内侧挖排水沟，将汇集的雨水引向槽外；如无条件引向槽外时，宜每30m左右作一泄水簸箕，有计划地将雨水引入槽内，以免冲刷边坡，水簸箕的位置应躲开坡度和便桥桥头。

3．挖槽见底后应随即进行下一工序，否则，槽底以上宜暂留20cm作为保护层。

4．下水道接通河道的管段，可留在最后施工；或在枯水期先行接通，把管口砌死，并将沟槽认真回填夯实，以防河水倒灌。沟槽与河道挖通前，应先垒好防水坝，坝顶高度应较施工期间最高洪水位高出0.5m。

5．雨期施工不宜靠房屋、墙壁堆土；严禁靠危险墙堆土。

二、冬期施工

计划在冬季施工的沟槽，宜在地面冻结以前，先将地面刨松一层，一般厚30cm，作为防冻层。每日收工前，不论沟槽是否见底，均应用草帘覆盖防冻，或挖松土一层防冻。在采用排水井排水的沟槽覆盖草帘时，应采取防止草帘水浸湿的措施。需要开挖冻土时，应具体研究开挖方法和使用机具的种类，并制订必要的安全措施。冬期挖槽，对所暴露出来的自来水管或其他通水管道，应视其管径大小、运行情况及气温情况，根据需要采取防冻措施。

第3节 室外管道的不开槽法施工

铺设城市排水管道，当管线穿越障碍物，如铁路、车辆来往频繁的公路、建筑物、河流，或在城市干道下铺设管道时，为加快施工进度，减少对环境的污染，不影响城市交通，所以采用不开槽法施工。同时管道的不开槽法施工可以大大减少开挖和回填土方量，不拆或少拆地面建筑物，一般不会影响地面的正常交通，管道不需设置基础和管座，不受季节影响，利于文明施工。

管道不开槽施工法可归纳为顶管法、盾构法和暗挖法。

4.3.1 掘进顶管法

掘进顶管的工作过程如图4.26所示，首先开挖工作坑，在工作坑内安装后背，再按照设计管线的位置和坡度在工作坑修筑基础，在基础上设置导轨，将管子放在导轨上，利用管子和后背之间的千斤顶（顶镐）进行顶进。顶进前，先在管子前端开挖土方，形成坑道，然后操纵千斤顶将管子顶入土中。而后再退镐，向管道与千斤顶之间放入顶铁，重复上述操作，直到管端与千斤顶之间能放入一节管子后，撤去顶铁，再下另一节管子继续上述方法顶进。

一、人工掘进顶管

人工掘进顶管就是依靠人工在管内前端挖土用小车将土从管中运出，然后借助千斤顶将管子顶进土中的方法。这一方法设备简单，操作方便，

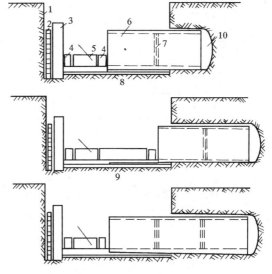

图4.26 掘进顶管过程示意
1—后座墙；2—后背；3—立铁；4—横铁；5—千斤顶；
6—管子；7—内胀圈；8—基础；9—导轨；10—掘进工作面

被广泛应用于顶管施工中。为了保证人工挖土的工作环境，人工掘进顶管多用于管径大于800mm的管道顶进。

1. 工作坑的设计

工作坑又称竖井，是顶管工作的关键。主要设计内容包括工作坑的位置、形式和尺寸；工作坑的基础和导轨；工作坑的后背等。下面分别介绍。

（1）工作坑的种类及设置原则

根据工作坑顶进方向，可分为单向坑、双向坑、交汇坑和多向坑等形式，如图4.27所示。其中单向坑一般用于穿越障碍，双向坑用于长距离连续顶管，多向坑用于管道交汇处。

工作坑的位置根据地形、管线位置、管径大小、障碍物种类、顶管设备能力来决定。

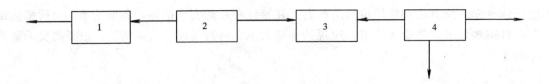

图 4.27 工作坑类型
1—单向坑；2—双向坑；3—交汇坑；4—多向坑

排水管道顶进的工作坑通常设在检查井位置，单向顶进时，应选在管道下游端，以利排水；根据地形和土质情况，尽量利用原土后背；工作坑与穿越的建筑物应有一定的安全距离，并应尽量在离水电源较近的地方。

(2) 工作坑的尺寸

工作坑应具有足够的空间和工作面，方能保证顶管工作顺利进行。其尺寸和管径大小、管节长度、埋置深度、操作工具及后背形式有关。工作坑的尺寸可按图 4.28 所示由公式进行计算。

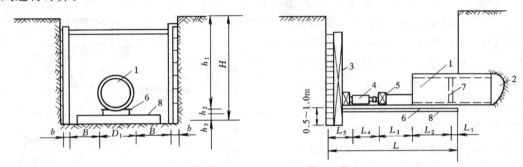

图 4.28 工作坑尺寸图
1—管子；2—掘进工作面；3—后背；4—千斤顶；5—顶铁；6—导轨；7—内涨圈；8—基础

1) 工作坑的宽度：

$$W = D_1 + 2B + 2b \tag{4.3}$$

式中 W——工作坑底部宽度 (m)；

D_1——管道外径 (m)；

$2B+2b$——管道两侧操作空间及支撑厚度，可取 2.4~3.2m。

2) 工作坑的长度：

$$L = L_1 + L_2 + L_3 + L_4 + L_5 \tag{4.4}$$

式中 L——矩形工作坑的底部长度 (m)；

L_1——工具管的长度 (m)，当采用管道第一节管作为工具管时，钢筋混凝土管不宜小于 0.3m，金属管不宜小于 0.6m。

L_2——管节长度 (m)；

L_3——出土工作间长度 (m)；

L_4——千斤顶长度 (m)；

L_5——顶管后背的总厚度 (m)。

3) 工作坑的深度：当工作坑为顶进坑时，其深度按公式（4.5）计算

$$H_1 = h_1 + h_2 + h_3 \tag{4.5}$$

当工作坑为接收坑时，其深度按式（4.6）计算。

$$H_2 = h_1 + h_2 \tag{4.6}$$

式中 H_1——顶进坑面至坑底的深度（m）；

H_2——接收坑地底至高底的深度（m）；

h_1——地面至管道底部外缘的深度（m）；

h_2——管道外缘底部至导轨底面的高度（m）；

h_3——基础及其垫层的厚度。但不应小于该处井室的基础及垫层厚度（m）。

(3) 工作坑的基础

为了防止工作坑地基沉降，影响管道顶进位置的准确性，应在坑底修筑基础，常用基础形式为混凝土基础和枕木基础。

含水弱土层通常采用混凝土基础，混凝土基础的尺寸根据地基承载力和施工要求而定。一般混凝土的宽度比管径大40cm为宜，长度至少为管长的1.2～1.3倍，通常采用2节管长，基础的厚度为20～30cm、强度等级为C10～C15。当地下水丰富、土质很差时，混凝土基础可铺满全基坑，基础厚度和强度等级也可适当增加。

当土质密实、管径较小、无地下水、顶进长度较短时，可采用枕木基础，枕木基础用方木铺成，其平铺尺寸与混凝土基础相同。根据地基承载力的大小，枕木基础又分疏铺和密铺两种。枕木一般采用15cm×15cm的方木，疏铺枕木的间距为40～80cm。

(4) 导轨

导轨设置在基础之上，其作用是引导管子按照设计的中心线和坡度顶进，保证管子在顶入土中之前位置正确。导轨有钢导轨和木导轨两种，其长度以满足施工要求为准，一般等于基础的长度。

1) 轨道距离：施工中应首先选用钢导轨，钢导轨一般采用轻型钢轨，管径较大时，也可采用重型钢轨，两根钢轨的距离控制在管径的0.45～0.6倍之间。

2) 导轨的安装方法及技术要求：由于导轨是一个定向轨道，其安装质量对管道顶进工作影响很大。因此安装后的导轨应当牢固，不得在使用中产生位移；并且要求两导轨应顺直、平行、等高或略高于该处管道的设计高程，其纵坡应与管道设计坡度相一致。安装导轨时，应首先利用垂球和直尺确定导轨的间距和平面位置，

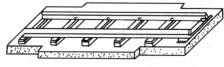

图4.29 基础预埋方木稳轨

然后测出导轨各点的实际高程，并与设计高程相比较，确定导轨的高程调整量后进行安装。当钢轨安装在混凝土基础上时，可在浇筑混凝土基础时，在混凝土基础内预埋作为轨枕的方木，如图4.29所示。导轨用道钉固定在方木上，或者在混凝土基础内预埋工字钢或槽钢，将钢轨放在预埋件上，用电焊接钢轨与预埋件焊牢；也可以在浇筑混凝土时，在道钉周围预留孔洞，钢轨稳好后，穿上鱼尾地脚螺栓，浇筑二次混凝土。

导轨的安装精度必须满足施工要求。其允许偏差为：轴线3mm；顶面高程0～+3mm；两轨内距±2mm。

（5）后背与后座墙

后背是千斤顶的支撑结构，承受着管子顶进时的全部水平顶力，并将顶力均匀地分布在后座上。后背应具有足够的强度、刚度和稳定性，当最大顶力发生时，不允许产生相对位移和弹性变形，此外要考虑后背是临时结构，应力求节约。

1）后背形式：常用的后背形式有原土排木后背、刚板桩后背、管后背和人造重力式后背。当管道埋置较深，顶力较大时，也可采用沉井后背或地下连续墙后背。

后座墙主要采用原土座墙，这种后座墙造价经济、修建方便。一般的黏土、粉质黏土、砂土都可做原土后座墙。根据施工经验，原土后座墙的长度一般不小于 7m，选择工作坑的位置时，应尽量考虑利用原土后座墙。

a．原土排木后背：当顶力较小，土质良好，无地下水或采用人工降低地下水效果良好时，可采用原土排木后背，其结构形式如图 4.30 所示。该后背紧贴垂直的原土后座墙密排 15cm×15cm 或 20cm×20cm 的枋木，其宽度和高度不小于所需的受力面积，排木外侧立 2～4 根立铁，一般为 40 号工字钢，放在千斤顶作用点位置，在立铁外侧放一根大刚度横铁，千斤顶作用在横铁上。

b．钢板桩后背：当顶力较大，土质较好，且有地下水或降水效果不理想时，可采用钢板桩后背，其形式如图 4.31。

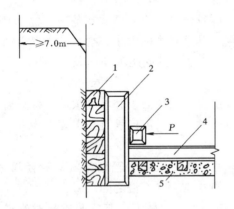

图 4.30 原土排木后背
1—方木；2—立铁；
3—横铁；4—导轨；5—基础

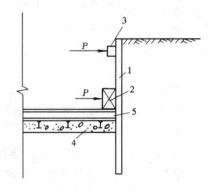

图 4.31 钢板桩后背
1—钢板桩；2—横铁；
3—封闭框架支撑；4—基础；5—导轨

板桩式后背的修筑在工作坑开挖以前，先用型钢（槽钢、工字钢）打入土中，以免开挖工作坑时扰动板桩后壁土座。工作坑开挖一定深度后，在靠近工作坑顶部及拟顶管上部一定距离用封闭框架进行支撑，这样既能保证结构安全，也不影响下管和出土。工作坑开挖完毕后，在钢板桩外侧放一根大刚度横铁，以便千斤顶作用在横铁上。

2）后背受力：为了保证顶管后背的稳定，后座墙土体不发生破坏，应使顶管发生的最大顶力小于后座土体的允许抗力，故应对顶力和后座墙土抗力进行计算。以保证后背和后座墙土体结构稳定。

2．工作坑的质量标准

（1）在工作坑内外设置中心控制桩。

（2）将地面的临时水准点用水准仪（精度指标不低于 3mm）引入工作坑的底部，设置两点,选择不易碰撞及不遮挡测量视线的地方设置。

(3) 工作坑的中心桩与水准点设置必须牢固可靠,要经常校对并保证准确。

(4) 中心桩应设可靠的延长柱。

(5) 管道中心桩的位置,要考虑到后背中基础变形的影响。

顶管工作坑的质量标准　　　　　　　　　　　　　　　　　　　表 4.9

序号	项 目		允许偏差	检验频率		检验方法
				范围	点数	
1	工作坑每侧宽度,长度		不小于设计规定	每座	2	
2	后背	垂直度	0.1%H	每座	1	挂中线用尺量
		水平线与中心线的偏差	0.1%L		1	用垂线角尺
3	导轨	高程	+3mm 0	每座	1	用水平仪测
		中线位移	左 3mm 右 3mm		1	用经纬仪测

注:表内 H 为后背的垂直高度(单位:m);

L 为后背的水平长度(单位:m)。

二、顶管设备

1. 液压千斤顶

液压千斤顶的构造形式分活塞式和柱塞式两种。其作用方式有单作用液压千斤顶及双作用液压千斤顶,由于单作用液压千斤顶在顶管使用中回镐不便(卧用回镐时,需用外力压回),所以一般采用双作用活塞式液压千斤顶。

液压千斤顶由控制箱和千斤顶组成,有手动控制及电动控制。

(1) 液压控制箱:一般用电泵驱动,可将油箱、高压油泵、液压操纵箱安装成一个整体。

(2) 千斤顶(顶镐)

千斤顶的生产种类很多,其规格与性能可根据现行有关标准及生产厂的产品说明选用。顶管一般采用顶力为 2000~4000kN 的千斤顶,行程有 0.25、0.5、0.8、1.2、2.1m ……等。

(3) 液压工作用油在顶管施工中经常采用的是普通液压油。

2. 顶铁(见图 4.32)

顶铁是顶管过程中传递顶力的工具,它可延长千斤顶的行程,并且扩大管节端部的承压面积。顶铁由各种型钢制成,其强度和刚度应经过核算。顶铁根据安放位置与使用作用的不同,可分成顺铁、横铁和立铁。顺铁是在顶进过程中与顶镐的行程长度配合传递顶力,在顶镐与管子之间陆续安放。

顶铁的形式一般有矩形、圆形、弧形等,其断面参见图 4.32 的 (a)、(b)、(c)。

圆形或弧形顶铁,主要用于保护管子端面,使端面传力均匀,其材料可用铸钢或用钢板焊接成型其内灌注 C28 混凝土。圆形或弧形顶铁端面必须与管子端面形状吻合(企口或平口)。

3. 其他辅助设备及工具

(1) 工作台及棚架

1) 工作台：搭设在工作坑的顶面，主梁采用型钢，上面铺设 15cm×15cm 枋木，作为承重平台，中间留下管和出土的方孔为平台口，在平口上设活动盖板（装有滚动轮与导轨。）

承重平台主梁必须根据荷载计算选用（管重、人重及其他附加荷载），主梁两端伸出工作坑壁搭地不得小于 1.2m。

平台口的尺寸（长×宽）为：

长度 $L = l_1 + 0.8$ (4.7)

宽度 $B = D_1 + 0.8$ (4.8)

式中 l_1——管子长度（m）；

D_1——管外径（m）。

2) 棚架：即起重架与防雨（雪）棚合成一体，罩以防雨棚布为工作棚。

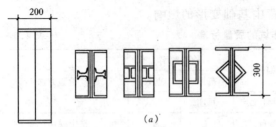
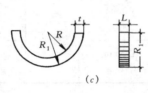

图 4.32 顶铁示意图

(a) 矩形顶铁；(b) 圆形顶铁；(c) 弧形顶铁

起重机、卷扬机、滑轮或电葫芦门式架，应根据起重量核算配备，参见示意图 4.33、图 4.34。

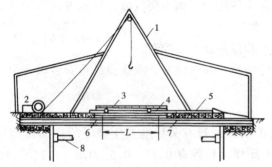

图 4.33 卷扬机起重台与棚架示意图

1—棚架；2—卷扬机；3—活动盖板；4—滚轮轨；5—方木；6—槽钢；7—工字钢；8—工作坑撑木

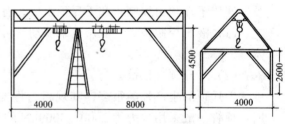

图 4.34 电动葫芦门架示意图

(2) 测量仪器

1) 水准仪一台

2) 经纬仪或激光导向仪一台

(3) 常用工具

顶管用的工具有内胀圈（参见图 4.35）、硬木楔、水平尺、特制短高程尺、钢尺、垂球、小线、出土小车等。

(4) 管道临时联结设备

为了保证管子顶时不产生错口和偏斜，提高管道的整体性，应在第一节管子顶完后，将拟顶的第二节管子和已入土的第一节管子进行临时联结，所用设备称为临时联结设备。通常采用钢板焊成的装配式内胀圈，内胀圈一般由10mm左右厚的钢板焊接而成，宽度300～400mm。为了提高刚度，可在装配点附近焊肋加固。安装时，将胀圈放于相邻两节管口处，调整螺栓使胀圈与管内壁胀紧，从而将两节管子联结起来。

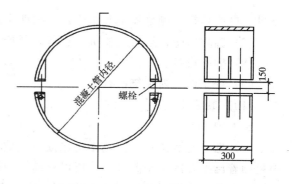

图4.35 工具内胀圈示意图

除装配式内胀圈以外，有些地区使用钢制圆环内胀圈，圆环内胀圈的直径略小于管子的内直径。安装时，胀圈放于管口处，胀圈上部与管子的间隙用木楔卡牢。

为了提高顶进管道的整体性，保证接口质量，在管道临时联结方面，除了使用传统的内胀圈外，在管道的外壁增加了外套环，使管道之间的连接更加牢固，并为管道接口创造了更优越的条件。安装外套环的管子需做特殊处理，即在管口外壁做成凹槽，如图4.36所示。安装外套环时，先将外套环放进凹槽之外，拧紧螺栓使套箍紧管子，然后对接口处进行焊接，构成封闭套环，最后再将螺栓及法兰用气割切除，形成光滑表面。外套环可作为永久接口的一部分，管道连接时就不再拆除。

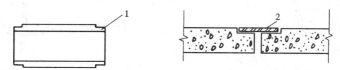

图4.36 管口处理及外套环安装
1—管口处理；2—外套环安装

（5）运土设备：一般采用双轮手推车在管内运土。再由垂直运输设备运送至地面。

三、施工程序及操作方法

1．施工程序

（1）制定施工方案，主要内容包括工作坑的位置和尺寸，顶管后背的结构形式，掘进方式，下管和出土方法，顶进设备的确定，降低地下水的措施，保证质量及安全的措施等。

（2）测量放线，根据设计图纸的要求，将顶管工作坑的位置测设到地面上，并引测复试时水准点。

（3）降低地下水位，一般采用人工降低地下水位的方法并应在工作坑内设置排水沟、集水井作为备用。

（4）开挖工作坑并进行支撑。

（5）安装设备。主要包括顶进设备、出土和下管设备、测量设备、照明和通风设备等。

（6）顶进操作。顶进操作包括挖土、运土、

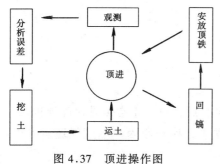

图4.37 顶进操作图

顶进、更换顶铁及测量校正等工作，并按两个循环进行，如图 4.37 所示。

(7) 拆除胀圈，运出工作坑，进行管子接口。

(8) 拆除设备。

(9) 在工作坑内砌筑检查井。

(10) 最后还土。

2．操作方法

(1) 挖土与运土：管前挖土是保证顶进质量及防止地面沉降的关键。由于管子在顶进中是顺着已挖好的土壁前进的，所以管前挖土的方向和开挖形状，直接影响顶进管位的正确性，因此管前周围超挖应严格控制。在一般顶管地段，土质良好，可超越管端 30～50m。在铁路道轨下不得超越管端以外 10cm，并随挖随顶，在道轨以外最大不得超过 30cm，同时应遵守其管理单位的规定。在不允许地面土下沉的顶管地段（如上面有重要构筑物或其他管道），管子周围一律不得超挖。在一般顶管地段，上面允许超挖 1.5cm，但在下面 135°范围内不得超挖，一定保持管壁与土基表面吻合，参见图 4.38。

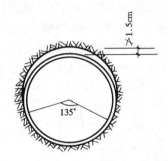

图 4.38 超挖示意图

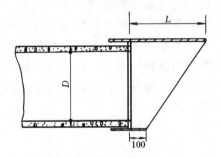

图 4.39 管帽示意图

在土层松散或有流砂的地段顶管时，为了防止土方坍落，保证安全和便于挖土操作，在首节前端可安装管帽（帽檐伸出的长度取决于土质，参见图 4.39）。将管帽顶入土中后便可在帽檐下挖土。管前挖土深度，应视土质情况和千斤顶的工程行程而定，一般为千斤顶的出镐长度。如果超挖过大，土壁开挖形状不易控制，容易引起管位偏差和上方坍塌。特别松软土层，应对管顶上部土进行加固，或在管前安装管帽。操作人员工作时，要警惕土方垮塌伤人，挖出的土及时外运。

帽檐的长度（L），应根据土质情况定，有关的经验计算公式为：

$$L = \frac{D}{\mathrm{tg}\phi} \tag{4.9}$$

式中 L——帽檐的长度（mm）；

D——管子的外径（mm）；

ϕ——土壤的内摩擦角（°）。

(2) 顶进：

1) 顶进开始时，应缓慢进行，待各接触部位密合后，再按正常顶进速度顶进。

2) 顶进中若发现油路压力突然增高，应停止顶进，检查原因并经过处理后方可继续顶进，回镐时，油路压力不得过大，速度不得过快。

3) 挖出的土方要及时外运，及时顶进，使顶力限制在较小的范围内。顶进是利用千斤顶出镐在后背不动的情况下，将管子推入土中。

4) 安装 U 形或圆形顶铁并挤牢，待管前挖土满足要求后，启动油泵，操纵控制阀，使千斤顶进油，活塞伸出一个行程，将管子推进一段距离。

5) 操纵控制阀，使千斤顶反向进油，活塞回缩。

6) 安装顶铁，重复上述操作，直到管端与千斤顶之间可以放下一节管子为止。

7) 卸下顶铁，下管，在混凝土管接口处嵌入一圈油麻辫、橡胶圈或其他柔性材料，管口内侧留有 10～20mm 的间隙，以利接口和应力均匀。

8) 在管内口安装内胀圈。如设计有外套环时，可同时安装外套环。安装工具胀圈（临时连接）时，为了防止钢筋混凝土管在顶管中错口，不利于导向，顶进的前数节管中，在接口处应安装内胀圈，通过背楔或调整螺栓，使胀圈与管壁胀紧成为一个刚体。胀圈一定要对正接口缝隙，安装牢固，并在顶进中随时检查调整。

9) 重新装好 U 形或环形顶铁，重复上述操作。

顶进时遵照"先挖后顶，随挖随顶"的原则。应连续作业，尽量避免中途停止。工程实践证明，在黏性土层中顶进时，因某种原因使连续施工中断，重新起顶时，顶力将会增加 50%～100%。但在饱和砂土中顶进中断后，重新起顶时，顶力会比中断前的顶力小。这一点施工中应引起注意。

另外在管道顶进中，发现管前方坍塌，后背倾斜、偏差过大或油泵压力表指针骤增等情况，应停止顶进，查明原因，排除障碍后再继续顶进。

四、测量与校正

1. 测量放样

（1）在顶第一节管（工具管）时，以及在校正偏差过程中，测量间隔不应超过 30cm，保证管道入土的位置正确；管道进入土层后的正常顶进，测量间隔不宜超过 100cm。

（2）中心测量：顶进长度在 60m 范围内，可采用垂球拉线的方法进行测量，要求两垂球的间距尽可能地拉大，用水平尺测量头一节管前端的中心偏差（参见图 4.40）。一次顶进超过 60m 应采用经纬仪或激光导向仪测量（即用激光束定位）。

（3）高程测量：用水准仪及特制高程尺（参见图 4.41），根据工作坑内设置的水准点标高（设两个），测头一节管前端与后端管内底高程，以掌握头一节管子的走向趋势。测量后应与工作坑内另一水准点闭合。

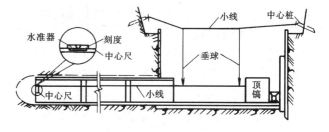

图 4.40 小线垂球延长线法测量中心示意

（4）激光测量：用激光经纬仪（激光束导向）安装在工作坑内，并按照管线设计的坡度和方向调整好，同时在管内装上标示牌（接受靶，参见图 4.42），当顶进的管道与设计位置一致时，激光点即可射到标示牌中心，说明顶进质量无偏差，否则根据偏差量进行校正。

（5）全段顶完后，应在每个管节接口处测量其中心位置和高程，有错口时，应测出错口的高差。

2. 校正（纠偏）

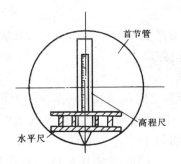

图 4.41 管端高程尺

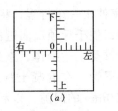

图 4.42 激光测量标示牌

顶管误差校正是逐步进行的，形成误差后不可立即将已顶好的管子校正到位，应缓缓进行，使管子逐渐复位，不能猛纠硬调，以防产生相反的结果。常用的方法有以下3种：

(1) 超挖纠偏法：偏差为 1~2cm 时，可采用此法，即在管子偏向的反侧向适当超挖，而在偏向侧不超挖甚至留坎，形成阻力，使管在顶进中向阻力小的超挖侧偏向，逐渐回到设计位置。

(2) 顶木纠偏：偏差大于 2cm，在超挖纠偏不起作用的情况下可用此法。用圆木或方木的一端顶在管子偏向的另一侧内管壁上，另一端斜撑在垫有钢板或木板的管前土壤上，支顶牢固后，即可顶进，在顶进中配合超挖纠偏法，边顶边支。利用顶进时斜支撑分力产生的阻力，使顶管向内阻力小的一侧校正。

(3) 千斤顶纠偏法：方法基本同顶木纠偏法，只是在顶木上用千斤顶强行将管慢慢移位校正。

3．对顶接头

对顶施工时，在顶至两管端相距约 1m 时，可从两端中心掏挖小洞，使两端通视，以便校对两管中心线及高程，调整偏差量，使两管准确对口。

五、触变泥浆减阻顶进

为了减少顶进阻力，增大顶进长度，并防止坍方，一般采用在管壁与土壁的缝隙间注入触变泥浆，形成泥浆套，减少管壁与土壁之间的摩擦阻力。这种泥浆除起润滑作用外，静置一定时间泥浆固结，产生强度。

泥浆在输送和灌注过程中具有流动性、可泵性。灌注主要从顶管前端进行，顶进一定距离后，应从后端及中间进行补浆。

1．触变泥浆的设备

(1) 泥浆封闭设备：包括前封闭管（前端刃脚工具管设封闭环）及后封闭圈，主要作用是防止泥浆从管端流出。

(2) 调浆设备：包括拌和机及储浆罐等。

(3) 灌浆设备：包括泥浆泵（或空气压缩机、压浆罐）、输浆管、分浆罐及喷浆管等。

前封闭管的外径比所顶管子的外径大 40~80mm 为宜，即管外形成一个 20~40mm 厚的泥浆环。前封闭管前端应有刃脚，顶进时切土前进，使管外土壤紧贴前封闭管的外壁，以防漏浆，或者在前封闭管前另行安装具有刃脚并有调向设备的顶进工具管。

一般前端注浆工具管的形状参见图 4.43。

工作坑内管子的穿越面如土质容易坍塌时，可灌筑混凝土挡土墙，同时代替后封闭圈的作用。在混凝土墙中应预埋喷浆管及为安装封闭圈用的螺栓（参见示意图 4.44）。混凝土墙预留洞的直径比前封闭管的外径大 10～20mm 为宜。

2．触变泥浆的材料

（1）触变泥浆的主要成分是膨润土，掺入碱（碳酸钠）和水配制而成。

（2）触变泥浆的配合比参考表 4.10。

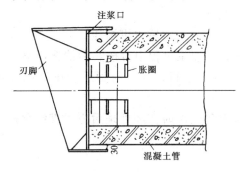

图 4.43 前注浆工具管示意图

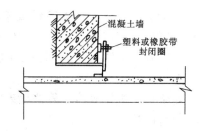

图 4.44 后封闭圈示意

触变泥浆配比（重量比） 表 4.10

膨润土的胶质价	膨润土	水	碱（碳酸钠）	膨润土的胶质价	膨润土	水	碱（碳酸钠）
60～70	100	524	2～3	80～90	100	614	2～3
70～80	100	524	1.5～2	90～100	100	614	1.5～2

注：膨润土的胶质测定方法如下：

1．将蒸馏水注入直径 25mm，容量 100ml 的量筒中，至 60～70ml 刻度处。
2．称膨润土试料 15g，放入筒中，再加水至 95ml 刻度，盖上塞子，摇晃 5min，使膨润土与水混合均匀。
3．加入氧化镁 1g，再加水至 10ml 刻度，盖好塞子，摇晃 1min。
4．静置 24h 使之沉淀，沉淀物的界面刻度即为膨润土的胶质价。

（3）为了在顶进完毕后使触变泥浆固结增强，可掺入凝固剂（石灰膏）。但为了在施工使用时保持流动性，还必须掺入缓凝剂（工业六糖）和塑化剂（松香酸钠）。以上掺入剂的配比可参考表 4.11。

触变泥浆掺入剂配比

（重量比，以膨润土为 100）

表 4.11

石 灰 膏	工业六糖	松香酸钠（干重）	水
42	1	0.1	28

注：石灰膏的含水量为 110%，实际石灰占膨润土的比重为 20%。

3．触变泥浆一般拌和程序

（1）将定量的水放水搅拌罐内，并取其中一部分水溶化碱；

（2）在搅拌过程中，将定量的膨润土徐徐加入搅拌罐内，搅拌均匀；

（3）将溶化的碱水倒入搅拌罐内（碱水必须在膨润土搅拌均匀后加入），再搅拌均匀，放置 12h 后即可使用。

4．触变泥浆掺入凝固剂时的拌和程序

（1）用规定比例的水分别将工业六糖及松香酸钠溶化；

（2）将溶化的工业六糖放入石灰膏内，拌合成均匀的石灰浆；

（3）再将溶化的松香酸钠放入石灰浆内，拌和均匀；

(4) 将上述拌和好的掺入剂，按规定比例倒入已拌和好并放置12h的触变泥浆内，搅拌均匀，即可使用。

5. 触变泥浆使用应注意的事项

(1) 注浆孔的布置宜按管道直径的大小确定，一般每个断面可设置3~4个，并具备排气功能。

(2) 搅拌均匀的泥浆应静置一定时间后方可灌注。

(3) 灌浆前，应通过注水检查灌浆设备，确认设备正常后方可灌注。

(4) 灌浆压力可按不大于0.1MPa开始加压，在灌浆过程中再按实际情况调整。

(5) 灌浆时，按灌浆孔断面位置的前后顺序依次进行，并应与管道和中间的顶进同步。

(6) 灌浆遇有机械故障、管路堵塞、接头渗漏等情况时，经处理后方可继续顶进。

六、顶管的接口

1. 钢筋混凝土管

(1) 顶进钢筋混凝土管时，在两管的接口处加衬垫，一般是垫麻辫或3~4层油毡，企口管应垫于外榫处，平口管应偏于管缝外侧放置，使顶紧后的管内缝有1~2cm的深度，以便顶进完成后进行填缝。

(2) 内接口

顶进完毕后，拆除临时连接的内胀圈，进行内接口，其接缝处理应按设计规定，如设计规定时，可采用以下方法：

1) 平口管，填打石棉水泥或填塞膨胀水泥砂浆（其配比同铸铁管的此种接口）参见图4.45。

填缝前先清理接缝，并用清水湿润，填缝完毕及时养护。

2) 企口管：填打油麻石棉水泥或打油麻填塞膨胀水泥砂浆（其配比同铸铁管的此种接口）参见图4.46。填缝前先清理接缝，填打油麻（深度的1/3）然后用清水湿润缝隙，填打石棉水泥或填塞膨胀水泥砂浆，填缝完毕及时养护。

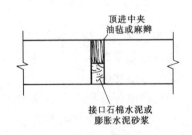
图4.45 平口管的接口形式

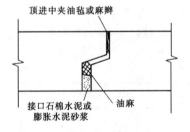
图4.46 企口管的接口形式

3) 内套环接口：一般用于污水管道，内接口采用钢套环石棉水泥或膨胀水泥砂浆接口。钢套环外露面应刷防腐涂料，钢套环接口处与管内底应用细混凝土找平（135°范围内），此种接口费用较高应与设计具体商定。

七、顶进管道的质量标准

1. 外观质量

(1) 目测直顺、无反坡、清洁、不积水、管节无裂缝。

（2）钢筋混凝土管道内接口

1）填料饱满、密实，且与管节接口内侧表面齐平。

2）内套环接口应对正管缝，填料密实、均匀，每侧凹进套环边缘1~2mm。

（3）顶管中如遇塌方或超挖空隙必须进行处理。

2．顶进管道的允许偏差

建设部标准《市政排水管渠工程质量检验评定标准》（CJJ3—90）中规定的顶管允许偏差见表4.12。

顶 管 允 许 偏 差　　　　　　　　　　表4.12

序号	项目		允许偏差(mm)	检验频率		检验方法
				范围	点数	
1	中线位移		50	每节管	1	测量并查阅测量记录
2	管内底高程	$D<1500mm$	+30 -40	每节管	1	用水准仪测量
		$D\geqslant1500mm$	+40 -50	每节管		
3	相邻管间错口		15%管壁厚，且不大于20	每个接口	1	用尺量
4	对顶时管子错口		50	对顶接口	1	用尺量

注：表内D为管径。

八、顶管施工记录与管理

在一个施工段的管子顶进过程中，管道一直处于动态，对于加强顶进施工中的动态管理，是提高顶进质量的首要保证。顶进施工记录则是反映管道在顶进过程中动态情况的依据。因此，应认真填写顶进施工记录，做好交接班，掌握顶进的动态，做到情况明、问题清、有对策、处理及时。

1．顶进记录与交接班

（1）填写顶进施工记录必须真实、清晰、完整。

（2）交接班时，当班的负责人必须向接班负责人交清记录，并说明在顶进操作中所出现（发现）的问题及处理情况（包括工作坑的情况、设备情况、顶进的质量情况等）。

2．问题及时处理

对于影响顶进质量与安全的问题，必须及时处理，减少停滞，当不得不停下来研究解决原始记录（交接班记录）时，仅反映了当班的情况，对顶进的管道在动态过程中的变化情况则应掌握，所以每顶进10~20m宜全面检验一次施工质量，存在的问题应在继续顶进中得到解决。

4．提高施工人员素质

提高施工及操作人员的素质，加强在顶管施工中的动态管理，是保证顶进施工质量的关键。顶进施工必须认真制定并贯彻执行施工方案及有关规定，把握顶进动态中的情况，才能提高顶进后的施工质量。

4.3.2 中继间顶管

一、中继间的工作原理

应用中继间是长距离顶管采取的主要技术措施,随着顶进长度的增加,管壁与土层的摩阻力则随之增大,虽然利用触变泥浆可以减阻,加长顶进距离,但有一定限度。因为顶进长度增加以后,管壁的施工应力也将越来越大,管壁承受的施工应力,以及工作坑后背结构和顶进设备承受的顶力,都有一定的限度,所以长距离顶管应设置中继间,采用接力技术,来提高一次顶进的长度,减少工作坑。

中继间顶管是将预顶的管道分割成数段,设置中继间,总顶力分散在数管段之间,减少工作坑后背所承受的反力,见图4.47。

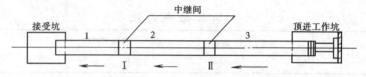

图4.47 中继间顶管示意图

图中管道分成了3段,设置了两个中继间,管段1,2,3可分别由中继间Ⅰ、Ⅱ及工作坑后背的顶力承担顶进。2,3管段是中继间Ⅰ的后座,3段管段和工作坑后背是中继间Ⅱ的后座,最后第3段管段的后座仍是工作坑后背。施工时,各管段先后依次向前推进,当工作坑前的一段顶进完成后,再从最前1段开始新的一轮循环推顶、直至全部管段顶入。

二、中继间的布置数量

由于一次顶进的管材尺寸是一致的,因此力求所设中继间和工作坑后背墙的顶力布置尽可能相等。因为第Ⅰ个中继间不仅要克服管外壁摩阻力,同时要克服工具管正面的阻力,所以第Ⅰ段管段的长度必须小于其余各段的长度。中继间的数量及其在顶进管段轴线上的位置,应根据管道与土层的摩阻力计算来决定,当顶进阻力接后背的设计顶力时,就应设置中继间。在正常顶进的情况下,设备的顶力使用应按顶力设计值的70%~80%考虑,即留出储备力,以便遇到特殊情况时顶力增大而不致使管材及顶进设备超载。

三、中继间的组成

中继间主要是由壳体(钢板制)与千斤顶组装成的一种接力顶进设备。千斤顶分别固定在壳体内,可装独立的油路系统和电气系统,或者与工作坑顶进油路系统并用。示意图见图4.48。

设计中继间设备应考虑以下几方面因素:

1. 壳体(机身)结构强度。
2. 沿周边千斤顶的布置。
3. 中继间与其前后管子的连接防水。
4. 中继间设备拆装要方便。

四、中继间操作要点及注意事项

1. 中继间安装与工作

(1)中继间使用前,应事先将中继间拼装好,并试验其液压系统与电器系

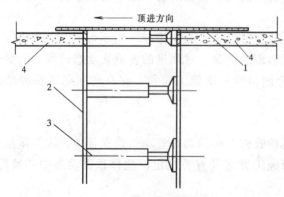

图4.48 简易中继间示意图
1—护套;2—弧形壳体;3—千斤顶;4—混凝土管

统，保持完好。

（2）中继间开始顶进时，工作坑内的千斤顶要紧顶在导轨上接好的管子上，防止中继间向工作坑方向退移。

（3）中继间要与前后的管壁接牢，以防中继间内因设备布置重量的不平衡，在工作中产生旋转。

（4）中继间工作时，操作人员必须站在千斤顶的无油压侧（活塞杆顶头侧），以防油压侧出现事故。

（5）中继间工作的顺序是：第一个中继间顶完后，卸油压，开始第二个中继间顶进，同样再开第三个中继间，依次开动下去，在最后开动工作坑千斤顶的同时，又可开动第一个中继间，开始新一轮的循环顶进。

（6）中继间采用自动控制时，也需有专人巡视，以防万一发生突然故障，便可立即切断操纵箱电源。

2．中继间的拆除

（1）顶管到达终点后，应立即开始中继间的拆卸工作。由第一个中继间开始往后拆，拆除的空间由后面的中继间继续向前顶进，使管口相连接。

（2）中继间的拆除工作应事先制定拆卸方法与安全措施，保证安全工作和设备完好。

（3）拆卸中继间应先将千斤顶、油路、油泵、电器设备等拆除。拆下的油路与辅助接头嘴，都应用棉丝擦净封堵。拆除的零部件等要保管好。

（4）中继拆除的顺序是：先顶部、次两侧、后底部。

（5）拆除后的部件与辅助件应立即运回车间，清洁整理，如近期继续使用应立即组装，保证完好。

4.3.3 机械掘进顶管

顶管时采用人工挖土劳动强度大、效率低，劳动环境恶劣，且受到管道直径的限制。而机械掘进顶管可避免上述缺点。

机械掘进顶管与人工掘进顶管除了挖土和运土方法不同外，其余部分基本相同。机械掘进顶管是由装在管前端的机械钻进挖土设备挖土，再由传送带或车辆反复循环运土，从而代替了人工操作。目前机械掘进设备有两个安装方式。一种为机械固定在工具管内，工具管被安装在被顶进混凝土管前端，如图 4.49 所示。另一种是将设备安装在顶进的第一节管中，顶进时安装，竣工后拆除，故被称为装配式。由于工具管的机械构造简单，现场安装方便，工程上较多采用。

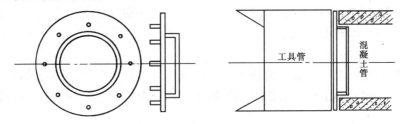

图 4.49 工具管装置示意图

掘进设备按挖土方式不同分水平钻机式和纵向挖土式。水平钻机式掘进设备在钻机前端安装刀架和刀齿，刀架由减速电动机带动旋转进行切土，切土掉入刮泥板由链条输送器转运到运土小车或由皮带运输机运出管外。在机壳与管子之间对称布置四个校正千斤顶，用于管道的纠偏。为了在坑壁与管壁间留有间隙，管中心与钻机旋转中心有一距离，因此这种掘进设备也叫做偏心水平钻机。

4.3.4 水力掘进顶管

水力掘进顶管的挖土是利用高压水枪的射流将顶进前方的土冲成泥浆，再通过泥浆管道输送至地面储泥场。整个工作是由装在混凝土管前端的工具管来完成的。工具管内部的主要设备包括封板、喷射管、真空室、高压水管、排泥系统等。

工具管的前端为冲泥舱。掘进时，先开动千斤顶，由刃脚将土切入冲泥舱，然后用人工操纵水枪操作把，将土冲成泥浆。泥浆经过格栅是防止粗颗粒进入泥浆管道。管道的掘进方向由中间的校正管控制。在校正管内的水平和铅垂轴线上分别装一对校正千斤顶，可使前端工具管向正确方向转动，从而调整掘进方向。工具管的尾管是气闸室。当前端工具管出现故障时，维修人员可通过小密封门进入冲泥舱，为防止小密封门打开后涌入大量泥水，可先封闭气闸室，经升压后再进行操作，保证气压和泥水压力的平衡。维修完毕后，再逐渐降压，恢复正常掘进。所以气闸室是作为维修人员进出高压区时的升压和降压之用。

水力掘进顶管生产效率高，其冲土、排泥连续进行，可改善劳动条件，减轻劳动强度，但需耗用大量的水，且需要有较大的存泥浆场地，故在某些缺水地区受到限制。

4.3.5 挤密土层顶管法

挤密土层顶管法也称为穿刺顶管法，适用于小管径顶管。使用这种方法顶管时，无需掘土，只用千斤顶将管子直接顶入土层内，管周围土层被挤密。为了便于顶进，可在顶管前端装一锥形头。锥形头用钢板焊成，底部直径比管子外径大25～30mm。锥形头可以同心，也可以偏心地套在顶管头上，如图4.50所示。

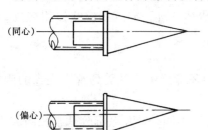

图4.50 穿刺锥形头

为了减小锥形头刺入土壤时所受的阻力，应严格控制锥形头的中心角。中心角的最大值随土壤性质而易，对于砂性土层，不大于60°；粉质黏土，不大于50°；黏土不大于40°。

用穿刺法顶管时，应考虑把土挤紧后的影响，即是否会破坏地下或地面的构筑物，故应控制与邻管间的净距尺寸及距地面的深度。

穿刺顶管的工作坑与施工操作，大体和人工挖土顶管法相同，但不需要挖土与运土，从而避免了清理土壤时的复杂工序。

4.3.6 盾构法施工

盾构又称盾甲，是在不破坏地面情况下，进行地下掘进和衬砌的施工设备。可用于地下铁道、隧道、城市地下综合管廊及地下给水排水管沟的修建工程，盾构法施工的主要优点：

1.盾构施工时所需要顶进的是盾构本身，故在同一土层顶进时，顶力不变，因此盾构法施工不受顶进长度限制。

2．操作安全，可在盾构结构的支撑下挖土和衬砌。

3．可严格控制正面开挖，加强衬砌背面空隙的填充，可控制地表的沉降。

一、盾构构造

盾构结构一般为一钢筒，共分三部分，前部为切削环，中部为支撑环，尾部为衬砌环，如图4.51所示。

1．切削环

切削环位于盾构的最前端，为了便于切土及减少对地层的扰动，在它的前端做成刃口型，称为刃脚，在其内部可安装挖掘设备。盾构开挖分开放式和密封式。当土质稳定，无地下水，可用开放式；而对松散的粉细砂，液化土等不稳定土层时，应采用封闭式盾构；当需要支撑工作面，可使用气压盾构或泥水加压盾构。这时切削与支撑环之间设密封隔板分开。

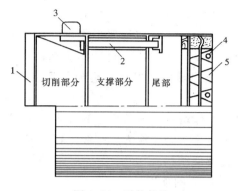

图4.51 盾构构造
1—刀刃；2—千斤顶；
3—导向板；4—灌浆口；5—砌块

2．支撑环

支撑环位于切削环之后，处于盾构中间部位，是盾构结构的主体，承受着作用在盾构壳上的大部分土压力，具有较大的刚度，在它的内部，沿壳壁均匀地布置千斤顶，如图4.52所示。每个千斤顶连接进油和回油管路。进油管与分油箱相连，高压油泵向分油箱提供高压油。为了便于顶进和纠偏，可将全部千斤顶分成若干组，装设闸门转换器，用来分组操作。另外在每个进油管上装设阀门，可分别操纵每个千斤顶。

此外，大型盾构还将液压、动力设备、操作系统、衬砌机等均集中布置在支撑环中。在中小型盾构中，也可把部分设备放在盾构后面的车架上。

3．衬砌环

衬砌环位于盾构结构的最后，它的主要作用是掩护衬砌块的拼装，并防止水、土及注浆材料从盾尾间隙进入盾构。衬砌环应具有较强的密封性，其密封材料应耐磨、耐拉并富有弹性。常用的密封形式有单纯橡胶型、橡胶加弹簧钢板型、充气型和毛刷型，但效果均不理想，故在实际工程中可采用多道密封或可更换的密封装置。

二、盾构施工

1．施工准备工作

盾构施工前应根据设计图纸和有关资料，对施工现场进行全面勘查，根据地形、地质、周围环境及设备情况编制盾构施工方案，并按施工方案进行准备。

施工方案所包括的内容有：盾构的选型、制作与安装；工作坑的结构形式、位置的选

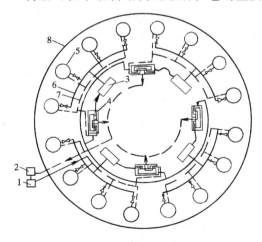

图4.52 千斤顶及液压系统图
1—高压油泵；2—总油箱；3—分油箱；4—阀门转换器；
5—千斤顶；6—进油管；7—回流管；8—盾构外壳

择及封门设计；管片的制作、运输、拼装、防水及注浆等；施工现场临时给排水、供电、通风的设计；施工机械设备的选型、规格及数量；垂直运输及水平运输布置；盾构进出土层情况及挖土、出土方法；测量监控；施工现场平面布置；安全保护措施等。

2．盾构工作坑

盾构施工也应设置工作坑。用于盾构开始顶进的工作坑叫起点井。施工完毕后，需将盾构从地下取出，这种用于取出盾构设备的工作坑叫做终点井。如果顶距过长，为了减少土方及材料的地下运输距离或中间需要设置检查井、井站等构筑物时，需设中间井。

工作坑的形式及尺寸的确定方法与顶管工作坑相同，既要满足顶进设备的要求，更要保证安全，防止塌方。一般工作坑较浅时，用板桩支撑；工作坑较深时，可采用沉井或地下连续墙结构。

3．盾构顶进

盾构设置在工作坑的导轨上顶进。盾构自起点井开始至其完全进入土中的这一段距离是借另外的液压千斤顶顶进的，如图4.53（a）所示。

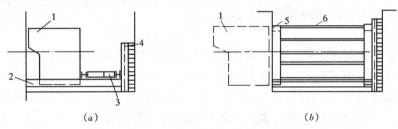

图 4.53 始顶工作坑
（a）盾构在工作坑始顶；（b）始顶段支撑结构
1—盾构；2—导轨；3—千斤顶；4—后背；5—木环；6—撑木

盾构正常顶进时，千斤顶是以砌好的砌块为后背推进的。只有当砌块达到一定长度后，才足以支撑千斤顶。在此之前，应临时支撑进行顶进。为此，在起点井后背前与盾构衬砌环内，各设置一个直径与衬砌环相等的圆形木环，两个木环之间用圆木支撑，如图4.53（b）所示。第一圈衬砌材料紧贴木环砌筑。当衬砌环的长度达到30～50m时，才能起到后背作用，方可拆除圆木。

盾构机械进入土层后，即可起用盾构本身千斤顶，将切削环的刃口切入土中，在切削环掩护下挖土。当土质较密实，不易坍塌，也可以先挖0.6～1.0m的坑道，而后再顶进。挖出的土可由小车运到起始井，最终运至地面。在运土的同时，将盾构内，待千斤顶回镐后，孔隙部分用砌块拼装。再以衬砌环为后背，启动千斤顶，重复上述操作，盾构便不断前进。

4．衬砌和灌浆

盾构砌块一般由钢筋混凝土或预应力钢筋混凝土制成，其形状有矩形、梯形和中缺形等，如图4.54所示。砌块的边缘有平口和企口两种，连接方式有用粘结剂粘结及螺栓连接。常用的黏结剂有沥青玛琋脂、环氧胶泥等。衬砌时，先由操作人员砌筑下部两侧砌块，然后用圆弧形衬砌托架砌筑上部砌块，最后用砌块封圆。各砌块间的粘结材料应厚度均匀，以免各千斤顶的顶程不一，造成盾构位置误差。同一砌环的各砌块间的粘结料厚度应严格控制，否则将使封圆砌块难以顶入。

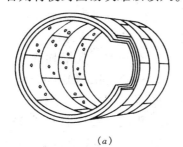 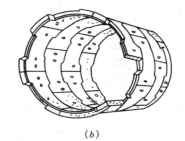

图 4.54 盾构块形式
(a) 矩形砌块；(b) 中缺形砌块

初砌完毕后应进行注浆。注浆的目的在于使土层压力均匀分布在砌块环上，提高砌块的整体性和防水性，减少变形，防止管道上方土层沉降，以保证建筑物和路面的稳定。

为了在初砌后便于注浆，有一部分砌块带有注浆孔，通常每隔 3～5 个初砌环有一个注浆孔，即为注浆孔环，该环上设有 4～10 个注浆孔，注浆孔直径不小于 36mm。注浆应多点同时进行。注浆量为环形空隙体各的 150%，压力控制在 0.2～0.5MPa 之间，使孔隙全部填实。

注浆完毕后，还需进行二次初砌，二次衬砌随使用要求而定，一般浇筑细石混凝土或喷射混凝土，在一次衬砌质量完全合格后进行。

4.3.6 浅埋暗挖法施工

近年来，在一些城市修建地下铁路、地下人行通道、热力管沟及给排水管渠等经常使用浅埋暗挖法施工，该方法适于在土质稳定、无地下水的条件下施工，如遇有地下水时，必须有完善可靠的降水措施，否则将会给施工增加很大困难，且无法保证施工质量。

浅埋暗挖施工方法的施工程序为：竖井的开挖与支护、洞体开挖、初期支护、二次衬砌及装饰等过程。

一、竖井开挖与支护

竖井的作用与顶管施工的工作坑基本相同。施工时，它可作为隧洞的进口和出口，施工完毕后，可在其中修筑和作为检查井、热力管线小室、地下通道井出口等。

竖井的结构形式应根据土层的性质、地下水位的高低、竖井深浅以及周围施工环境等因素来选择。但不论选择哪一种结构形式，都应尽量少用横向加固支撑，以利施工时的垂直运输。但是，这将使结构的截面增大。为了满足井壁所必须具有的强度和刚度，常使用地下连续墙或喷射混凝土分步逆作法进行施工。下面介绍喷射钢筋混凝土分步逆作支护法的施工要点。

施工前，先在竖井的开挖周界按一定间距将工字钢打入土层中作为井壁的支撑骨架。随着挖土，将露出的工字钢用横拉筋焊联，并放置钢筋网片，然后向工字钢间喷射一定厚度的混凝土。如此不断挖土，不断焊联钢筋，不断喷射混凝土，最后施工到井底。形成一个完整的钢筋混凝土支护井壁。在井底设置一定间距工字钢底撑，然后现浇 300～400mm 厚的混凝土，作为施工期间的底板。

二、洞体开挖

竖井施工完毕后，可进行洞体开挖，洞体开挖和步骤视洞体断面尺寸大小、土质情况

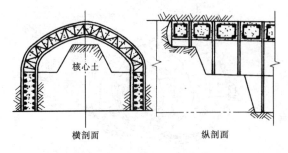

图 4.55 洞体开挖示意图

而定。一般每一循环掘进长度控制在 0.5~1.0m 范围内。为了防止工作面土壁不稳而滑坡，每一循环掘进均保留核心土不挖，其平均高度为 1.5m，长度 1.5~2.0m，如图 4.55 所示。如果洞体断面大、净空高、掘进时可采用微台阶法开挖，台阶长度为洞高的 0.8 倍左右，一般掌握在 0.3~0.4m 以内。

为了保证洞体开挖中绝对安全，应及时封闭整环钢框架，减少地表沉降。若开挖断面大，可在横向分上、下两个台阶开挖，每次挖土长度为 0.5~0.6m，下台阶每开挖 0.6m，与支护钢架整圈封闭一次。

三、初期支护

洞体边开挖边支护，初期支护是二次初砌作业前保证土体稳定，抑制土层变形的措施将地筋格网拱架和 1 钢筋网作骨架，然后喷射混凝土，也可根据现场特点，采用有针对性的技术措施。

洞体支护一般分土层加固、喷射混凝土和回填注浆三个步骤进行。

1. 土层加固

（1）无注浆钢筋超前锚杆加固法

加固锚杆可采用 φ22mm 螺纹钢筋，长度一般为 2.0~2.5m，环向排列，其间距视土壤的情况确定，一般为 0.2~0.4m，排列至拱脚处为止。操作时，在每一循环掘进完毕后，用风动凿岩机将锚杆打入土层，锚杆末端要焊在拱架上。此法适用于拱顶土壤较好的情况下，是防止塌坍的一种有效措施。

（2）小导管注浆加固法

当拱顶土层较差而需要注浆加固时，则利用导管代替锚杆。导管可用直径 32mm 钢管，长度为 3~7m，竖向排列间距为 0.3m，仰角 7°~12°。导管管壁设有出浆孔，呈梅花状分布。导管可用风动冲击钻机或 PZ75 型水平钻机成孔，然后推入孔内再注浆。

2. 喷射混凝土

喷射混凝土是借助喷射机械，利用压缩空气或其他动力，将按一定配合比的拌和料，通过管道输送并以高速喷射到受喷面上凝结硬化而成的一种混凝土。根据喷射混凝土拌和料的搅拌、运输和喷射方式一般分为干式和湿式两种，常采用干式。图 4.56 和图 4.57 为干式和湿式喷射混凝土工艺流程图。

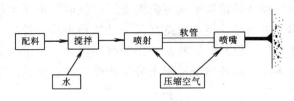

图 4.56 湿式喷射工艺流程

干式喷射是依靠喷射机压送干拌和料，在喷嘴处加水。在国内外应用较普遍。它的主要优点是设备简单，输送距离长，速凝剂可在进入喷射机前加入。

湿式喷射是用喷射机压送湿拌和料

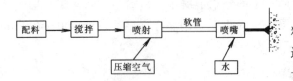

图 4.57 干式喷射工艺流程

（加入拌和水），在喷嘴处加入速凝剂，它的主要优点是拌和均匀，水灰比难准确控制，混凝土质量容易保证，而粉尘少，回弹较少。但设备较干喷机复杂，速凝剂加入也较困难。

3．回填注浆

在暗挖法施工中，在初期支护的拱顶上部，由于喷射混凝土与土层未密贴，再加上拱顶下沉很容易形成空隙，为防止地面下沉，应在喷射混凝土后，用水泥浆液回填注浆。这样不仅挤密了拱顶部分的土体，而且加强土体与初期支护的整体性，有效地防止地面沉降。

四、二次初砌

完成初砌支护施工后，当设计需要进行二次衬砌时，可进行洞体二次衬砌。二次衬砌采用现浇钢筋混凝土结构。混凝土强度宜选用C20以上，坍落度为18~20cm的高流动混凝土。采用墙体和拱顶分步浇筑的方法，即先浇侧墙、后浇拱顶。拱顶部分采用压力式浇筑混凝土。

第4节 管道施工质量、安全、文明要求

4.4.1 质量标准

详见建设部《市政排水管渠工程质量检验评定标准》（CJJ3—90）。

一、沟槽

严禁扰动槽底土壤，如发生超挖，严禁用土填。槽底不得受水浸泡或受冻。沟槽允许偏差应符合表4.13的规定。

沟槽允许偏差　　　　　　　　　　　　表4.13

序号	项目	允许偏差	检验频率		检验方法
			范围	点数	
1	槽底高程	0 −30	两井之间	3	用水准仪测量
2	槽底中线每侧宽度	不小于规定	两井之间	6	挂中心线用尺量每侧计3点
3	沟槽边坡	不陡于规定	两井之间	6	用坡度尺检验每侧计3点

二、平基、管座

平基、管座允许偏差应符合表4.14的规定。

平基、管座允许偏差　　　　　　　　　　表4.14

序号	项目		允许偏差	检验频率		检验方法
				范围	点数	
1	△混凝土抗压强度		必须符合附录三的规定	100m	1组	必须符合附录三的规定
2	垫层	中线每侧宽度	不小于设计规定	10m	2	挂中心线用尺量每侧计1点
		高程	0 −15mm	10m	1	用水准仪测量
3	平基	中线每侧宽度	+10mm 0	10m	2	挂中心线用尺量每侧计1点
		高程	0 −15mm	10m	1	用水准仪测量
		厚度	不小于设计规定	10m	1	用尺量

续表

序号	项目		允许偏差	检验频率		检验方法
				范围	点数	
4	管座	肩宽	+10mm -50mm	10m	2	挂边线用尺量每侧计1点
		肩高	±20	10m	2	用水准仪测量每侧计1点
5	蜂窝面积		1%	两井之间 （每侧面）	1	用尺量蜂窝总面积

三、安管

管道必须垫稳，管底坡度不得倒流水，缝宽应均匀，管道内不得有泥土砖石、砂浆、木块等杂物。安管允许偏差应符合表4.15的规定。

安管允许偏差 表4.15

序号	项目		允许偏差 (mm)	检验频率		检验方法
				范围	点数	
1	中线位移		15	两井之间	2	挂中心线用尺量
2	△管内底高程	$D<1000$mm	±10	两井之间	2	用水准仪测量
		$D>1000$mm	±15	两井之间	2	用水准仪测量
		倒虹吸管	±30	两井之间	4	用水准仪测量
3	相邻管内底错口	$D<1000$mm	3	两井之间	3	用尺量
		$D>1000$mm	5	两井之间	3	用尺量

注：1. $D<700$mm 时，其相邻管内底错口在施工中自检，不计点。
2. 表中 D 为管径。

四、接口

承插口或企口多种接口应平直，环形间隙应均匀，灰口应整齐、密实、饱满，不得有裂缝、空鼓等现象。抹带接口应表面平整密实，不得有间断和裂缝、空鼓等现象。抹带接口允许偏差应符合表4.16的规定。

抹带接口允许偏差 表4.16

序号	项目	允许偏差	检验频率		检验方法
			范围	点数	
1	宽度	+5 0	两井之间	2	用尺量
2	厚度	+5 0	两井之间	2	用尺量

五、检查井

井壁必须互相垂直，不得有通缝，必须保证灰浆饱满，灰缝平整，抹面压光，不得有空鼓、裂缝等现象。井内流槽应平顺，踏步应安装牢固，位置准确，不得有建筑垃圾等杂物。井框、井盖必须完整无损，安装平稳，位置正确。检查井允许偏差应符合表4.17的规定。

检查井允许偏差   表4.17

序号	项目		允许偏差	检验频率		检验
				范围	点数	
1	井身尺寸	长、宽	±20	每座	2	用尺量，长、宽各计一点
		直径	±20	每座	2	用尺量
2	井盖高程	非路面	±20	每座	1	用水准仪测量
		路面	与道路的规定一致	每座	1	用水准仪测量
3	井底高程	$D<1000mm$	±10	每座	1	用水准仪测量
		$D>1000mm$	±15	每座	1	用水准仪测量

注：表中 D 为管径。

六、闭水

污水管道、雨污水合流管道、倒虹吸管、设计要求闭水的其他排水管道，必须作闭水试验。排水管道闭水试验允许偏差值、渗水量应符合表4.5、表4.6的规定。

七、回填

在管顶上50mm（山区30mm）内，不得回填大于100mm的石块、砖块等杂物。回填时，槽内应无积水，不得回填淤泥、腐殖土、冻土及有机物质。回填土的压实度标准应符合表4.18的规定。

回填土的压实度标准   表4.18

序号	项目			压实度（%）（轻型击实试验法）	检验频率		检验方法
					范围	点数	
1	胸腔部分			≥90	两井之间	每层一组（3点）	用环刀法检验
2	管顶以上500mm			≥85	两井之间	每层一组（3点）	用环刀法检验
3	管顶500mm以上至地面	当年修路（按路槽以下深度计）	0～800mm	高级路面 ≥98 次高级路面 ≥95 过渡式路面 ≥90	两井之间	每层一组（3点）	用环刀法检验
			800～1500mm	高级路面 ≥95 次高级路面 ≥90 过渡式路面 ≥90			
			>1500mm	高级路面 ≥95 次高级路面 ≥90 过渡式路面 ≥85			
		当年不修路或农田		≥85			

注：1. 本表系按道路结构形式分类确定回填土的压实度标准。
    2. 最佳压实度检验办法见附录四。
    3. 高级路面为水泥混凝土路面、沥青混凝土路面、水泥混凝土预制块等。
       次高级路面为沥青表面处治路面、沥青贯入式路面、黑色碎石路面等。
       过渡式路面为泥结碎石路面、级配砾石路面等。
    4. 如遇到当年修筑的快速路和主干路时，不论采用何种结构形式，均执行上列高级路面的回填土压实度标准。

八、测量

水准点闭合差 $\pm 12\sqrt{L}$ (mm)，式中 L 为水准点之间的水平距离，单位为 km。

导线方位角闭合差：$\pm 40\sqrt{n}$，n 为测站数，直接丈量测距的允许偏差应符合表 4.19 的规定。

直接丈量测距的允许偏差　　　表 4.19

序号	固定测桩间距（m）	允许偏差
1	<200	1/5000
2	200~500	1/10000
3	>500	1/20000

4.4.2 管道施工质量控制

一、目的

城市排水管道质量控制、检验与评定是市政工程质量保证的必要手段，也是竣工文件的主要组成部分。施工中应严格控制施工质量，实事求是地在施工中检验和记录，不得弄虚作假，如实填报，经监理工程师、建设单位、设计单位检验并认可后，编制出质量检验评定资料，并编入城市建设档案文件内，以备城市基础设施工程管理和建设工作。

二、质量控制程序

1．施工阶段质量控制

（1）施工准备阶段质量控制

1）掌握、熟悉质量控制的标准、规范；

2）开工前准备工作，人员、机械、材料是否到位，施工场地是否具备"三通一平"。

3）施工用材料、半成品、施工机械的材质证明、合格证；

4）施工组织设计或方案的审查；

5）质量保证体系落实。

（2）施工工艺过程质量控制

1）施工工艺过程控制

排水工程施工工艺过程控制表　　　表 4.20

工程项目	质 量 控 制 点	控 制 手 段
沟槽开挖	1．开挖中线复核 2．放坡系数测量 3．土质取样送检 4．槽底高程测量	测量 测量 取样、试验 测量
平基管座	1．混凝土强度检测 2．垫层中线、高程 3．平基中线、高程、厚度 4．管座肩宽、肩高	混凝土配合比，取样制作试块 测量手段
管道安装	1．中线检测 2．管内底高程检测 3．相邻管内底错口检查	测量手段
管道接口	1．砂浆或混凝土强度检测 2．接口宽度检查 3．抹带宽、厚度	试验 测量

续表

工程项目	质量控制点	控制手段
检查井砌筑	1．砂浆强度检测 2．灰缝、错缝 3．砖砌或现浇井 4．梯踏步安装 5．井身尺寸、垂直度检查 6．井度高程、平面位置	配合比试验 量测 现场监督
回填土	1．胸腔回填 2．管顶以上50cm回填 3．管顶50cm以上回填 4．压实度检测	现场监督 取样

2）施工工艺过程易发生质量问题的预控措施

排水工程施工工艺过程易发生质量问题的预控措施表 表4.21

质量问题	成因分析	预控措施
塌方	1．边坡系数小 2．土方堆放有误 3．槽底被水浸泡 4．土质原因	合理放坡 土方应堆放槽边1m以外 降水或排水 施工方案调整
带基开裂	1．混凝土强度不够 2．基础扰动	检查混凝土配合比 严禁起挖 软弱基础设计单位处理
闭水不合格	1．管材不合格 2．内带或外带处理不好 3．井壁、砌筑、抹面不好 4．井底板渗漏	严禁不合格管材 混凝土厚浆抹带，注意温差变化影响 砂浆饱满、无通缝、抹面合格井底板一次浇筑成型，振捣密实
回填土沉陷	1．土质不合格 2．压实度不够	禁用不合格土源 作好压实工作 分层夯实，每层≤30cm 检查密实度

（3）竣工阶段质量控制

1）整理竣工图和技术资料

2）准备验收。

2．进度控制。

（1）实施总进度计划。

（2）确定施工方案。

（3）进行工程进度的动态管理。

（4）作好月进度安排。

3．施工阶段的投资控制

（1）熟悉施工图，明确费用支付部位和环节。

（2）预测可能发生工程质量隐患的因素，制定相应措施。

（3）进行技术改进，力争节约造价。

(4) 严格工程计量；

(5) 严格执行工程变更、技术变更审批制度。

4．质量控制其他要求

(1) 工程材料

1) 随时检测现场材料，作好原材料试验。

2) 水泥：同一编号不足 200t 必须抽检一次。

3) 砂石：每一料源，200m³ 检测一次。

4) 石灰：每批料到现场均需检测其 Cao、Mgo 含量。

5) 土：均作塑、液限试验

6) 水：开工前检测施工用水是否符合要求

7) 砖：每一料源检测一次

8) 钢筋：每个品种、每批钢材应检测一次。

9) 成品、半成品：有出厂合格证、生产许可证，质量符合设计要求和规范要求。

三、排水工程主要内容

(1) 沟槽开挖：开槽断面形式按批准施工组织设计或方案进行。

不得超挖，如有超挖用砂夹石回填夯实。密实度，达到 95% 以上（重型），挖出土方堆在槽边 1m 以外，开挖后进行工序验收。

(2) 平基、管座施工：

1) 立模：基础必须立模，模板要牢固，模内无杂物，高程尺寸符合设计要求，经监理检查合格后，方可浇筑混凝土。

2) 浇筑：在浇筑前 15 天，将混凝土配合比交监理工程师审批。当原材料有变化时，重作配合比试验。各种材料按配合比进行计量。混凝土应机械拌和，进料按顺序进行，拌和均匀，不得有生料。

混凝土运输中，必须保证坍落度要求，不得产生离析。施工时，混凝土自由下落高度不得大于 2m。否则采取一定措施。

3) 安管：仔细检查管材是否符合设计、质量要求，如有裂缝露筋不得使用，高程、中线位置符合设计要求。

4) 接口：应平顺，内外抹带表面平整密实，不得有间断或裂缝、空鼓，注意养护。

5) 闭水：按规范进行管道闭水试验，闭水试验应在管道回填前进行。

6) 检查井：井位平面位置符合设计要求，井基混凝土应与管道基础一次性浇筑，井砌至支管高程时及时安放支管，不允许在井壁口打洞安管。

砌井用砖必须充分浇水浇透。

砂浆按配合比机械拌和。

井壁必须垂直，砌体不得有通缝，砂浆饱满，抹面厚度符合设计要求，抹面压光。

流槽应平顺，踏步位置正确，收口正确。

7) 回填

沟槽回填，必须在混凝土强度达到设计强度的 75% 以上，闭水试验合格后方可进行。分层回填，回填土虚厚≤30cm，按规范进行密实度测试，回填土采用合格土壤。

管顶以上 50cm 内不得回填直径大于 10cm 石块、砖块。

4.4.3 管道施工安全

一、管道施工安全要求除参见路基的施工安全要求外还应注意以下几点：

1. 要求施工期内，伤亡事故为零。
2. 按现行有关安全工作规范进行施工。
3. 安全管理和责任。安全生产是生产工作的重要前提。施工单位是工程施工安全第一的责任单位，工地的施工管理人员是工程安全的责任人，专业班组长是本班组操作工作面和工序安全工作责任人。责任人的责任是应用自身的职权创造切实可靠的工作环境，保证项目施工人员安全。
4. 安全工作制度。工地应建立安全责任制，编制安全手册。明确安全岗的检查、监督、喊话的工作内容和制止违章作业的处理权限。定期进行安全讲评，下达安全指令，对新入场工人进行安全教育。
5. 施工工地要建立必要的安全宣传、提示、警告标志以作警钟长鸣。
6. 安全施工的措施：

(1) 实行安全技术交底，定期进行安全交底。坚持安全每日检查，提高工人安全意识，发现问题，及时报有关施工管理人员解决。

(2) 沟槽周围，应在沟槽以外搭设围栏和红色警示灯。深沟槽操作人员要戴好安全帽，危险处设置醒目的标志。

(3) 按批准的施工方案开挖沟槽土方，作业人员严禁挖神仙土。

(4) 施工人员雨后作业应特别注意沟槽边坡的稳定情况，发现险情应及时撤离沟槽，避免出现安全事故。

(5) 沟槽机械作业开挖土方时，配合机械作业的人员应注意安全距离。机械操作人员应注意各种管线，不得在架空输电线下作业和挖断正在使用的各种管线。

(6) 如沟槽两侧需堆土，应堆在沟槽边 1m 以外。

(7) 由专人检查临时用电线杆的安全和稳固。

(8) 由专人每日检查和确保各种施工机械安全施工。

(9) 工地设立专职现场保卫人员，工地现场和基地要派员日夜守卫。

(10) 施工工地实行 24h 值班制。

4.4.4 文明施工要求

同路基工程文明施工要求一致，参见 3.5.2 文明要求。

习　　题

1. 简述管道施工准备工作的内容？
2. 排水管道开槽法施工的方法有几种？
3. 简述排水管道先打平基施工的程序和内容？
4. 简述带井闭水试验的步骤？
5. 掘进顶管施工的主要内容和工序？
6. 顶管的接口构造及施工方法。
7. 盾构法施工的特点。
8. 简述浅埋暗挖法的施工程序和施工方法。
9. 试述排水管道质量控制的主要内容？

第5章 路面施工

第1节 概 述

城市道路路面是层状体系结构,道路使用品质的好坏主要取决于路面结构。而路面结构根据使用材料和施工方法的不同,类型较多。但就总体而言可概括为三层,即面层、基层、垫层。随着新材料、新工艺、新技术的不断更新,新的路面结构类型会不断涌现。本章就现阶段城市道路中常见的路面类型的施工程序和方法作重点介绍。

5.1.1 路面结构层

如图5.1所示,路面结构层由三部分即承受行车荷载的面层,承受面层竖向力的基层以及主要起排水、隔水、防冻、防污作用的垫层组成。图中 h 和 E 分别代表各基本层的厚度及其弹性模量。根据其荷载传力随深度增加而减小的特点,可以知道面层应要求材料强度高当然造价也相应增高,所以 $E_1 > E_2 > E_3 > E_0$ 且三个基本结构层厚度也应自上而下由薄到厚,力求"薄面强基稳垫",确保经济合理的宗旨。

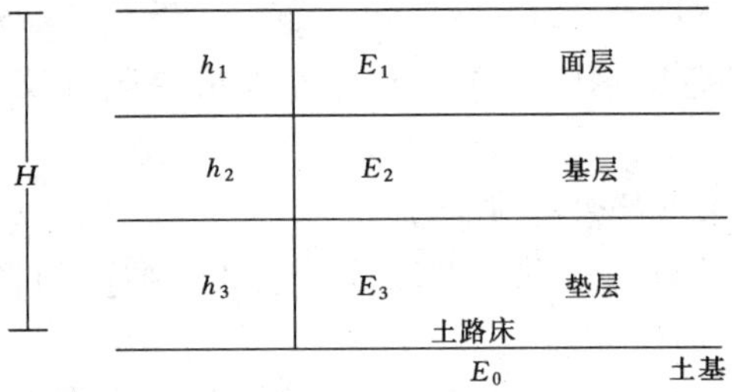

图5.1 路面结构层图示

一、面层

面层又常被称为路面(容易同路面结构层相混淆),因直接承受行车荷载和自然因素反复作用,要求高强(抗拉和抗剪强度高)耐磨、抗滑移、不透水、无污染,所以常选用粘结力强的结合料和强度高的集料作为面层。例如我们常见的混凝土路面(属于刚性路面)和沥青路面(属于柔性路面)。

二、基层

基层是路面结构层中面层的承重部分,主要承受车轮荷载传来的竖向力,并将由面层传下来的应力扩散到垫层或土基(当不设垫层时)。因而,必须具有足够强度与稳定性,同时应具有良好的扩散应力的性能。由于基层不直接同车轮接触,故对其耐磨性要求不高,但其应具有良好的水稳定性,以防止基层湿软后变形过大而导致面层破坏,由于基层强度 E_2 值低于面层强度 E_1,故原则上比面层 E_1 值低的材料均可作为基层使用。例如采用C30混凝土面层时(其 $E_1 = 28000$MPa),基层则可选用二灰砂砾(其 $E_2 = 1300 \sim 1700$MPa)或二灰碎石(其 $E_2 = 1300 \sim 1700$MPa)等。基层宽度应比面层宽度每侧至少挑出 $25 \sim 35$cm。

常用基层材料有沥青(水泥、石灰)稳定类和各种碎(砾)石混合料等。

三、垫层

垫层是基于基层和土基之间的层次,起排水、隔水、防冻或防污作用,调节和改善土基水温状况，保证面层和基层具有必要的强度，稳定性和抗冻胀能力，扩散由基层传来的荷载应力，减小土层所产生的变形。因而在一些路基水温状况不良、冻胀路段或受力要求条件下的都应设置垫层。

各种路面对应的道路等级　　　　　　　　表 5.1

公路等级	城市道路等级	路面等级	采用面层类型	设计年限（年）
高速公路、一级公路	快速路、主干路	高级路面	沥青混凝土、热拌沥青碎石/C30以上混凝土路面	15/40
二级公路	主干路	高级路面	沥青混凝土、热拌沥青碎石/C30混凝土路面	12/30
	次干路	次高级路面	热拌沥青碎（砾）石、沥青贯入式/C25混凝土路面	10/20
三级公路	次干路	次高级路面	热拌沥青碎（砾）石、沥青表面处理/C25混凝土路面	8/20
四级公路	次干路、支路	中级路面	水结碎石、泥（灰）结碎石、级配碎（砾）石、半整齐块石路面，沥青表面处理。/C20混凝土路面	5/20
	支路	低级路面	当地材料加固或粒料改善土（如石灰土）、沥青表面处理/C20混凝土路面	5/20

注：1. 对有特殊要求的道路（如国防或名胜游览区、重要区域道路等），其等级及面层类型可不受本表限制，厚度均需通过设计计算。
　　2. 目前城市道路从减少养护角度大量采用混凝土路面，并根据其等级和所处车道（快车道或慢车道）作相应的混凝土标号选择。一般混凝土路面最小厚度应不小于1.8cm《城市道路设计规范》（CJJ37—90），沥青表处最小厚度1.5cm《城市道路设计规范》（CJJ37—90）。

修筑垫层所用材料，强度不一定高（其力学强度E_3<基层E_2值），但水稳性、隔热性、吸水性一定要好。常用垫层材料有两种，一种是松散颗粒材料如砂、砾石、炉渣、片石、锥形块石、圆石等修筑成的透水性垫层，另一种是由整体性材料如水泥稳定土、石灰土、二灰土、石灰煤渣稳定土、沥青土等修成的不透水稳定性垫层。例如面层采用C30混凝土路面，基层采用二灰砂砾时，垫层可以采用12%石灰土。垫层宽度一般与基层同宽甚至等于路基宽度。

综合上述，路面结构层就是由三个基本层（面层、基层、垫层）构成的道路受力结构层，其厚度$H = h_1 + h_2 + h_3$。路面结构层与土基接触面称之为土路床（或简称路床）。

在质量控制方面，对沥青路面（或沥青面层）、基层、垫层、土路床均采用双控（即压实度和弯沉检测控制），对混凝土路面检测其抗压强度和抗折（抗弯拉）强度。

5.1.2　路面结构层施工的主要特点及要求

一、路面结构层是路基工程完工后的一项重要工作，作为线型工程，往往线路长，工程量大，且为露天作业，受气候及周边环境影响较大，必须严格按照施工规范，设计要求以及业主要求多快好省地完成，严格按照土路床——垫层——基层——面层施工顺序，把好质量关。

二、施工前作好工程施工方案或施工组织设计，并按业主委托的监理工程师审核的施工方案组织设计实行流水作业，规范施工程序，确保质量、进度、投资及合同管理目标的实现，使承包商达到社会效益及经济效益双赢格局。

三、路面结构层建筑材料使用量大，要注意充分利用当地材料和工业废渣，因地制宜，就地取材，以修建经济适用的路面结构层。

四、随着经济发展和交通量的增长，对路面等级要求也会逐步提高，因此应考虑采用分期提高原则，力求使前期工程能为后期所利用。

五、路面结构层整体强度与稳定性同土基强度和稳定性休戚相关，所以在修建时要充分全盘考虑，以达到"薄面强基稳土基"的要求。

六、城市道路路面结构层施工涉及相关部门及市民，相关市政地上地下工程多，往往互相牵制影响，所以一定要作好相互协调工作，注意同当地政府主管部门以及公安交通、绿化、电力、煤气、通讯等单位协调配合，文明施工，方便市民，求得他们理解与支持，使工程按期保质量完工。

5.1.3 路面施工前准备工作

凡事预则立，不预则废，因此，路面工程同其他工程施工一样也需从人力、物力、技术、资金等相关方面作好充分的前期准备工作，详见第2章第1节有关内容。这里只重点介绍两点。

1. 施工放样

道路作为线型工程，需测设的点（高程点）、线（路的中线、平曲线、竖曲线）、面（平、纵、横三断面）多，因而为确保测量准确，必须在施工前对业主所移交的关键控制桩点进行复测以确保准确性，并注意桩的保护。

路面结构层施工前，应补钉路线中心桩及转点桩号，进行中线恢复（即复测）和标定，直线段每20～50m设一桩，平曲线、竖曲线段每10～15m设一桩，并在两侧路边缘外0.3～0.5m处设指示桩，在两侧指示桩上用红漆标出路床、垫层、基层和面层中线处顶面设计高程以指导正确施工。

2. 路基检查

路面结构层施工前必须按施工规范和设计要求对路床进行检验，检验内容参见第3章第4节，验收合格后才能进行垫（基）层施工。

第2节 道路基层（垫层）施工

基（垫）层共分为六类，即水泥稳定土、石灰稳定土、石灰工业废渣、级配碎石、级配砾石和填隙碎石，它们共同点在于压实后比较密实，孔隙率和透水性都较小，强度较稳定，受温度和水的影响不大，适宜于机械化施工，并能就地取材。

水泥稳定土、石灰稳定土和石灰工业废渣都属于无机结合料稳定土，都具有一定抗压、抗弯拉强度，都是整体性材料，一般又称为半刚性基（垫）层；而级配碎石，级配砾石和填隙碎石为松散性材料，在无嵌缝填缝材料（如土、砂）情况下无抗弯拉（即抗折）强度。

级配碎石和级配砾石是由具有一定级配的集料和土组成的，其强度是由摩阻力和粘接力构成的，其强度主要依靠石料嵌挤作用及填充结合料粘结作用构成。

就力学强度而言，水泥土和石灰工业废渣最高，石灰土次之，级配碎石和填隙碎石居中，级配砾石最差；就水稳定性而言，水泥土、石灰工业废渣最高，不含土的级配碎石次之，含土的级配砾石最差。

5.2.1 碎（砾）石类基（垫）层

碎（砾）石类基（垫）层包括级配碎石，级配砾石，常用作高级、次高级路面基层，也可作为中低级路面面层。

一、级配碎石和级配砾石层施工

级配碎石、级配砾石以及派生的级配碎砾石称为级配型粒料基（垫）层，其定义为由粗细碎（砾）石和砂（石屑）以及土按一定比例的密实级配要求组成的混合料经加水拌和碾压成型的结构层，其对石料要求当用作面层时强度不低于Ⅲ级，用作基层时强度不低于Ⅳ级，扁平、长条颗粒总含量不超过20%。详见表5.2及表5.3要求，作为嵌（填）缝料的砂应选用有良好级配的粗砂或中砂，石屑颗粒组成要求见表5.4，黏土采用粒径10~15mm以下；塑性指数I_p=18~27，用量不超过石料干重的20%。

级配砾石级配范围　　　　　　　　　　　　　　表5.2

层位	编号	通过下列筛孔（mm）重量百分率（%）									液限（%）	塑性指数（%）
		60	50	40	30	20	10	5	2	0.5	0.075		
面层	1		100	90~100		65~85	45~70	30~55	20~37	15~25	7~12	小于43	12~21
	2			100	85~100	70~90	50~70	40~60	25~40	20~32	8~15	小于43	12~18
	3				100	85~100	60~80	45~65	30~50	20~32	8~15	小于28	12~18
基层（垫层）	4	100	90~100	85~95		60~80	40~65	27~50	15~35	10~24	4~10	小于28	小于9
	5		100	90~100		65~85	45~70	30~55	15~35	10~24	4~10	小于28	小于9
	6			100	90~100	75~90	50~70	30~55	15~35	10~24	4~10	小于28	小于9
	7				100	85~100	60~85	30~50	15~30	10~20	2~8	小于28	小于9

备注：1. 作面层可不设磨耗层，若加铺磨耗层时，0.5mm以下的细料含量和塑性指数采用低限；用圆孔筛时可用1~3级配，用方孔筛时只用2~3级配。
2. 作基层时，当采用圆孔筛时用4~7级配，用方孔筛时只用5~7级配。
3. 潮湿多雨地区基层，其塑性指数不宜大于6，其他地区不大于9。

级配碎石级配范围　　　　　　　　　　　　　　表5.3

层位	编号	通过下列筛孔（mm）重量百分率（%）									液限（%）	塑性指数（%）
		60	50	40	30	20	10	5	2	0.5	0.075		
面层			100	90~100		68~85	45~70	30~55	20~37	15~25	7~12	小于43	12~21
				100	85~100	70~90	50~70	50~60	25~40	20~32	8~15	小于43	12~18
基层（垫层）		100	90~100	85~95		60~80	40~65	27~50	15~35	10~24	4~10	小于28	小于9
			100	90~100		65~85	45~70	30~55	15~35	10~24	4~10	小于28	小于9
				100	90~100	75~90	50~70	30~55	15~35	10~24	4~10	小于28	小于9

注：1. 作面层时可不设磨耗层，若加铺磨耗层，0.5mm以下细料含量和塑性指数采用低限；用圆孔筛时，可用1、2号级配，用方孔筛时，只用2号级配。
2. 作基层时，用圆孔筛时可用3~5号级配，用方孔筛时只用4、5号级配。
3. 潮湿多雨地区作基层时其塑性指数不宜大于6，其他地区不大于9。

级配碎石砾石和级配碎砾石施工方法分为现场分层摊铺拌和整平碾压的路拌法和在中心站（厂）集中拌和后，再运至现场摊铺碾压的厂拌法两种，常用路拌法施工，程序如下：

填隙料（嵌缝料）颗粒组成　　　　　表5.4

筛孔尺寸（mm）	10	5	2	0.5	0.075	塑性指数
通过百分率（%）	100	85～100	60～80	30～50	0～10	小于6

1．准备工作

包括开挖路槽，清底放样，采备石料和准备施工机具，高程及宽度验收等相关工作，要求路槽开挖整修后，采用重型压路机滚压数遍，达到表面平整，密实，具有规定的路横横坡，高程宽度合格，下承层压实度及弯沉满足设计或施工规范要求。

2．备料

按每次计划施工的路段长度（如100～200m）由配合比算得的所需的石料、砂及粘土数量进行备料（注意换算为虚方）。

3．铺料

为保证拌和均匀，宜先摊铺石料，然后再铺黏土，最后铺砂。人工摊铺级配碎（砾）石时松铺系数1.40～1.50，平地机摊铺时松铺系数1.25～1.35。

4．拌和及整型

拌和混和料可采用稳定土拌和机或平地机或拖拉机牵引的多铧犁进行。犁拌作业长度要根据压路机工作能力和气温高低，每段宜为100～150m。拌和时注意边洒水边拌和，使混合料湿度均匀，避免大小颗粒分离，必须注意材料最佳含水量，当含水量不足时要及时洒水拌和。拌和均匀后，即可将混合料在宽度范围内按虚方厚度整型成规定的路拱横坡度。

5．碾压

整型后为防水分蒸发，应立即采用12t以上三轮压路机、振动压路机或轮胎压路机碾压。碾压时，后轮应重叠1/2轮宽，一般需碾压6～8遍。碾压速度头两遍宜采用1档（1.5～1.7km/h），以后用2档（2～2.5km/h）。

6．铺筑封层

为防止碾压结束后表面呈现粗骨料外露而周围缺少细料的麻面现象或干燥地表容易出现的松散现象，常在级配碎（砾）石上浇洒一层黏土浆封层，用扫帚扫均匀后随即覆盖粗砂或石屑再扫匀后用轻型压路机碾压3～4遍。封层厚度一般1cm以内。

级配碎（砾）石层表面应达到平整、坚实，不得有松散、粗细料集中、波浪等现象，用12t以上重型压路机碾压后轮迹深度不大于5mm，详见表5.5要求。

二、填隙碎石层施工

填隙碎石其定义为以尺寸较均匀的机械轧制碎石作为主骨料，并以石渣石屑嵌缝及粘土或石灰土填缝，经加水拌和碾压而成的结构层，按加水程度分为干压碎石和水结碎石。

碎石颗粒尺寸范围5～75mm，分为6个不同粒级，见表5.6。

填隙碎石的施工方法分为干法施工（适用于干压碎石）和湿法施工（适应于水结碎石）两种。

1．水结碎石施工程序

（1）摊铺主层粗碎石

将粗碎石均匀摊铺于预定宽度上，摊铺厚度要考虑松铺系数。

级配碎（砾）石面层允许偏差 表 5.5

序 号	项 目		允许偏差 (mm)	检验频率			检验方法
				范围	点数		
1	厚度		+20，-10	1000m²	1		用尺量
2	平整度		15	20m	1		用3m直尺量取最大值
3	宽度		-20	20m	1		用尺量
4	中线高程		±20	20m	1		用水准仪测量
5	横坡		±20且不大于±1%	20m	路宽(m)	<9	2	用水准仪测量
					9~15	4	
					>15	6	
6	△压实后干密度	嵌缝料	≥2.1t/m³	1000m²	1		用灌砂法检验
		非嵌缝料	≥2t/m³				

注：级配碎（砾）石如用作基（垫）层，则表4.5中第1和第4项允许偏差按基层要求取值。

级配碎石，级配砾石及配碎石结构用作面层时最小厚度8cm，当厚度大于15cm时应分层铺筑，上下层厚度比为2:3，松铺系数约1.3~1.4，当在潮湿路段作为基（垫）层时应掺加一定剂量（8%~12%）石灰改善其水稳定性。

碎石颗粒粒径技术规格 表 5.6

编 号	名 称	粒径（mm）	用 途
1	粗粒碎石	75~50	主骨料
2	中粒碎石	50~35	
3	细粒碎石	35~25	
4	石渣	25~15	嵌缝料
5	石屑	15~5	
6	石粉	5~0	封面料

（2）不洒水进行第一阶段碾压

用6~8t轻型压路机碾压使粗碎石层稳定就位。

（3）洒水进行第二阶段碾压

此阶段碾压宜采用中型压路机，碾压至碎石不再松动，其表面无轮迹为准。

（4）铺嵌缝料并进行第三阶段碾压

将嵌缝料均匀扫入缝隙内，继续洒水饱和后碾压滚浆。这一阶段为成型期，宜采用重型压路机压至形成密实表面层不出现轮迹为止，然后在上面撒铺石粉或粗砂并用中型压路机，干压3~5遍即可。

（5）干燥

碾压完成的路段要经过一段时间的水分蒸发干燥后，表面多余细料要扫除干净，使表面粗碎石外露5~10mm。

2．干压碎石施工程序

干压碎石施工程序除洒水程序改为只洒少量水或不洒水且无干燥程序外，其余与水结碎石施工程序一致，但施工难度相应大于水结碎石，适合于干旱缺水地区施工。

填隙碎石质量要求表面平整、坚实、嵌缝料不得浮于表面或聚集成一层，用12t以上重型压路机碾压后轮痕深度不大于5mm，质量标准参见表5.7。

填隙碎石基层允许偏差　　　　　　　　　　表 5.7

序号	项目	允许偏差	检验频率范围	检验频率点数		检验方法
1	厚度	±10%	1000m²	1		用尺量
2	平整度	15mm	20m	路宽(m)	<9　　1 9～15　2 >15　　3	用3m直尺量取最大值
3	宽度	不小于设计值	40m	1		用尺量
4	中线高程	±20mm	20m	1		用水准仪测量
5	横坡	±20mm且不大于±0.3%	20m	路宽(m)	<9　　2 9～15　4 >15　　6	用水准仪测量
6	△压实后的干密度	嵌缝料 ≥2.1t/m³ 非嵌缝料 ≥2t/m³	1000m²	1		用灌砂法检验

注：本表也适合于工业废渣基层质量控制。

三、天然砂砾基（垫）层施工

天然砂砾基（垫）层所用材料为天然砂砾，虽并不完全符合级配要求，但因可以就地取材，且施工简易，造价不高，一般含土少，水稳定性好，故也可作为沥青路面或混凝土路面的基层或垫层。天然砂砾又被称为砂夹石或连砂石，在一些地区（如成都）往往埋藏不深，在施工排水工程时就可挖出，再经过必要的挑选甚至筛分，用作基（垫）层效果良好。天然砂砾基（垫）层分为砂砾基（垫）层、稳定砂砾基（垫）层两类。

1. 砂砾基（垫）层施工

根据各地使用经验，对天然砂砾颗粒组成要给予适当调整以便于其稳定成型，最大粒径不超过6cm为宜，大于20mm粗骨料要占40%以上，0.5mm以下细料含量应小于15%为宜，常用厚度10～20cm。

砂砾基层施工与级配碎（砾）石基本相同，关键工序为洒水碾压。天然砂砾摊铺均匀后，先用轻型压路机稳压4～6遍，接着洒水用中型压路机，边压边洒水，反复碾压至成型直到无明显轮迹为准。如有条件还可开放自然交通碾压一段时间效果更好。验收标准可参见表5.7。

2. 稳定砂砾基（垫）层施工

由于天然砂砾材料整体强度不高，故可以采用稳定结合料（水泥最佳）来稳定天然砂砾，促使整体性及后期强度提高，所用水泥标号不低于225号，石灰不低于Ⅲ级，粉煤灰洁净不含杂质。施工程序参照级配碎（砾）石路面进行。但用水泥作稳定料时，要拌和，摊铺，洒水碾压紧密衔接，环环相扣，一气呵成，以防水泥过快凝结影响质量。

四、手摆块（片）石基层

手摆块（片）石基层是指用尺寸大致相等的锥形块石，片石或圆石手工摆砌作为受力主骨料,并用小碎石或砂砾嵌缝压实而成。石料要求不低于3级,石块高度取层厚的0.7~0.9倍,此类基层可以充分利用大石块,可节约再加工费用。手摆片(块)石基层一般置于砂砾、煤渣、砂类垫层上,若土基良好也可置于土基上。铺砌时应从路边缘起逐渐向路中心摆砌,石块大面朝下,较大石块铺于路边,较小者铺于路中,所有石块应单独座稳,排砌紧密,其长边与道路中心线垂直,相邻石块表面高差不超过2cm。

手摆片(块)石基层强度和稳定性较好,但整体性差,施工工效慢,当土层湿软时易引起沥青路面出现不规则裂缝及变形,导致路面破坏,影响路面使用质量和寿命,因此不应在高级、次高级公路或城市主干道、次干道上使用。

*5.2.2 稳定类基(垫)层施工

所谓稳定类基(垫)层是指掺加各种结合料(常用水泥,沥青,石灰)通过结合料物理化学作用使各种土、碎(砾)石、工业废渣(如粉煤灰、煤渣、水淬渣)的工程性质得到稳定改善,并在合适条件下按照技术要求经摊铺、拌和、压实、养生后,成为具有较高强度和稳定性的结构层。由于该稳定类结构层常作为高、次高级路面的基层或垫层,故简称为稳定类基(垫)层,也可作为中低级路面面层。

稳定类基(垫)层抗冻性、稳定性好,结构本身自成板体,变形小,抗压及抗弯拉强度高,故称为半刚性基(垫)层,在道路工程中使用很广泛,其缺点是耐磨性差,故不适宜作面层常作基(垫)层。

道路稳定土的方法有多种,沥青稳定方法最适宜于炎热而干旱地区的低塑性土;水泥稳定方法最适宜于寒冷而潮湿的非高黏性土;石灰稳定方法适用范围比较宽。国外,水泥稳定土方法应用广泛,沥青稳定土方法次之,我国则以石灰稳定土方法采用较多,关于稳定土的主要方法见表5.8。

稳定土的主要方法　　　　　　表5.8

稳定的方法	使用的稳定材料	适宜稳定的土	稳定土的主要技术性质
压实		各类土	强度与稳定性略有提高
掺加粒料	对黏性土用砂,砾,碎石,炉渣等;对砂性土用黏性土	高液限黏土、中液限黏土或砂、砾	强度与稳定性有所提高
盐溶液	氯化钙、氯化镁、氯化钠等盐类	级配改善后的土	减少扬尘与磨耗
无机结合料	各类水泥、熟石灰粉与磨细生石灰,硅酸钠(水玻璃)	经级配改善或未改善的高液限黏土类、中液限黏土类、低液限黏土类、粉土类	较高的强度、水稳性和一定程度的抗冻性,不耐磨,整体性强
有机结合料	黏稠或液体沥青、煤沥青、乳化沥青、沥青膏浆等	经级配改善或未改善的中液限黏土类	不透水、一定的强度、水稳性和抗冻性、拌和稍困难些
综合法	以石灰、水泥、沥青中的一种为主,掺入其他结合料等	各类土	较高的强度与稳定性
工业废料	炉渣,矿渣和粉煤灰等	高液限黏土、中液限黏土类	较高的强度与稳定性
高分子聚合物及合成树脂		各类土	较高的强度与稳定性

按稳定材料的不同，通常分为石灰稳定土类（如石灰土、石灰砂砾土、石灰碎石土等）、石灰工业废渣类（二灰土、二灰碎石、二灰砂砾、二灰矿渣等）、水泥稳定类（水泥土，水泥砂砾，水泥碎石等）和沥青稳定土四大种类的稳定类混合料。

一、石灰稳定土施工

石灰（lime）是一种使用历史悠久的能起吸湿、粘结作用的无机胶凝材料中的气硬性胶凝材料，能在空气中硬化，并在空气中保持发挥强度，在建筑中应用广泛。明代于谦《石灰吟》中诗云："千戳万凿出深山，烈火焚烧若等闲，粉身碎骨都不怕，要留清白在人间"。既反映了石灰的生产工艺过程以及比喻作人的品格，也表明了我国运用石灰历史的悠久。

石灰稳定土类中最常用的就是石灰土，常用作高级、次高级路面起隔离层作用的垫层，也可作为低级路面面层或次高级、中级路面的基层。通常采用石灰剂量为8%～12%（即石灰重量：干土重量＝8%～12%）。

将土粉碎，掺入适量石灰，按照一定技术要求，使混合料在最佳含水量时拌和、压实，经养护成型的结构层，称为石灰土。若在石灰土中掺入一定比例的碎（砾）石所组成的路面，称为碎（砾）石灰土路面。

在土中掺入适量的石灰，并在最佳含水量下拌匀压实，使石灰与土发生一系列的物理、化学作用，逐渐形成石灰土的强度。石灰土的强度往往在半年、一年以后还有所增长，且后期强度对石灰土具有更重要的意义。石灰土强度形成的因素，包括内因与外因两个方面。属于内因的有土质、灰质、石灰剂量、含水量与密实度等；属于外因的有温度、湿度、碾压、龄期等因素。

1．影响石灰土路面强度与稳定性的因素

（1）土质

一般黏性土的石灰土强度高，但高液限黏土施工时不易粉碎。粉性土的石灰土早期强度较低，但后期强度仍可满足行车要求。粉质低液限砂土灰土的优点是：便于就地取材，易于拌和，路面裂缝少。但有抗剪力低，碾压易起皮、松散、成型困难等缺点。为了扩大土质的应用范围，保证施工质量，对所采用的土质，既要考虑其强度，还要考虑到施工时易于粉碎和便于碾压成型。

对于采用盐渍土作石灰土，当其含量达4%～7%时，使用效果尚好，对石灰土的强度和水稳性影响不大。硫酸盐含量超过0.8%的土和腐殖质含量超过10%的土，对强度都有显著影响，不宜直接采用。

（2）石灰质量和剂量

石灰质量对石灰土强度影响很大，当石灰低于Ⅲ级标准时，石灰土强度会有明显降低，不宜采用。石灰随存放时间的增长，其中活性氧化物的含量会有明显的降低，因此，石灰存放时间不宜超过三个月。

石灰剂量对石灰土强度的影响较为显著。剂量较低时（小于3%～4%），石灰土主要起稳定作用，即减少土的塑性、膨胀、吸水量，使土的密实度，强度得到稳定。在一定剂量范围内，石灰土的强度随着剂量的增长而显著增长，水稳定性和冰冻稳定性也有显著变化，石灰主要是起加固作用。石灰的最佳剂量，对黏性土及粉性土为8%～16%，对砂性土则为10%～18%。

(3) 含水量

1) 使石灰与土发生物理化学作用,以满足石灰土形成强度的需要。

2) 使灰土在压实时具有一定的塑性,以便于碾压到所要求的压实度。

3) 使石灰土养生时具有一定湿度。

不同土质的石灰土各有其最佳含水量。对工矿污水和含有害盐类的水源,应通过试验来决定是否能采用。

(4) 压实度

石灰土强度随压实度的增加而增长。试验证明,一般压实度增减1%,石灰土强度可增减5%~8%,因此使石灰土达到要求的压实度,是保证石灰土强度的关键之一。

(5) 石灰土的龄期

石灰土强度具有随龄期而增长的特性。在一定条件下,石灰与土中粘粒成分经过物理化学作用,发生一系列质的变化,使石灰土产生较高的强度和水稳性,并随龄期而有不同程度的增长。一般石灰土强度在90天以前的增长比较显著,以后就比较缓慢。

由于初期石灰土强度较低,因此未满一个龄期的石灰土路面,一旦开放交通,遇雨时多遭损坏,因此要求有一定的冻前龄期。在季节性冰冻地区,冻前龄期决定设计强度。如冻前龄期一个月以上,则采用第一春融期的强度为设计强度;如石灰土竣工后即冰冻,且翌年交通量尚未达到设计交通量时,则采用第二个春融期的强度为设计强度。

(6) 养生条件(温度与湿度)

石灰土在成型阶段要有一定的养生条件,养生条件不同,其强度亦有差异。当气温高时,物理化学作用大,硬化快强度增长就快。反之,强度增长就缓慢,在负温度下甚至不增长。不同温度条件下石灰土强度的变化见表5.9。

大量事实证明:热季施工的灰土一般很少损坏,可见成型期间养生温度是很重要的。

养生时的潮湿条件对石灰土强度也有很大影响。实践证明:潮湿条件下养生时,强度形成的条件比在一般空气中养生要好。其影响幅度见表5.10。

不同温度条件下石灰土强度的变化　　表5.9

龄期 (d)	养护温度(℃)		
	30~35℃	10~15℃	5~-5℃
10	5.1	3.3	2.1
30	7.2	5.5	3.6
50	8.5	6.6	4.7
70	9.4	7.3	5.3

不同养生条件对强度影响　　表5.10

石灰土中石灰剂量	不同养生条件强度增长比例(%)		
	空气中	半湿空气中	潮湿空气中
10%	100	160	250
12%	100	—	200
14%	100	200	370

因此石灰土路在养生期必须保持一定的湿度,以利于石灰土路面成型和使其强度有较快的增长。

此外,施工中土、石灰的粉碎程度,拌和的均匀性都对石灰土强度有一定的影响。因此必须严格遵守操作规格,以确保工程质量。

2. 石灰土施工

(1) 材料要求

1) 土

塑性指数为11~21的土(相当于旧塑性指数为7~14),易于粉碎均匀,便于碾压成型，铺筑效果较好。塑性指数偏大的土料，要加强粉碎，其15～25mm土块以不超过5%为宜。塑性指数偏小的土难于碾压成型，应采取相应施工措施。

易粉碎的天然砂砾土、风化石、山皮土和泥质页岩，可根据各地情况，鉴别其适用性，也可按以上规定选用。

2）石灰

质量应符合表5.11规定的Ⅲ级以上的生石灰或消石灰的技术指标，存放时间不超过三个月。

3）石灰剂量

是按消石灰占干土重的百分率计。对一定强度的石灰土，所用的石灰等级越高，即活性氧化钙、氧化镁的含量越大，石灰剂量可相应减少。从技术经济综合考虑，应该提高石灰等级，降低石灰剂量。一般的石灰剂量范围建议按如下比例配制：处理土路床常用8%，基层垫层常用12%～10%。黏性土及粉性土所用石灰比例分别为：8%，10%，12%，14%，16%。砂性土所用石灰比例分别为：10%，12%，14%，16%，18%。

石灰的技术指标 表5.11

指标类别	钙质生石灰			镁质生石灰			钙质消石灰			镁质消石灰		
项目 等级	Ⅰ	Ⅱ	Ⅲ	Ⅰ	Ⅱ	Ⅲ	Ⅰ	Ⅱ	Ⅲ	Ⅰ	Ⅱ	Ⅲ
有效钙加氧化镁含量不小于（%）	85	80	70	80	75	65	65	60	55	60	55	50
未消化残渣含量（5mm圆孔筛的筛余）大于（%）	7	11	17	10	10	20						
含水率不大于（%）							4	4	4	4	4	4
细度 0.71mm方孔筛余不大于（%）							0	1	1	0	1	1
细度 0.125mm方孔筛累计不大于（%）							13	20	—	13	20	—
钙镁石灰的分类界限（氧化镁含量）（%）	≤5			>5			≤4			>4		

（2）准备工作

1）测量

①在铺筑石灰土前必须进行恢复中线测量，敷设适当桩距的中桩，并在路面边缘外设指示桩。

②进行水平测量，把路面中心设计标高引至指标桩上。

2）备料

①备土 将土按照每次需要数量采备好，视工地现场情况，可采备到路的一侧或两侧，也可另选场地集中堆放，或施工时边采边用，以使用方便避免往返运输为原则，将备好的土直接摊铺在准备好的路槽中。土中的草根杂物应加以清除。人工拌和时，并应将土块打碎过筛，筛除15mm以上的土块。粉碎后，土中15～25mm的土块不宜超过5%的

含量。

②备灰　石灰宜选在道路两侧宽敞而临近水源的较高场地集中堆放。消解石灰应在用灰前3~5天水解完毕，消解每吨生石灰的用水量约600~800kg，消解过程要注意掌握用水量，使石灰能充分消解并保持一定潮湿温度，以免过干飞扬或过湿成团，也可直接购买熟石灰。

消石灰宜过1cm的筛子，并尽快使用。

3）整修路槽

①整修　路槽应按设计纵横断面进行整修，在弯道上按设计要求设置超高。

②压实　路槽不论路堤或路堑，都必须用不小于12t的压路机或其他等效的压实机具进行压实，路槽顶面（即石灰土层底面）以下80cm深度内，压实度应符合表5.12的规定。

路槽压实度要求　　　　　　表5.12

路面等级	高级路面（快速路、主干路）	次高级路面（次干路）	中级路面（支路）	备　注
轻型压实度	98%	95%	92%	每1000m²范围按每层一组（三点）用环刀法或灌砂法检验
重型压实度	95%	93%	90%	

在高速公路和一、二级公路或城市快速路、主干路以及行驶重型汽车为主的道路上，应采用重型压实标准。

③排水　在整修路槽时，路两侧应在适当距离内交错开挖临时泄水沟，以利排水

(3) 石灰土施工

石灰土施工有常用的路拌法（即现场人工拌和法和现场机械拌和法）以及厂拌法（又称场拌法）两种。

1) 人工拌和法施工程序

①配料　将土和消石灰按照体积比所需数量，运至路槽内，先堆土，再层铺石灰，进行配料。

关于铺土、铺灰的计算方法和示例见本节其他部分。

②拌和　可分为筛拌法和翻拌法两种。

A．筛拌法　将土和石灰混合或交替过2cm筛，筛余土块随打随过筛。过筛以后，适当加水，拌和均匀为止。

B．翻拌法　将过筛的土和石灰先干拌1~2遍，然后加水拌和应不少于2~3遍，至均匀为止。

为了使混合料水分充分均匀，应在当天拌和后堆方闷料。

③摊铺　将拌和好的石灰土，按松铺厚均匀摊铺，其松铺厚度为压实厚度乘以压实系数（压实系数为混合料的压实干容量与松方干容量的比值）。石灰土的压实系数一般为1.5~1.8，施工时应通过试验或计算确定。

④整型　根据要求断面，将拌匀的灰土层先用路拱板进行初步整型，用履带拖拉机初压1~2遍，然后，根据实测的松铺系数，确定纵横断面标高，钉桩，挂线。利用锹耙按

线整型，并再用路拱板校正成型。

⑤碾压

A. 对整型后的灰土层，应抓紧有利时机，在最佳含水量 W_0 时进行压实，如实测含水量 $W<W_0$ 时，应补充洒水后再行碾压，若土太湿时应翻晒，以求良好效果。

B. 首先用 6~8t 压路机或履带拖拉机由两侧向路中心稳压两遍，然后用 12t 以上重型压路机碾压。当用 12t 以上压路机碾压时，必须从两侧开始，首次重轮压在路肩、路面各半，重轮重叠半轮，逐次压向中心，以保证路拱不致偏移。超高部分必须从低侧压向高侧。重轮压完路面全宽时，即为 1 遍。碾压不少于 3 遍，至无明显轮迹，压实度达到规定要求为止。

C. 碾压时根据路面宽度及压路机重轮宽度和轮距，按照以上碾压方法进行布置，力求避免每碾压一遍中的多次重复，以做到碾压均匀，强度一致。

D. 碾压时，压路机应缓起慢行，稳停，走向要直，速度要均匀。头两遍以采用一档（1.5~1.7km/h）为宜，以后可用二档（2.0~2.5km/h）进行。

2）机械拌和法施工程序

①铺土　将土按松铺厚度或需要数量均匀整齐摊铺在路槽内。

②铺灰　按单位长度、面积将消石灰折成摊铺厚度或按体积用量，均匀摊铺在土层上面。

③拌和

A. 灰土拌和机拌和　根据施工分层厚度要求，拌和机先将拌和深度调整好，由两侧拌向中心，每次拌和应有重叠，不得漏拌。拌和机先干拌 1 遍，再湿拌 1~2 遍，使全部拌匀、翻透。拌和过程中，要及时检查含水量，按最佳含水量要求，酌情加水。对灰土拌和机调头处，要及时整平和翻松拌和。

B. 旋耕型、平地机或拖拉机牵引多铧犁和缺口圆盘耙或重耙相结合，无论选用哪种机械或二者结合，先干拌 2~3 遍，使灰土初步混合均匀，然后按最佳含水量要求加水，同时应考虑混合料含水情况，并根据经验，估计拌和后碾压前的蒸发量，控制加水量。用拖拉机牵引犁耙拌和时，再湿拌 6 遍以上，至水、灰、土拌和均匀为止。应防止层间留有素土。

C. 使用各种机拌方式拌和，在两段搭接部分，应采用对接形式，并将压实一端用人工挖松、刨齐、翻匀、以利结合。

④整型

A. 平地机整型将拌和好的灰土层，先用平地机初步整型，后用履带拖拉机自行初压 1~2 遍，按照机械碾压后的压实系数，在坐标位置设水平标注再次整型，将高处刮向低处。这时平地机在灰土层上又走压一遍，然后按平地机的压实系数，再次设水平标注，进行第三次整型，直至灰土层标高符合要求为止。

B. 人工整型　同人工拌和法的整型方法。

C. 为保证整型质量，在整型过程中，必须中断交通。

⑤碾压　同人工拌和法的碾压方法。

3）集中拌和方法施工

为适应雨季或在交通繁忙的狭窄路段的施工，可采用集中拌和法（又称厂拌法或场拌法）。集中拌和法应尽量使用机械拌和，也可使用人工拌和。拌和好的混合料宜用运输车辆运到工地摊铺。拌和时的用水量应考虑到运输、摊铺过程中的水分蒸发量。其他工序同机械拌和法施工程序中的有关规定。

3．石灰土养生

（1）石灰土在养生期间，应保持一定的湿度养生，促其强度增长，避免干缩裂纹。养生期一般为一周左右。养生方法可视各地情况采用洒水、覆盖砂、土等。

（2）在养生期间未采用覆盖措施的石灰土上，应禁止车辆通行。

4．石灰土施工要点

对低塑性指数的砂性土和粉性土组成的石灰土，在碾压时容易起皮松散，成型困难，施工中应掌握以下要点：

（1）大量洒水　分两阶段碾压。第一阶段，洒水后用履带拖拉机先压2～3遍，达到初步稳定。第二阶段，待水分接近最佳含水量时，再继续用12t以上压路机压实。

（2）当缺少履带拖拉机时，洒水后，先用轻型压路机碾压2遍，然后覆盖一层素土，继续用12t以上压机压实，养生后将素土层清除。

（3）路缘处理

为保护石灰土路面的边缘，宜设置路缘砖、石块或预制块等。在灰土压实后，按路面设计宽度于石灰土两边放线开挖边槽，槽的尺寸要与砌块相适应，内侧要整齐，底部要平整。砌块应与槽内侧靠紧，外侧用石灰土回填夯实。

设置路缘砖（块）时，应注意防止路缘砖（块）阻滞路面表面和结构层排水。

5．质量标准与检查验收

施工中，应建立和健全工地试验，中间检查及工序间交接验收等项制度。必须要对上一道工序检验合格后方可进行下一道工序。凡检验不合格的工序或作业段，均要进行返工或补救。

石灰土施工的质量标准和允许误差，如表5.13所示。石灰土施工前相关抽检的试验项目有：所用土的颗粒组成和塑、液限试验，石灰的活性CaO、MgO含量和未消解颗粒含量的试验，饱和试件无侧限抗压强度试验等。

石灰土基（垫）层允许偏差　　　表5.13

序号	项目	允许偏差（mm）	检验频率			检验方法
			范围	点 数		
1	△压实度	轻型击实98%重型击实95%	1000m²	1		环刀法测定
2	厚度	+20，-10%	1000m²	1		用尺量
3	平整度	10	20m	1		用3m直尺量取最大值
4	宽度	不小于设计值	40m	1		用尺量
5	中线高程	±20	20m	1		用水准仪测量
6	横坡	±20且不大于±0.3%	20m	路宽(m)	<9	2	用水准仪测量
				9～15	4	
				>15	6	

石灰土中土块最大的粒径不得大于50mm，粒径大于15～25mm土块含量最大不超过10%，石灰土应拌和均匀，色泽调和，石灰土不含未消解颗粒，用12t以上压路机碾压后

轮迹深不大于 5mm，无浮土、脱皮、松散现象。

6. 石灰土摊铺厚度计算

石灰土是我国道路中常用结构层，在摊铺时通过理论计算对石灰和土的虚铺厚度进行调控是非常必要的。

(1) 石灰虚铺厚度 $h_{灰}$ 及土虚铺厚度 $h_{土}$

$$h_{灰} = \frac{h_0 R_{灰土}}{R_{灰}} \times \frac{P_{灰}}{1+P_{灰}} \quad (cm)$$

$$h_{土} = \frac{h_0 R_{灰土}}{R_{土}} \times \frac{1}{1+P_{灰}} \quad (cm)$$

式中 h_0——设计石灰土结构层厚度（cm）；

$P_{灰}$——石灰土中石灰剂量，例如 12% 石灰土 $P_{灰}=12\%$；

$R_{灰土}$——石灰土最大干密度（kg/m³）；

$R_{灰}$——消石灰天然松方干密度（kg/m³）；

$R_{土}$——土天然松方干密度（kg/m³）；

$$天然松方干密度 = \frac{天然松方密度}{1+含水量}$$

(2) 消石灰与土松方体积比 $V_{灰} : V_{土}$

所谓松方又称为虚方，指未压实的堆积土或堆积石灰，显而易见，在工地上应用方便的还是体积比，所以经过推导后可知：

$$V_{灰} : V_{土} = 1 : \frac{h_{土}}{h_{灰}}$$

(3) 计算每延米工程量

消石灰松方体积用量为 $V_{灰}$，土松方体积用量为 $V_{土}$，设摊铺宽度为 b（m）

则 $V_{灰} = 0.01 b h_{灰}$（m³/m）

$V_{土} = 0.01 b h_{土}$（m³/m）

【例 5-1】 已知 11% 石灰土基层宽 $b=6m$，设计厚度 $h_0=15cm$，试验得知该 11% 石灰土最大干密度为 $R_{灰土}=1680 kg/m^3$，所用消石灰天然松方密度 $495 kg/m^3$，实测消石灰含水量为 28%，所用黏土天然松方密度为 $1092 kg/m^3$，实测其含水量为 4%，则可求得：

$$R_{灰} = \frac{495}{1+28\%} = 387 kg/m^3$$

$$R_{土} = \frac{1092}{1-4\%} = 1050 kg/m^3$$

(1) 虚铺厚度 $h_{灰} = \frac{h_0 R_{灰土}}{R_{灰}} \times \frac{P_{灰}}{1+P_{灰}} = \frac{15 \times 1680}{387} \times \frac{11\%}{1+11\%} = 6.5 cm$

$h_{土} = \frac{h_0 R_{灰土}}{R_{灰}} \times \frac{P_{灰}}{1+P_{灰}} = \frac{15 \times 1680}{1050} \times \frac{11\%}{1+11\%} = 21.6 cm$

(2) 体积比：$V_{灰} : V_{土} = 1 : \frac{h_{土}}{h_{灰}} = 1 : \frac{21.6}{6.5} = 1 : 3.32$

表明 100 车灰对应 332 车土

(3) 每延米用量：$V_{灰} = 0.01 bh_{灰} = 0.01 \times 6 \times 6.5 = 0.39$（m³/m）

$V_{土} = 0.01 bh_{土} = 0.01 \times 6 \times 21.6 = 1.3$（m³/m）

二、水泥稳定土施工

在粉碎的土中，掺入适量水泥和水，经拌和、压实、养护成型的结构层，当其抗压强度符合规定的要求时，称为水泥土。水泥土与石灰土同属无机结合料加固土，由于水泥与石灰性质不同，在作用原理、材料配合比、施工工艺、路面性质、使用范围等方面各有特色。

水泥稳定土有良好的力学性能和板结性，能适应不同的气候与水文条件，显著地改善土的物理力学性能，它的初期强度高，且其强度随龄期增长，力学强度可视需要而调整，所以水泥土适应范围很广。在工业发达、水泥产量大的国家，大量采用水泥加固土，但因其不耐磨，一般多用作基层或垫层。

用水泥稳定的土类，其颗粒组成应符合表 5.14 的规定。

用水泥稳定土类的颗粒组成范围　　　　　　　　表 5.14

通过百分率% 筛孔尺寸 mm 层 位	50	40	20	10	5	2	1	0.5	0.25	0.074	0.002
基层	100	90～100	55～100	40～100	30～90	18～68	10～55	6～45	3～36	0～30	
底基层（垫层）					50～100		15～100			0～50	0～30

注：1. 表列筛孔为方孔筛如用圆孔筛，对基层和垫层的最大粒径分别为 50mm 和 60mm。
　　2. 作垫层用时，土的液限不应超过 50（旧液限为 40），塑性指数不应超过 30（旧塑性指数为 20）。

施工程序与石灰土路面相似，由于水泥土的凝固与强度形成期较短，故要求各工序紧密配合，所拌和的混合料必须当天摊铺、碾压（从加入水泥拌和到碾压终了，必须在 6h 以内完成）。压实度要求达到 97%。在施工过程中，为避免水泥过早凝固，以采用终凝时间较长、标号较低（如 325 号）的硅酸盐水泥为宜。水泥剂量，一般情况建议按下列数字配制（重量比）。

1. 做基层用

中粒土和粗粒土

3%，4%，5%，6%，7%；

砂土：

6%，7%，8%，9%，10%；

其他细粒土：

8%，10%，12%，14%，16%；

2. 做垫层用

中粒土和粗粒土

2%，3%，4%，5%，6%；

砂土：

3%，5%，6%，7%，8%；

水泥用量增多虽然提高水泥土的强度，但用量过多，则易于开裂。关于使用水泥的具体剂量，应根据混合料的层位、强度指标和施工方法确定，但不得小于表 5.15 的规定。

水泥最小剂量（%） 表 5.15

土类＼拌和方法	路拌法	集中（厂）拌法
中、粗粒土	3	2
细粒土	5	3

水泥土养生期间需保持一定温度。可根据气候情况，每天洒水 4～6 次。如铺筑后急于通车，应在水泥土完工后，就地取土或铺一粗砂薄层，并在 7～10 天内洒水养生，每天 2～4 次。

水泥土碾压时其含水量宜略大于土的最佳含水量 1%～2%，以补偿碾压过程中水分蒸发以及水泥水化的需要，养生时水分可大一些。

由于常用水泥为 50kg 一袋，因此每袋水泥摊铺面积 $A = \dfrac{0.5(1+i)}{irh_0}$（cm^2）

（式中：i 为水泥剂量，h_0 为水泥土设计厚度（cm），r 为水泥土压实后容重，一般为 22～23kN/m^3）。

【例 5-2】 已知水泥剂量为 5%，水泥土干容量 22.4kN/m^3，设计水泥土厚度为 0.15m，则每袋 50kg 装水泥可摊铺面积为 $A = \dfrac{0.5(1+5\%)}{5\% \times 22.4 \times 0.15} = 3.125\text{m}^2$

故摊铺长宽为 3.125 开平方＝1.77（m），将土摊铺好后按 1.77m 划好线，在每袋水泥使用面积上放一袋水泥，然后均匀摊平再行拌和。水泥土质量要求参见表 5.16。

水泥土基层和垫层允许偏差 表 5.16

序号	检查项目		规定值或允许偏差			
			基 层		底基层（垫层）	
			高速（一级）公路快速路（主干路）	其他公路（城市道路）	高速（一级）公路快速路（主干路）	其他公路（城市道路）
1	压实度（轻型击实）（%）	控制值	95	95	95	93
		最小值	91	91	91	89
2	平整度（mm）		15	15		20
3	中线高程（mm）		+5，-15	+5，-15		+5，-20
4	宽度（mm）		不小于设计值		不小于设计值	
5	厚度（mm）	控制值	-12	-12		-15
		最小值	-25	-25		-30
6	横坡（%）		±0.5	±0.3		±0.5
7	强度（MPa）		2～3	≥1.5		≥1.5

水泥除稳定土外，还可稳定砂砾。水泥稳定砂砾具有强度高，稳定性好，抗水耐冻，适应气候和水文地质条件能力强，抗裂缝能力强。常用于作高等级沥青路面和水泥混凝土路面的基层。

水泥稳定砂砾对水泥和水要求与水泥土相同。根据经验，水泥最佳剂量为 5% 左右，最佳含水量 6% 左右。砂砾要合乎一定级配标准。可参照表 5.2 级配砾石基层的 5～7 号级配或因地制宜选用。水泥稳定砂砾施工与水泥土施工相似，但经验表明采用厂拌法效果良好。水泥稳定砂砾质量要求见表 5.17。

水泥稳定砂砾基层和垫层允许偏差　　　　表 5.17

序号	检查项目		规定值或允许偏差			
			基层		底基层（垫层）	
			高速（一级）公路快速路（主干路）	其他公路（城市道路）	高速（一级）公路快速路（主干路）	其他公路（城市道路）
1	压实度（轻型击实）（%）	控制值	98	97	96	95
		最小值	94	93	92	91
2	平整度（mm）		10	15	15	20
3	中线高程（mm）		+5，-10	+5，-15	+5，-15	+5，-20
4	宽度（mm）		不小于设计值		不小于设计值	
5	厚度（mm）	控制值	-10	-12	-12	-15
		最小值	-20	-25	-25	-30
6	横坡（%）		±0.3	±0.5	±0.3	±0.5
7	强度（MPa）		3~4	2~3	≥1.5	≥1.5

三、沥青稳定土施工

将土粉碎，用沥青材料为结合料，按一定的技术要求，拌和压实成型后的结构层，称为沥青稳定土。沥青稳定土与水泥稳定土一样，因不耐磨，多用作基层，沥青土结构层厚度为 8~20cm。厚度超过 10cm 时，应分层铺筑。

沥青稳定土的施工主要程序为：铺土——分数次浇洒沥青材料，进行初步拌和——最终拌和——摊平混合料——碾压——养护。在正式施工之前，应先将土粉碎，要求大于 5mm 的土团成分不得超过 10%。施工中要着重掌握好拌和与碾压这两个关键性的工序，这是影响施工质量的关键所在。碾压工具最好选择轮胎式压路机碾压，在碾压时，一般先用轻型压路机，后用中型压路机，不得用重型压路机，否则路面易生成弹簧。经碾压后即可开放交通。但应控制行车路线，以便压实成型。

四、水泥石屑基层施工

水泥石屑基层其本质属于水泥稳定改良后的填隙碎石层（也可以把它看成为一种低标号的无砂的小石子混凝土），属于水泥稳定土类半刚性基（垫）层。石屑本身为一种嵌缝材料，其粒径 5~15mm（详表 5.6 碎石颗粒粒径技术规格）。水泥石屑有良好的力学性能和板结性能，能适应不同的气候与水文条件，显著地改善石屑的物理力学性能，它的初期强度高，且其强度随龄期增长，力学强度可视需要通过调整水泥剂量而调节，所以水泥石屑具有强度高，稳定性好，密实性好，抗水耐冻，适应气候和水文地质条件能力强，抗裂缝能力强的优点；但因其不耐磨，仅用作高等级沥青路面和水泥混凝土路面的基层或垫层。根据经验，水泥最佳剂量为 5% 左右，石屑最佳含水量 6%~8% 左右。石屑要合乎一定级配标准，可参考表 5.18 级配要求或因地制宜选用。

采用水泥（所用水泥标号不低于 225 号，水泥剂量常用 5% 到 8%）加水路拌或者机械拌和（经验表明采用厂拌法将拌和好的混合料用运输车辆运到工地摊铺效果最佳）作为稳定结合料来稳定石屑，可以促使整体性以及后期强度提高，但水泥石屑成本较一般稳定天然砂砾基（垫）层或者石灰土、水泥土高，强度也较高，使用较少。由于水泥石屑的凝固与强度形成期较短，故要求各工序紧密配合，所拌和的混合料必须当天摊铺、碾压（从加入水泥拌和到碾压终了，必须在6h以内完成）。压实度要求达到97%。在施工过程中，为避免水泥过早凝固，以采用终凝时间较长、标号较低（如325号）的硅酸盐水泥为宜。水泥用量增多虽然提高水泥土的强度，但用量过多，则易于开裂。

水泥石屑基层中石屑颗粒组成参考表　　　　　　表 5.18

筛孔尺寸（mm）	15	10	5	塑性指数
通过百分率（%）	100	85～100	0～10	小于6

水泥石屑基层（厂拌法）施工程序为：准备工作——整修路槽——摊铺水泥石屑——整型——碾压——养生。水泥石屑基层碾压时其含水量宜略大于石屑最佳含水量2%～3%，以补偿碾压过程中水分蒸发以及水泥水化的需要，养生时水分可大一些。

水泥石屑基层养生期间需保持一定温度。可根据气候情况，每天洒水4～6次。如铺筑后急于通车，应在水泥石屑基层完工后，就地取土或铺一粗砂薄层作为上封层（即磨耗层或者保护层），并在7～10天内洒水养生，每天2～4次。水泥石屑基层质量标准参见表5.17。

五、石灰稳定工业废渣基（垫）层施工

随着工业的发展，对工业废渣的综合利用日益受到重视。近年来，国内外在道路建设中利用工业废渣，也已取得了显著成效，化废为宝，各方有利。目前，常用的工业废渣主要有：电石渣（经水淬处理的）、化铁炉熔渣（简称水淬渣），以及各种煤渣和粉煤灰等。石灰稳定工业废渣可分为两大类：一类是石灰粉煤灰类——包括石灰粉煤灰（二灰）、石灰粉煤灰土（二灰土）、石灰粉煤灰砂（二灰砂）、石灰粉煤灰砂砾（二灰砂砾）、石灰粉煤灰碎石（二灰碎石）、石灰粉煤灰矿渣（二灰矿渣）、石灰粉煤灰煤矸石（二灰煤矸石）等。另一类是石灰煤渣类——包括石灰煤渣、石灰煤渣碎石、石灰煤渣砂砾、石灰煤渣矿渣、石灰煤渣碎石土等。通常把粉煤灰同一定比例的石灰拌和使用，称之为二灰。如果在其中加入碎（砾）石（石渣）等粗骨料，则称二灰碎石。石灰工业废渣常用作高（次高）级路面基（垫）层。

1. 强度形成原理

上述各种工业废渣能用以修筑道路的基（垫）层，主要是由于这些废渣中含有较多的活性二氧化硅，氧化铝或氧化钙。活性二氧化硅和氧化铝本身在水中不会结硬，但在饱和的熟石灰$Ca(OH)_2$溶液中会产生胶凝反应，或称火山灰反应，生成水化硅酸和铝酸钙凝胶，把颗粒胶凝在一起。因而把含活性二氧化硅和氧化铝较多的煤渣同一定比例的石灰拌和，就能形成强度高、整体性好的二渣混合料。而在石灰土内掺入一定数量的粉煤灰（简称二灰土），也可改善二灰土的火山灰反应，从而增加石灰土的强度。

2. 材料

（1）石灰　通过试验，只要石灰稳定工业废渣混合料的强度符合表5.19的标准，有效钙含量在20%以上的等外石灰、贝壳石灰、珊瑚石灰、电石渣等都可以应用。

（2）煤渣　煤渣是煤经燃烧后的残渣，它的主要成分是二氧化硅和三氧化二铝，它的松干容重为$0.7～1.1t/m^3$。煤渣的最大粒径不应大于30mm，以粗细搭配而略有级配的为佳。使用时，大于30mm的颗粒应预筛除，因颗粒过大日后易被行车压碎，使路面基层形成局部开裂。煤渣的含煤量宜少，最好选低于20%的使用，且不宜含杂质。

石灰稳定工业废渣混合料的强度标准　　　　　　　　　　　　　　表5.19

层　位	交通类别	轻　交　通	中等交通	重　交　通	
	交通量辆/日	<2000	2000~5000	5000~10000	>10000
基层		≥0.6	0.7~0.8	0.8~1.0	>1.0
底基层（垫层）		≥0.4	0.5~0.5	0.6~0.8	>0.8

注：表中所列数字为石灰稳定工业废渣混合料的无侧限抗压强度（MPa）

（3）电炉渣　电炉渣及其他钢渣，可单独使用。一般应在露天堆放2~6个月以上，直至不再分解方可使用，最大粒径不应大于10cm。

（4）石渣（碎石、砂砾）　规格要求不很严格，如用作底基层（垫层）时，粒料的最大粒径不应超过50mm。如用作基层时，粒料的最大粒径不应超过40mm。可参见表5.2级配砾石基层5~7号级配因地制宜选用。

石灰稳定工业废渣（粒料）混合料中粒料重量宜占75%以上，并具有较好的级配，见表5.20所列范围内。当粒料仅占50%左右时，可不要求粒料有一定级配或要求粒料是单一尺寸的。

（5）粉煤灰　粉煤灰是火力发电厂燃烧煤产生的粉状灰渣。绝大多数粉煤灰的主要成分是二氧化硅（SiO_2）和三氧化二铝（Al_2O_3），其总含量常超过70%。粉煤灰的烧失量一般小于10%，有的则在20%以上，烧失量过大，将明显降低混合料的强度。

石灰工业废渣混合料中粒料的颗粒组成范围　　　　　　　　　　　　表5.20

编号	通过下列筛孔（mm）的重量百分率（%）								
	50	40	20	10	5	2	1	0.5	0.075
1	100	85~100	55~100	35~70	25~50	15~35	9~28	5~20	0~15
2		100	70~100	50~80	35~60	28~48	20~35	0~15	

粉煤灰一般用水冲法排出，因此含水量较大，须堆置一定时间，待晾干后才能使用。粉煤灰的颗粒有粗有细，颗粒越细，比表面积越大，但对水分敏感性也越大，压实也不容易。为此，做"石灰粉煤灰土"（即二灰土）混合料时，宜选用粗颗粒的粉煤灰，以求容易碾压稳定。作水泥外掺剂时，宜选用细颗粒粉煤灰。

湿粉煤灰的含水量不宜超过35%。

（6）土　宜采用塑性指数较大的中液限黏土，为便于粉碎，土的塑性指数宜控制在10~20之间，土中15~25mm的土块，不宜超过5%。

（7）水淬渣　是铁渣经水骤然冷却后的废渣，活性高，稳定性好，质地易脆，分酸性、中性和碱性，路用水淬渣宜用碱性渣。水淬渣堆放过久会自行胶接，因此宜选用新鲜水淬渣。

3.石灰稳定类混合料配合比

石灰稳定类混合料组成材料的配合比，各地所用数值并不一致，表5.21~表5.24所列数字可供参考选用。

选用配合比时，除应考虑混合料的强度外，还应考虑材料的来源、备料、施工等因素，通过必要的试验，以选择技术、经济上合理的配合比。

石灰稳定炉渣土类配合比　　　　　　　　　　　　　　　表 5.21

类　型	石灰炉渣	石灰炉渣碎石	石灰炉渣土	石灰炉渣碎石土
材料名称	石灰渣 炉　渣	石灰渣 炉　渣 石　渣	石灰渣 炉　渣 土	石灰渣 炉　渣 石　渣 土
重量配合比范围（%）	15:85～30:70	20:40:40～15:30:55	15:50:35～20:60:20	20:30:40:10
压实后密度（t/m³）	1.4～1.5	1.7～1.9	1.7～1.8	1.7～1.9

石灰粉煤灰土（二灰土）混合料中石灰、粉煤灰、土三者的重量配合比可采用 12:35:53 等。

石灰稳定煤渣类配合比　　　　　　　　　　　　　　　表 5.22

类　型	材料用量（%）（重量比）			
	消石灰	煤渣	亚黏土	碎石或其他废渣
石灰煤渣土（二渣土）	9～15	65～75	15～25	
	12	28～58	30～60	
石灰煤渣（二渣）	20～30	70～80		
三　渣	7～10	12～30		60～80

石灰稳定钢渣类配合比　　　　　　　　　　　　　　　表 5.23

类　型	二灰重量比	二灰钢渣重量比	
	石灰:粉煤灰	二灰:钢渣	钢渣最大用量（%）
稳定钢渣	1:3～1:4	2:8～7:3	80
基本稳定平炉、电炉渣	1:4～1:5	3:7～7:3	70
基本稳定转炉渣	1:5～1:6	4:6～7:3	60

二灰类配合比　　　　　　　　　　　　　　　表 5.24

类　型	重量比（%）	备　注
粉煤灰石灰（二灰）	75～85:25～15	最佳含水量 28%～40%
粉煤灰石灰土（二灰土）	30:6:64 35:9:56 40:12:48 65:15:20	土的要求同石灰土
粉煤灰石砂砾（二灰砂砾）	15:5:80 38:12:50 35:12:53（最佳含水量 5%～9%）	15:5:80 时砂砾应有级配，常用 38:12:50 及 35:12:53

4．施工方法

工业废渣基层的施工方法基本上和石灰土及碎（砾）石灰土相同，拌和工序可采用就地拌和或集中拌和的方式。在材料基地集中拌和时，拌好的混合料不宜堆放时间过长，以免混合料的水分有较大的蒸发，并使石灰碳化而降低混合料的强度。

工业废渣混合料的初期强度较低，并且强度增长受气温影响较大，因而，一般应尽可能避免在冬季施工，并要注意初期养护工作，在干燥而较热的季节，必须洒水养生2～5d以上。

工业废渣基层施工质量的关键之点是：混合料必须按比例配合并拌匀；钢渣压实厚度不超过16cm；含水量必须掌握恰当，且必须压实到规定的密实度，同时要高度重视初期的养护工作。

工业废渣基层的耐磨性差，一般应在完工后半月左右即铺筑面层。

石灰工业废渣基（垫）层的质量要求参见表5.13石灰土基（垫）允许偏差表，除二灰土用环刀法测压实度外，二灰砂砾、二灰碎石等粗粒类应采用灌砂法测压实度值。

六、三渣基层施工

所谓三渣基层即由消解石灰、煤渣、碎石或其他废渣组成的一种经过拌和——整型——碾压——养生而成的属于石灰工业废渣类的半刚性路面结构层，常用作高（次高）级路面基（垫）层。其配合比可参见表5.22，所用各项材料要求可参见"五、石灰稳定工业废渣基（垫）层施工"中相关内容。

三渣基层的施工方法基本上和石灰土相同，拌和工序可采用就地拌和或集中拌和的方式。施工工序如下：准备工作——测量——备料——整修路槽——铺碎石或其他废渣——铺煤渣——铺石灰——拌和——整型——碾压——养生——直接开放交通时需铺筑上封层。在材料基地集中拌和（即厂拌法）时，拌好的混合料不宜堆放时间过长，以免混合料的水分有较大的蒸发，并使石灰碳化而降低混合料的强度。碾压是成型的关键，应该严格参照石灰土的施工方法控制碾压节奏，严格执行碾压原则。应抓紧有利时机，在最佳含水量W_0时进行压实，如实测含水量$W<W_0$时，应补充洒水后再行碾压，若土太湿时应翻晒，以求良好效果。

首先用6～8t压路机由两侧向路中心稳压两遍，然后用12t以上重型压路机碾压。重轮压完路面全宽时，即为1遍。碾压不少于3遍，至无明显轮迹（轮痕迹深度不大于5mm），压实度达到规定要求为止，并做到碾压均匀，强度一致。

碾压时，压路机应缓起慢行，稳停，走向要直，速度要均匀。头两遍以采用一档（1.5～1.7km/h）为宜，以后可用二档（2.0～2.5km/h）进行。

三渣基层的初期强度较低，并且强度增长受气温影响较大，因而，一般应尽可能避免在冬季施工，并要注意初期养护工作，在干燥而较热的季节，必须洒水养生2～5d以上。

三渣基层施工质量的关键之点是：混合料必须按比例配合并拌匀；含水量必须掌握恰当，且必须压实到规定的密实度，同时要高度重视初期的养护工作。

三渣基层的耐磨性差，一般应在完工后半月左右即铺筑面层。

三渣基层的质量要求参见表5.13石灰土基（垫）允许偏差表，采用灌砂法测压实度值。

第3节 沥青路面施工

5.3.1 沥青路面施工概述

一、沥青路面的分类

在矿质材料中,采用各种方式掺入沥青材料(石油沥青、煤沥青、液体石油沥青、面岩沥青或渣油等)组成混合料,修筑而成的各种类型路面,统称为沥青路面。它适用于各种交通量的道路,由于用沥青为粘结料修成的路面呈黑色,故又称为黑色路面,目前在立交桥铺装及高速公路大量使用。

沥青路面由于使用了粘结力较强的沥青材料,使矿料之间粘聚力大大加强,从而提高了混合料的强度和稳定性,使路面的使用质量大为提高,延长了路面的使用年限。沥青路面具有表面平整、不渗水、噪声小、少扬尘、行车费用低及养护方便等优点。它的缺点是易受履带车辆和尖硬物体所损坏,表面常被磨光而影响行车安全。沥青路面受外界气温的影响较明显,夏季易软而冬季易脆,它的施工受季节气候的影响较大,在低温季节和雨季,除乳化沥青外,一般不能施工。

沥青路面按照矿料组成的不同,可分为密实式和嵌挤式两大类。

按密实原则修筑的沥青路面要求矿料粒径级配按最大密实度原则设计。混合料的强度主要由粘结力和内摩阻力所构成,而粘结力起较大作用。属于密实式沥青路面的有沥青混凝土、沥青加固土等。按嵌挤原则修筑的沥青路面要求采用尺寸大致均一的矿料,它的强度和稳定性主要依靠矿料间的相互嵌挤所产生的摩阻力,而黏结力则起次要作用。属于这类路面的有贯入式沥青路面、沥青碎石和沥青表面处治等。按嵌挤原则构成的沥青路面,其热稳性较密实式的为好,但空隙较多,易于渗水和老化,故耐久性较差。

二、沥青路面类型的选择

对于沥青路面类型的选择,应该根据路用的技术要求,并结合当地的具体条件,选定适当的类型,使得在经济上是合理的,在技术上又是可行的,其中最基本的考虑因素是道路等级与行车密度。因为路面类型是直接为一定等级与行车密度的道路服务的,因此这两者是选择路面类型的最基本因素。

高级路面要求选择沥青混凝土或沥青碎石,沥青混凝土的使用年限较长(15年以上),要求最优质材料与矿粉。沥青碎石的使用年限为12年以上,也要求优质材料,矿料。对于次高级路面,其昼夜交通量在5000辆以下,有较大的选择范围,交通量大的要选择沥青贯入式,交通量中等的可选择路拌沥青碎(砾)石混合料,而交通量轻的则可选用表面处治。

从施工季节的角度来考虑沥青路面类型的选择。当天气较冷时,以热拌冷铺或冷拌冷铺式的较为适宜。对于工期紧的,采用厂拌法最好。在纵坡大于3%~5%的路段,其表面宜采用粗粒式的沥青碎石或粗面式的沥青表面处治。

在选择沥青路面类型时,也要考虑设备的条件。例如,当有洒油设备时,在交通量小的情况下,宜选用层铺法表面处治,交通量大则宜采用贯入式。在城市道路有专用的沥青拌和设备时,除重型交通采用沥青混凝土、沥青碎石外,中型交通往往也采用拌和法沥青碎(砾)石混合料。

三、沥青路面对基层的要求

沥青路面的基层，必须符合下列要求：

1. 具有足够的强度

基层应能承受车轮荷载作用，在行车荷载反复作用下，不应超过允许的残余变形，也不允许产生剪切和弯拉破坏。为此，基层应具有必要的强度，强度包括矿料颗粒本身的强度和结构的整体强度。

2. 具有良好的水稳性

沥青面层，特别是表面处治和贯入式，在使用初期，透水性较大，雨季时表面水有可能透过沥青面层进入基层和底基层中，导致基层材料含水量增加而强度降低。因此，必须用水稳性好的材料作基层，在潮湿多雨地区尤须重视。

3. 表面平整、拱度与面层一致

为了保证沥青面层的厚度均匀一致以及面层表面的平整度和拱度，基层应平整，其拱度应与面层一致。

4. 与面层结合良好

基层与面层结合良好，可减少面层底部的拉应力和拉应变，以防止面层发生滑动、推移等破坏。

四、沥青路面材料要求

1. 沥青

沥青面层所用的沥青标号，宜根据道路所在地区的气候条件、施工季节、路面类型、施工方法和矿料类型等按表 5.25 和表 5.26 选用。对高速公路、一级公路、城市道路、主干路用沥青，应选用符合"重交通量道路石油沥青技术要求"规定的沥青（AH 类）；对于其他道路用沥青混合料的沥青，应采用符合"中、轻交通量道路用石油沥青技术要求"规定的沥青（A 类）；对于沥青表面处治、沥青贯入式路面、常温沥青混合料路面以及透层、粘层与封层尚可采用乳化沥青。其他各层的沥青可采用相同的标号，也可采用不同的标号。标号不符合使用要求时，可采用不同标号的沥青掺配，但掺配后的技术指标应抽样检验，质量不符合要求者不得使用。

黏稠石油沥青是比较理想的沥青材料，它能牢固地粘住石料，很少泛油，不透水，使用期限也长。其缺点是：初期成型较慢，渗透性以及与石料的裹覆能力较差，对基层与矿料表面的清洁程度要求较高，且价格较贵，货源也紧。对于液体沥青来说，快凝液体沥青是比较适宜的，这种沥青，经稀释后渗透性好，凝结时间较短，且不管老路面是否光滑，有无灰尘都能很好结合。如采用慢凝液体沥青时，则由于成型期长，表面滑溜现象更突出。

煤沥青的优点是：渗透性好，与石料粘结好，以煤沥青作为结合料所做成的表面处治水稳性能抗滑性都好，但对温度很是敏感，容易老化，国内使用的也不多。

多年来公路上较广泛采用"渣油"铺筑沥青面层。渣油是多蜡慢凝液体石油沥青（即普通石油沥青），简称多蜡液体沥青。渣油的特点是稠度低，粘结性和热稳定性都差，但老化慢，低温稳定性好，当渣油用于表面处治时要注意遵守有关的技术规定和操作规程，以保证渣油表面处治层的使用质量。

2. 粗集料（矿料）

沥青路面集料的粒径应以方孔筛为准,圆孔筛的标准仅供过渡时期参考。粗集料(碎石、筛选碎石、破碎碎石、矿渣等)应该洁净、干燥、无风化、无杂质,具有足够的强度、耐磨性,质量应符合表5.27的规定,其规格按照表5.28的规定选用。

不同地区沥青结构层的沥青标号　　　　　　　　　　　表5.25

地区	气候特征		沥青种类	沥青标号			
	最低月均气温	日平均温度≥5℃的日数		表面处治	贯入式	沥青碎石	沥青混凝土
寒冷地区	<-10℃	少于215	石油沥青	AH-130 AH-140 A-180 A-200	AH-130 A-140 A-180 A-200	AH-90 AH-110 A-100 A-140	AH-90 AH-110 A-100 A-140
			煤沥青	T-5　T-6	T-6　T-7	T-6　T-7	T-7　T-8
温和地区	0~10℃	215~270	石油沥青	AH-110 AH-130 A-140 A-180	AH-110 AH-100 A-140	AH-90 AH-110 A-100 A-140	AH-70 AH-90 A-60 A-100
			煤沥青	T-6　T-7	T-6　T-7	T-7　T-8	T-7　T-8
较热地区	>0℃	多于270	石油沥青	AH-90 AH-110 A-60 A-100 A-140	AH-90 AH-110 A-60 A-100 A-140	AH-70 AH-90 A-100 A-60	AH-50 AH-70 A-60 A-100
			煤沥青	T-6　T-7	T-7	T-7　T-8	T-7　T-8 T-9

沥青路面施工气候分区参考表　　　　　　　　　　　表5.26

气候分区	年度最低月平均气温(℃)	年内日平均气温≥5℃的日数(天)	所属地区
寒冷地区	低于-10	少于215	黑龙江省,吉林省,青海等省,新疆、宁夏、西藏等区,辽宁省营口以北,内蒙古包头以北,山西省大同以北,河北省承德、张家口以北,陕西省榆林以北,甘肃省除天水一带
温和地区	0~-10	215~270	辽宁省营口以南,内蒙古包头以南,山西省大同以南,河北省承德、张家口以南,陕西省榆林以南、西安以北,甘肃省天水一带,山东省,河南省南阳以北,江苏省徐州、淮阴以北,安徽省宿县、亳县以北
较热地区	高于0	多于270	河南省南阳以南,江苏省徐州、淮阴以南,安徽省宿县、亳县以南,陕西省西安以南,四川成都东南,广东、广西、湖南、湖北、福建、浙江、江西、云南、贵州、台湾等省区

注:1. 青藏高原,四川盆地、贵州高原或其他地区气候呈环状分布时,气候变化较大,应根据本地实际气候情况确定气候分区。
　　2. 省(区)内也有不同气候,需要时由省(区)自行划分。

对用于抗滑表层沥青混合料的粗集料,应该选用坚硬、耐磨、韧性好的碎石或碎砾石,矿渣及软质集料不得用于防滑表层。用于高速公路、一级公路、城市快速道路、主干路沥青路面表层以及各类道路抗滑层用的粗集料,应符合表5.27中磨光值、道瑞磨耗值和冲击值的要求。对于坚硬石料来源缺乏的情况下，允许掺加一定比例普通集料作为中等或小颗粒的粗集料，但掺加比例不应超过粗集料总质量的40%。

破碎砾石的技术要求与碎石相同，但破碎碎石用于高速公路、一级公路、城市快速路、主干路沥青混合料时，5mm以上的颗粒中有一个以上的破碎面的含量不得少于50%（质量比）。

钢渣作为粗集料时，仅限于一般道路，并应经过试验论证取得许可后使用。钢渣应有6个月以上的存放期，质量应符合表5.27的要求。

对于酸性岩石的石料（如花岗岩、石英岩等）用于高速公路、一级公路、城市快速路、主干路时，宜使用针入度较小的沥青，并采取下列抗剥离措施，使其对沥青的粘附性符合表5.27的要求。

沥青混合料用粗集料技术要求 表5.27

指 标	高速公路、一级公路、城市快速路、主干路	其他公路与城市道路
石料压碎值不大于（%）	28	30
洛杉矶磨耗损失不大于（%）	30	40
视密度不小于（%）	2.50	2.45
吸水率不大于（%）	2.0	3.0
对沥青的黏附性不小于	4级	3级
坚固性不大于（%）	12	—
细长扁平颗粒含量不大于（%）	15	20
泥土含量（<0.075mm）不大于（%）	1	1
软石含量不大于（%）	5	5
石料磨光值（PSV）不小于	42	—
道瑞磨耗值（AAV）不大于（%）	14	—
冲击值（LAV）不大于（%）	28	—

注：1. 坚固性试验根据需要进行。
2. 用于高速公路、一级公路、城市快速路、主干路时，多孔玄武岩的视密度可放宽至2.45t/m³，吸水率可放宽至3%，但须得到主管部门的批准。
3. 石料磨光值是为抗滑表面需要而试验的指标，道瑞磨耗损失及石料冲击值根据需要进行。
4. 钢渣浸水后的膨胀率应不大于2%。

沥青路面所用矿料有碎石、轧制砾石和筛选砾石，应符合表5.28的要求：

(1) 须具有足够的强度和耐磨性

应选择质地坚硬、软弱及扁平颗粒含量少，强度不低于Ⅲ级的碎石或砾石为宜。具体选用时应考虑路面类型、使用性质、交通量、结构层次的要求，按照表5.29的规定选用。

(2) 须与沥青材料有良好的粘结力

用水煮法测定，其粘结力应大于3级（见表5.30所示）

(3) 应干燥、无风化、清洁、无杂质

颗粒形状，通常以接近立方体且多棱角为佳。扁平细长颗粒含量应少于20%。轧制砾石在5mm以上的颗粒，其中75%以上应至少有一个破碎面，强度均匀。筛选砾石，因其嵌挤锁结能力差，仅在轻交通量的沥青表面处治中使用。

沥青路面用粗集料规格（方孔筛） 表 5.28

规格	公称粒径(mm)	通过下列筛孔（方孔筛，mm）的质量百分率（%）											
		106	75	63	53	37.5	31.5	26.5	19.0	13.2	9.5	4.75	2.36	0.6
S1	40~75	100	90~100	—		0~15	—	0~5						
S2	40~60		100	90~100	—	0~15	—	0~5						
S3	30~60		100	90~100		0~15		0~5						
S4	25~50			100	90~100	—	—	0~15	—	0~5				
S5	20~40				100	90~100	—		0~15	—	0~5			
S6	15~30					100	90~100	—		0~15	—	0~5		
S7	10~30						100	90~100	—		0~15	0~5		
S8	15~25						100	95~100	—	0~15		0~5		
S9	10~20							100	95~100	—	0~15	0~5		
S10	10~15								100	95~100	0~15	0~5		
S11	5~15									100	95~100	40~70	0~15	0~5
S12	5~10										100	95~100	0~10	0~5
S13	3~10										100	95~100	40~70	0~15	0~5
S14	3~5											100	85~100	0~25	0~5

注：1. 用干燥的生石灰或消石灰粉、水泥作为填料的一部分，其用量且为矿料总量的1%~2%。
2. 在沥青中掺加抗剥离剂。
3. 将粗集料用石灰浆处理后使用。
4. S为筛（sift）的第1个英语字母。

各种沥青路面所用矿料等级 表 5.29

石料等级 使用条件	面层结构	表面处治	贯入式路面	沥青碎石	沥青混凝土
交通量	小于2000辆/昼夜	3	3	3[①]	3[①]
	2000~5000辆/昼夜		3	3	3
	大于5000辆/昼夜			2+	2+
沥青路面上作磨耗层或防滑面层		1+		1[②]	1[②]
沥青面层下层、联结层			3	3	3

注：1. 表示在游览区、宾馆以及交通量较小，但需要铺筑该面层结构时所采用的矿料等级。
2. 表示在供料有困难的地区，可降低一级。

道路建筑用石料技术分级表 表 5.30

岩石级别	主要岩石名称	石料等级	技术性质	
			饱水状态时极限抗压强度（MPa）	磨耗率（%）（用双筒式磨耗机测试）
Ⅰ（岩浆岩组）	花岗岩、玄武岩、安山岩、辉绿岩等	1	>120	<4
		2	100~200	4~5
		3	80~100	5~7
		4	60~80	7~10

续表

岩石级别	主要岩石名称	石料等级	技术性质	
			饱水状态时极限抗压强度（MPa）	磨耗率（%）（用双筒式磨耗机测试）
Ⅱ（石灰岩组）	石灰岩、白云岩等	1	>100	<5
		2	80～100	5～6
		3	60～80	6～12
		4	30～60	12～20
Ⅲ（砂岩组）	石英岩、砂岩	1	>100	<5
		2	80～100	5～9
		3	50～80	9～10
		4	30～50	10～15
Ⅳ（片麻岩组）	片麻岩、花岗片麻岩组	1	>100	<4
		2	80～100	4～5
		3	60～80	5～7
		4	30～60	7～12

上述关于矿料的质量要求适用沥青路面的各种面层结构（包括贯入式路面、沥青碎石和沥青混凝土）。

从表5.30可见石料等级按照饱水抗压强度大小划分，但一般单位难于按规定试验，故目前多用石料压碎值指标，测定此指标所用试验设备简单，操作方便，不仅可以反映石料硬度或抗压碎能力，且可评定碎石或砾石的硬度和抗压碎能力，石料压碎值指标可见表5.31所示。试验方法可参见国家标准《沥青路面施工及验收规范》。

石料压碎值指标　　　　　表5.31

交通量（辆/天）	压碎值（%）	
	岩浆岩	石灰岩、砂岩、片麻岩组
小于2000	≤30	≤35
2000～5000	≤25	≤39
大于5000	≤20	≤25

3. 细集料

细集料（天然砂、机制砂或石屑）应洁净、干燥、无风化、无杂质，并有适当的级配范围。其质量技术要求应符合表5.32要求。

沥青混合料用细集料技术要求　　　　　表5.32

指　　标	高速公路、一级公路、城市快速路、主干路	其他公路与城市道路
视密度不小于（t/m³）	2.50	2.45
坚固性（>0.3mm部分）不大于（%）	12	—
砂量不小于	50	40

注：1. 坚固性试验根据需要进行。
　　2. 当进行砂当量试验有困难时，也可用水洗法测定小于0.075mm部分含量（仅适用于天然砂）。对高速公路、一级公路、城市快速路、主干路要求不大于3%，对其他公路与城市道路要求不大于5%。

热拌沥青混合料的细集料宜采用优质的天然砂或人工砂，并与沥青有良好的粘结能力。在缺砂地区，也可使用石屑，但用于高速公路、一级公路、城市快速路、主干路沥青面层及抗滑表层的石屑用量不宜超过砂的用量，若使用与沥青粘结性能差的天然砂及酸性岩石破碎的人工砂或石屑时，应采取前述粗集料的抗剥离措施。

细集料的规格按表 5.33 和表 5.34 选用。但所选用的细集料的级配，与粗集料和填料配制成的砂制混合料，应符合表 5.45 和表 5.48 矿质混合料的级配要求。当一种细集料不能满足级配要求时，可采用两种或两种以上的细集料掺和使用。

沥青面层用天然砂规范　　　　　　　　　　　　　　　　　　　　　表 5.33

方孔筛（mm）	圆孔筛（mm）	通过各筛孔的质量百分率（%）		
		粗 砂	中 砂	细 砂
9.5	10	100	100	100
4.75	5	90～100	90～100	90～100
2.36	2.5	65～95	75～100	85～100
1.18	1.2	35～65	50～90	75～100
0.6	0.6	15～29	30～59	60～84
0.3	0.3	5～20	8～30	15～45
0.15	0.15	0～10	0～10	0～10
0.075	0.075	0～5	0～5	0～5
细度模数 M_x		3.7～3.1	3.0～2.3	2.2～1.6

沥青面层用石屑规格　　　　　　　　　　　　　　　　　　　　　　表 5.34

规格	公称粒径（mm）	通过下列筛孔的质量百分率（%）				
		方孔筛（mm） 圆孔筛（mm）	9.5 10	4.75 5	2.36 2.5	0.6	0.075
S15	0～5	100		85～100	40～70	—	0～15
S16	0～3			100	85～100	20～50	0～15

4．填料（矿粉）

沥青混合料的填料宜采用石灰岩或岩浆岩中的强基性岩石（憎水性石料）经磨细得到的矿粉。原石料中泥土含量应小于 3%，并应除净其他杂质。矿粉要求干燥洁净，其质量应符合表 5.35 的要求。当采用水泥、石灰、粉煤灰作填料时，其用量不宜超过矿料总量的 2%。高等级路面面层不宜采用粉煤灰作填料。

沥青混合料用矿粉质量技术要求　　　　　　　　　　　　　　　　表 5.35

指　　　标		高速公路、一级公路、城市快速路、主干路	其他公路与城市道路
视密度不小于（t/m³）		2.50	2.45
含水量不小于（%）		1	1
粒度范围	<0.6mm（%）	100	100
	<0.15（%）	90～100	90～100
	<0.075（%）	75～100	70～100

采用粉煤灰作填料时，其烧失量应小于12%，塑性指数应小于4%，并应经试验确认与沥青有良好的黏附性，沥青混合料的水稳性能满足要求，采用回收石粉时，掺有石粉尘填料的塑性指数不得大于4%。粉煤灰或回收石粉尘的用量不得超过填料总量的50%。其余质量要求与矿粉相同。

5.3.2 沥青透层、粘层、封层施工

沥青透层、粘层分别是透层油（或透层沥青）、粘层油（或粘层沥青的）简称，二者均属于确保沥青路面与下承层（即基层或旧路面）良好粘接能力的一种技术措施，往往是沥青路面施工前一道必不可少的工序。而封层是修筑于面层顶或底面的沥青混合料薄层。

一、透层

1. 透层作用及适用范围

透层是在无沥青材料的基层上，浇洒低粘（煤沥青、乳化石油沥青或液体石油沥青）度的液体沥青薄层，透入基层表面所形成的一薄层沥青层。其作用是增进基层与沥青面层的黏结力；封闭基层表面的孔隙，减少水分下渗；防止基层吸收表面处治的第一次喷洒沥青；在铺筑面层前，能作为临时的保护基层，并增强基层表面。

沥青路面的级配砂砾、级配碎石基层及水泥、石灰、粉煤灰等无机结合料稳定土或粒料的半刚性基层上必须浇洒透层沥青（相似于建筑上的底漆）。

2. 透层的沥青材料和用量

透层沥青宜采用慢裂的洒布型乳化沥青PC-2、PA-2（高等级道路采用PC-2），也可采用中、慢凝液体石油沥青[AL（S）-1，2，AL（M）-1，2]或煤沥青（T-1，2）。其稠度应通过试洒确定。一般对表面致密的半刚性基层、细粒料基层及气温较低时，宜用渗透性好的较稀的透层沥青；空隙较大、粗料基层及气温较高时，宜采用较稠的透层沥青。采用沥青的标号应根据基层的种类、疏密状态、施工季节等条件通过试洒确定。并应符合表5.36的要求。

透层沥青用量取决于基层的吸收性能，一般应使透层沥青在4~8h内渗入基层表面3~6mm，不留多余沥青为宜。施工时可以通过试洒确定用量，并应符合表5.36的规定。

沥青路面透层及粘层材料规格与用量 表5.36

用途		乳化沥青		液体石油沥青		煤沥青	
		规格	用量（L/m²）	规格	用量（L/m²）	规格	用量（L/m²）
透层	粒料基层	PC-2 PA-2	1.1~1.6	AL（M）-1或2 AL（S）-1或2	0.9~1.2	T-1 T-2	1.0~1.3
	半刚性基层	PC-2 PA-2	0.7~1.1	AL（M）-1或2 AL（S）-1或2	0.6~1.0	T-1 T-2	0.7~0.1
粘层	沥青旧路面	PC-3 PA-3	0.3~0.6	AL（R）-1或2 AL（M）-1或2	0.3~0.5	T-3 T-4 T-5	0.3~0.6
	混凝土旧路面	PC-3 PA-3	0.3~0.5	AL（R）-1或2 AL（M）-1或2	0.2~0.4	T-3 T-4 T-5	0.3~0.5

3．施工要求

对于石灰（水泥）稳定土，石灰稳定工业废渣（土）等基层，宜在基层完工后表面稍干即浇洒，以利用基层的养生，对级配砂砾等基层，待基层完工、表面开始变干时，再进行浇洒。若基层完工后时间较长，在浇洒稳定层之前，应在基层表面浇洒少量的水，以轻微湿润基层100mm深左右，待表面干燥后即可浇洒透层沥青。这样有利于沥青透入基层。

透层沥青的浇洒温度可控制在一定范围内。对 AL（M）－1，AL（S）－1沥青的浇洒温度可以是30～50℃，AL（M）－2，AL（S）－2是40～60℃，T—1是25～50℃。加热温度不能超过上述温度高限10℃。应特别注意到：气温低于10℃时，不宜浇洒透层沥青，如遇大风或即将降雨时，不得浇洒透层沥青。

浇洒透层前，基层应清扫干净，对路缘石及人工构造物应适当保护，以防污染。浇洒时，应按设计的用量一次浇洒均匀，并及时用人工补洒遗漏处。

浇洒后，透层沥青应不致流淌，不得在表面形成油膜，并严禁车辆、行人通行。

在无机结合料稳定半刚性基层上浇洒稳定层沥青后，宜立即撒布用量为2～3 $m^3/1000m^2$ 的石屑或粗砂。在无结合料的粒料基层上浇洒透层沥青后，当不能及时铺筑面层，并需开放施工车辆通行时，也应撒铺适量的石屑或粗砂。此时，透层沥青用量宜增加10%。撒铺石屑或粗砂后，应用6～8t轻型压路机稳压一遍。当通行车辆时，应控制车速。

透层油洒布后应及早铺筑沥青面层。在铺筑沥青面层前，若局部地方尚有多余的透层沥青未渗入基层时，应予清除。如有局部地方出现透层沥青剥落，应予修补；当有多余的浮动石屑或砂时，应予扫除。用乳化沥青作透层时，洒布后应待其充分渗透，水分蒸发后方可铺筑沥青面层，此段时间不宜少于24h。

二、粘层

1．粘层的作用与适用范围

粘层是为加强路面的沥青层与旧沥青层之间、沥青层与水泥混凝土路面之间的黏结而洒布的沥青材料薄层。它的作用在于使上下沥青层与构造物完全粘结成一整体。

粘层常用于：

(1) 旧沥青路面作基层时；

(2) 水泥混凝土路面或桥面上铺浇沥青面层时；

(3) 双层式或三层式热拌热铺沥青混合料路面在铺筑上层前，其下的沥青层已被污染时；

(4) 所有与新铺沥青混合料相接触的构筑物侧面，如路缘石、雨水进水口、各种检查井；

(5) 在陡坡、急弯及交叉口和停车站等沥青面层容易产生推移的地段。

2．粘层的沥青材料与用量

粘层的沥青材料宜选用快裂的洒布型乳化沥青，也可采用快、中凝液体石油沥青或煤沥青。

粘层沥青宜用与面层所使用的种类、标号相同的石油沥青经乳化或稀释制成，其品种和用量应根据结构层的种类通过试洒确定，并符合表5.36中的要求。

3．施工要求

粘层沥青宜用沥青洒布车喷洒，洒布时应喷洒均匀。在路缘石、雨水进水口、检查井等局部应用人工涂刷，浇洒过量处应予刮除。

粘层下卧层的表面应清扫干净。有粘黏的土块时，应用水刷净，待表面干燥后浇洒。当气温低于10℃或路面潮湿时，不得浇洒粘层沥青。

浇洒粘层沥青后，除沥青混合料运输车外，严禁其他车辆、行人通过。并应及时铺筑沥青层，但乳化沥青应待破乳，水分蒸发完后铺筑。

三、封层

1．封层的作用与适用范围

封层是修筑在面层或基层上的沥青混合料薄层。铺筑在面层表面的称为上封层，铺筑在面层下面的称为下封层。其主要作用是封闭表面空隙、防止水分侵入面层或基层，延缓面层老化，改善路面外观和平整度，供车辆磨耗以保护沥青路面。

上封层适用于：空隙较大，透水严重的沥青面层；有裂缝或已修补的旧沥青路面；需加铺磨耗层或保护层的新建沥青路面。上封层又称磨耗层或保护层。

下封层适用于：位于多雨地区且沥青面层空隙较大、渗水严重；在铺筑基层后，不能及时铺筑沥青面层，且须开放交通。

上封层及下封层可采用拌和法或层铺法施工的单层表面处治、也可用乳化沥青稀浆封层。

2．封层沥青材料与用量

作封层用的沥青黏滞度越大，对防水、保持覆盖、矿料散失以及防止沥青下透等越有利。上封层及下封层适用的沥青材料见表5.37。沥青标号应根据当地的气候情况确定。

层铺法沥青表面处治铺筑上封层的材料用量和要求可参照沥青表面处治执行。上封层沥青用量应采用表中范围的中低限；下封层沥青用量采用规定范围的中高限。下封层的矿料规格可采用表5.38中的S14、S13或S12等，矿料用量应根据矿料尺寸、形状、种类等情况确定，一般为$5\sim8m^3/1000m^2$。

封层适用的沥青材料　　　　　　　　　　　　　表5.37

沥青种类	上封层	下封层	质量要求
道路石油沥青	AH－90、AH－110、AH－130	AH－110　AH－130	符合表5.37的要求
	A－100、A－140、A－180	A－100　A－140　A－180	符合表5.38的要求
乳化沥青	PC－3、PA－3 BC－3、BA－3	PC－2、PA－2 BC－2、BA－2	符合表5.39的要求
液体石油沥青		AL（M）－5、AL（M）－6 AL（S）－5、AL（S）－6	符合表5.40的要求
煤沥青	T－5　T－6　T－7	T－4　T－5	符合表5.41的要求

拌和法沥青表面处治铺筑上封层及下封层，应按热拌沥青混合料的规定执行。当铺筑上封层时，常用AC－5（或LH－5）砂粒式沥青混凝土（即沥青砂或油砂）封面，厚度为1.0cm。

3．封层的施工要求

封层的施工包括准备工作、浇洒沥青、撒铺矿料、碾压、初期养护等工序。其施工工艺和要求与拌和法或层铺法施工的单层式沥青表面处治相同。

4．稀浆封层简介

稀浆封层是用适当级配的石屑和砂、填料水泥、石灰、粉煤灰、石粉等与乳化沥青、外加剂和水按一定配合比拌和而成的流动状态的沥青混合料，将其均匀地摊铺在路面上而形成的沥青封层。稀浆封层一般作上封层使用，常用于路面修补或罩面，但也可用于新建的沥青面层，作为磨耗层或保护层。尤其是对于缺乏优质石料作抗滑层的地区，可以节省造价。

稀浆封层常采用慢裂或中裂的拌和型乳化沥青铺筑。当采用乳化沥青稀浆封层作为上下封层时，其厚度为3~6mm。当需要减缓破乳速度时，可掺加适量的氧化钙作外加剂；当需要加快破乳速度时，可采用一定数量的水泥或消石灰作填料。

稀浆封层混合料级配类型以及沥青用量应根据处治目的、道路等级选择、铺筑厚度、集料尺寸及摊铺用量可按表5.38中规定的范围并通过试验确定。

乳化沥青稀浆封层的矿料级配及沥青用量范围　　　　表5.38

	筛　孔		级配类型		
	方孔筛	圆孔筛	ES-1	ES-2	ES-3
通过筛孔的质量百分率（%）	9.5	10		100	100
	4.75	5	100	90~100	70~90
	2.36	2.5	90~100	65~90	45~70
	1.18	1.2	65~90	45~70	28~50
	0.6	0.6	40~65	30~50	19~34
	0.3	0.3	25~42	18~30	12~25
	0.15	0.15	15~30	10~21	7~18
	0.075	0.075	10~20	5~15	5~15
沥青用量（油石比）（%）			10~16	7.5~13.5	6.5~12
适宜的稀浆封层平均厚度（mm）			2~3	3~5	4~6
稀浆混合料用量（kg/m²）			3~5.5	5.5~8	>8

注：1．表中沥青用量指乳化沥青中水分蒸发后的沥青数量，乳化沥青用量可按其浓度计算；
　　2．ES-1适用于较大裂缝的封缝或中、轻交通道路的薄层罩面处理，ES-2型是铺筑中等粗糙度磨耗层最常用的级配，也可适用于旧路修复罩面。
　　3．ES-3型适用于高速公路、一级公路或城市快速路、主干路的表层抗滑处理、铺筑高粗糙度的磨耗层。

稀浆封层施工前应先修补坑槽，整平路面。铺筑时应采用稀浆封层铺筑机、并在干燥情况下进行。铺筑机工作时，应匀速前进，达到厚度均匀，表面平整的要求。铺筑后不必碾压，但必须待乳液破乳、水分蒸发、干燥成型后方可开放交通。稀浆封层的施工气温不得低于10℃。

5．小结

综上所述可见，透层、粘层及封层都是属于为使沥青路面正常使用而在施工前在其下承层和表面层上采取的必要技术措施，其各层次分布见图5.2所示。

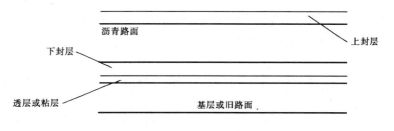

图 5.2 透层、粘层及封层

5.3.3 沥青表处路面施工

沥青表处是沥青表面处治的简称,是一种 1 到 3cm 厚的薄层路面,属于中、低级路面,还可作为封层使用,常采用层铺法施工。

层铺法表面处治按浇洒沥青及撒铺矿料的层次多少又可分为单层式、双层式和三层式三种。

1．单层式

浇洒一次沥青,撒铺一次矿料,厚度 1.0～1.5cm,适应于交通量少于 300 辆/昼夜的路面上,使用年限约 3～5 年。

2．双层式

浇洒二次沥青,撒铺二次矿料,厚度 1.5～2.5cm。适用于交通量为 300～1000 辆/昼夜的路面上,使用年限约 6～10 年。

3．三层式

浇洒三次沥青,撒铺三次矿料,厚度为 2.5～3.0cm。适用于交通量为 1000～2000 辆/昼夜的路面上,使用年限约 10 年左右。

沥青表面处治也可作为高级路面的磨耗层（即上封层）,对于原路面磨损较轻或老化不严重者,可采用单层表面处治;磨损或老化较严重,有连续 1cm 以上坑槽者,可采用双层表面处治。

一、沥青表面处治路面概述

沥青表面处治是用沥青裹覆矿料,铺筑厚度小于 3cm 的一种薄层路面面层。其主要作用是保护下层路面结构层,使它不直接遭受行车和自然因素的破坏作用,以延长路面的使用寿命,并改善行车条件,在计算路面厚度时,不作为单独受力结构层。

沥青表面处治起着防水、抗磨耗、防滑和改善碎（砾）石路面的使用品质的作用,大多使用于以下的一些场合:

1．在中等交通量（300～2000 辆/昼夜）的碎（砾）石面层上加铺表处层,可起到投资不多而较大地提高路面使用品质及降低养护费用的作用。

2．旧沥青路面表面空隙较多,可加铺表处层作为防水层之用。

3．旧沥青路面表面因不断磨耗而过于光滑时,可加铺由带有棱角的硬质矿料做成的表处层,以恢复和提高路表面的抗滑能力。

4．交通量有适当增长,而旧路面结构强度不相适应。应采用先补强、后加铺多层表面处治的方法,以改善路面使用状况。

修筑沥青路面时,宜采用加宽基层、加固路肩、铺设路缘石等措施,以防止路面边缘的损坏。

表面处治路面的路拱横坡度，一般采用1.5%～2.0%；在雨量大的地区以及需要防止表面水下渗的情况，则可采用2.5%。

二、沥青表面处治路面特点

沥青表面处治层系按嵌挤原则修筑而成，为了保证矿料间有良好的嵌挤作用，同一层的矿料颗粒尺寸应力求均匀，其最大粒径应与表处层的厚度相同。为了防止矿料松散，所用的沥青须有必要的稠度。表面处治层在施工完毕后，须经过一段时间的行车碾压，特别是一定高温下的行车碾压，使其矿料取得最稳定的嵌紧位置，并同沥青粘结牢，这一过程称为"成型"阶段。因此沥青表面处治的施工要求在寒冷季节（日最高温度低于+15℃）到来以前半个月结束，以便确保当年能在一定的高温条件下，借助行车碾压，使路面成型。

沥青表面处治路面按施工方法的不同分为层铺法和拌和法两种类型，当前使用比较普遍的是层铺法，即将沥青材料与矿料分层洒布与铺撒，分层碾压成型。层铺法的好处是：便于使用沥青洒布机，工效高、进度快、适合大面积施工。如能和撒料机配合使用，则更能显著地降低劳动强度。但采用层铺法施工时，其初期因未完全成型，容易出现矿料飞散，若施工时用油偏多，日后又容易出现泛油等病害。为确保规定的油石比和缩短成型期，也可采用拌和法施工。

三、沥青表面处治路面的施工

沥青表面处治的施工方法分层铺法和拌和法两种。层铺法表面处治施工又分先油后料与先料后油两种方法。当备有沥青洒布机具、施工路段较长、交通量较大，且气温适宜时，宜采用层铺法施工。当运输车辆较多及料场位置适中时、宜采用集中拌和法（场拌）（又称厂拌法）施工。当缺少运输车辆、施工路段交通量较小或施工气温较高时，可采用就地拌和法施工。

1．施工前的准备工作（适应于各类沥青路面）

（1）基层质量检查和整修

施工前应对基层或旧路面的强度（弯沉值）、密实度、宽度、平整度、拱度等要素进行检查，其标准应合乎施工规范要求。

基层或旧路面若有坎坷不平、松散、凹坑和软弱之处，应在面层铺筑之前整修完毕。

（2）沥青的准备

1）根据工程所需沥青数量备足材料，沥青运至工地后一般应逐桶进行初步检验，不同规格的沥青应分别堆放，并加以标记。然后，每堆均取2～3个试样进行试验，检验其技术指标，是否合乎质量要求，不合格产品严禁使用。

2）沥青加热站的准备工作包括设置油锅、开挖预热火道、开辟贮油场地、搭盖油工休息棚、设置防火设备及工伤救护药品等。休息棚应设在上风一边、临时性的油池必须搭盖棚顶，疏通周围排水渠道，以利排水。熬制沥青时要特别注意安全卫生防护。

3）如沥青中含有水分时，应在使用前进行脱水。

（3）矿料的准备

1）按计划所需备足各种矿料，对不同规格的矿料应分别堆置，不得混杂。

2）各种矿料到达工地后，应对其规格和质量进行检查，如有不符合要求时，应重新过筛再行检查。若有污染者，应用水冲洗干净。

3) 当工人铺料时，矿料宜分散堆置在两侧路肩上，交错堆成条。

(4) 施工机具的准备和检修

沥青表面处治的施工机具主要指：沥青洒油汽车、矿料撒铺车和压路机。

对于洒油汽车：主要检查其油泵系统，浇油管道、量油表、保温设备等，如有故障，应进行检修。然后将一定数量沥青装入油罐，在路上先行试浇，校核其洒油量。浇油工人应根据试浇时的数量，控制洒油量，每天收车后，应用少量柴油清洗油泵系统和喷油嘴。每次喷洒前应保持喷嘴干净、管道畅通，喷嘴角度应一致，并与喷管成15°~25°的夹角。

对于矿料撒铺车：应检查其传动系统和液压调整系统，矿料撒铺数量应事先进行试撒，以确定撒铺每种规格的矿料时应控制的间隙。

对于压路机：应检查其规格和机械性能（如转向、起动、倒退、停驶等方面），检查滚筒表面的磨损情况，如有凹陷或坑槽不得使用。

(5) 落实管制交通的措施，现场设置警示标志，禁止无关人员进入。

(6) 组织好施工队伍，并做好技术交底工作以及安全卫生防护工作。

以上所叙述的沥青表面处治的各项施工前的准备工作，也适用于其他类型的沥青路面。

2．沥青表面处治路面的层铺法施工

一般多采用先油后料法，当路肩过窄不能堆放全部矿料或临近低温施工，为使路面加速反油成型时，才采用先料后油法，本节着重叙述先油后料法的施工。

(1) 三层式沥青表面处治施工程序和要求

其施工工序如下：a 安装路缘石（砖）——b 清扫基层和放样——c 浇洒透层沥青或粘层沥青——d 浇洒第一次主层沥青——e 撒铺第一次矿料——f 碾压——g 洒第二次沥青——h 撒铺第二次矿料——i 碾压——j 洒第三次沥青——k 撒铺第三次矿料——l 碾压——m 交通控制——n 初期养护共14个工序组成，基本工序为 a 到 f 和 m，n。

(2) 双层式沥青表面处治施工程序和要求

同三层式沥青表面处治施工，仅减少一次洒油、撒料与碾压（即减少 j，k，l 三工序）。

(3) 单层式沥青表面处治施工，减少二次洒油、撒料与碾压（即减少 g，h，i，j，k，l 六工序），不必设置路缘石。

交通控制指通车初期车速20km/h以下，并控制行车路线以获路面均匀碾压。

3．沥青表面处治路面的拌和法施工

沥青表面处治的另一种施工方法是拌和法。拌和法又可分为冷拌、热拌、路拌和场拌四种。拌和法的施工质量容量保证、用油量低、路面成型快，可适当延长施工季节。但如用人工拌和，则劳动强度大，施工进度受限制。

(1) 路拌法施工程序

筛备矿料——安装路缘石（砖）——清扫放样——沿路分堆备料——人工干拌（指拌匀级配矿料）——掺加沥青拌匀——摊铺成型——碾压——初期养护。

(2) 场拌法施工程序

熬油——定量配料——机械（或人工）集中在场地拌和——运料——安装路缘石（砖）——清扫放样——卸料——摊铺整形——碾压——初期养护。

拌和法施工，在拌和时要严格控制油石比。场拌（即厂拌）时装车温度不得超过90℃，摊铺混合料的温度不低于40℃。摊铺时要近锹铺料，不准远锹扬料，整形时也不得多用齿耙，以防粗细料分离。

碾压和初期养护都与层铺法相同。

4．沥青表面处治路面的施工要点和注意事项

（1）各工序必须紧密衔接，不得脱节。每个作业段长度应根据压路机数量、洒油设备等来安排。当天施工的路段必须当天完成，以免发生沥青冷却、不能裹覆矿料、尘土污染等不良后果。

（2）注意不得在潮湿的矿料或基层上洒油。在施工中遇雨，应待矿料晾干后才能继续施工。

（3）施工现场应设有工地试验站，建立健全工地质量检查制度，严格检验材料和施工质量并作好原始记录。同时，要做好施工安全卫生工作。

（4）合理安排有利的施工季节。表处层的施工季节要尽量安排在夏季，否则气温太低，使表处层不易成型而易发生松散、脱粒现象。

（5）严格控制基层的工程质量和面层的油石比与用油量。

（6）加强初期养护工作。这是表处层施工的最后一道工序，也是保证施工质量的重要环节，渣油表处层更是如此。在处治层施工成型期间，应配备专人负责养护和交通管制等工作，要控制行车碾压（通车初期车速20km/hr以下并控制行车路线，以获路面均匀碾压），当气温高于15℃时，路面开始反油后，应在路中每隔50m设一临时标志，按先边后中的原则控制行车碾压，使路面全幅均匀反油压实。当处治层全面反油后，应撒初期养护料（2～5mm矿料或粗料），用量为3～5m³/1000m²，并仔细扫匀，促使其全面成型。

5.3.4 沥青贯入式路面施工

沥青贯入式路面是在初步压实的碎石（或轧制碎石）上，用沥青浇灌，再分层撒铺嵌缝料和浇洒沥青，并通过分层压实而形成的一种较厚的路面面层，其厚度通常为4～8cm。

沥青贯入式路面属于次高级路面，其适用交通量为2000～5000辆/昼夜，使用年限为12年以上，面层厚度根据设计决定，它也可以作为高级沥青路面的基层及联结层。

一、沥青贯入式路面概述

贯入式路面的强度与稳定性主要由矿料的相互嵌挤和锁结作用而形成，属于嵌挤类路面。

根据沥青材料贯入深度的不同，贯入式路面可分为深贯入式（6～8cm）和浅贯入式（4～5cm）两种。

沥青贯入式路面具有强度较高、稳定性好、施工简便和不易产生裂缝等优点。由于沥青贯入式路面主要取决于矿料间的嵌挤作用，受温度变化的影响小，故温度稳定性好，其缺点为沥青材料洒布在矿料中不易均匀，在矿料密实处沥青材料不易贯入，而在矿料空隙较大处沥青材料又容易结成块，因而强度不够均匀。

沥青贯入式路面是一种多孔隙结构。为了防止表面水的透入，增强路面的水稳性，使路面面层坚固密实，贯入式路面必须加封面处理，但在作为基层或联结层使用时，最上一层可不作封层。

如果沥青贯入式路面的最上部（封层）是采用拌和法施工的话，则其下部宜采用贯入

式，这种上部采用拌和料的混合式路面面层结构，称为沥青上拌下贯式路面，其厚度为5～8cm。上拌下贯式路面具有成型快，质量有保证，平整度好等优点，面层厚度也根据设计决定，在施工时要采用贯入和拌和两套机械设备。

二、沥青贯入式路面材料要求

沥青贯入式路面所用沥青材料标号的选择，应根据所在路面施工条件、地区气候及矿料质量和尺寸而定。当地区气候较冷、施工气温较低、矿料较软或粒径偏细时，应采用稠度较低的沥青材料，反之则应采用稠度较高的沥青材料。适用于贯入式路面的沥青材料标号见表5.25所示。沥青贯入式路面所用矿料，应本着因地制宜与就地取材的原则，符合表5.29的规定。4～6cm厚贯入式路面的主层矿料最大粒径采用与面层等厚，其用量按松铺系数1.1计算；7～8cm厚的主层矿料最大粒径为面层厚度0.9倍或相等，其用量按松铺系数1.15～1.20计算。主层矿料中大粒径颗粒含量不得少于70%，其嵌缝料应与前层矿料嵌锁紧密，后一层嵌缝料最大尺寸与前一层矿料的最小尺寸相当，其用量应按平铺一层计算，既不重叠，也不留有空白。沥青贯入式路面材料用量见表5.39所示（矿料尺寸对应的筛分规格详见表5.28所示）

沥青贯入式路面材料用量表 表5.39

厚度(cm)	主层		第一遍嵌缝料 $m^3/1000m^2$		第二遍嵌缝料 $m^3/1000m^2$		封面料 $m^3/1000m^2$		石油沥青（kg/m²）			
									分层用量			合计
	尺寸(mm)	用量(m³/1000m²)	尺寸(mm)	用量(m³/1000m²)	尺寸(mm)	用量(m³/1000m²)	尺寸(mm)	用量(m³/1000m²)	1	2	3	
4	20～40	44	10～20(15)	12～14	5～10	7～8	3～5	3～5	1.8～2.1	1.6～1.8	1.0～1.2	4.4～5.0
5	30～50	55	15～25	16～18	5(10)～15	10～12	3～5	3～5	2.4～2.6	1.8～2.0	1.0～1.2	5.2～5.8
6	30～60	66	15～25(30)	16～18	5(10)～15	10～12	3～8(5)	4～6	2.8～3.0	2.0～2.2	1.0～1.2	5.8～6.4
7	30(40)～70(60)	80	15～30(25)	18～20	10(5)～15	11～13	3～8(5)	4～6	3.3～3.5	2.4～2.6	1.0～1.2	6.7～7.3
8	30(40)～70	96	15～30(25)	20～22	10(5)～15	11～13	3～8(5)	4～6	4.0～4.2	2.6～2.8	1.0～1.2	7.6～8.2

注：1. 采用煤沥青时石油沥青用量×1.2计算。
2. 矿料数量不包括施工损耗数量。矿料括号内尺寸系指建议采用的另一种尺寸。
3. 规定尺寸的嵌缝料，细料多时用低、中限；反之用高、中限。针入度较小沥青用量取高限，反之取低限。
4. 施工期间应另备每2～3m³/1000m² 的石屑。粗砂或中砾石（和最后一次封面料尺寸相同），供初期养护使用。
5. 在寒冷及干旱风沙大的地区，用量可超出高限5%～10%。

三、沥青贯入式路面施工

1．准备工作

与沥青表面处治的施工准备工作相同。

2．施工程序

(1) 安装路缘石（砖）

(2) 清扫基层和放样

(3) 浇洒粘层或透层沥青

(4) 撒铺主层矿料

撒铺时应注意撒铺均匀，避免大小颗粒集中，并不断检查松铺厚度和用路拱板校验路拱。铺好的矿料层应严禁车辆通行。

(5) 碾压 1

先用 6~8t 轻型压路机 2km/h 的速度初碾，碾压 3~4 遍，使矿料基本稳定，无显著推移为止。然后再用 10~12t 中型压路机以 3~5km/h 的速度进行碾压，直至主层矿料嵌挤紧密，无显著轮迹为止。此阶段的碾压遍数一般为 2~4 遍，视矿料的软硬而定。碾压时如发现矿料有过多压碎，应立即停止碾压，以免矿料过于破碎而影响沥青贯入。

(6) 浇洒第一次沥青

(7) 撒铺第一次嵌缝料

撒铺应均匀，不得有重叠或露白。

(8) 碾压 2　用中型压路机碾压 4~6 遍，并随压随扫使嵌缝料均匀嵌入主层石料中，碾压 3 方法同碾压 2。

(9) 以后的施工程序如下：

浇洒第二次沥青——撒铺第二次嵌缝料——碾压 3——浇洒第三次沥青——撒铺封面料——最后碾压。（采用 6~8t 轻型压路机碾压 2~4 遍）

(10) 交通控制（通车初期车速 20km/h 以下并控制行车路线，以获路面均匀碾压）

(11) 初期养护（见表 5.39 注第 4 条说明）

四、沥青上拌下贯式路面施工

沥青上拌下贯入路面是下部采用贯入式，上部采用热拌沥青混合料作为上封层的一种组合式沥青路面，其上封层厚度为 1.5cm 或 2cm 厚，采用沥青表处拌和法施工方式，下部采用沥青贯入式路面方式施工但不作最后一层封层油和封面料。若采用乳化石油沥青作上拌下贯式路面并且铺于半刚性基层上时则需要做下封层。

上拌下贯式路面从本质上来说与沥青贯入式路面的区别在于表层用封面料还是用一层拌和式沥青混合料作上封层，作上封层后其表面渗水状况得到了改善，上拌下贯式沥青路面其实质还是属于沥青贯入式路面，适用于次高级路面，其材料规格用量参见表 5.40 所示。

准备工作和下贯部分施工与沥青贯入式路面相同，上拌部分施工与拌和法沥青表面处治相同。上拌部分应紧接下贯部分施工完毕后进行。摊铺上拌混合料前应清除下贯部分表面的浮动矿料、杂物和尘土。如不易清除，则应浇洒粘层油。若因故不能紧接施工而又不能断绝交通时，应给下贯部分加封层。

不论沥青贯入式路面或是上拌下贯式路面，为提高路面的施工质量，都要强调热天施工与初期养护工作，初期养护工作与表面处治相同。

沥青上拌下贯式路面材料规格和用量　　　　　　　表 5.40

厚度 (cm)	矿料								石油沥青用量		
	主层		第一遍嵌缝料		第二遍嵌缝料		上拌沥青混合料		下贯部分（kg/m²）		上拌部分 (kg/m²)
	尺寸 (mm)	用量 (m³/1000m²)	尺寸 (mm)	用量 (m³/1000m²)	尺寸 (mm)	用量 (m³/1000m²)	尺寸 (mm)	用量 (m³/1000m²)	第一次	第二次	
4	20~40	44	10~15 (20)	12~14	5~10	5~7	3~10 或 0~10 或 0~15	21~35	2.0~2.3	1.4~1.6	4.5%~7.0%
5	30~50	55	15~25	16~18	5 (10)~15	7~9			2.6~2.8	1.6~1.8	
6	30~60	66	15~25 (30)	16~18	5 (10)~15	7~9			3.2~3.4	1.6~1.8	
7	30~70	80	15~25 (30)	18~20	10 (5)~15	8~10			4.0~4.3	1.6~1.8	

注：1. 嵌缝料规格括号内尺寸系指建议采用的另一种尺寸。
　　2. 采用煤沥青时，按石油沥青用量乘以 1.2 计算。
　　3. 其他注释同表 5.39 第 2~第 5 条。

5.3.5 沥青碎石和沥青混凝土路面施工

通常，用沥青混凝土和沥青碎石采用热拌热铺法铺筑的沥青路面统称为热拌沥青混合料路面，属于高级路面，常用于高速公路、一级公路或立交桥桥面铺装，城市快速路，主干路上。所以，为严格控制质量，大都采用厂拌法施工。

沥青混凝土可用"沥"、"混"第 1 个拼音字母 LH 表示，也可用 AC 表示（AsphaltConcrete）；沥青碎石可用"沥"、"碎"第 1 个拼音字母 LS 表示，也可 AM 表示（AsphaltMacadam）。沥青混凝土和沥青碎石以强度原理而言分别属于密实类和嵌挤类。相关区分与划分见表 5.41、表 5.42。

热拌沥青混合料路面根据不同地区，道路等级及所处层位功能要求从表 5.43 中选择适当结构组合。

沥青混凝土与沥青碎石区别　　　　　　表 5.41

名称	压实后空隙率	级配组成		强度原理		强度	其他特点				
		矿粉	粗骨料	粘接力	内摩擦力		热稳定性	抗滑移性	耐久性	施工成型	实际使用
沥青混凝土	≤10%	必须有	较少	为主	为辅	最高	较差	较差	好	较难	较窄
沥青碎石	>10%	无或极少	较多	为辅	为主	较高	好	好	较差	方便	较广

沥青混凝土和沥青路面粒径划分及空隙率划分　　　　　表 5.42

名称	按矿料标准最大直径（粒径）划分种类（mm）					按空隙率划分种类		
	特粗式	粗粒式	中粒式	细粒式	砂粒式	空隙率	级别	主要用于
沥青混凝土	/	LH—35	LH—25	LH—15	LH—15	3%~6%	Ⅰ型	城市道路
		LH—30	LH—20	LH—10		6%~10%	Ⅱ型	公路
沥青碎石	LS—50	LS—35	LS—25	LS—15	/	10%~15%	半开级配	公路
	LS—40	LS—30	LS—20	LS—10		>15%	开级配	低噪声路面

沥青混合料路面结构组合表　　　　表 5.43

面层结构层次	高速公路、一级公路、城市快速路、主干路		其他等级公路		一般城市道路及其他道路	
	三层式沥青混凝土	两层式沥青混凝土	两层式沥青混凝土	两层式沥青碎石	沥青混凝土	沥青碎石
上面层	LH—15 LH—20 LH—25	LH—15 LH—20	LH—15 LH—20	LH—15	LH—5 LH—10 LH—15	LS—10
中面层	LH—25 LH—30	/	/	/	/	/
下面层	LH—30 LH—35	LH—25 LH—30 LH—35	LH—25 LH—30 LH—35 或采用沥青碎石 LS—30（或LS—35）	LS—30 LS—35	LH—25 LH—30 或采用沥青碎石 LS—30、LS—35	LH—30 或采用沥青碎石 LS—35、LS—40、LS—50

表 5.43 中，当上面层及下面层均用沥青碎石时须作下封层。上面层宜用沥青混凝土铺筑以确保平整度、抗渗性好。

一、沥青混凝土路面施工

（一）沥青混凝土路面分类

沥青混凝土路面是由几种大小不同颗粒矿料（如碎石、轧制碎石、石屑、砂和矿粉等）用沥青作结合料，按一定比例配合，在严格控制条件下拌和，经压实成型的路面。这种沥青混合料称为沥青混凝土混合料。

沥青混凝土路面的强度是按密实原则构成的，其中采用一定数量的矿粉是沥青混凝土的一个显著特点。矿粉的掺入使沥青混凝土中的黏稠沥青以薄膜形式分布，从而产生比单纯沥青大数十倍的黏结力，这是沥青混凝土强度构成的重要因素，而骨料的磨阻力和嵌挤作用占次要地位。为使黏稠沥青和矿粉形成均质的沥青胶泥并均匀分布于级配矿料中以构成一个密实的整体，故通常多采用热料热拌的方法（厂拌法最好），以达到严格控制质量的目的。沥青混凝土路面具有密实度大，整体性好，强度高、抵抗自然因素破坏作用的能力强等优点，是一种适合现代汽车交通的高级路面，适用于高速公路、一级公路及交通量大的城市快速路和主干路。面层宜采用双层式结构，下层采用粗粒式或中粒式沥青混凝土，上层采用中粒式或细粒式沥青混凝土，使用年限可超过15年。由于沥青混凝土路面具有较高的强度，能承受繁重的车辆交通，因而也要求有十分坚强的基层。同时，由沥青薄膜黏结力所构成并获得的强度对温度很敏感，因此沥青混凝土的温度稳定性较差，在高温季节易产生波浪、推挤和拥包现象。

沥青混凝土混合料按标准压实后的剩余空隙率可分为Ⅰ型（剩余空隙率3%～6%）和Ⅱ型（剩余空隙率6%～10%）。当其空隙率较小时，雨水不容易渗入，路面具有很高的耐久性，使用年限较久。当空隙率较大时，雨水容易渗入使黏结力降低，导致沥青从矿料表面剥落，加速老化，缩短使用年限，但因其细料含量较少，可以增加高温抗变形能力，热稳定性较好。

沥青混凝土路面可以按下列几种方式分类：

1．按所用的沥青材料分类

（1）地沥青混凝土（用石油沥青为结合料）

（2）煤沥青混凝土（用煤沥青为结合料）

2．按摊铺时的温度分类

（1）热拌热铺（摊铺温度100～150℃）

（2）热拌冷铺（摊铺温度与大气温度相同）

3．按沥青混合料最大粒径分类

（1）按矿料最大粒径不同，可分为LH—35，LH—25，LH—20，LH—15，LH—10，LH—5等七种类型。LH代表沥青混凝土混合料，数字代表矿料最大粒径（mm）。

（2）在生产上按最大粒径的不同，又可分为：

1）粗粒式　最大粒径为30～35mm

2）中粒式　最大粒径为20～25mm

3）细粒式　最大粒径为10～15mm

4）沥青砂　最大粒径为5mm（即砂粒式）

4．按沥青混凝土路面的结构形式分类

可分成单层式和双层式。单层式厚4～6cm；双层式一般为7～9cm，下层厚4～5cm，上层厚3～4cm。

沥青混凝土混合料的技术指标应符合表5.44的要求，其极限抗弯强度应满足弯拉应力验算的要求。

沥青混凝土混合料技术指标　　　　表5.44

项目	交通量 混合料种类		BZZ—100级大于500轴次/d （击实次数双面各75次）			BZZ—100级小于500轴次/d （击实次数双面各50次）		
			粗粒式	中粒式	细粒式	粗粒式	中粒式	细粒式
稳定度（N）不小于			4500	5000	6000	4000	4500	5000
流值（1/100cm）			20～40			20～45		
空隙率（%）	Ⅰ		3或2～6			3或2～6		
	Ⅱ		6～10			6～10		
饱水率（%）	Ⅰ		2或1.5～9			2或1.5～5		
	Ⅱ		5～9			5～9		
饱和率（%）	Ⅰ		75～80			75～80		
	Ⅱ		60～75			60～75		
残留稳定度	Ⅰ		>75			>75		
	Ⅱ		>70			>70		

注：1．Ⅰ型为密实级配，空隙率3%～6%，Ⅱ型空隙率为6%～10%。

2．在拌和厂或现场产品检验时，如材料比重测定困难，可采用饱水率代替空隙率。

（二）沥青混凝土路面的材料要求

（1）沥青材料

沥青混凝土可采用黏稠石油沥青或软煤沥青为结合料，其稠度要根据气候条件、混合料类型、交通性质等因素综合选定。在气温较高和交通繁重的条件下，凡细粒沥青混凝土应选用稠度较高的沥青；反之，则可采用稠度较低的沥青。我国大部分地区热铺沥青混凝土多采用标号为油—100、油—60的石油沥青或标号为煤—8、煤—9的煤沥青。具体选用时，可以参见表5.25的规定。

（2）碎石或砾石

应选用强度不低于3级、耐磨、方正有棱角和与沥青粘结力较强的碱性石料（石灰岩、白云岩等）。若选用酸性石料（如花岗岩等），则在使用前，应掺加少量（0.6～2%）表面活性的掺和料（如碱土金属皂、松脂盐酸等）预先碱化，以改善石料与沥青的粘结力。所用的石料必须清洁干燥，不应含有污泥等杂质，粘土及灰尘含量应不大于1%；所选用的石料应符合表5.27的规定要求及表5.29要求。

（3）砂

天然的及人工的均可选用，应具有一定的级配组成，最好是颗粒尺寸为0.074～0.25，0.25～0.50，0.50～2.0mm的颗粒成分大致相等。砂质应清洁、坚硬、不含杂质，含泥量不大于4%，见表5.32要求。

（4）矿粉

一般采用石灰石粉，其中粒径小于0.074mm的成分，宜不少于80%，亦可采用水泥、消石灰粉作为矿粉，但消石粉不宜超过3%。矿粉在沥青混凝土混合料中的作用是填充混合料的空隙，增强矿料和沥青的粘结力，它能显著地提高混合料的强度和温度稳定性，见表5.35要求。

上述材料组合成沥青混凝土混合料时，要求有合理的级配关系，见表5.45。

沥青混凝土材料级配组成及油石比　　　　表5.45

类型			通过下列筛孔（mm）重量（%）												沥青用量（油石比）（%）
			35	30	25	20	15	10	5	2.5	1.2	0.6	0.3	0.15	0.075	
粗粒式	LH—35	II	95～100	—	75～95	—	55～75	40～60	25～45	15～35	—	5～18	4～14	3～8	2～5	4.0～5.5
	LH—30	II		95～100	75～95	—	55～75	40～60	25～45	15～35	—	5～18	4～14	3～8	2～5	4.0～5.5
中粒式	LH—25	I			95～100	—	—	70～80	50～65	35～50	25～40	18～30	13～21	8～15	4～9	5.0～6.5
		II			95～100	—	50～70	30～50	20～35	13～25	9～18	6～13	4～8	3～7	4.5～6.0
	LH—20	I				95～100	—	70～80	50～65	35～50	25～40	18～30	13～21	8～15	4～9	5.0～6.5
		II				95～100	—	50～70	30～50	20～35	13～25	9～18	6～13	4～8	3～7	4.5～6.0
细粒式	LH—15	I—1					95～100	—	70～80	55～65	40～50	30～40	21～28	12～20	6～10	6.0～7.5
		I—2					95～100		55～70	40～55	30～40	20～30	16～21	10～15	5～9	5.5～7.0
		II					95～100		35～55	25～40	18～30	12～20	8～16	5～10	4～8	5.0～6.5
	LH—10	I—1						95～100	70～80	55～65	40～50	30～40	21～28	12～20	6～10	6.0～8.0
		I—2						95～100	55～70	40～55	30～40	20～30	16～21	10～15	5～9	5.5～7.5
		II						95～100	35～55	25～40	18～30	12～20	8～16	5～10	4～8	5.0～7.0
砂粒式	LH—5	II							95～100	65～85	45～65	30～52	17～37	11～28	8～12	7.0～9.0

注：1. 类型LH代表沥青混凝土混合料，数字代表矿料最大粒径(mm)，I型孔隙率为3～6%，II型空隙为6%～10%。

　　2. 沥青用量系外加，以石油沥青为准，如用煤沥青时增加20%。

（三）沥青混凝土路面施工方法

1．沥青混凝土路面施工前的准备工作

在铺筑沥青混凝土混合料之前，应检查与清理基层，保证基层弯沉、压实度及高程合格，表面坚实、平整、洁净和干燥。准备和检修施工机具，检查其是否保持完好状态。落实各种材料，备齐仪器用具，制定施工计划，安排好劳动力，进行施工放样等各项工作。

2．沥青混凝土路面施工程序

（1）安装路缘石

（2）清扫基层和放样

（3）浇洒粘层或透层沥青

（4）沥青摊铺机摊铺沥青混合料

1）应尽量采用全路幅铺筑，以避免纵向施工缝。沥青混合料往往采用厂拌法施工。

2）双层式沥青混凝土的上下层应尽可能在同一天内铺筑，以避免下层污染。

3）控制沥青混凝土的摊铺温度，石油沥青混合料不低于100～120℃，煤沥青混合料不低于70～90℃。

4）控制沥青混合料的现场松铺厚度 $H_{松}$ 计算

$$H_{松} = C \times h_{实}$$

式中　$h_{实}$——符合压实标准的实际压实厚度；

　　　C——松铺系数。机械摊铺约为1.15～1.30，人工摊铺为1.25～1.50。

5）人工摊铺时要边摊铺边用刮板整平。刮平时做到轻重一致，来回2～3次达到平整即可。

（5）碾压

1）碾压程序为：初压—复压—终压。

2）初压可用6～8t双轮压路机，必须紧接摊铺进行，初压2遍左右。复压可用10～12t三轮压路机或相应轮胎压路机压实，直至稳定无显著轮迹为止，一般为4～6遍。终压采用6～8t双轮压路机碾压，消除碾压中产生的轮迹和确保表面平整度，一般2～4遍。

3）碾压速度如表5.46所示。

4）碾压温度控制，见表5.47所示。

沥青混凝土路面施工时各种压路机碾压速度　　表5.46

压路机类型	最大碾压速度 初压(km/h)	复压(km/h)	终压(km/h)
钢轮压路机	1.5～2.0	3	3
轮胎压路机		5	

沥青混凝土的碾压温度　　表5.47

阶段 混合料类型	开始阶段	结束阶段
石油沥青混合料	不高于100～120℃	不低于70℃
煤沥青混合料	不高于90℃	不低于50℃

（6）开放交通

沥青混凝土路面应在完全冷却以后才能开放交通，一般在施工完毕后第二天开放。

（7）接缝处理

沥青混凝土路面的各种施工缝（包括纵缝及横缝）都必须紧密平整，接缝前应扫净、刨齐，刨齐后的边缘应保持垂直。接缝前应对接缝边缘用热烙铁来回烫平，烙铁不宜烧得发红。开始时动作要快，以免把沥青烧焦。烫平后先在缝上涂一层宽约5cm的粘层油，然后撒上石粉并密封边口，以防雨水渗入。

双层式路面上下层各自的接缝，都应相互错开，不宜处于同一个垂直面上。

二、沥青碎石路面施工

沥青碎石路面是由几种不同大小的矿料，掺有少量矿料或不加矿粉，用沥青作结合料，按一定比例配合，均匀拌和，经压实成型的路面，是一种以嵌挤为主、粘结为辅的路面。它的材料结构与沥青混凝土相似，主要的差别，一是空隙率较大，一般都在10%以上；其次是材料中不掺（或掺很少量的）矿粉。用这种混合料铺筑的路面能充分发挥其颗粒的嵌挤作用，提高温度稳定性，在高温季节不易形成波浪、推挤和拥包。而且拌和摊铺沥青碎石混合料较易，路面铺筑后成型较快，由于有上述优点，故近年来使用较广。但主要缺点是由于空隙率大，易透水，从而降低了石料同沥青间粘结力；沥青老化后，路面结构容易疏松，导致破坏，故其强度和耐久性都不如沥青混凝土，但也有以下优点：

1. 高温稳定性好，路面不易产生波浪，在低温时也有一定的塑性而不致开裂，裂缝少。

2. 对石料级配和沥青规格要求较宽，选用材料比较容易满足要求。

3. 沥青用量少，且不用（或少用）矿粉，造价低。

4. 路表面较易保持粗糙，有利于高速行车和安全。

为了防止水分渗入沥青碎石路面和保持平整度，必须在其表面加铺表面处治或沥青砂等上封层。

沥青碎石路面的施工方法有热拌热铺、热拌冷铺及冷拌冷铺等几种方法，但通常多采用热拌热铺法施工。

沥青碎石路面按矿料最大粒径不同，可分为：LS—50、LS—40、LS—35、LS—30、LS—25、LS—20、LS—15、LS—10 等8种类型。

沥青碎石混合料可作沥青路面的联结层和基层，其类型可采用 LS—50、LS—40、LS—35 或 LS—30。也可以作不透水沥青路面的磨耗层或防滑面层，其类型可采用LS—15或 LS—10，并选择富有棱角、耐久硬质的矿料。

单层式沥青碎石的厚度为4~7cm，双层式可达10cm。

（一）沥青碎石路面的材料要求

沥青碎石路面对矿料的强度要求较高，通常都使用1级或2级石料，而且要求石料必须与沥青有良好的粘结力。沥青碎石路面所用沥青的稠度可较沥青混凝土所用的为低；冷铺混合料所用沥青的稠度应较热铺的为低。

关于沥青碎石路面采用沥青的质量和标号，应符合表5.25的要求。采用矿料的等级，应符合表5.29的要求。

沥青碎石混合料的级配组成，规定如表5.48所示。

沥青碎石混合料级配组成及用量表 表5.48

沥青碎石级配类型	通过碎石混合料级配组成及用量表												用油量（油石比）%
	50	40	35	30	25	20	15	10	5	2.5	0.6	0.3	0.075	
LS—50	95~100					45~55	35~55	15~35	5~25	5~10	0~8	0~4	0~2	2.5~4
LS—40		95~100				45~55	35~55	20~40	5~25	5~15	0~9	0~5	0~3	2.5~4

续表

沥青碎石级配类型	通过碎石混合料级配组成及用量表													用油量（油石比）%
	50	40	35	30	25	20	15	10	5	2.5	0.6	0.3	0.075	
LS—35		95~100				40~60	25~45	10~30	5~20	0~10	0~6	0~4		4.0~5.0
LS—30				95~100										
LS—25					95~100		35~55	15~35	5~25	0~11	0~7	0~5		4.5~5.5
LS—20						95~100								
LS—15							95~100	20~40	10~30	3~14	1~10	0~6		5.0~6.0
LS—10								95~100						

注：字母 LS 代表沥青碎石混合料，表中沥青用量指石油沥青，煤沥青用量乘以 1.2 倍。

（二）沥青碎石路面的施工

沥青碎石路面的施工方法和施工要求基本上与沥青混凝土路面相同，一般亦包含施工准备、安装路缘石和培肩、清扫基层和放样、浇洒粘层或透层沥青、摊铺和碾压沥青碎石混合料等几道工序，其施工要求与沥青混凝土主要不同之处有：在摊铺时的松铺系数为 1.2~1.5，机械摊铺的松铺系数为 1.2~1.3。在碾压时，石油沥青碎石混合料的碾压温度不宜低于 80~100℃，煤沥青或油—200 的混合料不宜低于 60℃，其他皆同于沥青混凝土。由于热铺沥青碎石主要依靠碾压成型，故碾压的遍数较多，一般要碾压 10 遍左右，直到混合料无显著轮迹为止。冷铺沥青碎石路面，施工程序与热铺的相同，但冷铺法铺筑的路面，最终成型需靠开放交通后行车压实，故在铺筑时碾压的遍数可以减少。沥青碎石路面在基本冷却后可开放交通。

5.3.6 改性沥青路面简介

所谓改性沥青就是用几种不同的沥青掺配或者加入其他材料，使沥青的工程性质（比如防水、抗老化、抗冻等性质）得到明显改善，这就是改性沥青。目前改性沥青还主要用于生产沥青防水制品，常用的改性材料有橡胶和树脂，以及煤焦油和矿物填料，在房屋建筑中使用较多，在沥青路面中使用还处于探索阶段，使用得极少，但前景广阔。

由于我国幅员辽阔，各地气候条件千差万别，所以可以因地制宜，根据工程使用环境、气候、交通特点等相关条件对用于沥青路面的沥青经过试验后合理掺配其他改性材料，以达到最优化的改性目的，提高强度、抗冻性、耐水性、耐久性等工程物理力学性质，减少养护。

例如南方多雨地区，就可以因地制宜地掺配一些具有防水效果的防水材料，确保沥青路面使用中的防水特性，达到路基稳定的目的；又如寒冷地区，就可以有针对性地掺配一些具有防冻效果的防冻材料，确保沥青路面使用中的防冻特性，使沥青路面不会冻裂；又如高温地区，就可以结合具体情况地掺配一些具有耐高温效果的材料，确保沥青路面使用中耐高温的特性，使沥青路面不会在高温季节交通量作用下发生泛油、拥包、松散等破坏现象；

改性沥青路面的施工方法基本同正常沥青路面的施工方法，也就是说基本上可以把改性沥青同组成沥青路面的其他材料（粗细矿料，矿粉）一同按照正常施工程序进行施工。

5.3.7 沥青路面的低温及雨季施工

沥青路面（除乳化沥青以外）施工有很强的季节性，其路面质量与施工季节的气温和外界自然条件有密切关系，故在低温季节与雨季施工时，应采取不同的施工措施。

一、低温施工措施

1．沥青路面底层的低温施工措施

对砂石底层，应注意其含水量。如需洒水碾压，则可掺入5～10％氯盐（根据施工气温确定掺量），随洒水随碾压，必须当天完工。

对石灰土底层，由于灰土在低温条件下硬化缓慢，强度低，水稳性和耐冻性差，常导致沥青路面损坏。在接近冬季施工时，一般要求在冰冻前一个月停止灰土施工，并在灰土上覆盖砂土磨耗层，以便临时通车，待来年春季再铺筑沥青路面。个别的急需工程，可按石灰土的重量掺盐4％～5％以防冻，但食盐成本高，且不易溶化，因此，在有条件时，应采用工业废料硝盐作为防冻剂。

2．热铺沥青混凝土路面的低温施工措施

热铺沥青混凝土路面施工气温在5℃以下或冬季气温虽在5℃以上，但有大风时，在施工中应采取下列措施：

（1）适当提高沥青混凝土混合料出厂温度，石油沥青混合料160～180℃，煤沥青混合料120～130℃。

（2）运输沥青混合料用的车辆应有严密的覆盖设备保温。石油沥青混合料到达工地温度不低于140℃，煤沥青混合料不低于110℃。

（3）摊铺机的刮平板及其他接触热混合料的机械、工具要经常加热，并用喷雾器在其上喷一薄层油料（柴油）。在工地现场应准备好挡风、加热、保温工具和设备等。

（4）卸料后应用苫布等及时覆盖保温。

（5）摊铺时间宜在上午9时至下午4时进行，做到快卸料、快刮平、快碾压。

（6）在摊铺沥青混合料前，宜用喷灯将接缝处加热至60～75℃，接缝处除用热夯、烙铁等夯实、烫平外，并应用压路机沿缝加强碾压。

（7）碾压时应备有足够数量的压路机。石油沥青混合料的开始碾压温度宜在90～100℃以上，碾压终了温度不得低于50℃。煤矿沥青混合料开始碾压温度宜在80℃以上，碾压终了温度不得低于40℃。

（8）集中人员与机具，缩短摊铺与碾压的时间，并加强工地现场与沥青拌和厂的联系，做到定量、定时、定车组织生产，及时供料，避免接缝过多。

3．沥青贯入式和沥青表面处治路面的低温施工措施

由于贯入式和表面处治路面都是就地洒油，油的热量极易散发而很快降温，因此对施工季节气温的要求更高一些。一般情况下，春季气温低于10℃及秋季气温低于15℃时，就得采取低温施工措施。当气温低于5℃时不得施工。

低温施工时，碾压碎石要尽量少洒水。必要时水中可掺入6～9％氯盐以防止霜冻，洒水时宜在前半日内完成。要选用较稀的沥青，对石油沥青宜采用针入度为170～200或采用煤5、煤6标号的煤沥青。浇洒沥青应在气温较高时进行，洒油、撒抖、扫匀和碾压四个工序要紧密衔接，不能间断，每次洒布长度不宜过长。

二、雨季施工措施

除乳化沥青以外的其他沥青路面是不允许在下雨时施工的。但路面施工线长、点多，又都是露天作业，很难完全避免在施工中遇到下雨，因此，雨季施工必须采取一些对应措施。

1．注意气象预报，加强工地现场与沥青拌和厂的联系。现场要缩短施工路段，各工序要紧凑衔接。

2．准备好运输沥青混合料汽车的苫布和工地摊铺地点的覆盖物等防雨设备，基层路肩作好排水措施。

3．下雨或基层潮湿时，均不得摊铺沥青混合料。对未经压实即遭雨淋的沥青混合料，应全部清除，更换新料。

5.3.8 沥青路面安全施工及质量控制

沥青路面目前仍是大量采用的路面，施工方法多，施工种类多，沥青种类多，且多属高温施工，大多是露天施工，质量要求高，往往施工完毕后不久即可通车，故对沥青路面安全施工及质量控制必须严格要求。

一、沥青路面安全施工

安全生产是我国的一项保护职工健康和社会安宁的重要方针政策，为确保沥青路面施工安全，要采取以下防护措施。

1．凡患皮肤病、眼病、喉病、面部或手部有破伤及对沥青过敏的人，不应作沥青加工工作，特别是不应作煤沥青加工工作。

2．凡接触沥青的工人必须穿工作服和劳保靴，戴手套或胶皮手套等。接触煤沥青的工作还应用洁净毛巾将颈部围裹，脸部及外露皮肤应涂抹防护药膏。戴口罩及有色护目镜等。

3．如果有人被沥青灼伤时，应立即将粘在皮肤上的沥青用酒精、松节油或煤油等擦洗干净。再用高锰酸钾溶液或硼酸水刷洗伤处，事故严重应立即请医务人员进行急救。

4．加热沥青：溶化桶装沥青时，必须先打开大小桶盖，大口在下，小口在上，以免爆炸。

沥青加热地点距附近建筑物至少40cm，并备有灭火器和砂等防火用品。

5．喷洒沥青：要事先检查洒布机的高压胶管与喷油管的联结是否牢固，洒油时要经常注意喷嘴出油是否正常。要顺风操作，喷油中断时，就终断喷头放在油箱内，将喷头内的余油全部喷出。

6．现场操作：施工现场应设立安全标志，并特别注意操作和交通安全。运料车到达工地时，要有专人指挥。压路机开动和倒退前，要看清前后方两侧是否有人，严禁儿童跟随玩耍。

7．沥青混合料拌和厂：轻油存放地点和沥青存放地点应注意防火，并须远离火源及派专人管理。电力设备要经常检查是否漏电。当机器或输送设备等加注润滑油时，必须停车进行。

8．用人工洒布器洒布沥青时，喷头10m以内不得站其他无关人员，不准逆风操作。使用汽车洒布机要设立标志，沥青加热和调整喷油嘴高度及喷洒过程中，附近不得站人。

9．严控熬油温度，不得超过沥青闪光点，以免油料老化。

10．施工技术安全负责人应作好安全技术交底和安全教育检查工作。

二、沥青路面质量控制

"百年大计，质量第一"，因此沥青路面施工从基层到完工均需进行质量检查，只有本道工序合格后才可进行下道工序施工。

1．基层质量标准和检查方法见表5.49所示

基层质量标准和检查方法　　　　　　　　　　　　　　　　　表 5.49

检查项目	允许偏差	检查频率 范围	检查频率 点数	检查方法
厚　　度	±10%	1000m²	路中及路两侧各一处	用尺量
宽　　度	不小于设计规定	100m	3	用尺量
平 整 度	不大于 10mm	100m	10	3m 直尺
横 坡 度	±0.5%	1000m	3	水准仪
密 实 度	根据不同基层类型要求	1000m²	1	环刀法或灌砂法
强度（弯沉值）	不低于设计规定	100m	3	弯沉仪
外观要求	平整密实无坑洞，不松散，无显著起伏，无粗细料集中现象			

2．沥青路面施工材料检查

材料检查包括沥青材料在施工前取样和施工中抽样检查。

沥青路面要检查沥青用量，拌和温度，出厂温度，摊铺温度，碾压温度，马歇尔试验值（用来确定沥青设计用量），针入度（粘滞度）、延伸率、软化点、矿料规格、形状、级配、矿粉颗粒组成、砂细度模数等规范要求的要素。

3．沥青路面竣工质量检查

沥青应浇洒均匀，不污染其他构筑物，路表面要平整、坚实、不得有脱落、掉落、裂缝、波浪、泛油、松散等病害现象，中型压路机碾压后无明显轮迹。接茬应紧密平顺，路面无积水现象。沥青路面竣工质量要求见表 5.50～表 5.52。

沥青表面处治路面允许偏差　　　　　　　　　　　　　　　　　表 5.50

序　号	项　目	允许偏差（mm）	检验频率 范围	检验频率 点数		检验方法
1	平整度	10	20m	路宽（m） <9 9～15 >15	1 2 3	用 3m 直尺量取最大值
2	宽度	−20	40m	1		用尺量
3	中线高程	±20	20m	1		用水准仪测量
4	横坡	±20 且不大于 ±1%	20m	路宽（m） <9 9～15 >15	2 4 6	用水准仪测量

沥青贯入式路面允许偏差　　　　　　　　　　　　　　　　　表 5.51

序　号	项　目	允许偏差（mm）	检验频率 范围	检验频率 点数		检验方法
1	△压实密度	≥2.15t/m³	2000m²	1		灌砂法
2	△厚度	+20，−5	2000m²	1		用尺量
3	弯沉值	不大于允许值	20m	路宽（m） <9 9～15 >15	2 4 6	用弯沉仪测量
4	平整度	7	20m	路宽（m） <9 9～15 >15	1 2 3	用 3m 直尺量取最大值

续表

序号	项目	允许偏差（mm）	检验频率		检验方法
			范围	点数	
5	宽度	-20	40m	1	用尺量
6	中线高程	±20	20m	1	用水准仪测量
7	横坡	±10且不大于±0.3%	20m	<9 2 9~15 4 >15 6	用水准仪测量
8	井框与路面的高程差	5	每座	1	用直尺量最大值

沥青混凝土（沥青碎石）路面允许偏差　　　　表 5.52

序号	项目	允许偏差（mm）	检验频率		检验方法
			范围	点数	
1	△压实度	≥95%（≥93%）	2000m³	1	用蜡封法称质量
2	△厚度	+20，-5	2000m²	1	用尺量
3	弯沉值	不大于允许值	20m	路宽(m) <9 2 9~15 4 >15 6	用弯沉仪测量
4	平整度	7	20m	路宽(m) <9 1 9~15 2 >15 3	用3m直尺量取最大值
5	宽度	-20	40m	1	用尺量
6	中线高程	±20	20m	1	用水准仪测量
7	横坡	±10且不大于±0.3%	20m	路宽(m) <9 2 9~15 4 >15 6	用水准仪测量
8	井框与路面的高程差	5	每座	1	用直尺量最大值

第4节 水泥混凝土路面施工

水泥混凝土路面是由水泥同砂石材料（还可加外加剂）搅拌而成的水泥混凝土铺筑而成的刚性路面，使用年限长达20～40年，在基层以下部分坚实不下沉前提下，通常不用养护，一次性投资大于沥青路面，常用于城市道路、机场跑道、大件车道，在公路上也有使用，刚度大、强度高、稳定性好、无污染，但由于水泥混凝土路面上横缝（胀缝及缩缝）及纵缝多的原因，故行车舒适性不如沥青路面，抗滑移性、吸收噪音性方面也不如沥青路面，由于混凝土养护原因，开放交通时间比沥青路面晚，路面反光性强于沥青路面。

5.4.1 水泥混凝土路面基本知识

目前水泥混凝土路面包括素混凝土、钢筋混凝土、连续配筋混凝土、预应力混凝土、装配式混凝土、钢钎维混凝土和预制混凝土板等七类，其中以现浇素混凝土路面使用最为广泛；此外，使混凝土密实的方法大部分采用机械或者人工振捣密实，还有用压路机碾压密实的（RCCP）碾压混凝土路面。

由于水泥混凝土路面大量采用素混凝土路面，而素混凝土抗弯拉强度大大低于抗压强度，因而基层以下部分如果发生沉陷则将引起混凝土路面沉陷、断裂，所以水泥混凝土路面施工之前从土基、垫层到基层的各工序必须要确保压实度，弯沉等技术指标检验合格，此外还必须作好排水设施，北方地区作好防冻层。

水泥混凝土路面大都属于现浇施工，所以施工和易性应作要求，常用坍落度为 $1\sim2.5cm$，砂率 $24\%\sim33\%$ 之间，为保证耐久性，水泥用量不小于 $300kg/m^3$，最大水灰比 $0.45\sim0.5$ 之间。

水泥混凝土路面以抗弯拉强度（或称抗折强度）作为主要强度控制指标，抗压强度作为参考指标。水泥混凝土路面常用标号有 C25、C30、C35、C40，尤以 C30（主要用于快车道）及 C25（主要用于慢车道及小街巷）最为常用。

一、水泥混凝土材料要求

1. 水泥

在大多数情况下优先采用 425 号普通硅酸盐水泥，一般道路可使用 325 号普通水泥；如采用矿渣水泥，其标号不低于 425 号，不得采用火山灰水泥。水泥应采用质量稳定可靠的大厂水泥，见表 5.53。

水泥混凝土路面用水泥标号与品种选用表　　　　表 5.53

交通等级	水泥混凝土标号	水泥品种与标号	交通等级	水泥混凝土标号	水泥品种与标号
特重	C40	525P、252D	中等	C30	425PO、425D、425PS
重	C35	525P、525PO、525D、425D	轻	C25	425PO、425PS、325PO

注：表中 P、PO、D 和 PS 分别代表硅酸盐水泥、普通硅酸盐水泥、道路硅酸盐水泥和矿渣硅酸盐水泥。

2. 粗集料（碎石或砾石）

粗集料应质地坚硬，耐久、洁净，最大粒径一般不应超过 40mm，符合表 5.54 级配范围，碎（砾）石技术要求符合表 5.55 规定。

粗集料级配范围　　　　表 5.54

级配类型	粒级	筛孔尺寸（mm）（筛孔）							
		40	30	25	20	15	10	5	2～5
连续	5～40	95～100	55～69	39～54	25～40	14～27	5～15	0～5	
	2.5～30		95～100	67～77	44～59	25～40	11～24	3～11	0～5
	2.5～20			95～100	55～69	25～40	5～15	0～5	
间断	5～40	95～100	55～69	39～54	25～40	14～27	14～27	0～5	
	2.5～30		95～100	67～77	44～59	25～40	25～40	3～11	0～5
	2.5～20			95～100	25～40	25～40	5～15	0～5	

注：表中通过百分率以质量计。

碎（砾）石技术要求　　　　表 5.55

项目		碎石	砾石
颗粒级配		见表 5.54	见表 5.54
石料强度等级		≥3 级	≥3 级
压碎指标值	水成岩	13～16	14～16
	变质岩或深层的火成岩	16～20	
	浅层的或喷出的火成岩	21～30	
空隙率（%）		—	≤45
针片状颗粒含量（%）		≤15	≤15
软弱颗粒含量（%）		—	≤5
硫化物及硫酸盐含量（%）		≤1	≤1
含泥量（冲洗法）（%）		≤1	≤1
有机物含量（比色法）		—	不深于标准色

3．细集料（砂或石屑）

细集料采用天然砂或石屑，质地坚硬、耐久、洁净，符合表 5.56 技术要求，级配符合表 5.57 要求。

细集料技术要求 表 5.56

项 目	技术要求	项 目	技术要求
颗粒级配	见表 4.76	硫化物及硫酸盐含量	≤1
含泥量（冲洗法）（%）	≤3	有机物含量（比色法）	颜色不深于标准色

细集料标准级配范围 表 5.57

级配分区	筛 孔 尺 寸（mm）							细度模数 U_f
	圆 孔			方 孔				
	10	5	2.5	1.25	0.63	0.315	0.16	
	通过百分率（以质量计）（%）							
Ⅰ区	100	90～100	65～95	35～65	15～29	5～20	0～10	3.90～2.81
Ⅱ区	100	90～100	75～100	50～90	30～59	8～30	0～10	3.47～2.11
Ⅲ区	100	90～100	85～100	75～90	60～84	15～45	0～10	2.75～1.71

注：Ⅰ区基本属于粗砂，Ⅱ区属于中砂和部分偏粗的细砂，Ⅲ区属于细砂和部分偏粗的中砂。

4．水

拌和混凝土及养生用水不得含有影响混凝土质量的油、酸、盐、碱、有机物，一般采用饮用水。非饮用水若符合下列要求也可使用：

(1) 硫酸盐含量（按 SO_4^{2-} 计）小于 $2.7mg/cm^3$；

(2) 含盐量不超过 $5mg/cm^3$；

(3) pH 值大于 4。

5．外加剂

常用早强剂、减水剂、缓凝剂、引气剂、粉煤灰，根据工程要求因地制宜地选择合适的外加剂，见表 5.58。

水泥混凝土路面常用外加剂 表 5.58

序 号	外加剂	用量为水泥用量的比例	主要作用
1	早强剂	常用 1%～3%	提高混凝土早期强度、抗冻性、抗掺性
2	减水剂	常用 0.2%～1.5%	节约水泥 5%～20%，节约水量 5%～25%，坍落度增加 5～20cm，为泵送混凝土提供条件，改善和易性，提高强度和耐久性
3	加气剂（引气剂）	掺量根据混凝土含气量而定	提高混凝土耐久性、改善和易性、提高耐冻性、减小水灰比、提高强度
4	缓凝剂	常用 0.1%～0.3%	延缓混凝土凝结时间，特别适用于夏季施工
5	粉煤灰	C15 以下混凝土：15%～20%，C20 以上混凝土：10%～15%	磨细粉煤灰掺量 1.25～1.5kg 可代替水泥 1kg，用于节约水泥，减小水灰比，提高强度

二、水泥混凝土施工配合比

混凝土是按照经批准专用于工程的理论配合比而配料拌和的,但拌和场中除水泥设有专门库房以外,砂石料场均堆放于露天,当砂石淋雨或经冲洗泥沙后拌和时,由于砂石含水量的存在,所以必须对原理论配合比做相应用量调整,以确保混凝土配料准确性,按理论配合比为依据所调整的配合比称为施工配合比。

设原理论配合比为:水泥:砂:石:水 $= 1:x:y:z$,在混凝土拌和前测得砂含水量为 $W_{砂}$,石含水量为 $W_{石}$,则调整后的施工配合合比为→水泥:砂:石:水 $= 1:\dfrac{x}{1-W_{砂}}:\dfrac{y}{1-W_{石}}:(z - xW_{砂} - yW_{石})$

【例 5-3】 已知某 C30 混凝土理论配合比为:水泥:中砂:碎石:水 $= 1:1.66:4.21:0.48$,混凝土拌和前实测中砂含水量为 3%,碎石含水量为 1%,则施工配合比调整为:

$$水泥:中砂:碎石:水 = 1:\dfrac{1.66}{1-3\%}:\dfrac{4.21}{1-1\%}:(0.48 - 1.66\times 3\% - 4.21\times 1\%)$$
$$= 1:1.71:4.25:0.388$$

即 100kg(2 袋水泥)对应 171kg 中砂,425kg 碎石及 38.8kg 水。

5.4.2 水泥混凝土路面施工

比起沥青路面,水泥混凝土路面施工程序比沥青路面多,开放交通时间比沥青路面晚,但从设备使用频率角度而言比沥青路面更常用,更易获得,成本更低,并在施工过程中可以充分发挥人力作用,从而使混凝土路面施工比沥青路面更易普及。在表 5.59 中对水泥混凝土路面和沥青路面施工特点按常用施工方法进行了比较。

水泥混凝土路面与沥青路面施工比较　　　　表 5.59

序号	路面项目	水泥混凝土路面	沥青路面
1	材料组成	水泥、砂、石、水、外加剂	沥青、砂、石、矿粉
2	拌和设备	混凝土拌和机	沥青拌和机
3	运输设备	常用小柴油翻斗车	常用自卸式汽车
4	摊铺设备	常用人工摊铺	常用沥青摊铺机
5	压实方法	振捣器	压路机
6	表面处理	压纹切缝	常作上封层(即保护层、磨耗层)

一、水泥混凝土路面施工准备工作

1. 作好施工组织

根据水泥混凝土路面工作量大小、考虑季节施工、工期质量要求等相关因素作好施工作业计划、劳动力与机械组织、技术交底、技术准备。

2. 测量放样

在安装模板和浇注混凝土路面前均要求作好勤测、勤复核、勤纠偏,以确保平、纵、横断面按设计图纸要求形成。

3. 混凝土配合比及混凝土试块准备

混凝土配合比是用作混凝土拌和时配料依据,不得随意更改。若砂石淋雨或冲洗后进行拌和,则必须根据实测砂石含水量作施工配合比调整。

为了解水泥混凝土路面浇注后强度,必须按每次施工或者每铺筑 200m³ 混凝土同时抽样制作至少抗压、抗折试块各 3 组,龄期为 7 天、14 天、28 天,以便了解早、中、晚三期混凝土强度,每组为3个试块。

4．基层验收

基层必须经过相关高程、横坡、弯沉、压实度验收(其验收标准见第5章第2节相关内容),合格后才能施工水泥混凝土路面。

为防止基层吸收水分造成混凝土路面下方离析,应在混凝土路面浇注前洒水湿润基层。

当在旧路上铺筑混凝土路面时,对旧路面坑洞、松散必须先作好修补。

二、水泥混凝土路面施工工艺

为使本节水泥混凝土路面施工介绍方便,在图5.3~图5.5中附了某工程混凝土路面设计图以便介绍各道工序详细方法时供参考理解。

水泥混凝土施工目前分为人工加小型机具施工的常规施工方法以及机械化施工方法两大类。根据目前大部分施工单位技术水平、技术力量、机械装备以及经济性而言,目前大都仍在采用常规施工方法(见表5.60),所以本节侧重介绍常规施工方法。

水泥混凝土路面施工方法及其特点　　　　表5.60

施工方式		施工方法	特　　点	适用场合
人工加小型机具		人工摊铺,其他工序辅助配备一些小型机具,如插入式振捣器,平板振捣器,桥式振捣器,真空吸水设备,切缝机等	优点:(1)设备投资较小,操作、使用较简单 (2)方便灵活、在狭小部位或异形部分均可施工 缺点:(1)工程质量不稳定,平整度较差 (2)施工进度慢	中、小型工程或一般道路
机械化施工	固定模板式施工	用轨道式摊铺机摊铺和振实,辅以其他配套机械,各工序由一种或几种机械按相应的工艺要求进行操作	优点:(1)工程进度快 (2)容易满足路面各项技术要求,并且质量稳定 缺点:(1)初期机械购置费较高 (2)机械操作有一定的难度,对工程单位管理水平、技术素质要求高	大型工程或等级较高的道路
	滑动模板式施工	滑模式摊铺机将铺筑路面的各道工序:铺料、振捣、挤压、找平、拉毛、设传力杆等一气呵成,采用软土切缝机跟进切缝	优点:(1)不需设置模板、工程进度更快 (2)能很好地满足路面各项技术指标,工程质量稳定,特别是可避免混凝土早期裂缝 缺点:(1)初期机械购置费很高 (2)机械调试、维修更为复杂,对工程单位管理水平、技术素质要求高	大型工程或高等级道路,特别是高速公路

目前水泥混凝土路面常规施工方法的施工程序为:a 基层找平验收→b 安装模板→c 安装传力杆及拉杆→d 混凝土拌和运输至现场→e 混凝土摊铺振捣及初凝时压纹→f 终凝后切缝及灌缝→g 养护混凝土路面→h 脱模板→i 安路缘石及灌混凝土缝→j 开放交通。

1．基层找平

找平通俗而言就是铲高补低(铲去比设计高程高的部分,找补上比设计高程低的部分),由于基层标高如果假定只低一点时则所找补的基层材料无法同原基层结合牢固,势必只有用浇注混凝土为代价由混凝土找补从而增加费用(水泥混凝土费用很明显高于基层材料)。所以基层铺筑时要注意"宁高勿低,宁铲勿补"的原则。

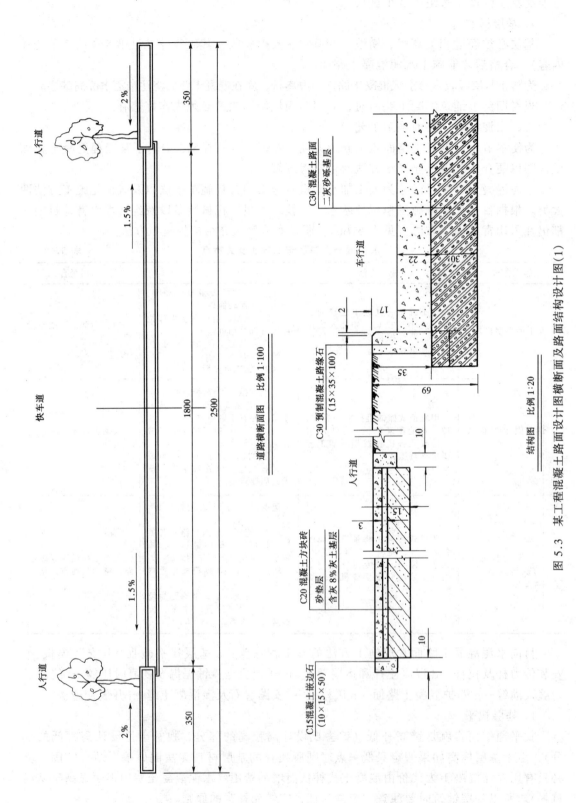

图 5.3 某工程混凝土路面设计图横断面及路面结构设计图(1)

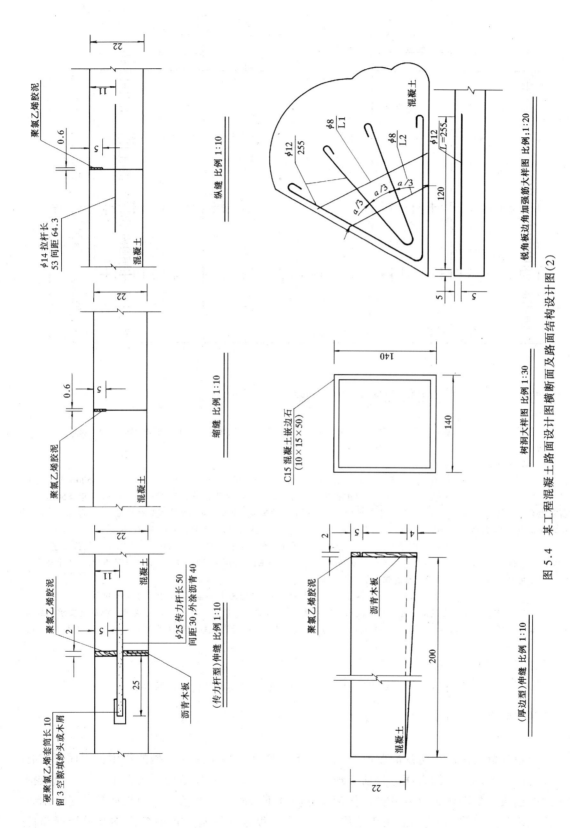

图 5.4 某工程混凝土路面设计图横断面及路面结构设计图（2）

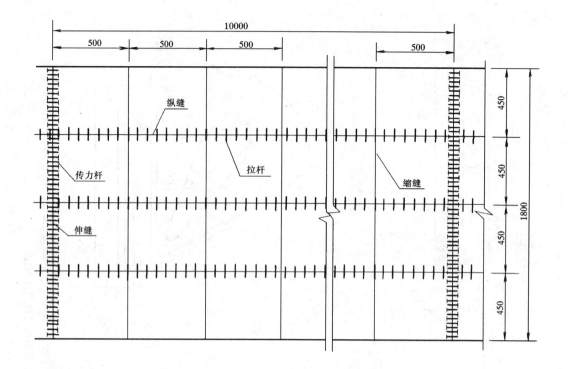

混凝土板块分块平面布置图 比例1:200

说明

1. 设计参数：车行道设计交通等级为中型交通，建成初期单车道上日标准轴载的轴数为400次/d，设计使用年限为30年。

2. 面层：采用C30水泥混凝土，设计强度$f_{cm}>4.5MPa$，车行道厚22cm。

3. 基层：车行道基层采用二灰砂砾，其配合比石灰:粉煤灰:砂:砾石=7:13:16:64，回弹模量$E \geqslant 500MPa$，七天以上$\geqslant 350MPa$。混合料要求机械拌和均匀，路用石灰应充分消解，不混杂质，熟石灰中CaO+MgO含量>50%，生石灰中CaO+MgO含量>60%，<30%不宜采用，混合料中土的塑性指数应>4，以采用塑性指数7-17为宜，土中有机物含量应≤8%，硫酸盐含量<0.8%，粉煤灰中SiO_2，Al_2O_3含量应>70%，干容重0.5~0.8kg/cm。

4. 土基：土基土质较差时应换尽不良土，沟槽回填土须分层碾压密实，每层厚<30cm，要求土基回弹模量$E_0>30MPa$，车行道压实度要求为路槽在路基以下0.8m大于93%，0.8~1.5m>90%，1.5m以上大于87%。如土基含水量较大，可采用8%生石灰进行土基加强，加强厚度40cm。

5. 材料要求：参见中华人民共和国行业标准《钢渣石灰类道路基层施工及验收规范》(CJJ35—90)。

6. 其他：混凝土路面为锐角板处，采用锐角板加强筋加强，L_1，L_2长度由a决定，伸缩缝，纵缝均要求切缝机切缝，聚氯乙烯胶泥填缝，与已形成道路相接处，采用厚边型伸缩缝，人行道上绿化带采用间距为8.0m，边长为1.4m的正方形树洞。

7. 单位：除钢筋直径以毫米计外，其余均以厘米计。

图5.5 某工程混凝土路面设计图横断面及路面结构设计图（3）

基层验收见本节第一部分"水泥混凝土路面施工准备工作"。

2. 安装模板

模板是混凝土路面浇注时临时支挡物，起着确保混凝土路面成型的作用，因而要求有足够刚度，安装、拆卸方便。目前工地上常用木模、钢模（如槽钢、组合钢模板）以及钢木组合模板（如两槽钢以宽度方向作为竖立高度不够时，以木条为模板调整补足，木条与槽钢之间可以采用栓接）。由于基层面积太大，很难确保基层顶面各点均在设计标高位置，所以模板高度 H 要比设计混凝土路面厚度 h_0 小 2cm 左右，这样若模板底与基层间局部出现的缝隙可用水泥砂浆填塞，以防漏浆（见图 5.6）。

采用木模时，板厚宜为 3cm，弯道上的木模板宜薄些（为 1cm 厚），以便弯成曲线型。为保证工程质量和多次重复使用，应尽量采用钢模板。钢模可采用 3mm 厚钢板及 40～50mm 规格角钢组合焊制，或用 4～5mm 厚的钢板冲压制成。目前多数都用型钢（即槽钢）制成。

模板安装前要刷脱模剂以便于脱模方便。

固定模板于基层上，方法常用小钢钎加木楔子法，该法使用简便，材料均可回收再用。小钢钎可用 $\phi12\sim\phi16$ 直径的 I 级光圆钢筋打制而成用于固定模板内外两端，小钢钎与模板缝隙用木楔调准平面线型位置，小钢钎间距一般 50～80cm（弯道段要小些），内侧钢钎在混凝土浇到位时取出，外侧钢钎在脱模时取出（见图 5.7）。靠路缘石的边模要内移 5～10cm 立模板待以后安路缘石（又称为路缘石、道牙、牙石和侧石）后补足该 5～10cm 混凝土灌缝以确保路缘石边线整齐直顺。

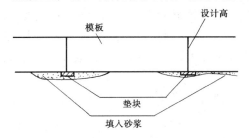

图 5.6 模板下空隙的处理

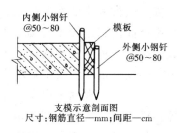

图 5.7 模板固定示意图

胀缝处由于本身设有沥青模板作胀缝，所以可以不再重设混凝土路面模板而直接用其作不用抽取的模板，但要注意不要遗忘传力杆的预留，即要在沥青模板上预钻孔洞供传力杆穿过。

纵缝处模板安装时要预埋拉杆筋，因此给模板脱模带来阻力。所以在纵缝模板上钻用于穿越拉杆筋孔洞时其直径可比拉杆直径大 1～2cm 左右，拉杆与纵缝模板孔洞之间缝隙可用水泥袋纸堵塞，后再用胶带纸将模板内侧处孔洞周围封闭，以方便以后脱模。

总而言之，混凝土模板及安装方式多种多样，不拘一格，但始终要确保①模板刚度；②模板固定稳固；③模板顶面高程准确；④模板可反复回收使用；⑤脱模方便；⑥模板材料经济实用。

3. 安装传力杆及拉杆

胀缝处传力杆常用 $\phi25$ 直径，长 50cm 光圆钢筋制作而成，为防止混凝土粘接，应在传力杆表面涂热沥青，方法一是可采用刷子涂刷，方法二是可以将传力杆需涂沥青部分置入熬热的沥青中再予以取出，无论采用哪种办法都要切实注意质量保证及安全卫生防护。

纵缝处拉杆常用 $\phi14$ 直径，长 50cm 左右的螺纹钢筋，拉杆中部 10cm 范围应涂防锈剂或防锈涂料。

拉杆及传力杆分别是横向胀缝（一般 2cm 宽）及纵缝处的传荷钢筋。混凝土路面设横向接缝（即胀缝和缩缝）和纵向接缝（即纵缝）的目的是设置这三种缝后减小混凝土路面由于混凝土热胀冷缩特点而导致的伸缩变形和翘曲变形在周边受到约束情况下而产生的应力，满足受力和施工的需要。由于这三种缝的存在，直线段的混凝土路面被划分成一定尺寸矩形板（纵缝间距常用3.5～4m，缩缝间距常用4～5m，胀缝间距常用80～120m），曲线段的混凝土路面也沿着中线相似划分为一定尺寸曲线形板块。

拉杆及传力杆的安装在安装混凝土路面模板时进行，无论采用何种安装方法都必须保证"两杆"位置准确，浇注混凝土路面时不跑位。

4．混凝土拌和运输至现场

混凝土拌和质量直接关系到混凝土路面质量，必须严格按配合比称量准确，保证拌和质量；混凝土运输过程中要防止漏浆、离析以及同运输工具容器底边或侧边的粘连。

（1）混凝土的拌和制备

混凝土制备一般采用两种方法：①在工地由拌和机制备；②在中心拌和场地集中制备，而后运送到工地。施工时可视运输设备、铺筑能力、工程量等具体情况选用。

常用的搅拌机械有两大类：自落式搅拌机和强制式搅拌机。自落式搅拌机是通过搅拌鼓的转动，使材料依靠自重下落而达到搅拌的目的。这种搅拌机价格较便宜、耗能小，适应于搅拌塑性和半塑性混凝土，而不能用来拌制干硬性混凝土。强制式搅拌机是在固定不动的搅拌筒内，用转动的搅拌叶片对材料进行反复的强制搅拌。这种搅拌机的搅拌时间短，效率高，但是需要的动力大，搅拌筒及叶片摩耗大，骨料破碎多，故障率高。它适用于搅拌干硬性混凝土及细粒料混凝土。

施工中，应根据工程量大小、摊铺进度、搅拌机性能特点及工程技术需要，选择合适的搅拌机型号。工地应有备用的搅拌机和发电机组。

混凝土拌和场通常由拌和机（即搅拌机）、露天砂石料场、水泥库房、称砂石重量的地磅磅秤、人工运输砂石料用的小手推车以及相应的人工装砂石材料于小手推车中的铲子等组成。

为了方便运输汽车或运输拖拉机接运拌和好的混凝土，常将拌和机位置通过搭设条石或混凝土块方式升高，以方便拌和机料斗出料时直接送入运输车辆车厢中，因而相应还需在拌和机进料斗前搭设上料坡道及上料平台，以便于人工上料。

在工地制备混合料时，要准确掌握配合比，特别要严格控制用水量，每天应根据天气变化或冲洗砂石后含水量变化测得砂、石的实际含水量，调整拌制时的实际用水量，确定施工配合比。所用的组成材料均应过秤，计量的允许误差为：水泥±1%，粗细骨料±3%；水±1%；外加剂±2%。搅拌第一盘混凝土前，应先用适量的混凝土拌和物或砂浆搅拌，拌后排弃，然后再按规定的配合比进行搅拌。搅拌机装料顺序为砂、水泥、碎（砾）石［或碎（砾）石、水泥、砂］及外加剂和水，边搅拌边加水，拌制时间取决于拌和机的性能和拌和物的和易性。混凝土拌和物最短搅拌时间见表5.61。搅拌最长时间不得超过最短时间的三倍。

混凝土拌和物最短搅拌时间　　　　表5.61

搅拌机容量		转速（转/min）	搅拌时间（s）	
			低流动性混凝土	干硬性混凝土
自落式	400L	18	105	120
	800L	14	165	210
强制式	375L	38	90	100
	1500L	20	180	240

(2) 混凝土的运输

拌制好的混凝土应尽快送往摊铺工地，混凝土从搅拌机出料至浇筑完毕，其允许的最长时间，由实验室根据水泥初凝时间及施工气温确定，可参考表5.62。

混凝土从搅拌机出料至浇筑完毕的允许最长时间　　　　　　　　表5.62

施工气温（℃）	允许最长时间（h）	施工气温（℃）	允许最长时间（h）
5～10	2	20～30	1
10～20	1.5	30～35	0.75

运输设备可参考表5.63选用。在运送混凝土过程中，为避免混凝土产生离析，装（卸）料高度不应超过1.5m，堆放要平稳，远距离运输时，要采用搅拌运输车（即混凝土罐车）运输。

混凝土运输设备主要参数　　　　　　　　表5.63

类　型	容积范围（m³）	运输距离（m）	通道宽度（m）
单、双轮手推车	0.10～0.16	30～50	1.6～1.8
机动翻斗车	0.40～1.20	100～500	2.0～3.0
自卸汽车	2.4	500～2000	3.5～4.0
搅拌车	8.9～11.8	500～5000	2.5～3.5

其他运输工具如1t小柴油翻斗车、带自卸功能的拖拉机等均可用于混凝土运输。

5．混凝土摊铺振捣及压纹

(1) 摊铺

混凝土摊铺前，应对模板的间隔、高度、润滑、支撑稳定情况和基层状况，以及钢筋的位置、传力杆装置等进行全面检查。注意封堵模板底缝，洒水湿润基层。摊铺混凝土前要准备好板角、加强筋等预埋件或预埋筋，以及勾铺混凝土用的人工工具锄头、篱耙、铲子等。

混凝土运送到摊铺地点后，可卸成2～3堆，为便于摊铺。如发生离析现象，应在铺筑时重新拌匀，但严禁二次加水重塑。

混凝土板的厚度不超过22cm时，可一次摊铺，超过22cm时，可分二次摊铺，下部厚度为总厚度的3/5。摊铺时应考虑振实预留高度。松铺厚度通过现场实验确定，一般为设计厚的1.1～1.5倍左右。震实后与面层标高相符。模板边部应采用"扣锹"方法摊铺，严禁抛掷和楼耙，以防止混凝土拌和物离析。混凝土路面施工缝应尽量设于胀缝处。

(2) 钢筋设置

根据设计要求，混凝土路面需加设钢筋处，应配合摊铺工作一起进行。

安设单层钢筋网片时，应在底部先摊铺一层混凝土拌和物，其高度按钢筋网片设计位置预加一定的沉落度，然后安放网片就位，再继续浇筑混凝土。安双层钢筋网时，可事先焊接或绑扎成钢筋网骨架，一次安放就位，也可按单层网片的设置方法，分两次安装上、下层网片。

安放边缘和角隅钢筋时，先在安放钢筋处摊铺一层混凝土，摊铺高度应按钢筋设计位置预加一定的沉落度，钢筋就位后，用混凝土压住。

(3) 振捣

摊铺好的混凝土要迅速进行振捣密实，常用振捣器有插入式振捣器，平板式振捣器及振动梁（又称桥式振捣器）。其他辅助工具还有滚筒、钉子打板、提浆板、木抹子、铁抹子。

振捣程序为：插入式振捣器振捣——平板式振捣器振捣——振动梁振捣——找补混凝土——钢管滚筒滚压混凝土——人工用提浆板第1次提浆——人工用钉子打板打击石子下沉以留够砂浆磨耗层——人工用提浆板第2次提浆——滚筒滚压混凝土——人工蹲于跳板上用铁抹子两次抹面——混凝土初凝时人工用铁抹子抹光面——压纹器压纹（如有汉白玉交通标志可在接近初凝时一并安装）

厚度不大于22cm的混凝土板靠边角先用插入式振捣器振捣，然后再用功率不小于2.2kW平板振捣器纵横交错振捣，振捣器同一位置停振的持续时间以混合物停止下沉，不再冒气泡并泛出水泥浆为止。不宜过振，一般为10～15s。插入式振捣器的移动间距不宜大于其作用半径的1.5倍，甚至模板的距离不应大于振捣器作用半径的0.5倍，并应避免碰撞模板和钢筋。当混凝土板厚度较大时，可分二次摊铺。振捣上层混凝土拌和物时，插入式振捣器应插入下层混凝土拌和物5cm，上层混凝土拌和物的振捣必须在下层混凝土拌和物初凝以前完成。振捣应先用插入式振捣器振捣，后用平板振捣器振捣，其振捣顺序如图5.8所示。

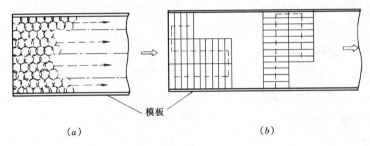

图5.8 振捣器操作顺序

(a) 用振捣棒振捣时；(b) 用平板振捣器振捣时

平板式振捣器振完后，必须再用振捣梁振捣，并控制路面标高。将振捣梁两端搁在侧模上，沿摊铺方向振捣拖平，不平之处可随时找补，最后再将直径130～150mm的（钢管）滚筒两端放在侧模上沿道路纵横两个方向进行反复滚压，使表面平整并提浆（见图5.9），最好在滚筒滚压工序之后再使用钉子打板和提浆板工序。

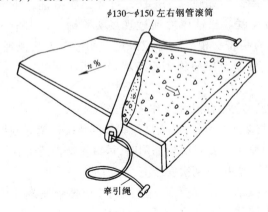

图5.9 滚筒镘光表面

【注1】斜放钢管时，横坡低的一侧放于前面

【注2】事先应该检查钢管的挠度，其值小于2mm可以接受

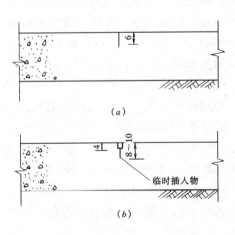

图5.10 切缝机切割方法（单位：mm）

(a) 一次切割成型法；(b) 两次锯切成型法

在振捣时应注意随时检查模板高程及稳固性，如有问题及时修正；注意找补低洼处的混凝土，严禁用纯砂浆找补。

为了防止混凝土表面砂浆保护层太薄而导致将来行车时磨损太快使石子外露造成混凝土路面损坏，所以要采用钉子打板打击石子下沉留出足够的砂浆磨耗保护层。钉子打板采用一根方木和两端设木提手作成，方木上钉大钉子，两人共同于所正在现浇的混凝土路面两端同时击打石子。

提浆板造型同钉子打板一样，只是没有钉子，两人共同于所正在现浇的混凝土路面两端上下提浆，之后再用滚筒沿纵向滚压使混凝土表面平整，此后再用木抹子先后两次抹面为下一步初凝时铁抹子抹面做准备。

为使混凝土路面表面增加抗滑移性即产生摩阻力，使汽车能制动性能良好，现普遍采用在路表面用钢制压纹器横向压纹的方式代替原来的用刷子拉毛的工艺。

混凝土初凝时由人工用铁抹子或用机械抹面机抹成光面后（若有汉白玉交通标志则在接近初凝时安装），再用压纹器将混凝土路面表面横向压出一道接一道的纹路（纹路宽约3mm，深约2mm）。

压纹时间以混凝土表面无波纹水迹接近初凝时比较合适。近年来，还有一种在完全凝固的面层上用切槽机切入深5～6mm，宽3mm，纵向间距15～20mm横向防滑槽技术，效果较好。

6．切缝及灌缝

混凝土路面切缝主要是指切缩缝，另外按设计要求还有要求切纵缝及胀缝的。

（1）切缩缝

目前缩缝施工多采用切缝法。当混凝土强度达到设计强度的25%～30%时，用切缝机切割。重要的是如何掌握切割时间，切缝过早易损坏槽口边缘；过迟切缝困难，易磨损锯片且费时费工，更重要的是易产生不规则的早期裂缝。切缝时间应控制在混凝土获得足够的强度，而收缩应力并未超出其强度范围时，研究表明，适宜的切缝时间是施工温度与施工后时间的乘积为200～300个温度小时或混凝土抗压强度为8.0～10.0MPa时比较合适。例如：混凝土浇筑完后的养护温度为20℃时，则切缝的控制时间为200/20～300/20＝10.0～15.0h。应注意的是切缝时间不仅与施工温度有关，还与混凝土的组成和性质（集料类型、水泥种类和水灰比等）等因素有关。各地可根据实践经验确定。切缝时应做到宁早不晚，宁深不浅。所以一般可在混凝土终凝后切缝。

缩缝缝宽3～8mm，深度为1/4～1/5的设计路面厚度。

切缝有两种方法：一次切割成型或两次锯切成型（图5.10）。两次切缝方法锯切成型的槽口工作性能较前种好。为减少早期裂缝，切缝可采用"跳仓法"，即每隔几块板切一缝，然后再逐块锯切。切割机切缝时要注意边加水边切割。

（2）纵缝

纵缝一般做成平缝，施工时在已浇筑混凝土板的缝壁上涂刷沥青，并注意避免涂在拉杆上。然后浇筑相邻的混凝土板。在板缝上部应压成或锯切规定宽度的缝槽。图5.11是带有拉杆的纵缝设置方法。

（3）胀缝

胀缝往往利用$\delta=2～2.5$cm厚沥青模板作成，顺带作混凝土路面模板，详见本节

"2. 安装模板"的相关内容。

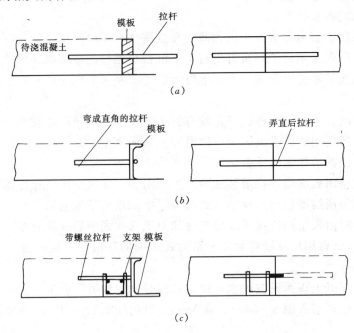

图 5.11 带有拉杆的纵缝设置方法
(a) 模板穿孔；(b) 拉杆弯成直角；(c) 带螺丝的拉杆

(4) 灌缝

为了防止雨水、泥土等落入混凝土路面接缝（缩缝、纵缝及胀缝）内，必须采用柔性材料将切割后的缝内灌填充实。

常用灌缝材料有聚氯乙烯胶泥，沥青橡胶、聚胺酯、沥青麻絮以及南方地区可使用的沥青玛琋脂（但其低温延续性差）等材料，尤以聚氯乙烯胶泥使用效果最好，其现场调制配合比可参见表 5.64 所示，其防水性、粘结性、弹塑性和耐久性良好，但成本较高。

聚氯乙烯胶泥现场调制配合比（重量比） 表 5.64

材料名称	脱水煤焦油	聚氯乙烯树脂	增塑性	粉煤剂	二盐或三盐稳定剂
配合比	100	9~11	15~25	30~50	0.5

调配聚氯乙烯胶泥时先将脱水煤焦油倒入锅内，加热至 60℃拌匀，再加入其他材料，边加边搅拌，加热至 140℃后，恒温塑化 10~20min 即可灌注填缝，并用铲刀将缝子表面铲平，冷却后成型。

7. 养护混凝土路面

为防止混凝土中水分蒸发过快产生缩裂，确保水化过程顺利进行，以利其强度增长，一般在用手指轻轻压上已无明显痕迹即接近终凝时就可以采用常用的湿治养生或塑料薄膜覆盖养生。养护时间一般夏季气温高时为 7 天，冬季为 14 天。

(1) 湿治养生：一般采用湿麻袋，草帘等或者 20~30mm 厚的湿砂，锯末屑等覆盖于混凝土板表面，每天均匀洒水 2~3 次，经常保持潮湿状态。这种方法养生效果较好，可以避免阳光直接对混凝土表面照射，减小混凝土板上下温差，而不会引起缩裂，但用水较多。

在纵坡不大的路段也可用围水法对混凝土路面养生。此种作法为沿路面两边筑成小土堰将路面表面分段围住,然后堰内灌水至5~10cm深以淹没混凝土表面,此法节约水量,经济实用。

(2)塑料薄膜养护:当混凝土表面用手指按压无痕迹时,即可均匀喷洒塑料溶液形成不透水的塑料薄膜,防止水分蒸发,保证水化作用进行。这种方法可以节约用水,但薄膜一旦破裂就不能保水。用塑料布代替塑料薄膜同样可以取得良好效果。也可采用养护剂养护。养护剂在表面1~3mm的渗透层范围内发生化学反应,生成一种表面膜,加速水化,并利于混凝土表面强度的提高,养护工艺简单,操作方便,节约用水。

塑料溶剂由轻油溶剂,过氯乙烯树脂和苯二甲酸二丁脂按88:9:3重量比配制而成,冬季要求成膜迅速可适当加大二丁脂成分或另加入0.5%~1%丙酮。

8. 拆模板

拆模应根据气温和混凝土强度增长情况而定。采用普通水泥时,一般允许拆模时间见表5.65的规定。拆模时应仔细,不得损坏混凝土板的边、角,尽量保持模板完好。

混凝土板允许拆模时间 表5.65

昼夜平均气温(℃)	允许拆模时间(h)	昼夜平均气温(℃)	允许拆模时间(h)
5	72	20	30
10	48	25	24
15	36	30以上	18

注:1. 允许拆模时间,自混凝土成型后至开始拆模时间计算。
　　2. 使用矿渣水泥时,允许拆模时间宜延长50%~100%。

拆模顺序如下:先拆下模板外侧支撑(内侧支撑已于混凝土路面现浇到位时拆除)、外侧小钢钎等模板固定部分,然后用偏头小铁棒插入模板与混凝土路面之间轻轻向外撬动模板,小心取出模板并清洗后上脱模剂整齐堆码以利下次使用。

9. 安路沿石及灌混凝土缝

为了便于桥式整捣器、滚筒、抹面等工序操作及防止混凝土振捣时污染到已安装的路缘石上,目前施工时采用先作混凝土路面再作路缘石及人行道工程。为了防止靠路缘石的混凝土路面边模浇注混凝土路面时产生变形而影响路缘石安装到位,所以在安装靠路缘石侧模板时,要有意识地同设计路缘石边线保持5~10cm距离,形成一道宽5~10cm缝,该缝待路缘石安装后再用与混凝土路面同标号的混凝土填充,即填灌混凝土缝。具体施工工艺参见第6章道路附属构筑物施工。

10. 开放交通

混凝土试块达90%以上设计标号才可开放交通,所以如果加入早强剂在冬季或夏季时可提前7~14天开放交通,具体掺量及效果需试验确定。

三、水泥混凝土路面其他施工工艺

科技进步推动生产力和生产技术发展,由此也带来混凝土路面施工工艺的日新月异,以下对混凝土路面其他施工工艺作简要介绍。

1. 机械化施工摊铺机组工艺简介

在"5.4.2 二、水泥混凝土路面施工工艺"中详细介绍了人工加小型机具的施工方法,除此之外,为提高工效和质量,目前有条件时还可采用机械化摊铺机组用于混凝土路面施工。具体使用操作培训由厂家负责。

(1) 滑模式摊铺机铺筑混凝土路面

用滑模式摊铺机铺筑混凝土路面可以省略安装模板工序，因为其模板就安装于机器上。这种摊铺机可以实现安模、摊铺、振捣、成型、打入传力杆、抹成光面这几个重要工序，其余工序如初凝时人工抹面压纹、切缝灌缝、养生与人工加小型机械施工法相同。该机整机性能好，操纵方便并采用电子导向，生产效率高，但混凝土配合比应采用适合滑模摊铺机作业的配合比，调整和易性以确保滑模前进后的混凝土及时成型。本机操作时应注意控制摊铺机面板位置和高程，调整好方向传感器和高度传感器位置，控制摊铺方向和厚度。

(2) 轨道式摊铺机铺筑混凝土路面

轨道式摊铺机是机械化施工中最普通的一种方法，但与之配套施工的机械多、程序多，特别是拆装固定式轨道模板程序较繁琐复杂且费工费时造成施工成本大，不如滑模式摊铺机方便适用，轨道式摊铺机施工各工序可选用机械见表5.66。

轨道式摊铺机施工各工序可选用机械　　　　表5.66

工　序	可选用机械	工　序	可选用机械
混凝土拌和	拌和机、装载机、称量设备	振捣	混凝土振捣机、内部振动式振捣机
混凝土运输	自卸式汽车、搅拌车	接缝施工	传力杆及拉杆插入机
卸料	侧面卸料机、纵向卸料机	表面修整	纵向表面修整机、斜向表面修整
摊铺	刮板式匀料机、箱式摊铺机、螺旋式摊铺机	压纹、切缝	压槽机、切割机

通常将混凝土摊铺成型机械及混凝土拌和机械分别作为第一主导机械和第二主导机械，根据主导机械技术性能和生产率选配配套机械（混凝土运输车、卸料机、修整机等）。

轨道式摊铺机同其他相关机械共同作业，集拌和、运输、卸料、摊铺、振捣、安装传力杆（拉杆）、表面修整抹面于一体，压纹、切缝、灌缝和养生工序仍同人工加小型机械施工法。使用该机械时首先要重点确保轨道模板安装牢固并校对高程，其次根据不同摊铺机使用性能进行相适应的混凝土配合比设计。

2. 真空吸水工艺

在混凝土经过一定程度浇筑，振捣成型后，立即在混凝土板表面覆盖真空吸垫，经过真空泵产生负压，将混凝土内多余水分和空气吸出，同时由于大气压差作用，在吸垫面层上产生压力，挤压着混凝土，使其内部结构达到致密。因而，可有效地防治表面缩裂，提高抗冻性，降低水灰比，缩短整平、抹面、拉毛、拆模工序的间隙时间，加速模板周转，提高施工效率，减轻劳动强度。为混凝土施工机械创造条件。

采用真空吸水工艺施工的混凝土路面，混凝土配合比中应适当加大用水量，水灰比可控制在0.48~0.55之间；起动真空泵，控制真空表1mm内逐渐增高到500~600mmHg；真空吸水时间（min）宜为板厚（cm）的1.0~1.5倍，真空吸水时间很重要（吸水时间短，降低使用效果，甚至可能出现弹簧层；吸水时间过长，使混凝土初凝过快，给抹面造成困难），根据实践总结，建议控制在15~20min为宜。吸水工作结束前，真空度应逐渐减弱，防止在混凝土内部留下出水道路，影响混凝土的密实度，并应用滚杠或振动梁再振一次，以保持表面平整，增强板面强度的密实度。其施工工艺流程见图5.12。

3．碾压混凝土施工工艺

随着水泥混凝土路面施工工艺的不断发展，20世纪80年代中后期兴起的碾压混凝土路面（RCCP）（即Rolled Cement Concrete Pavement）目前在我国已开始推广。

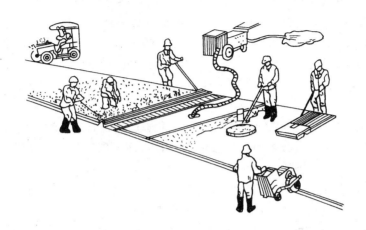

图5.12 混凝土路面真空吸水工艺施工程序示意图

RCCP是一种水灰比小，通过振动碾压施工工艺成型，达到高密度、高强度和零坍落度水泥混凝土。这种路面节约水泥，施工进度快，开放交通早，比普通水泥混凝土节约投资约20%~30%。但RCCP平整、抗滑、耐磨三方面不足。在高速行驶时抗滑性能下降快，因而常用于高等级道路的下面层和一般道路的路面。

RCCP对集料的要求、水泥和水的用量与普通混凝土均有所不同。从组成结构看，碾压混凝土为骨架密实结构，需要一定数量粒径的粗集料，以形成骨架空间网络；又必须有相当数量的细集料填充空隙，使其达到较高密实度。这种路面结构对材料要求可适当放宽，如用低标号水泥或掺加适量粉煤灰，宜选用中砂和粗砂。混合料搅拌需要强制式拌和机，模板须用有斜向支撑的型钢，以抵抗振动压路机作业产生的侧向力。碾压程序一般为：静压——低频——高频——静压。路面板缩缝必须用切缝机切割。

4．二次振捣施工工艺

此法是在第一次振捣后，在初凝后至终凝前的一段时间内，再用功率大于2.2kW的平板振捣器进行第二次振捣，并使振捣1~2mm后的混凝土出浆达到液化为宜。二次振捣的作用在于把混凝土初凝中产生的细小裂缝和空隙填充密实，并使混凝土再次液化，将初凝形成的大部分晶体击碎为更多的细小晶核，重新形成均匀细小的孔隙结构，这样可以提高混凝土的强度10%~20%，水灰比越小越明显，如$W/C<0.55$可提高强度10MPa，节约水泥为20%左右，降低含砂率，节约水泥。

5.4.3 水泥混凝土路面季节施工

由于路面工程为露天作业，所以受大自然环境影响很大，必须根据具体的施工季节采取不同的施工对策。

一、低温季节施工

施工时，当日平均气温连续5天低于5℃时，应视为低温施工。在低温环境操作或养生时，混凝土会因水化速度降低而使强度增长缓慢，同时也会因结冰而遭受冻害。因此，低温季节施工时，在操作和养护中采取冬季施工的一些特殊措施。

1. 提高混凝土的拌和温度　一般水加热温度不超过60℃；石料采用间接加热法，不能超过40℃；水泥不得加热。水泥混凝土温度不得超过35℃。

2. 采取路面保温措施　低温季节，通常采用蓄热保温养生。即选用合适的保温材料（常用麦秸、谷草、塑料薄膜、锯末、石灰等）覆盖路面，以减少路面热量散失。这是一种简单、便捷又经济的冬季施工养护手段。在严寒地区，可考虑混凝土路面加热养护法。

3. 其他注意的问题　冬季施工，应减少单位用水量，控制水灰比在0.45以下；选用早强水泥和合适的速凝剂；混凝土搅拌站应搭设工棚或其他挡风设备；延长养护和拆模时间等。

二、高温季节施工

施工现场的气温超过30℃时，即属于高温施工。夏季施工时，气温高，水化作用加快，水分容易蒸发，易引起表面产生收缩裂纹，表面强度和耐久性降低。因而，在高温季节施工应采取如下施工措施：

1. 尽可能降低混凝土的浇筑温度，尽量缩短运输、摊铺、振捣、做面等工序时间，浇筑完毕应及时覆盖，洒水养护，并增加洒水次数；

2. 搅拌站应有遮荫棚，模板和基层表面在浇筑前应洒水湿润。

3. 气温过高时，宜避开中午施工，可在夜间进行；

4. 切缝是夏季水泥混凝土路面施工的关键工序。必须保证在产生温度应力之前切割完毕，避免出现早期裂缝。

三、雨季施工

施工进入雨季时，应掌握雨季气象资料，注意天气预报，并拟定雨季防护方案和汛期应急措施。料场含水量应经常测定，随时调整施工配合比；搅拌站应支搭防雨棚，注意水泥库的防雨防潮；已铺筑的混凝土严禁雨淋，现场应预备轻便易于挪动的工作雨棚。对遭受雨淋受损的混凝土应及时补救处理。此外，保证排水系统畅通无阻，加强排水措施。

5.4.4　其他类型水泥混凝土路面简介

其他类型水泥混凝土路面有许多种，如振动灌浆水泥混凝土路面、连续配筋混凝土路面、预应力混凝土路面、钢纤维混凝土路面，还有近年来出现的碾压水泥混凝土路面及复合式路面等等。

一、振动灌浆水泥混凝土路面

振动灌浆水泥混凝土路面是由振动灌浆法铺筑而成的水泥混凝土面层，其主要特点是先将主层砾石铺于模板内，然后铺筑水泥砂浆，利用振动作用将砂浆振入石层中达到凝结而成为混凝土。适宜于车辆荷载较轻，交通量不大，工程量较小的工程，具有所需设备简单、节约水泥、节省费用、施工简便等优点。其路面厚度与适用范围见表5.67。

振动灌浆混凝土路面厚度与适用范围　　　表5.67

路面厚度 (cm)	砾石主层 厚度 (cm)	砾石规格 (cm)	砂浆强度（MPa）		适用范围
			第二层	第一层	
≤15	3～7	0.8～1.2	30	25（30）	厂区次要道路、公园道路、庭院道路、管道及有关构筑物垫层
≤12	2.5～5	0.5～0.8	30	25	

振动灌浆水泥混凝土面层施工工艺程序如下：

1. 安装模板
2. 摊铺主层砾石，先用平板振捣器普遍振一遍，高程控制低于模板1.5cm，并喷水保持主层砂砾湿润（水量0.5～0.8kg/m²）。
3. 摊铺水泥砂浆（中砂）（砂浆配合比，可参见表5.68），用平板夯振捣至砂浆停止下沉，表面不出现气泡为止。

振动灌浆水泥混凝土路面砂浆配合比参数　　　　表5.68

水泥砂浆强度	水泥标号	配合比			体积比	
		水泥（kg）	中砂（m³）	水（m³）	水泥	中砂
40	425	770	1.0	0.3		
30		610	1.0	0.3		
25		522	1.0	0.3		
20		435	1.0	0.3		
30	325	731	1.0	0.3	1	1
25		628	1.0	0.3	1	1.5
20		525	1.0	0.3	1	2

4. 撒嵌缝小豆石，并用行夯振捣使小豆石挤入砾石空隙内，砂浆上浮；
5. 用行夯粗平，使表面砂浆适度、平整、不露石子，再进行抹面成形等各项工序。

二、装配式混凝土路面

装配式水泥混凝土路面是在工厂中把混凝土预制成板块，运至工地现场装配铺筑而成。这种路面的优点：板块可以全部加工生产，不受气温的影响，质量容易保证，而且施工速度快，铺筑完毕即可通车，破坏后易于拆换修理。因此它较适用于城市道路、厂矿道路、车站、场和软弱地基土上，但路面接缝太多，且整体性差，容易引起行车颠簸跳动。

为了便于施工，一般装配式混凝土板做成边长1～2m的正方形或矩形，也可做成边长1.2m的六角形。板厚一般为12～28cm。六角形的强度和稳定性较好，为承受轮荷载应力和吊装应力，装配式混凝土板可在边缘和角隅配置钢筋，亦可设全面网状钢筋。为提高板的质量，可采用预应力作业、机械振捣或蒸汽养生等技术来制造混凝土板。装配板的接缝最好用企口式，以传递荷载，避免形成错台，要求基础平整而坚实。

三、钢筋混凝土路面

当混凝土板的平面尺寸较大，或者预计路基或基层可能产生不均匀沉陷；或者板下有地下设施等情况时，宜采用钢筋混凝土路面。

钢筋混凝土路面是指板内配置有纵横向钢筋（或钢丝）网的混凝土路面。设置钢筋网的主要目的是控制裂缝缝隙的张开量，把开裂的板拉在一起，使板依靠断裂面上的集料嵌锁作用而保证结构强度，而并非增加板的抗弯强度。因此，钢筋混凝土板所需的厚度与素混凝土板的厚度相同。

为使板内应力尽可能分散，宜采用小直径钢筋。纵横向钢筋宜采用相同直径，钢筋网的最小间距应为集料最大粒径的2倍，钢筋最小直径和最大间距见表5.69，钢筋搭接长度为钢筋直径的25倍。

由于钢筋的主要作用是使裂缝密闭,它在板内的竖向位置并不太重要,只要有足够的保护层以防锈蚀即可。通常设在板顶面下 1/3～1/2 板厚范围内。外侧钢筋中心到接缝或自由边的距离为 0.1m。

钢筋最小直径和最大间距　　　表 5.69

钢筋类型	普通钢筋	螺纹钢筋
最小直径（mm）	8	12
纵向最大间距（cm）	15	35
横向最大间距（cm）	30	75

钢筋混凝土板的缩缝间距（即长度）一般为 13～22m,最大不宜超时 30m。缩缝内必须设置传力杆,其他接缝构造与水泥混凝土路面相同。近些年来,有些地方试用细钢筋作成双层钢筋网,在板的上、下各安放一片,这样从板的结构和受力情况看,较在板中设置一层钢筋网效果要好。既能起到防裂作用,又能受一定的抗拉应力。

四、连续配筋混凝土路面

连续配筋混凝土路面的特点是全部省去混凝土板的接缝（施工缝和特定情况下必设的胀缝除外）,且配筋量很大（配筋率为 0.6%～10%）的混凝土面层。这种路面在温度和湿度变化引起的内应力作用下产生的横向裂缝,由纵向钢筋来承担,各条横向裂缝细窄,可通过钢筋和裂缝面上骨料间的相互嵌锁作用保持板的连续性。

确定纵向钢筋用量的控制因素是裂缝缝隙的宽度,通常都是根据经验确定,连续配筋混凝土板的钢筋直径与间距可参考表 5.70。一般认为保持裂缝完整无损所需配筋量为混凝土板断面积的 0.6%～0.8%。横向钢筋的用量很小,其配筋率约为纵向钢筋的 1/5～1/10,主要目的是保持纵向钢筋的间距。纵横向钢筋均需采用螺纹钢筋,以保证混凝土和钢筋之间具有足够的握裹力。钢筋的埋置深度,在板顶面下 1/3～1/2 板厚范围内。搭接长度为钢筋直径的 25 倍或 0.5m,所有搭接均需错开。

连续配筋混凝土板的钢筋直径与间距　　　表 5.70

混凝土板厚度 (cm)	纵向钢筋		横向钢筋	
	直径（mm）	间距（cm）	直径（mm）	间距（cm）
20	16	15	13	60
	13	10	10	30
25	16	12.5	13	60
	13	8	10	30

施工时,先将钢筋绑扎或焊接成钢筋网,用钢筋支架（4～6 个/m²）架立钢筋,然后一次摊铺混凝土捣实。也可分二次摊铺,这样可不用钢筋支架。在钢筋上浇注混凝土时注意不要使钢筋位置变化。横向施工缝为真缝、平缝,并设长度为 1m 的拉杆（直径同纵向钢筋）增强。在长板的端部、桥头连接处,或者与其他路面连接处均需设置胀缝,以便为混凝土膨胀留有余地。

五、预应力混凝土路面

预应力混凝土路面（简称 PC 路面）,是在混凝土路面板上,预先施加预应力,使之能够抵抗板内产生的拉伸和弯拉应力的路面。这种路面板厚可减薄到 0.10～0.15m,板长可以增大到 30m 以上,而且可以减少裂缝的产生,防止裂缝的张开,与普通混凝土路面相比,PC 路面具有较大的柔性和弹性,故能承受多次重复作用而不破坏,对基础的不均匀变形也有较大的适应性。

铺筑 PC 路面宜用抗压强度至少为 35～45MPa 的混凝土。基层上应铺薄层砂、沥青砂或塑料薄膜等。以便于板的伸缩滑动，并减少预应力的损失。一般 PC 路面的断面如图 5.12 所示。

PC 路面的铺筑方式有如下几种：

1. 无筋预应力混凝土路面：在路面板两端设置台座埋入地基内，面板中央设加力缝。在混凝土浇筑 1～2d 后在加力缝内塞入千斤顶，对混凝土预应力，开始时 1.5MPa，以后逐渐增大，到第 7 天约为 5MPa。待混凝土硬结后，即在加力缝内填塞混凝土预制块，并取出千斤顶，用混凝土填塞缝隙。两端墩座与板之间尚需设弹力缝，放入钢质弹簧，以储存部分预应力。

图 5.13　PC 路面的断面

2. 有筋预应力混凝土路面：有两种施工方法：先张法和后张法。图 5.14 是先张法的原理图。一般多采用后张法，它是在浇筑混凝土板时，留下若干条孔道，待混凝土硬结后，将钢丝束或钢筋穿进孔道，再张拉并将两端锚固，最后在孔道内灌注水泥浆，使钢丝束或钢筋与混凝土粘牢。窄板（3～4m）仅在纵向加力，宽板（5～7m 以上）的纵横两向加力，其钢丝束或钢筋可沿纵横两向安设；或沿与路中线成小于 45°角的方向安设。后者的优点是可以连续浇筑很长的路面板，而预加应力可以在板的两侧进行。预应力筋一般设在板厚的中央，有时亦可在板的上下部对称地设置。所加的预应力在纵向要达到 2～4MPa，在横向有 0.4～1.4MPa 即可。

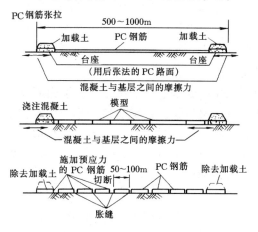

图 5.14　先张法的原理图

3. 自应力混凝土路面：国外曾试用膨胀水泥铺筑自应力混凝土路面。如果配筋可通过面板的膨胀产生预应力；如果不配筋，需在板的两端设置墩座以产生预应力。试验指出。配筋的自应力混凝土路面裂缝较少，效果好。

六、钢纤维混凝土路面

钢纤维混凝土（SFRC）是在素混凝土基体中掺入乱向，不连续短钢纤维组成的一种均匀而多向配筋的混凝土。在受力过程中，钢纤维发挥其抗拉强度高，而混凝土发挥其抗压强度高各自的优势，从而大大提高了复合材料的各项技术性能，具有优良的抗拉、抗弯、抗疲劳、抗冲击以及耐磨耗，韧性高特性，是一种高弹塑性材料。

钢纤维混凝土用于修筑路面或机场道面主要有两种型式：即直接铺筑在基层之上的单层钢纤维混凝土路面以及在素混凝土路面之上（或之下）铺筑钢纤维混凝土薄层，形成双层式混凝土路面，前者称为全截面钢纤维混凝土，一般适用于新建道路；后者称为复合式钢纤维混凝土，可以用于新路修建，也可作为旧路加固层；其路面结构见图 5.15。

钢纤维混凝土路面施工时在混凝土中掺入 1.0%～2.0%（体积比）（或 80～160kg/m³）钢纤维。钢纤维长度宜为 25～35mm，长径比 50～70 的剪切钢纤维或溶液抽型钢纤维。在搅拌时，最好选用水平轴型强制式搅拌机拌和，应按砂石、水泥、钢纤维的顺序加入拌和机中，干拌2min后，再加水湿拌1min。钢纤维混凝土路面可用一般混凝土路面的施工方法来铺筑，不需要特殊的机具设备。板厚小于12cm者，可采用平板振捣器；对板厚大于12cm者，可适当使用插入式振捣器，但应控制好振捣的位置和时间，防止纤维竖向分布及下沉。在钢纤维混凝土路面施工到抹面工序时，需要将冒出混凝土表面的钢纤维拔出。

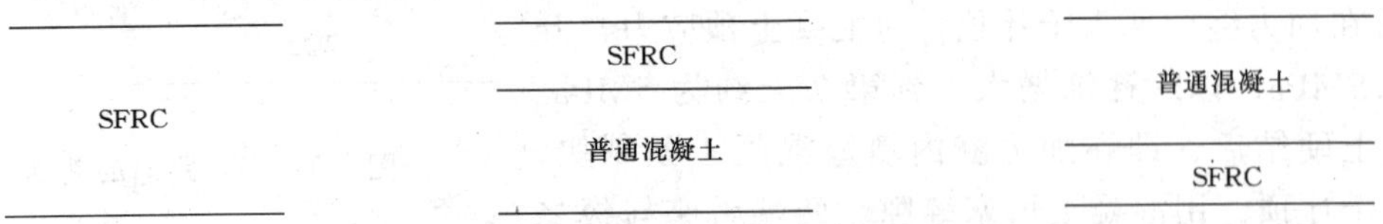

图5.15 钢纤维混凝土（SFRC）路面结构

钢纤维混凝土路面可用于罩面，对现有道路路面和机场道面进行补强、加固，具有良好的效果，特别适用于城市道路与桥面铺装等标高受限制的地段。它具有层薄、少缝、使用寿命长、养护费用少的特点，具有广泛的发展前途。

七、碾压混凝土（RCC）与沥青混凝土（AC）复合式路面

把由垫层、基层、碾压水泥混凝土板及板上沥青混凝土面层所组成的路面称为碾压水泥混凝土与沥青混凝土（RCC+AC）复合式路面。RCC+AC复合式路面结构，刚中有柔，刚柔相剂，以刚为主，既可利用沥青层大大缓和行车对路面板的冲击，有效地解决抗滑、耐磨、平整等问题；又可利用RCC层提高路面板的强度，减少沥青层厚度，因而无论从经济、技术，还是使用性能等方面都优于单一柔性或刚性路面结构，很有发展前途。

RCC+AC路面施工是在RCC面层上铺筑一层AC层，RCC层和AC层分别按照碾压混凝土路面和沥青路面施工技术要求和有关规定施工。

在RCC+AC复合式路面结构中当温度下降时，RCC板产生水平位移，从而引起沥青层开裂。另外，当汽车轮载通过接缝时，相邻板的挠度差引起沥青层剪切变形，以至使面层出现裂缝。为了解决反射裂缝问题，可采用的措施有：提高基层强度与刚度或横缝设传力杆以减小相邻挠度差；提高沥青混合料的强度；从结构设计上着手解决，如在RCC与沥青层之间设置沥青橡胶层、沥青砂层、沥青混合料联结层（过渡层）、土工织物、钢丝网、油毡等，有些国家则采用锯口封缝的方法。

RCC+AC复合式路面结构物仍处在研究阶段，要作为高等级道路路面，仍需要从理论和实践两方面进行研究和探讨，以指导设计与施工。

5.4.5 水泥混凝土路面施工质量检验与控制

为保证混凝土路面的施工质量，要求在施工过程中对每道工序严格的检查和控制。采取的测试措施有：

1. 对混凝土混合料组成材料（粗细集料、水泥、外加剂及水）分别进行检验，确定是否符合技术要求，并检验混凝土强度。

2. 冬季和夏季施工时应测定混凝土拌和和摊铺时的温度。

3. 施工中应及时测定7d龄期的试件强度，检查是否达到28d强度的70%，否则应及时查明原因，及时采取措施。使混凝土强度达到设计要求。

水泥混凝土（包括预制混凝土）路面施工验收质量标准如下：

(1) 模板必须支立牢固，不得倾斜、漏浆。

(2) 板面边角应整齐，不得出现大于 0.3mm 的裂缝，并不得有石子外露和浮浆、脱皮、印痕、积水等现象。

(3) 伸缩缝必须垂直，缝内不得有杂物，伸缩缝必须全部贯通，传力杆必须与缝面垂直。

(4) 切缝直线段应线条直顺，曲线段应弯顺，不得有夹缝，灌缝不得漏灌。

水泥混凝土（包括预制混凝土）路面（面层）允许偏差见表 5.71。

水泥混凝土（包括预混凝土）面层允许偏差　　　　表 5.71

序号	项 目		允许偏差	检验频率		检验方法
				范围	点数	
1	支模	直顺度	5	50m	1	拉 20m 小线量取最大值
2		高程	±5	20m	1	用水准仪测量
3	水泥混凝土面层	△抗压强度	不低于设计规定	每台班	1组	
4		△抗折强度	试块强度平均值不低于设计规定	每台班	1组	
5		△厚度	+20 −5	每块	2	用尺量
6		平整度	5	块	1	用 3m 直尺量取最大值
7		相邻板高差	3	缝	1	用尺量
8		宽度	−20	40m	1	用尺量
9		中线高程	±20	20m	1	用水准仪测量
10		横坡	±10 且不大于 ±0.3%	20m	路宽(m) <9　2 9~15　4 >15　6	用水准仪测量
11		纵缝直顺	10	100m 缝长	1	拉 20m 小线量取最大值
12		横缝直顺	10	40m	1	沿路宽拉线量取最大值
13		蜂窝麻面面积	≤2%	每块每侧面	1	用尺量蜂窝总面积
14		井框与路面高差	3	每座	1	用尺量取最大值

注：1. 本表摘自建设部标准《市政道路工程质量检验评定标准》(CJJ1—90)。

2. 切缝不检查相邻板差。

习　　题

1. 路面施工有哪些主要特点？其主要内容是什么？
2. 什么是碎石基层（垫层）？分几种？都有什么特点？
3. 简述填隙碎石施工工艺。
4. 级配碎石结构层强度来源是什么？怎样在路面结构中使用？
5. 简述级配碎石的施工方法
6. 简述稳定土在道路工程中的结构特点。
7. 影响石灰土强度和稳定性的主要因素有哪些？
8. 试述石灰土施工方法。
9. 已知 12% 石灰土基层宽 $b=15m$，设计厚度 $h_0=25cm$，试验得知该 12% 石灰土最大干密度为 $R_{灰土}=1710kg/m^3$，所用消石灰天然松方密度 $510kg/m^3$，实测消石灰含水量为 26%，所用粘土天然松方密度为 $1075kg/m^3$，实测其含水量为 3.5%，求石灰和粘土虚铺厚度以及体积比。
10. 水泥稳定砂砾有何特点？

11. 简述水泥石屑基层的施工要点。
12. 简述三渣土基层的施工要点。
13. 什么是沥青路面？如何分类？
14. 什么是透层、粘层及封层？
15. 试述沥青表处路面施工工艺。
16. 试述沥青贯入式路面施工工艺。
17. 沥青混凝土和沥青碎石路面有何区别？
18. 试述热拌沥青混合料路面的施工工艺。
19. 你认为改性沥青路面发展前景如何？为什么？
20. 沥青类路面季节施工应注意哪些问题？
21. 水泥混凝土路面对基层有什么要求？
22. 水泥混凝土路面施工前要作哪些准备工作？
23. 水泥混凝土路面有哪些施工方法？
24. 已知某 C30 混凝土理论配合比为：水泥:中砂:碎石:水 = 1:1.66:4.21:0.48，混凝土拌和前实测中砂含水量为 2.3%，碎石含水量为 1.2%，则施工配合比如何调整？试述人工加小型机械水泥混凝土路面施工程序。
25. 水泥混凝土路面施工中关键工序是哪几个？如何来控制其施工质量？
26. 水泥混凝土路面其他施工工艺有哪些？你认为哪种工艺值得推广？为什么？
27. 水泥混凝土路面季节施工应注意什么要点？
28. 你认为钢纤维混凝土路面发展前景如何？为什么？

第6章 道路附属构筑物施工

城市道路附属构筑物,一般包括侧石,平石,人行道、雨水井、涵洞、护坡、护底、排水沟及挡土墙等。附属构筑物虽不是道路工程的主体结构,然而,它不仅关系到道路工程的整体质量,而且起着完善道路使用功能、保证道路主体结构稳定的作用。但在实际施工中重主体、轻附属的倾向一直存在,造成道路附属结构物的施工质量不理想,在竣工后使用不久便暴露出许多质量问题。本章着重就道路侧石、平石、人行道、雨水井、挡土墙等几种常见的附属构筑物的施工及质量控制作一介绍。

第1节 侧平石施工

6.1.1 概述

侧石是设在道路两侧,用于区分车道、人行道、绿化带、分隔带的界石,一般高出路面12~15cm,也称为道牙。作用是保障行人、车辆的交通安全。平石设在侧石与路面之间,平石顶面与路面平齐,有标定路面范围、整齐路容的作用,特别是沥青类路面有方便路面碾压施工及保护路面边缘的作用。侧平石与路面构造见图6.1。侧石一般为水泥混凝土预制安砌,在绿化带或分隔带的圆端处也可现浇混凝土。平石也有现浇与预制

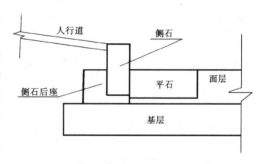

图6.1 侧石安砌位置图

两种。当道路纵坡小于0.3%时,利用平石纵向做成锯齿形边沟,以利路面排水。

侧石的断面形状一般有以下几种:见图6.2

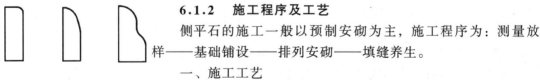

图6.2 侧石断面示意图

6.1.2 施工程序及工艺

侧平石的施工一般以预制安砌为主,施工程序为:测量放样——基础铺设——排列安砌——填缝养生。

一、施工工艺

1.测量放样,通常在作完基层后进行,按设计边线或其他施工基准线,准确地放线钉桩,测定侧石的位置和施工标高,以控制方向和高程。

2.放样后,开槽做基础,并钉桩挂线,直线部分桩距10~15m,弯道部分5~10m,路口处桩距1~5m。

3.把平、侧石沿灰线排列好,基础做好后,铺2cm的1:3水泥砂浆(或混合砂浆)作垫层(卧底),内侧上角挂线,让线5cm,缝宽1cm;调整侧石高低不一的方法:低的

用撬棍将其撬高，并在下面垫以混凝土或砂浆；高的可在顶面垫以木条（或橡皮锤）夯击使之下沉，至合乎容许误差为度。勾缝宜在路面铺筑完成后进行，用强度10MPa的水泥砂浆勾嵌。

4．用石灰土夯填，夯填宽度不小于50cm，高度不小于15cm。槽底、背后填土密实度轻型击实标准大于或等于90％；也可以在侧石后现浇C10混凝土侧石后座，以确保侧石的稳固。

5．湿治养生3天，防止碰撞或采取其他保护。

二、质量要求

侧石必须稳固，并应线条直顺，曲线圆滑美观、无折角、顶面应平整无错牙，侧石勾缝严密，平石不得阻水；侧石背后回填必须夯打密实。侧平石允许偏差应符合表6.1和表6.2的规定。

侧石、平石安砌允许偏差　　　　　　　　　　表6.1

序号	项目	允许偏差（mm）	检验频率 范围	检验频率 点数	检验方法
1	直顺度	10	100m	1	拉20m小线量取最大值
2	相邻块高差	3	20m	1	用尺量
3	缝宽	±3	20m	1	用尺量
4	侧石顶面高程	±10	20m	1	用水准仪测量

注：粗料石缝宽的允许偏差为±5mm

侧石、平石预制允许偏差　　　　　　　　　　表6.2

序号	项目	允许偏差（mm）
1	混凝土抗压强度	平均值不低于设计规定
2	外形尺寸（长、宽、高）	±5
3	外露面缺边掉角长度	<20且不多于1处
4	外露面平整度	3

6.1.3　常见质量通病及防治

一、侧石基础和侧石背填土不实

1．现象

基础不密实，侧石背回填废料、虚土不夯实或夯实未达到要求密实度，竣工交付使用后出现变形、下沉及高低不平。稍遇外力，侧石即东倒西歪和下沉，无法保持直顺度和顶面平整度。直接殃及人行道，引起人行道损坏。

2．原因分析

（1）未按设计要求作侧石、平石基础，基础未认真夯实。

（2）未按设计要求和质量标准做好侧石背夯填。

3．预防措施

（1）侧石、平石基础与路面基层用相同材料结构摊铺，同步碾压，槽底超挖应夯实。

1）侧石结构底面低于路面底面标高时，根据设计开挖基础，整平夯实槽底，摊铺垫层。

2）侧石结构底面高于路面底面标高时，侧石基础可用相应的路面结构材料替代。

3）旧路升高较多，侧平石结构底面标高高于旧路面时，混凝土基座底面以下部分，应用合适的筑路材料填高并整平夯实。

(2) 安砌侧石要按设计要求用砂浆铺底,并对侧石、平石拍打使其与基底联结密实。

(3) 侧石背填料按要求夯实,密实度应达 90% 以上。

二、侧石前倾外仰

1. 现象

侧石安砌成形并铺筑路面人行道后,局部或大部分前倾或外仰(前倾即向路面倾斜,外仰为向人行道倾斜),且侧石顶面不平,破坏了侧石整体直顺度、影响路容和道路的外观质量。

2. 原因分析

(1) 安砌时只顾及侧石内侧上棱角的直顺度,未顾及其立面垂直度和顶面平整度。

(2) 侧石安砌时下半部未夯实,当其后背上半部填土压实时,受土压力挤压向内倾斜,形成前倾。侧石外侧不设人行道时,受车轮等外力在内侧的挤撞,使侧石向外仰。

3. 预防措施

(1) 侧石的安砌既要控制内侧上棱角的直顺度,同时要加强对立面垂直度和顶面平整的检查控制。

(2) 侧石的安砌调直后,其根部的回填夯实不能草率从事。侧石外沟槽应换填易夯实的好土或水泥石屑。如侧石基础为不易夯实的石灰粉煤灰砂砾,则可掺加少量水泥将沟槽填实(填至适当高于基层面),固结后再进行侧石外侧上部的分层夯实。

三、顶面不平、不直顺

1. 现象

(1) 侧石顶面高于或低于人行道面;平石顶面与路面边缘出现高差、错台。

(2) 平石向内向外倾斜。平石被压碎或被碾轮推挤出现弯曲,使路面边出现掰裂。

2. 原因分析

(1) 水泥混凝土平石在碾压面层时被机械碾压,被压碎、推挤,是造成路边缘早期损坏的根源;由于安砌时标高控制不准,或因路边缘底层高低不平,造成油路边缘与平石出现高低差。

(2) 侧石安砌时顶面未拉线控制或侧石基础面高低不平。

3. 预防措施

(1) 平石顶面和路边缘底层都要严格控制标高和平整度。在摊铺沥青混合料时,要按照压实系数,虚铺高出平石顶面。碾压油路面时,要随即用热墩锤和热烙铁修整夯实边缘,使油路边与平石接平接实。

(2) 严格控制侧石基础顶面的标高,侧石安砌应挂线。

四、侧石外露尺寸不一致

1. 现象

(1) 侧石顶面与路面边缘相对高差不一致。以设计外露高度 15cm 为例,在工程实际中侧石外露尺寸有的路段仅 8~9cm,而别的路段达 18~20cm。

(2) 侧石纵向呈波浪状,直接影响人行道板块的铺砌质量,使人行道板块难以与侧石顶面接顺,还会造成两雨水口间的路边积水。

2. 原因分析

(1) 侧石顶面标高控制较好但忽视路面边缘标高的控制,造成路边波浪。

(2) 路面边缘标高控制较好而忽视侧石顶面标高的控制，造成侧石顶面波浪。
(3) 两种情况兼而有之，必然会造成侧石顶面与路面边缘相对高差不一致。
3．预防措施
(1) 侧石标高与路面中心线标高要使用同一个系统的水准点，并严格予以控制。在安砌侧石过程中要随时检查校正标高的变化，并应随时抽查已安砌好的侧石顶面标高。
(2) 依靠准确的侧石顶面标高，在侧石立面上弹出路面边线标高，依据此线找平修整路边底层的平整度。摊铺面层时，严格按弹线控制标高。

五、弯道、八字不圆顺
1．现象
(1) 路口大半径弯道，局部不圆顺有折点。路口小半径八字不符合设计半径要求，出现折角或多个弧线。
(2) 侧石顶面标高与路面边缘相对高差悬殊，切点以外侧石明显高突，多数出现在路口小半径八字和隔离带断口圆头侧石。
(3) 一个路口两侧八字的侧石外露尺寸不一致。
2．原因分析
(1) 大半径曲线侧石安砌后，宏观弯顺度未调顺，就填土固定。
(2) 小半径圆弧未放出圆心，未按设计半径控制弧线。
(3) 隔离带断口未按纵、横断面标高或设计等高线控制侧石顶面标高。
3．预防措施
(1) 路边大半径曲线，除严格依照已控制的道路中线放出侧石位置控制线，按线安砌侧石外，还要做好宏观调顺后，再回填固定。
(2) 小半径圆曲线要使用圆心半径控制圆弧，按路口或隔离带断口的纵、横面或等高线标高控制侧石顶面标高。
(3) 小半径圆弧曲线，为了防止长侧石的折角，短侧石的不稳定勾缝的困难，应按设计圆弧半径预制圆弧侧石或直接现浇。

六、平石不平整
1．现象
(1) 平石局部下沉或相邻板高差过大。
(2) 平石顶面纵向有明显波浪，引起雨水口间积水，并使路面与平石不易接平接顺。
(3) 平石材质差，表面不平整，有脱皮、起砂、蜂窝或裂缝等现象。
2．原因分析
(1) 平石基底超挖部分或因标高不够找补部分未进行夯实。
(2) 砌筑工艺粗糙，或平石表面不平整、扭曲或厚度相差较大。
(3) 纵断面标高失控造成平石波浪。
(4) 未按质量标准把住材料质量关。
3．预防措施
(1) 平石的材质应按质量标准严格控制，不合格者不得使用。
(2) 保证每块平石基底的密实度。超挖和填垫部位或沟槽，必须夯实。
(3) 平石的内侧和外侧标高，应加密测点予以控制。砌筑过程中应随时用水准仪检查,并做好标高验收。

(4) 平石的卧底砂浆工作要合适,不能太干。每块平石铺砌后都应拍实至要求的标高,做到留缝均匀,勾缝密实。

七、侧石、平石材质差

1. 现象

(1) 混凝土强度不足,在运输过程中缺棱角较多。

(2) 表面气泡多,有麻面、脱皮,甚至有的出现局部或整块松散或裂缝。

(3) 薄厚不一,棱角不直,呈两头尖现象。平石表面不平,四角扭曲不在一个水平面上,造成局部相邻板差较大。

2. 原因分析

(1) 侧石、平石生产时,水泥用量低或使用劣质和不合格骨材(级配差,强度低,含泥量大),致使强度低,易损坏;或因技术素质低,管理差,缺少应有的质量控制手段,达不到规定的质量标准。

(2) 施工单位材料采购时片面选购价格低的产品,没有作认真的成品质量检验。

3. 预防措施

施工单位的材料部门应与本企业的质量管理人员配合,选择供应厂家时,对其产品的外观质量、强度及几何尺寸要严格把关,不合格的不能进场。

第2节 人行道施工

6.2.1 概述

人行道是城市道路的重要组成部分,特别是大城市,具有美化市容,代表城市建筑风貌的形象工程作用。所以对人行道的施工应加强管理,精工细做,确保质量。

人行道按使用材料不同可分为沥青面层人行道、水泥混凝土人行道和预制块人行道等。前两种人行道的施工程序和工艺基本与相应路面施工相同。预制块人行道通常是用水泥混凝土预制块铺砌而成。基层有石灰稳定土、水泥石屑或良好土基铺砂垫层等,对人行道的使用质量而言,要求基层具有足够的强度,稳定性和平整度,方可保证人行道面层的铺砌质量。

随着社会对残疾人士的关心,城市无障碍设施的完善,人行道中央应用带有纵向凸凹条的预制块铺设盲人通道。此外,为了美化市容,预制块可加工成多种色彩铺砌成美观大方的各种图案,常见的规格及适用范围见表6.3,表6.4和表6.5

预制水泥混凝土大方砖常用规格与适用范围　　　　表6.3

品 种	规 格 长×宽×厚(cm)	混凝土强度(MPa)	用 途
大方砖	40×40×10	25	广场与路面
大方砖	40×40×7.5	20~25	庭院、广场、路面
大方砖	49.5×49.5×10	20~25	庭院、广场、路面

预制混凝土小方砖常用规格与适用范围 表6.4

品　　种	规格 长×宽×厚（cm）	混凝土强度（MPa）	用　　途
九格小方砖	25×25×5	25	人行道（步道）
16格小方砖	25×25×5	25	人行道（步道）
格方砖	20×20×5	20～25	人行步道、庭院步道
格方砖	23×23×4	20～25	人行步道、庭院步道
水泥花砖	20×20×1.8 单色、多色图案	20～25	人行步道、庭院步道通道

缸砖、陶瓷砖常用规格适用范围 表6.5

品　　种	规格 长×宽×厚（cm）	混凝土强度 （MPa）	适用范围
方缸砖	25×25×5 15×15×1.3 10×10×1.0	>15	人行道、庭院步道 人行道、庭院步道 人行道、庭院步道
陶瓷砖	15×15×1.3 10×10×1.0	>15	庭院步道、通道面砖

6.2.2 施工程序和工艺

预制块人行道施工一般在车行道完毕后进行，通常采用人工挂线铺砌。施工程序为：基层摊铺碾压→测量挂线→预制块铺砌→扫填砌缝→养护。

一、施工工艺

1．人行道基层的摊铺碾压请参阅"道路基层施工"。

2．在碾压平整的基层上，按控制点定出方格坐标，并挂线，按分段冲筋（铺装样板条），随时检查位置和高程；

3．方砖铺装要轻放，找平层可用天然砂石屑（缸砖宜用干硬性砂浆），用橡皮锤或木锤（钉橡皮）敲实，不得损坏砖边角。缸砖在铺筑前应浸水2～3h，然后阴干，方可使用。

4．铺好方砖后应沿线检查平整度，发现有位移、不稳、翘角、与相邻板不平等现象，应立即修正，最后用砂或石屑扫缝或作干沙掺水泥（1:10体积比）拌和均匀填缝并在砖面洒水。缸砖用素水泥灌缝。灌缝后应清洗干净，保持砖面清洁。

5．洒水养生3d，保持缝隙湿润。养生期间严禁上人上车。

二、质量要求

铺砌前应检查预制块的质量是否合格，严禁使用不合格块材铺砌，预制块必须表面平整、色彩均匀、线路清晰和棱角整齐，不含有蜂窝、脱皮、裂缝等现象，其允许偏差见表6.6。

预制道板（大方砖、小方砖）允许偏差 表6.6

序　号	项　目	允许偏差（mm）
1	混凝土抗压强度	平均值不小于设计规定
2	两对角线长度差	大方砖5　小方砖3
3	厚度	大方砖±5　小方砖±3
4	外露面缺边掉角	大方砖小于20 小方砖小于10 且不多于1处
5	边长	大方砖±5　小方砖±3
6	外露面平整度	2

注：小方砖指边长小于30cm×30cm者，超过此值的为大方砖

缸砖（陶砖）应表面整洁，颜色一致、图案正确，不允许有裂纹、缺棱、掉角等缺陷。

铺砌后的人行道必须平整、稳定、灌缝饱满，不得有翘动现象；人行道面层与其他构筑物应接顺，不得有积水现象，缸砖与基层粘结牢固，无空鼓，缝隙均匀。预制块人行道允许偏差和缸砖（陶砖）的允许偏差见表6.7和表6.8。

预制块人行道允许偏差　　　　　　　　　　表6.7

序号	项目		允许偏差（mm）	检验频率		检验方法
				范围	点数	
1	压实度	路床	≥90%	100m	2	用环刀法或灌砂法检验
		基层	≥95%			
2	平整度		5	20m	1	用3m直尺量取最大值
3	相邻块高差		3	20m	1	用尺量取最大值
4	横坡		±0.3%	20m	1	用水准仪测量
5	纵缝直顺		10	40m	1	拉20m小线量取最大值
6	横缝直顺		10	20m	1	沿路宽拉小线量取最大值
7	井框与路面高差		5	每座	1	用尺量

缸砖、陶瓷砖允许偏差　　　　　　　　　　表6.8

序号	项目	允许偏差（mm）	检验方法
1	表面不整	2	用2m靠尺或用塞尺量取最大值
2	缝格平顺	3	
3	相邻砖高差	0.5	拉5m小线，量取最大值，用直尺和塞尺检查

6.2.3　常见质量通病及防治

一、土质压实不足、基层质量差

1．现象

以不按规范要求施工水泥石屑垫层为例，在整平的人行道土基上，铺一层石屑再撒上水泥，人工用铁锹稍加翻动，石屑与水泥未掺拌均匀就在其上铺筑人行道块的现象时有发生。土路床及垫层没有碾压或碾压密实度未达到要求。因为路床或垫层质量差，使人行道设施过早下沉变形，带来丧失使用功能和增加维修费用的恶果。

2．原因分析

(1) 近年来，重点工程的工期都较短，人行道施工时对路床及垫层的质量往往重视不足。

(2) 因人行道属附属工程或指定分包单位施工，容易造成管理措施不严、不力。

3．预防措施

企业内部加强管理，必须按照设计要求控制土路床和人行道基层的平整度、宽度、标高、密实度及基层厚度等质量指标。

二、人行道砌块与侧石顶面衔接不平顺

1．现象

人行道砌块与侧石顶面出现相对高差，一般在 5～10mm 之间。

2．原因分析

由于侧石顶面标高和平顺度没有控制好，为保证人行道的标高及平整度，无法将侧石顶面标高作为铺砌人行道砌块的标准。

3．预防措施

(1) 如果先安砌侧石，要严格控制其顶面标高和平顺度，在砌人行道时，其低点标高以侧石顶面标高为准向上推坡。

(2) 如果先铺砌人行道，应先将侧石轴线位置和标高控制准确，人行道低点以该断面的侧石顶面标高为准。在安砌侧石时，其顶面标高应与已铺砌的人行道接顺。

三、人行道塌边

1．现象

靠近侧石背处的砌块下沉。特别人行道端头、路口八字的侧石背附近人行道砌块下沉现象较多。砂浆补抹部分下沉、碎裂，出现坑洼。

2．原因分析

采用先碾压人行道的土路床、基层，后安砌侧石施工顺序时，侧石后背未进行夯实，就铺砌人行道砌块。

3．预防措施

凡后安砌的侧石，侧石两侧均应用小型夯具在接近最佳含水量状态下进行分层夯实。

四、砂浆过干、搅拌不匀

1．现象

(1) 砂浆含水量小，状似干砂浆，砌块夯打后，砂浆中仍有空隙。

(2) 砂浆未搅拌均匀，砂与水泥分离，砂浆强度低容易产生局部变形。

2．原因分析

(1) 砂浆拌和时加水量不足或砂浆拌和后水分蒸发，没有重新加水拌和就使用干砂浆砌筑。

(2) 没有按操作规程所要求的程序搅拌砂浆。

3．预防措施

(1) 人工搅拌砂浆，应首先将水泥（或石灰）和砂在干燥状态下按比例掺拌均匀后再加水搅拌。

(2) 水泥（或石灰）砂浆的工作度，应以砌块时能刚刚振出灰浆的稠度为宜，这样能将砂浆振实，同时砂浆能与基层和砌块底面较好粘结，增加人行道整体强度和稳定性。

五、纵横缝不直顺，灰缝过大

1．现象

(1) 在纵、横缝上出现 10mm 以上的错缝和明显弯曲。

(2) 在弯道部分，仍依曲线铺砌，形成弯道外侧过宽的放射形横缝。

2．原因分析

(1) 施工管理者不重视砌块的铺砌工艺，没有认真设计铺砌方案，随意性较强。

(2) 虽有方案，但技术交底不清，控制不严。

3．预防措施

(1) 水泥混凝土砌块人行道，要根据道路的线型和设计宽度，事先做出铺砌方案，做好技术交底和测量放线。为使纵、横缝直顺，应用经纬仪测设纵向基线。

(2) 单位工程的全段铺砌方法要按方案统一施工，不应各自为政。

(3) 弯道部分应直砌，再补边。

六、砌块材质差

1．现象

(1) 砌块混凝土不密实，强度不足，在运输过程中，缺棱掉角较多。

(2) 封面砂浆强度不足，耐磨性差，放行后出现麻面。

(3) 外露面不平整，有鼓肚或洼陷现象。

(4) 砌块几何尺寸不一致，使灰缝宽窄不一、厚薄不均。

2．原因分析及预防措施

参见6.1.3"七、侧石、平石材质差"的原因分析和预防措施。

第3节 雨 水 井 施 工

6.3.1 概述：

雨水井是雨水管道或合流排水系统上收集雨水的构筑物，道路及人行道上的雨水经过雨水井流经支管汇入排水主干管。

雨水井按照进水方式分为平入式、侧入式和联合式三类。按照雨水井与支管的连接高低不同分为有落底（也可称沉砂井），和无落底两种，有落底的好处是可将砂石及杂物截留沉积在井底，定期掏挖以防堵塞管道。

雨水井一般布设在能有效收集雨水的道路边缘，沿道路纵向间距宜为25～50m，其位置应与检查井协调。侧入式的进水口可与侧石预制成一体进行安砌。

平入式雨水进水口在平坦路段可与平石配合形成的锯齿形边沟有效集水或在井口周围做成下凹弧面。

6.3.2 施工程序和工艺

雨水井一般采用砖砌结构，雨水口（雨箅）预制安装。其施工程序一般为：放样定位—开挖—基底处理—砌井墙—安井口。

一、施工工艺

1．雨水井施工一般在作完基层后进行，按设计图中的边线高程放线挖槽，控制位置、方向和高程；按道路设计边线及支管位置，定出雨水井中心线桩使雨水井长边与道路边线重合。（弯道部分除外）。

2．按雨水井中心线桩挖槽，注意留有足够的工作面，如核对雨水井位置有误差时，应以支管为准，平行于路边修正位置，并挖至设计深度。

3．槽底要仔细夯实，如有水应排除并浇注C10混凝土基础，或铺碎石厚10cm，槽底松软土应夯筑3:7灰土垫层，然后砌筑井墙。

4．砌井墙

(1) 按井墙位置挂线，先砌筑井墙一层，用对角线来核对方正。推荐的单、双箅雨水井撂底图见图6.3和图6.4。

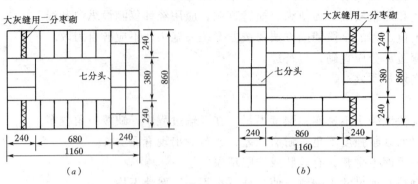

图 6.3 单箅雨水井排砖摆底图（单位：mm）
(a) 第一层平面；(b) 第二层平面

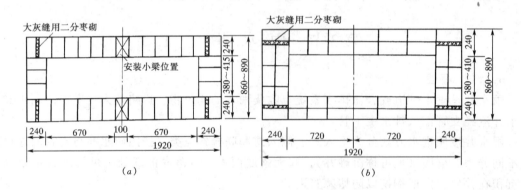

图 6.4 双箅雨水井排摆底示意图（单位：mm）
(a) 第一层平面；(b) 第二层平面

（2）砌筑井墙，随砌随刮平缝（或双面抹面），每砌高 30cm 应将墙外及时回填土（灰土）并夯实；

（3）砌至雨水支管处应满铺砂浆，砌砖已包满支管时应将管口周围用砂浆抹严抹平，不能有缝隙，管顶砌半圆砖，管口应与井墙砌齐平。支管与井壁斜交时，允许管口入墙 2cm，另一侧凸出 2cm，超过此限时须考虑调整雨水口位置；

（4）井口应与路面施工配合同时升高，当混凝土井圈安装后，应备木板或铁盖加以保护，以防在面层施工时被压路机压坏。

（5）井底应用 C10 细石混凝土抹出向雨水支管集水的泛水坡。

5. 预制井圈内侧应与缘石或路边成一直线，并须满铺砂浆，找平坐稳。井圈顶与路面齐平或稍低，不得凸出；现浇井圈时，模板应支立牢固，尺寸准确，浇注后应立即养生，待雨水井具有一定强度后可铺筑路面。

二、质量要求

雨水井及支管的施工质量要求为：收水井内壁抹面必须平整，不得起壳裂缝，井框、井箅必须完整无损，安装应平稳，井内严禁有垃圾等杂物，井周及支管回填必须满足路基要求；支管必须直顺，不得有错口，管头应与井壁齐平。

收水井、支管允许偏差符合表 6.9 的规定。

收水井、支管允许偏差　　　表 6.9

序 号	项 目	允许偏差（mm）	检验频率		检验方法
			范 围	点 数	
1	井框与井壁吻合	10	座	1	用尺量
2	井口高程	+10 −30	座	1	与井周路面比
3	井位与路边线吻合	20	座	2	用尺量
4	井内尺寸	+20 0	座	1	用尺量

6.3.3 常见质量通病及防治

一、雨水口位置与路边线不平行或偏离侧石

1．现象

（1）雨水口位置歪斜，外边线与路边有夹角。

（2）雨水口外井墙吃进或远离侧石。远离侧石时，影响雨水口进水功能；池口吃进侧石，雨水口井圈将会跨空，易被车轮压断。

2．原因分析

（1）在道路测量放线中，雨水口外边线与侧石内边线未能协调一致，即两边线不平行；两边线的间距应是一个定值，而实际出现正或负偏差。

（2）操作人员砌筑过程中，偏离测量放线所给定的位置，而测量校验工作又未跟上。

3．预防措施

（1）凡是设有雨水口的道路边线，应使用经纬仪定出路边线和雨水口位置，施工时以此基准线控制。

（2）在砌筑时，应校核池口外边线与基准线是否平行、至侧石内边线的距离是否符合要求。

（3）在雨水井砌筑过程中，应随时校核雨水井位置桩的准确性。

（4）侧石应按测设的基准线安砌。

二、支管管头外露过多或破口朝外

1．现象

（1）雨水井池口内支管管头外露少则 2～3cm，多则超过 10cm。影响日后雨水井及排水管线的正常清疏作业。

（2）截断支管的破口外露在池口内。

2．原因分析

管理人员和操作人员不了解管头外露过长和破管口外露的害处，或因管理上的疏漏，技术交底不清，检查不严。

3．预防措施

（1）砌筑雨水井时，应将截断支管的破口朝向雨水井以外，用抹带砂浆做好接口，并使完整的管头与井墙齐平。

（2）若已造成破口外露或管头外露过长，应将长出井墙的管头切齐，用高标号水泥砂浆将管口接好。

三、支管安装不直顺

1．现象

支管安装横向有弯曲、错口，纵向有波浪、错口，甚至有倒坡现象，降低了排水管线的泄水功能，并给维修养护清疏造成困难。

2．原因分析

(1) 不重视对雨水井支管的施工质量，施工操作草率。

(2) 一根支管分两次或三次施工，在第二或第三次安装时，没有与已埋管道的中线对准，也没有使纵坡取得一致，造成折弯、倒坡或错口。

3．预防措施

(1) 雨水井支管的施工应和小管径排水管道施工一样，对管道纵横坡、管道直顺度，管内底标高和管内底错口等质量指标要进行控制。

(2) 如属二次以上接长的管道施工，从已埋管道内校核中线位置、标高和纵坡，避免倒坡、弯曲等现象的发生。

第4节 挡土墙施工

6.4.1 概述

挡土墙是设置于天然地面或人工坡面上，用以抵抗侧向土压力，防止墙后土体坍塌的支挡结构物。在道路工程中，它可以稳定路堤和路堑边坡，减少土方和占地面积，防止水流冲刷及避免山体滑坡，路基坍方等病害发生。

一、挡土墙分类

挡土墙按其在道路横断面上的位置可分为：路堑墙、路堤墙、路肩墙、山坡墙等。

按其结构形式可分为：重力式、衡重式、半重力式、锚杆式、垛式、扶壁式等；

按砌筑墙身材料可分为：石砌、砖砌、混凝土、钢筋混凝土、加筋挡土墙等。

道路中常用的挡土墙有石砌重力式，衡重式及混凝土、钢筋混凝土悬臂式。各类挡土墙的主要特点及适用范围见表6.10。

二、挡土墙构造

常用的石砌挡土墙一般由基础、墙身、排水设施、沉降缝等组成。

1．基础

挡土墙的基础是挡土墙安全、稳定性的关键，一般土质地基可采用石砌或现浇混凝土扩大基础。当地面纵坡较大时，基础沿长度方向做成台阶式，可以节省工程量。

2．墙身

挡土墙的墙身是挡土的主体结构。当材料为石砌或混凝土时，墙身断面形式按照墙背的倾斜方向分为：仰斜、垂直、俯斜、折线、衡重等几种形式。如图6.5。

3．排水系统

挡土墙墙后排水是十分重要的工作，若排水不畅，会导致地基承载力下降和墙背部压力增加，严重时造成墙体损坏或发生倾覆。为了迅速排除墙背土体的积水，在墙身的适当高度处设置一排或数排泄水孔如图6.6所示。泄水孔尺寸可视墙背泄水量的大小，常采用5×10cm或10×10cm的矩形或圆形孔。泄水孔横竖间距，一般为2～3m，上下排泄水孔应交错布置。为保证泄水顺畅，避免墙外雨水倒灌，泄水孔应布置成向墙面倾斜，并设成

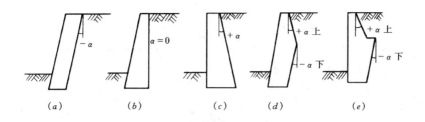

图 6.5 石砌挡土墙的断面形式
(a) 仰斜；(b) 垂直；(c) 俯斜；(d) 凸形折线式；(e) 衡重式

2%～4%的泄水坡度。

挡土墙的类型及适用范围　　　　　表 6.10

顺序	类型	特点	结构示意图	适用范围
1	石砌重力式	1. 依靠墙身自重抵抗土压力的作用 2. 型式简单，取材容易，施工简易	（墙顶、墙面、墙背、基底）	1. 产砂石地区 2. 墙高在 6.0m 以下，地基良好，非地震区和沿河受水冲刷时，可采用干砌 3. 其他情况，宜用浆石砌
2	石砌衡重式	1. 利用衡重台上部填土的下压作用和全墙重心的后移，增加墙身稳定，节约断面尺寸 2. 墙面陡直，下墙墙背仰斜，可降低墙高，减少基础开挖	（上墙、衡重台、下墙）	1. 山区、地面横坡陡峻的路肩墙 2. 也可用于路堑墙，兼有拦挡坠石作用 3. 亦可用于路堤墙
3	混凝土半重力式	1. 在墙背加入少量钢筋，以减薄墙身，节省圬工 2. 墙趾较宽，以保证基底宽度，必要时在墙趾处设少量钢筋	（钢筋）	1. 缺乏石料地区 2. 一般适用于低墙
4	锚杆式	1. 由立柱、挡板和锚杆三部分组成，靠锚杆锚固在山体内拉住立柱 2. 断面尺寸小 3. 立柱、挡板可预制	（立柱、挡板、锚杆）	1. 高挡墙 2. 备有钻岩机、压浆机等设备 3. 较宜用于路堑墙，亦可用于路肩墙
5	垛式	利用钢筋混凝土预制杆件，纵横交错锚装配成框架，内填土石，以抵抗土的推力	（混凝土构件、基座）	缺乏石料地区

续表

顺序	类型	特点	结构示意图	适用范围
6	钢筋混凝土悬臂式	1．由立壁、墙趾板和墙踵板三个悬臂梁组成，断面尺寸较小 2．墙高时，立壁下部的弯矩大，消耗钢筋多，不经济	(立壁、墙趾板、墙踵板)	1．缺乏石料地区 2．普通高度的路肩墙 3．地基情况可以差些
7	钢筋混凝土扶壁式	沿悬壁式墙的墙长，隔一距离加一道扶壁，使立壁与墙踵板连接起来，更好地受力	(扶壁)	在高挡墙时较悬臂式经济。其余同上。

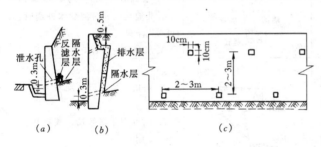

图 6.6 挡土墙的泄水孔及排水层

最下一排泄水孔出口应高出原地面、边沟、排水沟及积水地带的常水位线至少 0.3m。为了防止墙后积水下渗进地基，最下一排墙背泄水孔下面需铺设 0.3m 的黏土隔水层。泄水孔的进水孔处应设粒料反滤层，以防孔洞被土体堵塞。在墙后排水不良或填土透水性差时，应从最下一排泄水孔至墙顶下 0.5m 高度内，铺设厚度不小于 0.3m 的砂、石排水层，同时也可减小冻胀时对墙体的破坏。

路堑挡土墙墙趾边沟应予以铺砌加固，防水渗入挡土墙基础。干砌挡土墙可不设泄水孔。

4．沉降与伸缩缝

为了防止墙身因地基不均匀沉降而引起的断裂，需设沉降缝。为了防止砌体硬化收缩和温度与湿度变化所引起的开裂，需设伸缩缝。

沉降缝和伸缩缝在挡土墙中同设于一处，称之为沉降伸缩缝。对于非岩石地基，挡土墙每隔 10~15m 设置一道沉降伸缩缝。对于岩石地基应根据地基岩层变化情况，可适当增大沉降缝间隔。设置缝宽为 2~3cm，自基底到墙顶拉通。浆砌挡土墙缝内可用胶泥填塞；但在渗水量大、填料易流失或冻害严重地区，宜用沥青麻筋或沥青木板材料，沿墙内、外、顶三边填塞，深度不小于 15cm。墙背为填石料时，留空不填防水材料板。干砌挡土墙，缝的两侧应用平整石料砌成垂直通缝。挡土墙各部分名称及纵向布置图见图 6.7。

6.4.2 施工程序和工艺

城市道路中的挡土墙常用的是钢筋混凝土悬壁式、扶壁式和混凝土重力式以及石砌重力式挡土墙，前三种的施工程序和工艺可参照桥梁工程中钢筋混凝土墩台的施工。石砌重

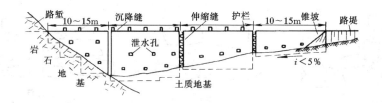

图 6.7 挡土墙示意图

力式挡土墙的施工程序可概括为：测量放线—基槽开挖—石料砌筑—勾缝。需注意以下几点：

1．测量人员应严格按道路施工中线，高程控制点放出基槽开挖界线及深度，随着施工进度测量控制挡土墙的平面位置和纵断面高程。

2．基槽开挖不得扰动基底原状土，做好排降水设施，保持基底干燥施工。对不符合设计要求的软弱基底应提出处理措施。

一、施工工艺

1．砌石作业前的施工准备工作

(1) 施工前应将地基清理干净，复核地基位置、尺寸、高程，遇有松软或其他不符合砌筑条件等的情况必须坚决处理，使之满足设计要求，地基遇水应排除并必须夯填 10cm 厚的碎（卵）石或砂石垫层，使地基坚实，方可砌筑。

(2) 续砌时应清扫尘土及杂物落叶，石料使用前应清洗干净，不要在刚砌好的砌体上清洗。

(3) 砌筑的样板，尺杆、尺寸线等均应测量核实正确，砌筑应挂线，并经常吊线校正尺杆免出误差。

(4) 水泥砂浆拌和应符合设计及施工要求。

(5) 砌筑用工具，劳保用品、脚手架等均应牢固、可靠。

2．砌石方法

(1) 第一层石料砌筑选择大块石料铺砌，大面向下，大石料铺满一层，用砂浆灌入空隙处，然后用小石块挤入砂浆，使砂浆充满空隙，分层向上砌平。遇在岩石或混凝土上砌筑时必须先铺底层砂浆后，再安砌石料，使砂浆和砌石联成一体，以使受力均匀，增强稳定。

(2) 砌筑从最外边及角石开始，砌好外圈接砌内圈，直至铺满一层。再铺砂浆并用小石块填砌平实。砌筑时应注意：

1) 外边、角石砌筑应选择有平面，有棱角、大致方正的石块，使其尺寸、坡度、角度符合挂线，同层高度大致相等。

2) 砌筑中石块应大小搭配、相互错叠、咬接紧密，所有石块之间均应有砂浆填实，隔开，不能石与石直接接触，工作缝须留斜茬（台阶茬）。

3) 上下层交叉错缝不得小于 8cm，转角处不小于是 15cm，片石不镶面，缝宽不宜大于 4cm，不得出现通缝（图 6.8）。

4) 丁石和顺石要相间砌筑，至少两顺一丁或一层丁石一层顺石。丁石长应为顺石的 1.5 倍以上。

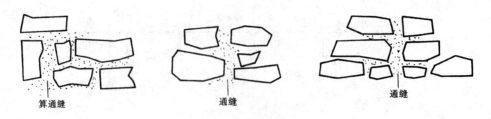

图 6.8 砌石通缝示意图

5）伸缩缝（沉降缝）处两面石块可靠着伸缩缝（沉降缝）隔板砌筑，砌完一层即把木隔板（缝板）提高一层，位置、垂直度、尺寸必须准确。遇构造物有沉降缝，须认真核实，使砌石与构造物沉降缝相符合起到伸缩和沉降作用。

3．勾缝

（1）设计无勾缝时可随砌随用灰刀将灰缝刮平；

（2）勾缝前应清除墙面污染物，保证湿润，齿剔缝隙；

（3）片石砌体宜采用凸缝或平缝，料石应采用凸缝，保证砌体的自然缝，拐弯圆滑，宽度一致，赶光压实，结合牢固，无毛刺、无空鼓；

（4）砂浆强度不低于10MPa（体积比1:2.5）。

二、质量要求

重力式挡土墙的质量要求是：砌体砂浆必须嵌填饱满、密实；灰缝应整齐均匀；缝宽符合要求，勾缝不得有空鼓、脱落；砌体分层填筑必须错缝，其相交处的咬扣必须紧密；沉降缝必须直顺贯通。预埋件，池水孔、反滤层防水设施等必须符合设计规范的要求。砌石不得有松动、叠砌和浮塞现象。其允许偏差见表6.11

护底、护坡、挡土墙（重力式）允许偏差　　　表6.11

序号	项　目		允许偏差（mm）			检验频率		检验方法
			浆砌料石，砖，砌块挡土墙	浆砌块石	干砌块石	范围(m)	点数	
				挡土墙	护底护坡	护底护坡			
1	砂浆强度		平均值不低于设计规定					见注
2	断面尺寸		+10 0	不小于设计规定	不小于设计规定	不小于设计规定	20	2	用尺量宽度上下各一点
3	基底高程	土方	±30	±30			20	2	用水准仪具测量
		石方	±100	±100					
4	顶面高程		±10	±15			20	2	用水准仪具测量
5	轴线位移		10	15			20	2	用经纬仪测量
6	墙面垂直度		0.5%H 且≤20	0.5%H 且≤20			20	2	用垂直线检验
7	平整度	料石	20	30			20	2	用2m直尺检验
		砖砌块	10						
8	水平缝平直		10				20	2	拉20m小线检验
9	墙面坡度		不陡于设计规定				20	1	用坡度板检验

6.4.3 常见质量通病及防治

一、墙体里外层拉结不良

1. 现象

一般石砌挡土墙采取条石和乱毛石组合砌，里外墙用整石砌筑，中间填砌毛石，也有采用全毛石砌筑，中间投石填满。第一种砌体中料石与毛石间搭砌不足或未搭砌，第二种砌体中无满墙拉结石，结果挡土墙形成三层皮，使墙承载力大大降低。

2. 原因分析

(1) 毛石规格偏小，且未合理搭配。砌料石挡土墙（用毛石和腹石）时，未采取先摆四角再砌三面周边石（留一面作运料和填砌腹石用），后砌腹石的施工顺序，故发生石块间（特别是料石与毛石之间）搭接长度不够，砂浆不饱满的现象。

(2) 腹石体积大，其运输、砌筑均较费力，只顾施工方便而采取抛石砌筑方法，造成下层凝固中的砂浆被震裂，同时抛投砌筑法也易造成石块周围砂浆不饱满。

3. 预防措施

(1) 毛石挡土墙不得采取投石填心做法，坚持分层铺砂浆分层砌筑的正确方法，每隔1~1.5m丁砌一块拉结石，其长度应满墙。

(2) 料石挡土墙宜采取同层内丁顺相间的组合砌法，当中间部分用乱毛石填砌时，毛石必须与料石砌平，保证丁砌料石伸入毛石部分的长度不小于20cm。

二、排水孔不通畅，泛水坡度不够

1. 现象

未留排水孔，或排水孔堵塞，或排水坡度不够，造成挡土墙内侧长期积水，酿成墙体开裂、沉陷或倒塌。

2. 原因分析

(1) 忽视挡土墙细部做法，缺乏认真检查，忘记预留排水孔或未及时清理预留排水孔内的砂浆等杂物。

(2) 墙体内侧未按规定做出泛水坡度，墙根处残留的施工材料和土壤未清理。

3. 预防措施

(1) 砌筑挡土墙时按设计要求收坡或收台，并设排水孔。

(2) 排水孔宜采取抽管方法留置，即在砌筑时先预置钢管或竹管成孔。回填土前可在排水孔水平面上填摆宽30cm、厚20cm的碎石或卵石疏水层或按设计作反滤层，以使挡土墙内侧填土内的积水能顺利排出。

(3) 施工完毕后一定要做到活完脚下清，以保证排水通畅。

三、勾缝砂浆粘结不牢

1. 现象

勾缝砂浆与砌体结合不良，开裂甚至脱落，严重时渗水漏水。

2. 原因分析

(1) 砌筑或勾缝砂浆所用的砂子含泥量过大，砂浆强度降低。

(2) 砌体灰缝太宽，操作一次成活，勾缝砂浆自重过大而滑坠开裂。勾缝砂浆硬结后，雨水或湿气渗入砌体内，更促使勾缝砂浆脱落。

(3) 砌筑过程未及时刮缝，影响勾缝挂灰。勾缝前未清扫干净，缝内有积灰，降低砂浆与砌体的粘结性。

(4) 勾缝砂浆水泥含量过大，养护不及时，发生开裂脱落。

3．预防措施

(1) 严格控制砂浆用砂的质量，宜使用中砂、粗砂，掌握好勾缝砂浆的配合比及流动性。勾缝砂浆流动性，一般为4～5mm。

(2) 勾缝前进行检查，填浆、加塞适量石块补修孔洞，并浇水湿缝。刮缝深度宜大于2cm。

(3) 凸缝分两次成型，平缝应顺石（砖）缝勾缝，缝与砖、石间应抹平。

(4) 勾缝后早期应洒水养护，防止干裂脱落。个别缺陷要返工处理。

四、墙面污染

1．现象

墙面勾缝深浅不一致，竖缝不实，十字缝搭接不平。墙缝内残浆未扫净，墙面被砂浆严重污染；脚手眼处堵塞不严、不平，留有永久痕迹（堵孔砖与原墙面色泽不一致）；勾缝砂浆开裂、脱落。雨水污水污染墙面。

2．原因分析

(1) 墙面勾缝前未经开缝，刮缝深度不够或用大缩口缝砌砖，使勾缝砂浆不平，深浅不一致。竖缝挤浆不严，勾缝砂浆悬空未与缝内底浆接触，或与平缝十字搭接不平，容易开裂、脱落。

(2) 脚手眼堵塞不严，补缝砂浆不饱满。堵孔砖与原墙面的砖色泽不一致，在脚手眼处留下永久痕迹。

(3) 勾缝对墙面浇水湿润程度不够，使勾缝砂浆早期脱水而收缩开裂。墙缝内浮浆未清理干净，影响勾缝砂浆与灰缝内砂浆的粘接，日久后脱落。

(4) 采取加浆勾缝时，因托灰板接触墙面，使墙面被勾缝水泥砂浆弄脏而留下印痕。如墙面浇水过湿，扫缝时也容易被砂浆污染。

(5) 拉毛灰、甩毛灰，易挂灰积尘沾污墙面。

3．预防措施

(1) 勾缝前，必须对墙体缺棱掉角部位、瞎缝、刮缝深度不够的灰缝进行开缝。开缝深度为1cm左右，缝的上下切口应开凿整齐。

(2) 砌墙时应保存一部分砖或石块，供堵塞脚手眼用。脚手眼堵塞前，先将洞内的残余砂浆剔除干净，并浇水润湿（冲去浮浆），然后铺以砂浆，用砖或石挤严。横、竖灰缝均应填实砂浆，顶缝采取喂浆法塞严砂浆，以减少脚手眼对墙体强度的影响。

(3) 勾缝前，应提前浇水冲刷墙面的浮浆（包括清除灰缝表层不实部分），待墙表面略见风干时，再开始勾缝。

(4) 勾缝宜采用1:1.5水泥细砂砂浆，细砂应过筛。砂浆稠度以勾缝灰条子挑起不落为宜。

(5) 外墙勾凹缝，凹缝深度为4～5mm，为使凹缝切口整齐，宜将勾缝灰条子做成倒梯形断面（图6.9）。操作时用灰条子将勾缝砂浆压入缝内，并来回压实，上下口切齐。竖缝镏子断面构造相同，竖缝应与上下水平缝搭接平整，左右切口要齐。为防止托灰板对墙面的污染，将板端刨成尖角（图6.10），以减少与墙面的接触。

(6) 勾完缝后，待勾缝砂浆略被前面吸水起干，即可进行扫缝。扫缝应顺缝扫，先水平缝、后竖缝。扫缝时应不断地抖掉扫帚中的砂浆粉粒，以减少对墙面的污染。

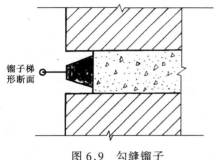
图 6.9 勾缝镏子

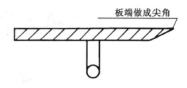
图 6.10 托灰板

(7) 干燥天气，勾缝后应喷水养护。

(8) 拉毛灰、甩毛灰等饰面应在外部加喷（刷）防污染剂一度。

五、裂缝

1．现象

抹灰表面出现龟裂，或温度收缩、沉降裂缝。

2．原因分析

(1) 夏季施工砂浆失水快，或抹灰饰面没有适当浇水养护。

(2) 墙面过长，未设置分格缝，因温度收缩引起裂缝。

(3) 地基不均匀沉降。

3．措施

(1) 夏季墙面抹灰避免在烈日下操作，罩面灰抹好后次日开始养护且不少于 7 天。

(2) 长度较大的墙面应设分格缝。

(3) 认真处理墙体孔洞下的地基，在地基沉降稳定后再抹灰。

习　　题

1．侧平石施工程序是怎样的？测量放样的方法如何？侧石顶面不平、不顺的原因和预防措施是什么？

2．铺砌人行道的施工程序一般是怎样的？铺砌的质量标准是什么？

3．雨水井施工的质量要求是什么？常见的质量问题有哪些？

4．道路中常用的挡土墙有哪几种型式？石砌挡土墙由哪几部分组成？

5．沉降缝和伸缩缝的作用是什么？设置有何要求？何为通缝？

6．石砌挡土墙的砌筑方法及应注意的问题是什么？

第 7 章 施 工 管 理

第 1 节 概 述

7.1.1 施工管理的基本概念

管理是人们为实现一定的目标而对被管对象进行的计划、组织和控制活动。计划,是预测被管对象在未来的发展趋势,确定它在一定时期内应达到的目标和为达到该目标应采取的方法。组织,是安排被管对象的各个环节和因素的相互关系。控制,是协调和监督被管对象为达到预定目标而进行活动的过程。

施工管理主要是指市政工程施工企业在施工生产全过程上的管理活动。施工管理的有效方法是项目法施工。即市政工程施工企业以市政工程项目(城市道路、桥梁、排水管渠)为对象组织施工组织机构,实行项目经理负责制,以企业内部承包合同为纽带,对工程项目进行高效率地计划、组织、协调和控制,项目完成后其组织机构随之撤销的施工管理方式。

7.1.2 施工管理的职能

市政工程项目施工管理主要具有四个方面的职能

1. 计划职能:在实施施工管理的全过程中,应将全部目标和全部经营活动统统纳入计划的轨道,把各个时期、各个阶段的工作做出详细的计划安排,确定实现计划的措施方法,并将计划指标层层落实到各个部门、各个环节,用一个动态的计划来协调控制整个项目,使项目协调、有序地达到预期目标。

2. 组织职能:通过职权划分、授权、合同的签订与执行和运用各种规章制度等方式,建立一个合理、高效的组织体系,使各个环节、各个生产要素形成一个有机的整体,确保工程项目目标的实现。

3. 协调职能:市政工程项目施工需要在不同阶段、不同部门、不同层次间进行协调与沟通,使他们建立良好的配合关系,消除工作中的脱节现象和存在的矛盾,以有效地实现工程项目目标。协调可分为上下级人员各职能部门之间活动的纵向协调和同级各单位各部门之间的横向协调。

4. 控制职能:它是指按预定计划或目标进行检查,考察实际完成情况同原计划标准的差异,分析原因,采取对策,及时纠正偏差,保证计划目标的实现。即对项目全过程进行有效的控制。

7.1.3 施工管理的内容

城市道路工程的施工过程,从大的方面可分为施工准备、组织施工和工程竣工移交三个阶段。施工准备工作在前面第二章中已做了详细阐述,而工程移交,就是在施工阶段完成后,通过竣工验收,将竣工工程移交给业主的过程。工程移交前,首先要对工程进行全面的质量检验,准备完整的竣工资料,竣工验收合格后,方可办理工程移交。在此,主要讨论施工阶段管理工作的主要内容。

城市道路工程，施工阶段管理工作的主要内容包括两个方面，一方面是按计划组织施工，另一方面是要对整个施工过程进行全面控制。

1．按计划组织施工

组织施工的含义：是指按不同工种，配合不同的机械设备，使用不同材料的生产班组，在不同的施工地点和工程部位按着预定的顺序和时间协调地进行施工作业。施工过程的综合性，要求施工过程的组织具有严密性，而组织的严密性，必须依靠周密的计划才能实现。为此，对施工作业计划的编制提出了更高的要求，在施工准备阶段要把这项工作做细做好，以利于施工阶段的顺利实施。

2．施工过程的全面控制

施工过程的全面控制包括以下内容

（1）工程进度控制：是指对工程建设项目全过程进度实施的控制。目的在于按合理工期组织施工，保证按合同工期交工。或在保证工程质量和不增加施工实际成本的条件下，适当缩短施工工期。工程进度控制，就是要掌握工程的进展情况，及时发现实际进度与计划进度不符的情况，分析产生的原因和对工期的影响程度，并采取相应的措施，纠正出现的偏差。为此，通常采用横道图和网络图两种方法进行工程进度管理和控制。这和工程进度计划的编制是一致的。

（2）工程质量控制：即施工过程的质量控制。从工作深度上讲，要把单纯事后检验的质量管理方式，转变为既事后检验又事先预防的质量管理方式。从广义上讲，就是对道路工程产品形成的全过程的各个方面（人、材、机、方法、环境）、各个环节（工序、分项工程、分部工程、单位工程、单项工程）、各个阶段（事前、事中、事后）进行质量管理与控制。

（3）工程成本控制：是指在整个施工过程中，通过对工程实际成本与计划成本的比较，分析出现偏差的原因，采取相应的预防和控制措施，并加以纠正，使施工成本费用控制在计划成本范围内，以实现降低成本的目标。包括事前控制、事中控制和事后控制三个方面。

（4）施工安全控制即施工安全管理：就是在施工过程中，组织安全生产的管理活动。通过对生产因素具体的状态控制，使生产因素不安全的行为和状态减少或消除，不引发为事故，尤其是不引发使人受到伤害的事故，使施工项目的各种目标（工期目标、质量目标、成本目标等）得以顺利实现。其主要工作内容是：

1）建立安全教育制度；

2）制定安全操作规程；

3）制定安全技术措施；

4）施工过程中的安全检查和监督；

5）安全事故的处理与分析。

综上所述，施工阶段是工程实体的形成阶段，做好施工阶段的管理工作，对工程建设项目总目标的实现具有十分重要的意义。

第2节 施工管理制度

7.2.1 施工管理制度

1. 基本概念

施工管理制度是用文字形式,对各项管理工作和劳动操作的要求所作的规定,是全体员工行动的规范和准则。凡是管理中的各种专业管理,都必须按照生产技术活动的客观要求,建立必要的规章制度,作为管理的准则和依据。目前,各施工企业建立的规章制度均以责任制为核心。

2. 施工管理制度的分类

施工管理的规章制度大致可以分成两大类:一类是岗位责任制,另一类是经济管理规章制度。

(1) 岗位责任制

是把生产任务和各项工作的有关规定、要求、注意事项具体落实到每一名员工的一种责任制度,使每名员工职责分明。只有健全了岗位责任制,才能做到有效和有序管理。有效,是指每名员工各司其职,各尽其责,工作关系清楚,工作目标统一;有序,是指信息畅通,工作协调,步伐一致,有条不紊。只有健全了岗位责任制,才能在此基础上建立经济责任制。通过岗位责任制的建立,使每个岗位在施工管理中的重要性和存在的价值充分体现出来,从而可以避免盲目定员和因人设事,使施工管理机构精干高效。对于施工管理机构,健全的岗位责任制应满足以下三方面的要求

1) 人人有基本职责;

2) 有明确的考核标准;

3) 有明确的办事细则;

在以项目经理负责制的项目法施工中,通常要建立以下几种岗位职责;

1) 项目经理岗位职责;

2) 施工员、技术员岗位职责;

3) 预算员岗位职责;

4) 材料员岗位职责;

5) 库管员岗位职责等。

(2) 经济管理规章制度

根据上述建立的岗位责任制,建立相应的经济管理规章制度,以保证岗位责任制的有效贯彻落实。经济管理规章制度有:考勤制度、奖惩制度、领用料制度、仓库保管制度、内部计价及核算制度、财务制度等。

7.2.2 施工管理组织机构形式

1. 部门控制式:它是在不打乱企业原有建制的情况下,把项目委托给企业内部某一工程处或施工队,由被委托的部门领导组织项目管理班子和施工队伍,项目结束后,项目班子成员恢复原职。其组织机构形式如图 7.1。

(1) 优点

1) 不需涉及众多部门,职责明确,职能专一,关系简单,便于协调;

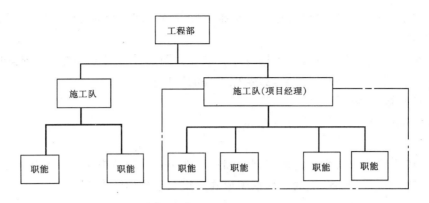

图 7.1 部门控制式组织机构形式

2）人员熟悉，人才的作用能充分发挥；
3）从接受任务到组织运转启动时间短。
（2）缺点
1）不利于精简机构；
2）不利于对固定建制的组织机构，进行调整；
3）不能适应大型复杂项目或涉及多个部门的项目，局限性较大。
（3）适用范围：一般适用于小型简单项目，单一专业项目，不需涉及众多部门的施工项目。

2．工作队式：项目管理组织成员来自公司内不同部门和单位，首先聘任项目经理，然后从有关部门抽调管理人员组成项目班子，而后抽调队伍归其指挥，建立一个工程项目工程队，组成新的项目管理经济实体。项目结束后，机构撤销，工程队成员仍回原单位。其组织机构形式如图 7.2。

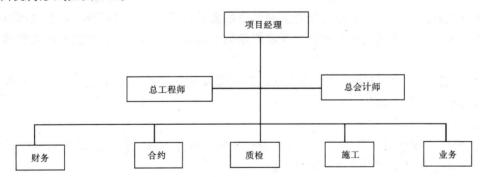

图 7.2 工程队式组织机构形式

（1）优点
1）项目管理班子成员与原所在部门脱钩，原部门负责人只负责对被抽调人员的业务指导，不能随意干预其工作或调回人员；
2）项目经理权力集中，干扰少，决策及时，指挥灵便；
3）项目管理成员来自各职能部门，在项目管理中配合工作，有利于取长补短，易培养一专多能型人才；

4）各专业人员集中在现场办公，减少扯皮和等待时间，提高办事效率。

(2) 缺点

1）各类人员来自不同部门，不同专业，缺乏共同语言，配合不熟悉，难免配合不力；

2）职工长期离开原单位，容易影响积极性的发挥；

3）人员分散，培训困难；

4）职能部门的优势无法充分发挥。

3．矩阵式

这种组织形式是永久性专业职能部门和一次性施工管理组织同时交互起作用。是现代大型项目管理中应用最为广泛的一种组织形式。组织形式如图 7.3。

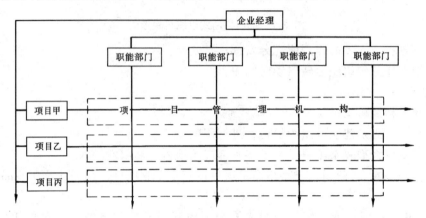

图 7.3 矩阵式项目组织机构形式

(1) 主要特征

1）专业职能部门是永久的，项目管理班子是临时的。纵向，职能部门对所有项目中专业人员负有组织调配、业务指导和管理考查的责任。横向，项目经理，对参加项目的各种专业人才均负有领导责任并按施工要求把他们有效地组织到一起，为实现施工管理目标协同工作；

2）职能部门和项目施工管理班子相结合，既发挥职能部门的纵向优势，又发挥项目施工管理班子的横向优势。

(2) 优点

1）矩阵式项目组织可以充分利用人力，特别是技术力量，用较少的人力完成较好的项目，实现企业多个项目管理的高效率；

2）各项专业管理可以由精通专业，经验丰富的人员担任，利于各项专业管理的加强；

3）项目经理部中的信息来各个职能部门，便于及时沟通信息，加强业务系统化管理，发挥各项目部系统人员的信息、服务、监督的职责。

(3) 缺点

1）纵横向双重领导的体制容易发生纵、横向需求矛盾和意见不一致的矛盾，使当事人无所适从；

2）对项目经理的综合素质、管理能力，要求较高；

3）此种组织形式不形成经济实体，不独立核算，易发生责、权、利脱节现象，不利于约束项目组织成员的行为。

一个工程项目施工时，选择什么样的项目管理组织机构形式，要根据企业和项目的具体条件因地制宜地选择。通常，应考虑的因素有企业人员素质、管理水平、基础条件、施工项目本身的规模、技术复杂程度、专业类型多少、外部环境、要求的管理方式、项目经理的综合素质和管理能力。选择的施工管理组织形式，应层次简化，权责明确，指挥灵便，管理有序。一定要注意避免造成管理渠道和管理秩序的混乱。

第3节 施工质量管理

7.3.1 质量管理的概念及重要性

1. 工程质量

工程质量包括狭义的和广义的两个方面的含义。狭义的工程质量指施工的工程质量（即施工质量）。广义的工程质量除指施工质量外还包括工序质量和工作质量。

（1）施工质量

施工的工程质量指承建工程的使用价值，也就是施工工程的适应性。正确认识施工的工程质量是至关重要的。质量是为使用目的而具备的工程适应性，不是指绝对最佳的意思。应该考虑实际用途和社会生产条件的平衡，考虑技术可能性和经济合理性。建设单位提出的质量要求，是考虑质量性能的一个重要条件，通常表示为一定幅度。施工企业应按照质量标准，进行最经济的施工，降低工程造价，提高工程质量。

（2）工序质量

工序质量，也称生产过程质量，是指施工过程中影响工程质量的主要因素，如人、机器设备、原材料、操作方法和生产环境五大因素等，对工程项目的综合作用过程，是生产过程五大要素的综合质量。

为了达到设计要求的工程质量，必须掌握五大要素的变化与质量波动的内在联系，改善不利因素，不断提高工序质量。

（3）工作质量

工作质量是指施工企业的生产指挥工作、技术组织工作、经营管理工作对达到施工工程质量标准，减少不合格产品的保证程度，它是施工企业生产经营活动各项工作的总质量。

工作质量不像产品质量那样直观，一般难以定量，通常是通过工程质量的高低，不合格率的多少，生产效率以及企业盈亏等经济效果来间接反映和定量的。

施工质量、工序质量和工作质量，三者密切相关，施工质量是施工活动的最终成果，它取决于工序质量，工作质量是工序质量的基础和保证。所以，在施工过程中，既要抓施工质量，更要抓工作质量，靠提高工作质量来保证工序质量，从而保证和提高工程质量。

2. 质量管理基本概念和质量管理的重要性

质量管理是指企业为保证和提高工程质量，对各部门、各生产环节有关质量形成的活动，进行调查、组织、协调、控制、检验、统计和预测的管理工作。它是施工企业既经济又节约地生产符合质量要求的工程项目的综合手段。

随着改革开放的不断深入和发展，我国的建设工程质量的总体水平不断提高。多年来，我国一直强调必须贯彻"百年大计、质量第一"的方针，这对建设和发展社会主义市场经济和扩大对外开放发挥了重要作用。质量管理工作已经越来越为人们所重视。企业领导清醒地认识到高质量的产品是市场竞争的有效手段，是争取用户，占领市场和发展企业的根本保证。为此，施工企业必须牢固树立"百年大计、质量第一"的思想，做到好中求快，好中求省。

工程质量的优劣，关系到施工企业的信誉，对施工企业来说，在其施工能力大于国家工程建设投资的情况下，企业间竞争激烈，企业为了提高在投标承包中的竞争力，必须树立"质量第一、信誉第一"的思想，以质量求生存，在竞争中得到发展。

工程质量的优劣，直接影响国家的建设速度。工程质量差本身就是最大的浪费，低劣的质量一方面需要大幅度增加返修、加固、补强等人工、器材、能源消耗，另一方面，还将给用户增加使用过程中的维修、改造费用。同时，低劣的质量必然缩短工程的使用寿命，使用户遭受经济损失。此外，质量低劣还会带来其他间接损失，给国家和使用者造成的浪费、损失将会更大。因此，质量直接影响着我国经济建设的速度。

综上所述，施工企业完成工程质量的高低，关系到对国家建设的贡献大小，也关系到企业本身的生死存亡，必须予以足够的重视。

3．质量管理的发展阶段

随着科学技术的发展，质量管理大体经历了三个阶段。只是在时间上，道路工程施工的质量管理比一般工业生产的质量管理要滞后一些。

（1）质量检验阶段

约从 20 世纪初至 30 年代。其基本特征是：仅限于专业人员对产品质量进行检验，目的是发现不合格产品，实质上是一种"事后检验"。

（2）统计质量管理阶段

约从二战后至 60 年代。其基本特征是：在生产过程中引入统计方法，对生产过程实行工序控制，以达到"既把关又帮助过关的目的"。

（3）全面质量管理阶段

在国外始于 20 世纪 60 年代，我国从 20 世纪 70 年代末起，先是在工业生产，而后在工程建设中逐步推行。

4．全面质量管理概念

全面质量管理从以下几方面去理解

（1）全面的质量标准：按全面质量管理的观点，除产品的使用价值外，还包括经济性，交货期和技术服务质量等，以道路工程为例，全面质量标准包括：

1）适用性：适应车辆通行的需要 ⎫
2）可靠性：结构可靠性、安全性 ⎬ 使用价值
3）经济性：造价经济合理
4）交货期：施工周期
5）技术服务质量：包括缺陷责任期长短及服务内容和质量。

用户要求的质量标准并不是凝固的，而是不断变化和提高的，所以我们既要保证按现有标准要求的产品质量，又要不断提高产品质量。全面质量标准的含义，包括上述质量标准的综合性和动态性，全面质量管理就是为达到上述全面质量要求所进行的管理。

（2）全过程的质量管理

道路工程的质量不仅决定于施工阶段的质量，还涉及到设计原材料和施工机械设备的质量，以及使用阶段技术服务的质量。为此，作为施工单位不仅要加强施工全过程的质量控制，还要做好对设计质量的审核，做好对进场材料和设备的检查。

全过程的管理就是对影响产品质量的上述全部过程实施的管理，突出了预防性，做到了事前质量控制。

3）全员参与的管理

在实施上述全过程的质量管理时，从项目经理到每位员工，他们的工作都直接或间接地与产品质量的形成有关，所以，质量管理需要全体员工的参与，而不是只由少数专业管理人员去做。

4）全面运用各种管理方法和技术的科学管理。即以科学的态度，采用科学的方法进行的科学管理。

7.3.2 施工质量管理工作体系及工作程序

根据全面质量管理的基本原理和科学的管理程序，施工质量管理工作体系如图7.4所示，它是施工质量科学管理的四个环节：计划、实施、检查、处理在质量管理中的应用和具体化。

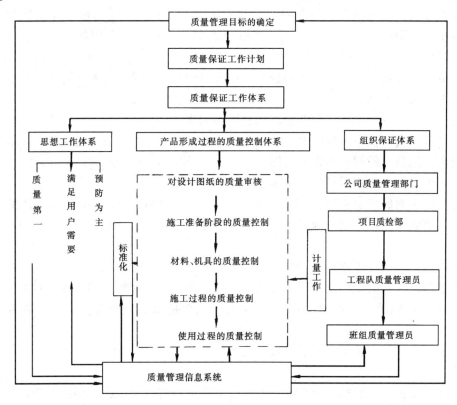

图7.4 施工质量管理工作体系

确定质量管理目标，就是根据项目自身存在的质量问题、质量通病，以及与先进质量标准对比的差距，或者用户提出的更新更高的质量要求所确定的项目在计划期内应达到的质量标准。

质量保证工作计划，就是为实现上述质量管理目标所采用的具体措施的计划。质量保证工作计划应做到材料、技术、组织三落实。

以上两个方面构成了质量管理工作体系中的"计划"环节。

质量保证工作体系，由思想工作体系，组织保证体系和产品形成过程的质量控制体系组成，体现了质量管理工作体系中的"实施"环节。

质量管理信息系统，是指对有关质量信息（计划目标实际数据、资料等）的汇总，分析和处理工作系统。凡是指向质量信息系统的箭头，表示各部门、各环节的实际质量信息的收集和反馈的过程，这就是质量管理工作体系中的"检查"环节。凡从质量信息系统发出的箭头，表示对反馈的质量信息经过分析、处理后，发出的调节指令，即质量管理工作体系中的"处理"环节。

1．计划

计划是质量管理的首要环节，通过计划，确定质量管理的方针、目标，以及实现该方针和目标的措施和行动计划。

计划环节包含以下具体步骤：

第一步，分析质量现状，找出存在的质量问题。

分析现状，找出存在的质量问题，要有重点。首先，是项目施工中的质量通病；其次，是在工程中技术复杂、难度大、质量要求高的工序。如采用新工艺、新技术、新结构、新材料等工序。

分析质量现状、找出存在的问题要依据大量的数据和情报资料，让数据说话，用数理统计的方法来反映问题。

第二步，分析产生质量问题的原因和影响因素。

这一步，也要依据大量的数据，应用数理统计的方法，并召开有关人员和有关问题的分析会议，最后，绘制成因素分析图。

第三步，找出影响质量的主要因素。

为找出影响质量的主要因素，可采用的方法有两种：一是利用数理统计的方法和图表；二是当数据不容易取得或者受时间限制来不及取得时，可根据有关问题分析会的意见来确定。

第四步，制定改善质量的措施，提出行动计划，并预计效果。

在进行这一步时，要反复考虑并明确回答六个方面的问题：即原因、目的、地点、时间、执行人和方法。上述六个词的英文字首，五个是W，一个是H，故又称为"5W1H"问题。

以上四个步骤，就是计划环节具体内容。

2．实施

实施是质量管理的第二个环节。实施这个环节只有一个步骤，即第五步。

第五步，组织对质量计划或措施的执行。

怎样组织计划措施的执行呢？首先，要作好计划的交底和落实。落实包括组织落实、技术和物资材料的落实。有关人员还要经过培训、实习并经过考核合格再执行；其次，计划的执行，要依靠质量保证工作体系。具体地说，就是要靠思想工作体系，做好教育工作；依靠组织体系，即完善组织机构、责任制、规章制度等项工作；依靠产品形成过程的质量控制体系，做好质量控制工作，以保证质量计划的执行。

3．检查

检查是质量管理的第三个环节。检查也只有一个步骤，即第六步。

第六步，检查采取措施的效果。

也就是检查作业是否按计划要求去做的？哪些做对了？哪些还没有达到要求？哪些有效果？哪些还没有效果？

4．处理

处理是质量管理的第四个环节，包含两个具体步骤。

第七步，总结经验，巩固成绩。

也就是经过上一步检查以后，把确有效果的措施在实施中取得的好经验，通过修订相应的工艺文件、工艺规程、作业标准和各种质量管理的规章制度加以总结，把成绩巩固下来。

第八步，提出尚未解决的问题。

通过检查，把效果还不显著或还不符合要求的那些措施，作为遗留问题，反映到下一循环中去。

上述八个步骤，就是计划、实施、检查、处理四个环节的具体化。计划、实施、检查、处理四个词的英文词首分别为 P、D、C、A，所以这四个环节又称为 PDCA 循环。

PDCA 循环是不断进行的，每循环一次，就实现一定的质量目标，解决一定的问题，使质量水平有所提高。如此不断循环，周而复始，质量水平也不断提高，犹如爬楼梯一样。

7.3.3 施工项目质量控制

对施工项目而言，质量控制，就是为了确保合同规范所规定的质量标准，所采取的一系列检测，监控措施、手段和方法。包括施工项目外部（监督站、监理单位）和施工企业内部质量控制，下面仅介绍施工企业内部（施工方）质量控制。从施工项目质量的过程控制、因素控制和阶段控制三个方面分析。

1．施工项目质量控制的原则

(1) 质量第一，用户至上原则

工程产品作为一种特殊的商品，使用年限较长，是"百年大计"，直接关系到人民生命财产的安全。所以，在施工中应自始至终地把"质量第一、用户至上"作为质量控制的基本原则，严把质量关。

(2) "以人为核心"原则

人是施工的管理者和操作者，质量控制必须以"人为核心"，把人作为控制的动力，调动人的积极性、创造性；增强人的责任感，树立"质量第一"观念，提高人的素质，避免人的失误；以人的工作质量保证工序质量，提高工程质量。

(3) "预防为主"的原则

即从对质量的事后检查把关，转向对质量的事前控制、事中控制；从对产品质量的检查，转向对工作质量的检查、对工序质量的检查、对中间产品的质量检查，即做到"防患于未然"。

(4) 坚持质量标准、严格检查、一切用数据说话的原则。

质量标准是评价产品质量的尺度，数据是质量控制的依据。产品质量是否符合质量标准，必须通过严格检查，用数据说话。

(5) 贯彻科学、公正、守法的职业规范。

2．质量控制的依据

(1) 设计图纸和有关规范

严格按设计图纸和技术规范中写明的试验项目、材料性能、施工要求和允许偏差等有关规定进行施工，没有监理工程师同意，不得引用其他标准。

(2) 合同条款

图纸和技术规范是对工程的具体要求，而合同条款则是要求承包人执行规范，按图纸施工的法律保证，两者结合起来才能保证工程质量达到规定水平。

3．施工项目质量的过程控制

任何一个工程项目都是由若干个单项工程组成，一个单项工程由若干个单位工程组成，一个单位工程由若干个分部工程组成，而一个分部工程又可划分为若干分项工程，而每一个分项工程是由若干个施工过程（工序）来完成的。所以，施工项目的质量控制是从工序质量到分项工程质量、分部工程质量、单位工程质量的系统控制过程；也是一个由对投入原材料的质量控制开始，直至完成工程质量检验为止的全过程的系统过程。见图7.5。

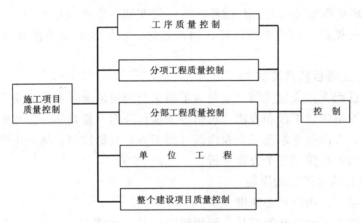

图 7.5 施工项目质量控制过程

4．施工项目质量的因素控制

影响施工项目质量的因素主要有五大方面，通常称为4M1E，即人（Man）、材料（Material）、机械（Machine）、方法（Method）和环境（Environment），事前对这五个方面的因素严加控制，是保证工程质量的关键。

(1) 人的控制

控制对象包括管理者和操作者。要从避免失误和充分调动人的积极性和创造性出发。为此，除加强政治思想教育，劳动纪律教育，职业道德教育，专业技术培训，健全岗位责任制，改善劳动条件，公平合理地激励劳动热情以外，还需根据工程特点，从确保质量出发，从人的技术水平、人的生理缺陷、人的心理行为，人的错误行为等方面来控制人的使用。应从政治思想素质、业务素质、身体素质、心理素质等方面综合考虑，全面控制。

(2) 材料的控制

材料包括原材料、成品、半成品、构配件，是工程施工的物质条件。材料质量是工程质量的基础。所以加强材料的质量控制是提高工程质量的重要保证。

材料质量控制的要点：

1) 掌握材料信息，优选供货厂家；
2) 合理组织材料供应，确保施工正常进行；
3) 合理地组织材料的使用，减少使用中浪费；
4) 加强材料的检查验收，严把材料质量关；
5) 重视材料的性能、质量标准、适用范围，以防错用或使用不合格材料。

(3) 机械的控制

包括施工机械设备，工具等控制。主要从以下几方面控制：机械设备的选型；主要性能参数；机械设备的使用、管理和保养。为此要建立健全岗位责任制度、交接班制度、技术保养制度、安全使用制度等，贯彻"人机固定"（定机、定人）原则，使机械设备处于最佳使用状态。随时以"五好"标准予以检查控制：

1) 完成任务好：高效优质，低耗和服务好；
2) 技术状况好：机械设备经常处于完好状态，工作性能达到规定要求，机容整洁和随机工具、部件及附属装置等完整齐全；
3) 使用好：认真执行以岗位责任制为主的各项制度，做到合理使用，正确操作和原始记录齐全准确；
4) 保养好：认真执行保养规程，做到精心保养，随时搞好清洁、润滑、调整、紧固、防腐；
5) 安全好：认真遵守安全操作规程和有关安全制度做到安全生产，无机械事故。

(4) 方法的控制

这里所指的方法控制，包含施工方案，工艺流程，组织措施、技术措施，检测手段，施工组织设计等，主要应切合工程实际，能解决施工中遇到的问题，技术可行，经济合理，有利于保证质量，加快进度，降低成本。

(5) 环境的控制

指对影响工程项目质量的诸多环境因素加以控制，环境因素概括为以下三种：

1) 工程技术环境：如工程地质、水文、气象等；
2) 工程管理环境：如质量管理体系，质量保证体系、质量管理制度等；
3) 劳动环境：如劳动组合、作业场所、工作面等。

5．施工项目质量的阶段控制

施工阶段，是工程质量的形成阶段，也是工程施工质量控制的重点阶段，按顺序分为事前控制，事中控制和事后控制三个阶段。

(1) 事前质量控制

指在正式施工前进行的质量控制，其控制重点是做好施工准备工作，施工准备工作要贯穿于施工全过程中。

施工准备的范围包括：全场性施工准备，单位工程施工准备，分项或分部工程施工准备，项目开工前的施工准备，项目开工后的施工准备（指在拟建工程开工后，每个施工阶段正式开工前所进行的施工准备）。

施工准备的内容应围绕影响质量的五大因素准备：

1）技术准备：包括图纸的熟悉和会审，编制施工组织设计，编制施工图预算和施工预算，技术交底，调查分析工程所在地的自然条件和技术经济条件等；

2）物质准备：包括施工所需的材料、构配件和制品的加工准备、施工机具准备、生产所需设备的准备等；

3）组织准备：包括选聘委任施工项目经理，组建项目管理班子；编制施工项目管理方案；集结施工队伍并对其进行培训教育；建立各项规章制度，建立完善质量体系；

4）施工现场准备：包括控制网、水准点标桩的测量工作；协助业主方实施"七通一平"（给水、排水、供电、热力、燃气、通讯以及场地平整）；临时设施的准备；组织机具，材料进场；拟定试验试制等计划；技术开发和进步项目计划；编制季节性施工措施；制定施工现场管理制度等。

(2) 事中质量控制

指在施工过程中进行的质量控制。事中质量控制是保证工程质量一次交验合格的重要环节，没有良好的作业自控和监控能力，工程质量的受控状态和质量标准的达到就会受到影响。

事中质量控制的策略是：全面控制施工过程，重点控制工序质量。其具体措施包括：工序交接有检查；质量预控有对策；施工项目有方案；技术措施有交底；图纸会审有记录；配制材料有试验；隐蔽工程有验收；测量监控装置有校准；设计变更有手续；钢筋代换有制度；质量处理有复查；成品保护有措施；行使质控有否决；质量文件有档案（凡是与质量有关的技术文件，如水准、坐标位置、测量、放线记录、沉降、变形观测记录、调试、试压运行记录、试车运转记录、竣工图都要编目建档）。

(3) 事后质量控制

指在完成施工过程形成产品后的质量控制即对施工项目竣工验收的控制。其具体工作内容有：

1）准备竣工验收资料，组织自检和初步验收；

2）按规定的质量评定标准和办法，对完成的分项分部工程、单位工程进行质量评定；

3）组织竣工验收，其条件是：

a. 完成工程设计和合同约定的各项内容。

b. 施工单位在工程完工后对工程质量进行了检查，确认工程质量符合有关法律、法规和工程建设强制性标准，符合设计文件及合同要求，并提出工程竣工报告。工程竣工报告应经项目经理和施工单位有关负责人审核签字。

c. 对于委托监理的工程项目，监理单位对工程质量进行了质量评估，具有完整的监理资料，并提出工程质量评估报告。工程质量评估报告应经总监理工程师和监理单位有关负责人审核签字。

d. 勘察、设计单位对勘察、设计文件及施工过程中设计单位签署的设计变更通知书进行了检查，并提出了质量检查报告，质量检查报告应经项目勘察、设计负责人和勘察、设计单位有关负责人审核签字。

e. 有完整的技术档案和施工管理资料。

f. 有工程使用的主要建筑材料、建筑构配件和设备的进场试验报告。

g. 建设单位已按合同约定支付工程款。

h. 有施工单位签署的工程质量保修书。

i. 城乡规划行政主管部门对工程是否符合规划设计要求进行检查，并出具认可文件。

j. 有公安消防、环保等部门出具的认可文件或者准许使用文件。

k. 建设行政主管部门及其委托的工程质量监督机构等有关部门责令整改的问题全部整改完毕。

工程竣工验收由建设单位组织，程序如下：

工程完工后，施工单位向建设单位提交工程竣工报告，申请工程竣工验收。实行监理的工程，工程竣工报告须经总监理工程师签署意见。

建设单位收到工程竣工报告后，对符合竣工验收要求的工程，组织勘察、设计、施工、监理等单位和其他有关方面的专家组成验收组，制定验收方案。

建设单位在工程竣工验收 7 个工作日前将验收的时间、地点及验收组名单书面通知负责监督该工程的工程质量监督机构。

建设单位组织工程竣工验收。

6. 施工工序的质量控制

工程质量是在施工工序中形成的，不是靠最后检验出来的。为了把工程质量从事后检查把关，转向事前控制，达到以"预防为主"的目的，必须加强施工工序的质量控制，工序质量是基础，好的工程质量，是通过一道道工序逐渐形成的，要从根本上防止不合格产品的产生，就必须对每道工序进行控制，以便及时发现缺陷并迅速予以排除，在缺陷未排除前不准进入下一道工序的施工。

工序质量包含两方面的内容：一是工序活动条件的质量；二是工序活动效果的质量。这两者是互为联系的，一方面，要控制工序活动条件的质量，即控制每道工序中五大因素（人、材料、机械、方法、环境）的质量是否符合要求；另一方面，又要控制工序活动效果的质量，即每道工序完成的工程产品是否达到有关质量标准。工序质量控制，就是从这两方面去进行控制。控制的原理是采用数理统计的方法，通过对工序一部分（子样）检验的数据，进行统计、分析，来判断整道工序的质量是否稳定正常；若不稳定，产生异常情况，必须及时采取对策和措施予以改善，从而实现对工序质量的控制。

进行工序质量控制时，应着重做好以下四方面的工作

（1）加强施工工艺管理

施工工艺和操作规程，是进行施工操作的依据和法规，是确保工序质量的前提，任何人都必须严格执行，不得违犯。

（2）工序活动条件的质量，要主动控制

工序活动条件包括的内容很多，但主要是影响质量的五大因素，施工中，要积极主动地将这些因素切实有效地控制起来，使它们处于被控制状态，确保工序投入品的质量，就能保证每道工序质量正常、稳定。

（3）对工序活动效果（工序产品）的质量，要及时检验

工序产品的质量是否达到质量标准，直接影响整个工程的质量。为此，在工序施工操

作中,要坚持自检、互检、交接检制度,对工程必须本着自我控制的指导思想。牢固树立"上道工序为下道工序服务。"和"下道工序就是用户"的思想,坚持做到不合格的工序不交工。在整个工序施工操作过程中,要贯穿工前有交底,工中有检查,工后有验收的一条龙管理方法,做到施工操作程序化、标准化、规范化,加强工序质量检验工作,对质量状况进行综合统计与分析,及时掌握质量动态,一旦发现质量问题,随时研究处理,始终使工序产品质量,满足规范和标准的要求。

(4) 合理设置工序质量控制点,以便对工程质量进行预控

控制点是指为了保证工序质量而需要进行控制的重点,或关键部位,或薄弱环节,以便在一定时间内,一定条件下进行强化管理,使工序处于良好的控制状态。质量控制点的涉及面较广,根据工程特点,视其重要性、复杂程度、精确度、质量标准和要求,可能是结构复杂的某一工程项目,也可能是技术要求高,施工难度大的某一结构构件或分项、分部工程,也可能是影响质量的关键环节中的某一工序或若干工序。总之,无论是人、材料、机械设备、施工顺序、技术参数、自然条件、工程环境等均可作为质量控制点来设置。主要是视其对质量特征影响的大小及危害程度而定。

7. 工序质量的检验

工序质量的检验,也是对工序活动的效果进行评价。就是利用一定的方法和手段,对工序操作及其完成产品的质量进行实际而及时的测定,查看和检查,并将所测得的结果同该工序的操作规程及质量标准进行比较,看是否符合要求,从而判断是否合格或是否优良。这部分内容在前面各章中均有详细介绍,在此不再赘述。

7.3.4 常见的质量缺陷与处理

质量缺陷是指施工中存在的问题。在施工过程中,质量缺陷的出现是不可避免的。但是,质量缺陷是可以尽可能减少的,特别是质量事故甚至是完全可以避免的。

1. 出现质量缺陷的原因

施工质量缺陷表现的形式多种多样。产生的原因也许许多多,这里只谈谈施工和管理方面的原因。

(1) 不熟悉图纸,盲目施工;图纸未经会审,仓促施工;未经监理、设计部门同意,擅自修改设计。

(2) 不按图施工。把铰接做成刚接,把简支梁做成连续梁,抗裂结构用光圆钢筋代替变形钢筋,致使结构裂缝破坏;挡土墙不按图设滤水层、留排水孔,致使土压力增大,造成挡土墙倾覆。

(3) 不按有关施工验收规范施工。如现浇混凝土结构不按规定的位置和方法任意留设施工缝;不按规定的强度拆除模板等。

(4) 不按有关操作规程施工。如用插入式振捣器捣实混凝土时,不按插点均布、快插慢拔、上下抽动、层层扣搭的操作方法,致使混凝土振捣不实,整体性差。

(5) 缺乏基本结构知识,施工蛮干,如将钢筋混凝土梁倒放安装;将悬臂梁的受拉钢筋放在受压区;结构构件吊点选择不合理,不了解结构使用受力和吊装受力的状态等。

(6) 施工管理混乱,施工方案考虑不周、施工顺序错误;技术组织措施不当,技术交底不清,违章作业;不重视施工质量检查和验收工作等等。

(7) 自然条件影响,城市道路工程,施工周期长,露天作业多,受自然条件影响大,

施工中应特别重视，采取有效措施加以预防。

2．质量缺陷的处理

（1）质量缺陷性质的确定：

质量缺陷性质的确定，是最终确定缺陷问题处理办法的首要工作和根本依据。一般通过下列方法确定：

1）了解和检查。是指对有缺陷的工程进行现场情况、施工过程、施工设备和全部基础资料的了解和检查，主要包括调查、检查质量试验检测报告、施工日志、施工工艺流程、施工机械情况以及气候情况等。

2）检测与试验。通过检查和了解可以发现一些表面的问题，得出初步结论，但往往需要进一步的检测与试验来加以验证。

检测与试验，主要是检验该缺陷工程的有关技术指标，以便准确找出产生缺陷的原因。例如，若发现石灰土的强度不足，则在检验强度指标的同时，还应检验石灰剂量，石灰与土的物理化学性质，以便发现石灰土强度不足是因为材料不合格、配比不合格或养护不好，还是因为其他如气候之类的原因造成的。检测和试验的结果将作为确定缺陷性质的主要依据。

3）专门调研。有些质量问题，仅仅通过以上两种方法仍不能确定。如果工程出现异常现象，但在发现问题时，有些指标却无法被证明是否满足规范要求，只能采用参考的检测方法。像水泥混凝土，规范要求的是28天的强度，而对于已经浇筑的混凝土无法再检测，只能通过规范以外的方法进行检测，其检测结果作为参考依据之一。

为了得到这样的参考依据并对其进行分析，往往有必要组织有关方面的专家或专题调查组，提出检测方案，对所得到的一系列参考依据和指标综合分析研究，找出产生缺陷的原因，确定缺陷的性质。这种专题研究，对缺陷问题的妥善解决作用重大，因此经常要用。

（2）质量缺陷处理方法

对于质量缺陷的处理，应当坚持原则，以保证缺陷处理后的质量能够满足要求。在实施过程中，可以结合工程实际情况，主要采用下列两种方法处理工程质量缺陷。

1）整修与返工。缺陷的整修，主要是针对局部性的、轻微的且不会给整体工程质量带来严重影响的缺陷。如水泥混凝土结构的局部蜂窝、麻面，道路结构层的局部压实度不足等。这类缺陷一般可以比较简单的通过修整得到处理，不会影响工程总体的关键性技术指标。由于这类缺陷很容易出现，因而修整处理方法最为常用。

返工的决定应建立在认真调查研究的基础上。是否返工，应视缺陷经过补救后能否达到规范标准而定。补救，并不意味着规范标准的降低，对于补救后不能满足标准的工程必须返工。如某承包人为赶工期曾在雨中铺筑沥青混凝土，监理工程师只得责令承包人将已经铺完的沥青面层全部推除重铺；一些无法补救的低质涵洞也被炸掉重建；温度过低或过高的沥青混合料在现场被监理工程师责令报废等等。

2）综合处理办法。综合处理办法主要是针对较大的质量事故而言的。这种处理办法不像返工和整修那样简单具体，它是一种综合的缺陷（事故）补救措施，能够使得工程缺陷（事故）以最小的经济代价和工期损失，重新满足规范要求。处理的办法因工程缺陷（事故）的性质而异，性质的确定则以大量的调查及丰富的施工经验和技术理论为基础。具体做法可组织联合调查组、召开专家论证会等方式。实践证明这是一条合理解决这类问题的有效途径。

3. 质量缺陷的避免

出现工程质量问题的原因是多种多样的,有些是我们主观上的,因而通过努力可以避免;有些则是客观因素造成的,虽然不可能完全根除,但还是可以尽量避免的,至少可将损失降低到最低限度。为避免质量缺陷,施工中应做好以下工作。

(1) 认真制定施工方案,并建立审查制度

施工方案,是承包人在施工前按照合同、规范的规定对其所使用的材料、工程设备和操作工艺等内容所进行的具体计划和安排。施工方案必须满足两个基本条件;即方案的目标必须以技术规范的要求为基础;操作工艺必须切实可行并能保证为施工人员所执行。因此,它不仅涉及到施工技术,而且更主要的是一个施工管理问题。制定施工方案的优点就在于它能使施工管理人员在工程施工前就能全面地分析和掌握施工过程中各个环节的施工难点,并通过人员、机械、材料的合理调配,采用必要的技术措施及预防措施,使工程施工得以顺利进行,避免出现工程质量缺陷。

施工方案的制定和审查应着重考虑以下三个问题:

1) 方案的制定方式。承包人在制定施工方案时有两种方式:"自上而下式"和"自下而上式"。

a. "自上而下式"。就是施工方案由合同项目经理部一级制定,然后再向下面所属的工程处或施工队贯彻落实。有的承包人只组织总工程师及几个主要负责人制定方案,这种方式有很多弊病。实践表明,采用这种施工方案制定方法,施工过程中工程质量缺陷较多。

b. "自下而上式"是一种比较科学的方式。首先,承包人将制定施工方案的任务交给最基层单位,由基层单位制定出方案的初稿后,再逐级上报会审,直至合同项目经理部最后终审并报监理工程师批准。这种制定方式,充分调动了全体施工人员的积极性,将责任下放到每个施工、管理及技术人员,要求大家必须充分了解并掌握技术规范要求,并就这些要求结合各自的专业岗位提出实施方案的措施。这样的方案综合了各方面的因素,吸取了各方面的智慧,因而是切实可行的。

2) 原材料样品的代表性。原材料样品的质量是制定施工方案的依据之一。如:石灰土的石灰剂量必须首先根据石灰中活性氧化物含量来设定;水泥混凝土的配比设计必须以石料的物理力学性能及水泥的标号为依据。如果样品的试验结果不能真正反映原材料的质量,就会造成大的质量事故。因此在审查施工方案时应对此十分重视,并使这种质量隐患消灭在正式施工之前。

原材料质量发生变化的原因一般有两个:一个原因是由工程使用的材料数量很大,承包人选择的原材料样品与进入现场的原材料性质不一致,运输也可能使材料的性质发生变化;另一个原因是现场存放的材料随着存放时间的长短以及气候条件等因素的改变而发生了变化。

为防止材料性质的变化给工程质量带来的影响,在审查施工方案时,应充分注意试验样品对原材料的代表性,承包人要注意对料场的选择及对原材料的保管。

3) 设备性能的掌握。一般来说,规范中对设备的安装和设备的性能指标有详细的规定和要求。但是,要想制定出一个较好的施工方案,还必须尽可能了解和掌握设备的性

能,特别是施工设备的优缺点,找出一个合理的设备组合方案。否则,即使使用最先进的施工设备,也不能完全保证工程质量。

(2)加强试验、测量工作

1)加强试验工作。

a.完备试验设备。试验设备的完备与否,直接关系到试验结果的完整性和准确性。首先,应当根据合同要求建立各级试验室,完备试验仪器;其次,所有的试验设施和试验仪器必须经过监理工程师的认可,承包人必须对所有试验仪器进行校准后方可使用。

b.真实的试验结果。试验结果是反映工程质量的数据形式,如果没有严肃认真的试验工作态度,没有真实的试验结果,要保证工程质量是不可思议的。例如,在京津塘高速公路项目初期,有的承包人受传统习惯的影响,把试验工作仅仅当成是应付监理的形式,只求试验报告、试验资料的齐全,而不求试验结果的质量,甚至弄虚作假,故编乱造。曾有个承包单位为了赶工期,竟将一段200m长的石灰土底基层的强度试验报告由不合格改为合格,监理工程师发现后,对该承包人进行了严肃批评,并责令将200m石灰土全部推除重铺。这样不仅耽误了工期,也造成了浪费。实际上该质量问题完全可以及早妥善解决。

c.满足试验频率的要求,以数据为准,用数据说话。规范对每道工序,包括材料的性能、各种混合料的配比、成品的强度等都规定了试验检测的频率,并且要求没有试验数据的工程一律不予验收。试验频率的高低,反映着试验结果对工程质量的代表程度,试验频率越高,对工程质量的评价就越准确。

2)加强测量工作。测量是对工程几何尺寸进行控制的手段。规范要求,开工前监理人员要对施工放线进行检查,测量不合格不准开工,在施工过程中要进行控制和检查,对发生的误差随时调整,避免误差的积累;验收时,要对验收部位各项几何尺寸进行测量,不符合要求的要进行整修,甚至返工。

加强测量工作,是为了消除工程中存在的几何尺寸的缺陷。因此,加强放线测量和施工过程测量是测量工作的两个重要环节。

a.放线测量。放线测量是控制几何尺寸最基本最关键的手段。测量的偏差所造成的后果常常不是一般的质量缺陷,而大多是严重的质量事故。因此,在正式施工前,对放线所依据的基准点、导线点等控制要素,都要进行严格检查和复核,对所有的测量记录、报表要进行严格的审查。例如,京津塘某合同承包人在某一通道放线时,因控制桩有错误,导致该通道的位置竟然偏离正确位置达20m之多,监理人员在检查放线时及时发现了这个严重错误,使将要发生的质量事故得到避免。另外,还有桥位偏离、线位偏差等质量事故的例子,主要都是由于放线不正确造成的。

b.施工过程测量。在施工过程中加强测量的控制和检查,是为了保证施工按几何尺寸的要求进行。施工中,由于施工现场繁杂,控制桩或控制点往往容易受到碰撞、破坏甚至丢失,其准确性很难完全保证,加之施工人员的施工水平不一,而即使放线准确无误,几何尺寸质量缺陷仍有可能发生,因而加强测量控制与复核是避免这种缺陷的最有效办法。如某合同某桥桥台因控制桩有误而发生位置错误,使该桥邻接桥台的一跨由设计的25m跨径变成了25.75m,这个错误就是在施工过程测量中发现的。还有因测量检查不及时、不重视造成质量缺陷的例子。如在某段沥青混合料底面层施工中,由于对高程的测量重视不足,导致20km长的底面层的高程存在许多超高地段,只能在铺筑面层之前,花了很多时间和大量人力进行高程全面复测，对超高的部位用铣刨机铣平，给工程带来了很大的经济损失和时间浪费。又如某合同某桥桥台在施工时，控制点有错误但未能及时测出，致使桥台错位10cm之多，成了一个极为棘手的质量问题。

要避免由于测量工作不足带来的工程质量缺陷，除了加强测量检测工作，增加检测频率外，最重要、最基本的一点就是必须要求承包人重视测量工作。做到：建立完善的测量组织系统；充实测量的技术力量；采用先进的测量手段；提供完备的测量设备。

(3) 抓施工关键部位

抓施工关键部位，是做好质量管理工作的关键。由于施工现场的工序和工种的繁多复杂，质量管理人员很难做到面面俱到。但是，只要质量管理人员能够认真地控制好工程关键部位的施工，对容易出现质量缺陷和质量事故的部位进行重点管理和控制，把好质量关，就能避免质量缺陷的出现。

抓施工的关键部位，可以重点从以下几个方面着手：

1) 严把原材料关。原材料的试验报告必须以制定施工方案时所选用的材料为准。施工时使用的材料与制定施工方案时的材料样品在时间、地点上必须一致。不能以材料的出厂报告代替原材料的试验报告。

2) 测量和试验。应当随时对原始基准点、导线点、控制点进行复核，经常校核测量仪器，作好测量记录。关键部位和可疑点的检验不受试验频率的限制，可以增加试验次数。现场技术员应随身携带简单的测量仪器和试验器具，便于及时发现可疑点。

3) 结构物施工。

a. 灌注桩施工。首先要保证施工的连续性。灌注桩的施工特点就是要求连续，断桩大都是因施工的不连续造成的。施工管理人员和技术人员必须首先检查保证连续的措施是否可靠、齐全，如电力供应、水源情况、原材料供应、机具供应等；其次要保证混凝土灌注量及灌注时间，灌注量一般不应超过或少于设计量的15%，灌注间断时间不超过15分钟。

b. 水泥混凝土拌和。由拌和场集中拌和的混合料发生质量问题的可能性很小，施工管理的重点应当放在分散的小搅拌机所进行的施工上。小搅拌机人为影响因素多，缺乏严格的计量系统，故要重点控制质量，同时注意避免离析现象的发生。有时，还应注意搅拌场尘土飞扬对混凝土质量的影响。

c. 预制混凝土梁的管理。预制混凝土梁一般施工人员都比较重视，除了某些偶然因素外，发生质量问题的可能性较小，所以，质量管理工作的重点应放在对施工方案的检查上，防止关键性技术指标的错误。对于预应力梁，应充分注意张拉后的灌浆时间是否在规定的范围内，以及灌浆过程、反拱度等情况。

d. 混凝土的养护。混凝土的开裂、强度损失等病害大都是由于养护不好造成的。如桥面板浇注完后，如养护跟不上，由于桥面板较薄，蒸发面积较大，水分损失迅速，很容易发生开裂。

4) 道路施工。道路施工，根据道路结构的不同，主要有下列关键环节：

a. 路基工程。路基工程的管理重点主要是层厚、含水量，这是影响路基工程质量的关键指标——"密实度"的主要因素。只要能控制好层厚、含水量，就可基本避免土方工程密实度不足的病害。另外，高程、平整度的控制也是重点。高程、平整度控制好了，就会减少造成上层结构高程、平整度、厚度不合格的影响因素。

b. 底基层石灰土。一般来讲，材料的配合、物理力学性能已经被检验，所以施工时的控制重点应当放在控制撒灰量、拌和均匀性、平整度和高程上。这些方面控制好了，且养护能够跟上，则强度即可保证。密实度也是一个重要指标，也应引起足够的重视。尤其是在冬季和雨季施工应更加注意。

c. 水泥稳定级配碎石基层。混合料如果在能够自动控制计量的搅拌机上生产，则离析和摊铺时间首先是控制的重点。由于运输及摊铺的原因，离析很容易发生，若能及时发现，就能保证在水泥初凝前使缺陷得以避免。控制摊铺的时间，是为了防止混合料过了初凝时间再摊铺、碾压，导致强度不足的病害。养护也是一个主要控制的方面。由于越来越接近面层，平整度和高程的控制更加重要。

d. 沥青混合料面层。面层一旦摊铺，加强对混合料的拌和、出厂，摊铺温度及高程、平整度的控制，是避免质量缺陷的最有效、最及时的办法。密实度主要通过碾压遍数来控制。事后的一系列室内外试验只是对成品的最终检验，而要避免缺陷的产生则应对拌和、摊铺温度、几何尺寸进行不断地检测、观察和调整。

应当说明的是，施工关键部位的确定与很多因素有关。如施工设备、施工水平、管理水平、技术素质等。以上所述仅仅是一些例子，具体每道工序的管理重点还需根据具体情况来确定。

7.3.5 城市道路工程质量检验、评定与验收

城市道路工程施工，是由施工准备，施工过程和竣工验收三部分组成。对施工准备，施工过程的检验、检查的内容和方法在前述各章已做了详细介绍，这里仅介绍质量评定与验收的有关问题。

1. 城市道路工程质量检验评定方法和等级标准

（1）市政道路工程的工序、部位、单位工程应按以下要求划分：

工序：划分为路基、基层、面层、附属构筑物等。

部位：市政道路工程不宜划分部位，但也可按长度划分为若干个部位。

单位工程：市政道路工程中的独立核算项目，应是一个单位工程，采用分期单独核算的同一市政道路，应是若干个单位工程。

（2）工程质量等级评定：

市政道路工程的质量评定，分为"合格"与"优良"两个等级。检验及评定应按工序、部位及单位工程两级进行。其评定标准的主要依据为合格率。

$$合格率 = \frac{同一检查项目中的合格点（组）数}{同一检查项目中的应检查点（组）数} \times 100\%$$

检验评定必须经外观项目检查合格后，才能进行允许偏差项目的检验。

1）工序：

合格：符合下列要求者，应评为"合格"。

a. 主要检查项目（在项目栏列有△者）的合格率应达100%。

b. 非主要检查项目的合格率均应达到70%，且不符合本标准要求的点，其最大偏差应在允许偏差的1.5倍以内。在特殊情况下如最大偏差超过允许偏差1.5倍，但不影响下道工序施工、工程结构和使用功能，仍可评为合格。

优良：符合下列要求者，应评为"优良"。

a. 符合合格标准的条件。
b. 全部检查项目合格率的平均值,应达到85%。

工序的质量如不符合本标准的规定,应及时进行处理,返工重做的工程,应重新评定质量等级。加固补强后改变了结构外形或造成永久缺陷的工程(不影响使用),一律不得评为优良。

2) 部位:

合格:所有工序合格,则该部位应评为"合格"。

优良:在评定为合格的基础上,全部工序检查项目合格率的平均值达到85%,则该部位应评为"优良"。

3) 单位工程:

合格:所有部位的工序均为合格,则该单位工程应评为"合格"。

优良:在评定合格的基础上,全部部位(工序)检验项目合格率的平均值达到85%,则该单位工程应评为"优良"。

(3) 市政道路工程质量检验及评定

施工单位应在各工序完工后,按《标准》所列的基本要求,对实测项目和外观鉴定内容进行自查,并填写"工序质量评定表",实行监理的工程,应由监理工程师确认。质量监督部门根据抽查资料和确认的施工自查资料逐级评定质量等级。

1) 工序交接检验:在施工班组自检、互检的基础上,由检验人员进行工序交接检验,评定工序质量等级,填写"工序质量评定表7.1"。

工 序 质 量 评 定 表　　　　　　表 7.1

单位工程名称:　　　　　部位名称:　　　　　工序名称:

序号	主要工程检查项目	质量情况																
1																		
2																		
3																		

序号	实测项目	允许偏差(mm)	各实测点偏差(mm)														应检查点数	合格点数	合格率(%)
			1	2	3	4	5	6	7	8	9	10	11	12	13	14	15			
1																				
2																				
3																				
4																				
5																				
6																				
7																				
8																				

交方班组	接方班组	平均合格率(%)
		评定等级

工程技术负责人:　　　　　质检员:　　　　　施工员:　　　　　年　月　日

注:实际检查点数必须等于、小于应检查点数,如超过应检查点数,其超过的点数应从合格点数中减去。

2）部位交接检验：检验人员在工序交接的基础上，进行部位交接检验，评定部位质量等级，填写"部位质量评定表"。见表7.2。

3）单位工程交接检验：检验人员在部位或工序交接检验的基础上进行单位工程交接检验，评定单位工程质量等级，填写"单位工程质量评定表"。见表7.3。

部位质量评定表

工程名称： 施工队： 表7.2

序号	工序名称	合格率（%）	质量等级	备注
平均合格率（%）				
评定意见		评定等级		

工程技术负责人： 质检员： 施工员： 年 月 日

单位工程质量评定表

单位工程名称： 部位名称： 表7.3

序号	工序名称	合格率（%）	质量等级	备注
平均合格率（%）				
评定意见		评定等级		建设单位： 设计单位： 施工单位：

工程技术负责人： 质检员： 施工员： 年 月 日

（4）市政工程施工技术资料管理

市政工程施工技术资料的管理工作由施工企业负责。施工企业应加强对施工技术资料工作的管理和领导，建立和健全技术资料管理部门，制定岗位责任制。

工程施工技术资料应随施工进度及时整理，所需表格一律按《标准》中的附表格式认真填写，做到字迹清楚，项目齐全、准确、真实。必须由各级施工技术负责人审核。竣工后资料成果应由企业技术负责人和法人代表签字并加盖单位公章。

（5）质量保证资料检查内容及评分标准。见表7.4。

质量保证资料检查评分表

2002年 月 日 表7.4

工程名称					
施工单位					
序号	检查内容		检查情况	标准分	实得分
1	主体结构技术质量试验资料	1.道路各层密度检验；2.回填土方密实度；3.混凝土强度；4.预应力张拉；5.桩基质量。要求齐全、正确、达标 1.水泥、钢材、砂、石、砖等原材料试验资料；2.各种预制件合格证书及试验资料。要求齐全、正确、达标		22	

265

续表

序号	检查内容		检查情况	标准分	实得分
		1.道路各层密度检验；2.回填土方密实度；3.混凝土强度；4.预应力张拉；5.桩基质量。要求齐全、正确、达标			
2	原材料试验，各种预制件质量资料合格证	1.污水管道闭水试验；2.道路弯沉试验；3.桥梁静载试验等；4.热力管道压力试验		22	
3	工程总体质量综合试验资料	资料齐全，手续完备		12	
4	隐蔽工程验收单	分项、分部，单位工程质量评定资料齐全填写正确、真实、手续齐备		12	
5	工程质量评定单	是否报告及时并按规定认真处理，技术处理资料是否完备		12	
6	重大质量事故处理	有质量目标设计，施工组织设计符合要求，审批手续齐全，技术交底单齐全，手续完备		-(0-6)	
7	施工组织设计技术交底	洽商记录齐全，有编号，手续完备，竣工图清晰完整，变更与洽商相符		6	
8	洽商记录竣工图	控制点，基准线，水准点的复测记录		10	
9	测量复核记录			4	
10	合 计			100	

一、扣分原则：1.第一项主体结构资料：按质量检验评定标准要求的检验内容和频率，凡带"△"项目不合格，呈漏检点数达到全部应检点数的1%，扣3分直至扣完，此项得分率不足70%（15.4分）资料评分定为不合格

2.第二项原材料试验及合格证：每缺一项或一项不合格视严重程度扣0.5~2分

3.第三—九项依资料完整，内容充实手续完备等情况酌情打分

二、凡发现质量保证资料有弄虚作假编造数据的情况，资料分定为不合格

负责人：　　　　　　　　　　　　　　　　　　　　　　　　　　检查人：

(6) 市政工程质量等级及验评程序

1) 合格：

a. 外观项目的评分应达70分以上；

b. 实测项目：主要检查项目（在项目栏列有△者）的合格率为100%，非主要检查项目合格率应达70%；

c. 质量保证资料评分应达70分以上；

d. 工程综合评分应达70分以上。

2) 优良：

a. 外观项目的评分应达85分以上；

b. 实测项目：在合格的基础上，全部检查项目（包括主要检查项目和非主要检查项目）的平均合格率应达85分以上；

c. 质量保证资料评分应达85分以上；

d. 工程综合评分应达85分以上。

市政工程的质量应由施工单位初验合格后，将验评资料（包括装订成册的质量保证资料）提交建设单位或质量监督部门。经确认后，方可进行质量等级核定。

建设单位或质量监督部门对申报工程实测项目予以抽查。如抽查的合格率与施工单位验评的合格率误差在5%以内时，应承认施工单位的验评结果。否则以抽查结果为准。抽查量如下：

1) 道路工程：不少于总长度（或总面积）的1/10，且不少于200m（或3000m^2）。
2) 桥梁工程：不少于全桥总孔数的1/3，且不少于3孔，不足3孔者全查。
3) 排水工程和城市供热管网工程：不少于总数的1/10，且不少于5个井（室）段。不足5个井（室）段者全查。

市政工程质量等级核定，应按工程的外观项目、实测项目、质量保证资料顺序进行，然后在此基础上进行综合评定。

外观项目的验评表应采用表7.5的统一格式，实测项目的验评表应采用表7.6的统一格式，质量保证资料的验评表应采用表7.4的统一格式，综合评定表应采用表7.7的格式。

外观项目评分表

199 年 月 日

表 7.5

工程名称		工程地点			
施工单位		施工负责人			
序号	检查项目	主要质量问题	评价档次	单项评分	工程评分
外观严重问题摘记					
打分原则	（1）各检查项目按先定性后定量的原则以优，合格，不合格三个质量档次分别给予85~100分，70~84.9，和<70分的分值 （2）外观评分等于各检查项目的评分平均值				

负责人： 　　　　　　　　　　　　　　　　　　检查人：

实测项目检查评分表

表 7.6

工程名称																			工程地点				
施工单位																			施工负责人				

序号	实测项目	允许偏差(mm)	各实测点偏差值(mm)																应检点数	合格点数	合格率%
			1	2	3	4	5	6	7	8	9	10	11	12	13	14	15	16			
	道路工程：(1) 车行道平均合格率＝ (2) 人行道，侧石站均合格率＝ 得分＝(1)项×0.7＋(2)项×0.3 其他工程： 得分＝平均合格率＝																					

负责人： 　　　　　　　　　　　　　　　　　　　　　检查人：

单位工程质量综合评分表

199 年 月 日　　　　表 7.7

工程名称		工程地点	
开工日期		竣工日期	
工程造价			
施工单位		施工负责人	
工程核验	1．资料评分		
	2．外观评分		
	3．实测得分		
	4．工程综合评分		
	5．质量等级		
	备注		
	质监站（盖章）　核验负责人　　检验人　　　　　日期		

工程外观和质量保证资料中发现的主要问题均应记入表中，必要时另加附页。

(7) 市政工程质量的评分办法

1) 外观项目的检验评定：

a. 外观项目的检验评分由三人以上共同进行，并对工程进行全数量检查。

b. 外观项目检查内容和标准见相应的行业标准各节中的文字说明部分。

c. 外观项目的评分，应先按优良、合格、不合格三个档次予以评定，其对应得分如下：优：85～100，合格：70～84.9，不合格：＜70

d. 外观项目评分的计算：

外观评分＝各单项评分的平均值

2）实测项目的检验评定：

a. 在外观项目验评合格后，才能进行实测项目的验评。

b. 实测项目内容及允许偏差见相应行业标准。

c. 实测项目得分的计算：

道路工程：

得分＝车行道部分平均合格率×0.7＋人行道和侧石部分平均合格率×0.3

桥梁工程、排水管道工程、城市供热管网工程：

得分＝各项合格率的平均值。

3）质量保证资料检验评定：

a. 质量保证资料检查的内容见表 7.4；

b. 质量保证资料评分标准见表 7.4。

4）市政工程质量综合评分：

a. 综合评分＝外观项目评分×0.3＋实测项目得分×0.4＋质量保证资料评分×0.3

b. 排水管渠工程、城市供热管网工程：

综合评分＝外观项目评分×0.25＋实测项目得分×0.35＋质量保证资料评分×0.4。

2. 工程质量验收与竣工验收。

(1) 工程质量验收是按工程合同规定的质量等级，遵循现行的质量检验评定标准，采用相应的手段对工程分阶段进行质量认可与否的过程。

(2) 竣工验收是施工全过程的最后一道工序，也是项目管理的最后一项工作，竣工验收的检查内容有：

1）检验施工过程中的自检原始记录。

2）检验施工过程的技术档案资料。

单位工程竣工的施工技术资料规定项目如下：

a. 施工组织设计（或施工方案）

b. 图纸会审、技术交底记录

c. 原材料、半成品、成品出厂质量证明和试（检）验报告

d. 施工试验报告

e. 施工记录

f. 测量复核及预检记录

g. 隐蔽工程验收记录

h. 工程质量检验评定资料

i. 使用功能试验记录

j. 设计变更试验记录

k. 设计变更洽商记录

l. 竣工图

m. 竣工验收单
　　n. 工程竣工质量核验证书
  3) 对竣工项目的外观检验。
  4) 对使用功能的检验。

第4节　施工安全与检查

7.4.1　安全管理的重要性

安全生产是施工项目重要的控制目标之一，也是衡量施工项目管理水平的重要标志，施工项目安全管理，就是在施工过程中，组织安全生产的全部管理活动。通过对生产因素（人和物）具体的状态控制，使施工生产全过程中潜伏的危险处于受控状态，消除事故隐患，不引发人为事故，尤其是不引发为使人受到伤害的事故，确保施工生产安全。

施工项目要实现以经济效益为中心的工期、成本、质量、安全等的综合目标管理，搞好施工的安全管理，保护职工在施工生产中的安全和健康，保护设备、物资不受损坏，不仅是管理的首要职责，也是调动职工积极性的必要条件。没有安全的施工生产条件，也就没有施工生产的高效率和高质量。

安全管理的特点：

（1）统一性：安全和生产是辩证的统一，即在保证安全的前提下发展生产，在发展生产的基础上不断改善安全设施。生产有了安全保障，才能持续、稳定的发展。生产活动中事故层出不穷，生产势必陷于混乱、甚至瘫痪状态。因此，管生产必须同时管安全。安全管理是生产管理的重要组成部分。

（2）预防性：安全施工要做到防患于未然，贯彻"安全第一、预防为主"的方针。安全第一是从保护生产力的角度和高度，表明在生产范围内，安全与生产的关系，肯定安全在生产活动中的位置和重要性。

进行安全管理不是处理事故，而是在生产活动中，针对生产的特点，对生产因素采取管理措施，有效的控制不安全因素的发展与扩大，把可能发生的事故，消灭在萌芽状态，以保证生产活动中，人的安全与健康。

（3）长期性：安全施工是施工过程中一项经常性工作，要始终贯彻安全管理措施和安全技术措施，做到经常化、制度化。

（4）"四全"动态管理性：安全施工与每个职工的切身利益息息相关，因此，安全管理不是少数人和安全机构的事，而是一切与生产有关的人共同的事（全员）。涉及到生产活动的各个方面（全方位），涉及到从开工到竣工的全部生产过程（全过程），涉及到全部生产时间（全天候），涉及到一切变化着的生产因素。因此，在施工中必须坚持"全员参与、全过程、全方位、全天候"的动态管理。

（5）科学性：各种安全措施都是科学原理与实践经验的结合，为此要不断加强和改进。

7.4.2　安全管理的基本原则

1. 安全与危险并存原则

安全与危险在同一事物的运动中是相互对立的，相互依赖而存在的。因为有危险，才要进行安全管理，以防止危险。安全与危险并非是等量并存、平静相处。随着事物的运动变化，安全与危险每时每刻都在变化着，进行着此消彼长的斗争。事物的状态将向斗争的胜方倾斜。可见，在事物的运动中，都不会存在绝对的安全或危险。

保持生产的安全状态，必须采取多种措施，以预防为主，危险因素是完全可以控制的。

危险因素是客观的存在于事物运动之中的，自然是可知的，也是可控的。

2．安全与生产的统一原则

生产是人类社会存在和发展的基础。如果生产中人、物、环境都处于危险状态，则生产无法顺利进行。因此，安全是生产的客观要求，自然，当生产完全停止，安全也就失去意义。就生产的目的性来说，组织好安全生产就是对国家、人民和社会最大的负责。

生产有了安全保障，才能持续、稳定发展。当生产与安全发生矛盾、危及职工生命或国家财产时，在生产活动停下来整治、消除危险因素以后，生产形势会变得更好。"安全第一"的提法，决非把安全摆到生产之上。忽视安全自然是一种错误。

3．安全与质量的包涵原则

从广义上看，质量包涵安全工作质量，安全概念也内涵着质量，交互作用，互为因果。安全第一，质量第一，两个第一并不矛盾。安全第一是从保护生产因素的角度提出，而质量第一则是从关心产品成果的角度而强调的。安全为质量服务，质量需要安全保证。生产过程丢掉哪一头，都要陷于失控状态。

4．安全与速度互保原则

生产的蛮干、乱干，在侥幸中求得快，缺乏真实与可靠，一旦酿成不幸，非但无速度可言，反而会延误时间。

速度应以安全做保障，安全就是速度。我们应追求安全加速度，竭力避免安全减速度。

安全与速度成正比例关系。一味强调速度，置安全于不顾的做法是极其有害的。当速度与安全发生矛盾时，暂时减缓速度，保证安全才是正确的做法。

5．安全与效益兼顾原则

安全技术措施的实施，定会改善劳动条件，调动职工的积极性，焕发劳动热情，带来经济效益，足以使原来的投入得以补偿。从这个意义上说，安全与效益是一致的，安全促进效益的增长。

在安全管理中，投入要适度、适当，精打细算，统筹安排。既要保证安全生产，又要经济合理，还要考虑力所能及。单纯为了省钱而忽视安全生产，或单纯追求不惜资金的盲目高标准，都不可取。

7.4.3 安全管理的措施

安全管理措施是安全管理的方法与手段，管理的重点是对生产各因素状态的约束与控制，以消除一切事故，避免事故伤害，减少事故损失。

1．落实安全生产责任制

安全生产责任制是企业经济责任制的重要组成部分，是安全管理制度的核心，必须建立和落实安全生产责任制，明确规定企业各级领导、管理干部、工程技术人员和工人在安全工作上的具体任务、责任和权力，把安全与生产在组织上统一起来，做到安全工作层层有分工，事事有人管，人人有专责，办事有标准，工作有检查、考核。一旦出现事故，可以查清责任，总结正反两方面的经验教训，更好地保证安全管理工作顺利进行。真正实现"全员、全过程、全方位、全天候"的动态管理，减少或避免事故的发生。

（1）建立、完善以项目经理为首的安全生产领导组织，有领导、有组织地开展安全管理活动。项目经理承担组织、领导安全生产的责任。

（2）建立各级人员安全生产责任制度，明确各级人员的安全责任，抓制度落实，抓责任落实。定期检查安全责任落实情况。

（3）施工项目应通过监察部门的安全生产资质审查，并得到认可。一切从事生产管理与操作的人员，依照其从事的生产内容，分别通过企业，施工项目的安全审查，取得安全操作认可证，持证上岗。

（4）施工项目负责施工生产中物的状态审验与认可，承担物的状态漏验、失控的管理责任。接受由此出现的经济损失。

（5）一切管理、操作人员均需与施工项目签订安全协议，向施工项目做出安全保证。

（6）安全生产责任落实情况的检查，应认真、详细的记录，作为分配、补偿的原始资料之一。

2．加强安全教育和培训，严守安全纪律

通过安全教育，不断增强企业全体职工的安全意识，掌握安全生产的知识，有效的防止人的不安全行为，减少人的失误。安全教育是进行人的行为控制的重要方法和手段。因此，进行安全教育要适时、宜人、内容合理、方式多样，形成制度。组织安全教育要做到"严肃、严格、严密、严谨"，讲求实效，应抓好思想政治教育，劳动保护方针政策教育，安全技术知识教育，安全技能训练，典型经验和事故教训教育等内容。

（1）思想政治教育：重在提高全体职工的安全生产意识，提高对安全生产，劳动保护重要性的认识，克服在安全管理工作中存在的短期行为，侥幸心理和事故难免的思想，为搞好安全生产奠定坚实思想基础。

（2）安全生产方针、政策教育

安全生产方针、政策、规定、规程体现着党和国家的政治路线，是企业搞好安全施工的指导方针。为此，企业必须采取多种形式大力宣传安全生产方针政策，做到人人皆知，并自觉地认真贯彻执行。确保施工安全。

（3）安全技术知识的教育

安全技术知识的教育，是指关于生产技术知识，一般安全技术知识和专业安全技术知识的教育。

1）生产技术知识教育：安全生产过程之中，要掌握安全技术知识，就必须首先掌握施工生产技术知识。为此，在进行安全知识教育时，应结合企业施工任务，工程特点，施工工艺，作业方法，所用各种机械设备的性能，操作技术进行，使职工在掌握生产技术知识的基础上做好安全工作。

2）一般安全技术知识教育：即企业每个职工必须具备的起码的安全技术基本知识的教育。结合工程特点和施工安全技术规程进行。使职工掌握企业一般安全守则，具有特别危险的设备和区域的基本安全防护知识和注意事项，个人防护用品的构造、性能和正确使用方法等知识。

3）专业安全技术知识教育：各专业工种分别进行，通过教育，使专业工种的职工掌握本专业的安全技术、劳动卫生、安全操作规程，确保作业安全。特种作业人员经培训后持证上岗。

4）安全技能训练：通过安全技能的训练，使操作者获得完善化、自动化的行为方式，减少操作中失误现象。

5）典型经验和事故教训教育：典型经验教育是指通过国内外，企业内外安全生产先进经验的学习，促进本单位的安全生产工作，不断提高安全技术水平和操作能力。

通过典型事故的分析，可使广大干部，职工了解事故给国家和企业的财产造成的损失，给人民生命，财产带来的危害，从而引以为戒，吸取教训，认真检查各自岗位上的隐患及时采取措施，避免同类事故的发生。

6）安全生产法制教育：加强安全生产法制教育，提高全员法制观念，做到人人学法、知法、懂法、守法，把违章指挥，违章作业，违反劳动纪律的苗头消灭在萌芽之中。

总之，安全教育要经常化、制度化，形式和方法多种多样，通过教育，提高安全生产重要性的认识，在施工生产中自觉地遵守各种安全生产的规章制度和作业的规程，保护自己和他人的安全和健康，实现安全施工。

3．安全检查

安全检查是安全管理的重要内容，是识别和发现不安全因素。揭示和消除事故隐患，加强防护措施，预防工伤事故和职工危害的重要手段。

（1）安全检查的内容：

主要是查思想、查管理、查制度、查隐患、查事故处理、查教育培训。

1）查思想

即检查企业各级领导和广大职工安全意识强不强，贯彻安全生产方针、政策、规章、规程的自觉性高不高，"安全第一、预防为主"的思想是否坚定，在进度与安全发生矛盾时，能否服从安全需要。

2）查管理、查制度

就是检查企业在生产管理中是否做到了"五同时"（即在计划、布置、检查、总结、评比生产工作的同时，要计划、布置、检查、总结、评比安全工作），在新建、扩建、改建工程中，是否做到了"三同时"（即在新建、扩建、改建工程中，安全设施要同时设计、同时施工、同时投产），是否建立和健全了如下安全管理制度：a.安全管理机构，b.安全生产责任制，c.安全奖惩制度，d.定期研究安全工作的制度，e.安全教育制度，f.安全技术措施管理制度，g.安全检查制度，h.事故调查处理制度，i.特种作业管理制度，j.保健防护用品发放制度，k.尘毒作业、职业病和职工禁忌症管理制度。同时，要检查上述制度执行情况，发现违反规章制度的，给予批评、教育。

3）查隐患

深入施工现场，检查施工现场的劳动条件、劳动环境、生产设备、现场管理、安全卫生设施及生产人员的行为等，有哪些不安全因素。发现有可能造成伤亡事故的重大隐患，有权下令停工，并报告有关领导，待隐患排除后才能复工。

4）查事故处理

查企业对发生的工伤事故是否按照"三不放过"原则进行认真地处理，及时上报。三不放过指的是：找不出原因不放过；本人和群众受不到教育不放过；没有制定出防范措施不放过"这部分内容在第 7 节详细叙述。

（2）安全检查的类型

1）定期安全检查：指列入安全管理活动计划，有较一致时间间隔的安全检查。定期安全检查的周期，施工项目自检宜控制在 10～15 天，班组自检必须坚持日检。

2）非定期安全检查：根据客观因素的变化，经常进行。

a. 施工准备工作安全检查：每项工程开工前进行。内容有施工组织是否有安全设计；施工机械设备是否符合技术和安全规定；安全防护设施是否符合要求；施工方法是否有书面安全技术交底；各工序是否有安全措施。

b. 季节性安全检查：夏季检查防洪、防暑、防雷电情况；冬季检查防冻、防煤气中毒、防火、防滑情况；春、秋季检查防风沙防火情况。

c. 节假日前后安全检查：节前职工安全生产的思想松懈，易发生事故，应检查防火、防爆、文明施工等方面，发现隐患及时排除。节后为防止职工纪律松弛，应对遵章守纪状况及节前所查隐患整改落实情况进行检查。

d. 专业性安全检查：对国家规定的特种作业，如焊接、电气、起重等，可组织专业检查组分别进行，对设备的安全性能管理使用状况，岗位人员的安全技术素质等及时了解，发现问题，及时采取措施。

e. 专职安全人员日常检查：企业专职安全人员要经常深入施工现场，进行日常巡回检查，这是安全检查最基本、最重要、最有效的方法。施工班组应坚持每日"三检"，即作业前检查作业环境和设施设备安全状态；作业中巡视检查，随时纠正违章行为；作业后确认检查，拉闸断电、用火熄灭，做到自产自清、日产日清、活完场清。

（3）安全检查的方法

常用的有一般检查方法和安全检查表法。

1）一般检查方法：常采用看、听、嗅、问、测、验、析等方法

看：看现场环境和作业条件，看实物和实际操作，看记录和资料。

听：听汇报、听介绍、听反映、听意见或批评，听机械设备的运转响声等。

嗅：对挥发物、腐蚀物、有毒气体、进行辨别。

问：对影响安全问题、详细询问、追根究底。

查：查问题、查数据、查原因、追查责任。

测：测量、测试、监测。

验：必要的试验或化验。

析：分析安全事故隐患原因。

2）安全检查表法：是一种原始的，初步定性分析方法，它通过事先拟定的安全检查明细表或清单，对安全生产进行初步的诊断和控制。

安全检查表通常包括检查项目、内容、回答问题、存在问题、改进措施、检查措施、检查人等内容。

7.4.4 安全技术措施

安全技术是改善生产工艺、改进生产设备、控制生产因素不安全状态，预防与消除危险因素对人产生伤害的技术方法和措施，以及避免损失扩大的技术手段。

预防是消除事故的最佳途径。针对生产过程中预知或已出现的危险因素，采取的一切

消除或控制的技术性措施，统称为安全技术措施。安全技术措施重点解决具体的生产活动中的危险因素的控制，预防与消除事故危害。发生事故后，安全技术措施应迅速将重点转移到防止事故扩大，尽量减少事故损失，避免引发其他事故方面。起到预防事故和减少损失两方面的作用。

1．安全技术措施的优选顺序

在采取安全技术措施时，应遵循预防性措施优先选择，根治性措施优先选择，紧急性措施优先选择的原则，依次排列，以保证采取措施与落实的速度，即要分出轻、重、缓、急。优选顺序如下：

根除危险因素→限制或减少危险因素→隔离、屏蔽→故障→安全设计→减少故障或失误→校正行动

在采取安全技术措施时，时刻牢记生产技术与安全技术的统一性，体现管生产同时管安全的管理思想。

2．主要工序安全技术要求

这里仅介绍以下四种工序施工安全技术基本要求

1）路基土方工程

A．人工挖土方必须遵守下列规定：

a．开挖土方的操作人员之间，必须保持足够的安全距离，横向间距不小于2m，纵向间距不小于3m；

b．土方开挖必须自上而下顺序放坡进行，严禁采用挖空底脚的操作方法。

B．挖掘机作业

a．发动机起动后，铲斗内、壁杆、履带和机棚上严禁站人；

b．工作位置必须平坦稳固。工作前履带应制动，轮胎式挖掘机应顶好支腿，车身方向应与挖掘工作面延伸方向一致，操作时进铲不应过深，提斗不得过猛；

c．严禁铲斗从运土车的驾驶室顶上越过。向运土车辆卸土时应降低铲斗高度，防止偏载或砸坏车厢。铲斗运转范围内严禁站人。

2）沥青路面工程

沥青操作人员均应进行体检。凡患有结膜炎、皮肤病及对沥青过敏反应者，不宜从事沥青作业。

从事沥青作业人员，皮肤外露部分均须涂抹防护药膏，工地上应配医务人员。

沥青操作工的工作服及防护用品，应集中存放，严禁穿戴回家和进入集体宿舍。

A．沥青加热及混合料拌制，宜设在人员较少，场地空旷地段，沥青混合拌和设备作业应遵守下列规定：

a．作业前，热料提升斗、搅拌器及各种称斗内不得有存料；

b．配有湿式除尘系统的拌和设备其除尘系统的水泵应完好，并保证喷水量稳定且不中断；

c．卸料斗处于地下坑底时，应防止坑内积水淹没电器元件；

d．拌和机启动、停机，必须按规定程序进行。点火失效时，应及时关闭喷燃器油门，待充分通风后再行点火。需要调整点火时，必须先切断高压电源；

e．液化气点火时，必须有减压阀及压力表。燃烧器点燃后，必须关闭总阀门；

f. 连续式拌和设备的燃烧器熄火时应立即停止喷射沥青。当烘干拌和筒着火时，应立即关闭燃烧器鼓风机及排风机，停止供给沥青，再用含水量高的细骨料投入干拌和筒，并在外部卸料口用干粉或泡沫灭火器进行灭火；

g. 关机后应清除皮带上、各供料斗及除尘装置内外的残余积物，并清洗沥青管道。

B．沥青混合料摊铺机摊铺作业，应遵守下列规定：

a. 驾驶台及作业现场要视野开阔，清除一切有碍工作的障碍物。作业时无关人员不得在驾驶台上逗留。驾驶员不得擅离岗位；

b. 运料车向摊铺机卸料时，应协调动作，同步行进，防止互撞；

c. 换档必须在摊铺机完全停止时进行，严禁强行挂档和在坡道上换档或空档滑行；

d. 熨平板预热时，应控制热量，防止因局部过热而变形。加热过程中，必须有专人看管；

e. 驾驶力求平稳，不得急剧转向。弯道作业时，熨平装置的端头与路缘石的间距不得小于10cm，以免发生碰撞；

f. 用柴油清洗摊铺机时，不得接近明火。

3) 钢筋工程安全技术要求

a. 钢筋调直的安全操作

对局部弯曲或成盘的钢筋，在使用之前应加以调直。钢筋的调直普遍采用卷扬机拉直和用调直机矫直。用卷扬机拉直钢筋时要选好场地，并设置标志禁止非操作人员进入。冷拉线两端要设安全挡板或挡护墙。操作之前必须认真检查机具、地锚、夹具、平衡设备等是否安全可靠，必须在确保安全可靠的前提下开始操作，操作人员要离开钢筋2m以上。在拉直钢筋时必须控制冷拉率；Ⅰ级钢筋不得超过2%，Ⅱ、Ⅲ级钢筋不得超过1%。

用钢筋调直机调直钢筋，工前要认真检查机器的各重要部件是否紧固，转动部分的润滑是否良好，牢固地安装安全防护装置。操作人员要仔细观察机器的运转情况，发现传动部分不正常的情况和异常声响，或轴承温度超过60℃，要立即停车检查。在工作时，无关人员不得靠近机器，料盘上钢筋收完时，要防止钢筋头飞出伤人。

b. 钢筋切断的安全操作

使用钢筋切断机切断钢筋时，要先将机械平稳地固定，并仔细检查刀片有无裂纹，刀片是否固紧，安全防护罩是否齐全牢固。开动切断机试运转，待试运转正常后再进料。进料要掌握时机，要在活动刀片后退时进料，不要在刀片前进时进料。进料时手与刀口的距离不应小于150mm。切断短钢筋时要使用套管或夹具。清除刀口附近的钢筋头和杂物，必须机器停止运转后方可进行。发现机器运转不正常或有异响、刀片歪斜等情况要立即停车检修。

4) 混凝土施工机具的安全使用

a. 混凝土搅拌机的安全使用

在开机之前要对机械的状态进行全面检查。检查内容包括：离合器、制动器是否灵活可靠；防护罩及轨道滑轮是否完好；水泵出水情况是否正常；料斗起落钢丝绳是否够长（当料斗在最低位置时，钢丝绳在卷筒上至少保留3圈）；钢丝绳断丝和磨损是否超过规定数值；卡头是否牢固等。

要先经过试运转后再开始工作。在工作中，当料斗升起时，严禁人员在斗下工作和通过。如果非在料斗下工作不可时，须与操作人员联系好，并将料斗用链条扣牢。料斗降落时要分两步进行。先将料斗降至接近地面处稍停，然后再落地，防止料斗因降落过快而损坏。要注意不要让砂石料落入机械运转部分中去。不准将铁锹等工具伸入搅拌筒内扒浆或出料；不准将头伸入料斗上方。如需进入搅拌筒内清洗或维修时，除切断电源和卸下保险丝外，并需锁好开关柜。

b. 振捣器的安全使用

使用振捣器之前，必须进行认真检查，振捣器的外壳、胶皮电源线有无破损；是否有接地装置；电源线与振捣器的连接是否可靠；手持式振捣器是否装有触电保安器；振捣器的搬移地点以及在间隙工作时，电源开关关闭情况等。操作振捣器人员应戴绝缘胶皮手套。

第5节 施工进度与成本控制

7.5.1 施工进度管理

1. 影响施工进度的因素

由于道路工程的施工特点，尤其是较大或复杂的工程，工期较长，周围关系复杂，影响进度因素较多，编制和执行施工进度计划时必须充分估计这些因素，才能克服其影响，使施工进度尽可能按计划进行。当出现偏差时，应考虑有关影响因素，分析产生的原因，找出解决的办法及时调整。其主要影响因素有：

（1）有关单位的影响

工程项目的主要施工单位对施工进度起决定性作用，但是业主、监理单位、设计单位、运输部门、银行、材料设备供应部门、水、电供应部门、政府有关部门等都可能给施工的某些方面造成困难而影响施工进度，其中设计单位图纸不及时和有错误或有关部门或业主对设计方案的变动是影响施工进度最大的因素。材料和设备不能按期供应或质量、规格不符合要求，都将使施工停顿。资金不能保证也会使施工中断或施工速度减慢。

（2）施工条件的变化

施工中工程地质条件和水文地质条件与勘察设计不符，如未探明的地质断层、地下障碍物、软弱地基等；或恶劣的气候、暴雨、洪水、高温都会使施工进度受到影响，造成临时停工或毁坏。

（3）技术失误

施工单位采用技术措施不当，施工中发生技术事故；采用新技术、新材料、新工艺缺乏经验，不能保证质量等都要影响施工进度。

（4）施工组织管理不利

施工组织不合理，劳动力施工机械调配不当，施工平面布置不合理等都会影响施工进度。

（5）周围环境的影响

城市道路或城市桥梁施工，绝大多数在市区，周围环境复杂，地上地下管线多，协作关系复杂，无论哪一方面出现问题，都会影响施工进度，这在城市道路或桥梁施工中尤要注意。

（6）意外事件的出现

施工中如出现意外事件，如战争、严重自然灾害、火灾、重大工程事故、工人罢工等都会影响施工进度。

2．施工项目进度控制的概念

施工项目进度控制是指在既定的工期内，编制出最优施工进度计划，在执行该计划的施工中，经常检查施工实际进度情况，并将其与进度计划相比较，若出现偏差，便分析产生的原因和对工期的影响程度，找出必要的调整措施，修改原计划，不断地如此循环直至工程竣工验收。

施工项目进度控制的总目标是确保施工项目的既定目标工期的实现，或者在保证施工质量和不因此而增加施工实际成本的条件下，适当缩短施工工期。

施工项目进度控制目标与投资控制目标和质量控制目标三者是对立和统一的关系，在一般情况下，进度快就要增加投资，但工程如提前使用就可能提高投资效益；进度快有可能影响质量，而质量控制严格，则有可能会影响进度，但因质量的严格控制而不返工，又会加快进度，所以说，这三个目标控制要恰到好处，三个目标是一个系统，应在矛盾中求得目标的统一。

3．施工项目进度控制的方法、措施

（1）施工项目进度控制的方法：主要是规划、控制和协调。

规划：是指确定工程项目总进度控制目标和分进度控制目标，并编制其进度计划。制定一个科学、合理的进度计划，是实现进度控制的一个首要前提。

控制：是指在工程项目实施过程中，进行施工实际进度和施工计划进度的比较，出现偏差及时采取措施调整，以保证进度控制目标的实现。

协调：是指协调与施工进度有关的单位、部门和施工队、班组之间的进度关系。

（2）施工项目进度控制的措施：主要有组织措施、技术措施、合同措施、经济措施和信息管理措施五种。

组织措施：主要是指落实各层次的进度控制的人员，具体任务和工作责任；建立进度控制组织系统，按着施工项目的结构，进度的阶段或合同结构等进行项目分解，确定其进度目标，建立控制目标体系；确定进度控制工作制度（如检查的时间、方法、协调会议时间、参加人员等）；对影响进度的因素进行分析和预测。

技术措施：主要是采取加快施工进度的技术方法。

合同措施：是指对分包单位签订施工合同的合同工期与有关进度计划目标相协调。

经济措施：是指实现进度计划的资金保证措施。

信息管理措施：是指不断地收集施工实际进度的有关资料，进行整理统计并与计划进度比较，定期地向业主及监理工程师提供比较报告。

4．施工进度计划的实施，检查和调整过程

（1）施工项目进度控制过程：

项目经理部为实现有效的进度控制，首先要建立进度实施、控制的科学组织系统和严密的工作制度，然后根据施工项目进度控制目标体系，对施工的全过程进行系统控制。正常情况下，进度实施系统应发挥监测、分析职能并循环运行，即随着施工活动的进行，不断将实际进度信息按一定程序反馈给控制者，经过统计、整理、分析、比较后，确认进度无偏差，则系统继续运行；一旦发现有偏差，系统将发挥调控职能，分析偏差产生的原因及对后续施工和总工期的影响。必要时，可利用进度控制目标留有余地的弹性特点，对原计划进度做出相应的调整，提出纠正偏差的方案和实施中的技术、经济、合同方面的保证措施，以及取得相关单位支持与配合的协调措施。确认切实可行后，将调整后的进度计划输入到进度实施系统，使施工活动继续在控制下运行。当新的偏差出现后，再重复上述过程，直到施工项目全部完成。

综上可知，整个进度的控制过程就是一个不断由计划→实施→检查→处理的循环往复过程，即 PACA（计划、实施、检查、处理）循环过程。

（2）施工进度计划的实施、检查、调整过程

1）施工项目进度计划的实施过程

施工项目进度计划的实施过程就是施工活动的进展过程，也就是用施工进度计划指导施工活动，落实和完成进度计划。为了保证施工项目进度计划的实施，并且尽量按编制的进度计划逐步进行，保证进度目标的实现。

首先做好施工项目进度计划的贯彻工作。

a. 检查各层次的计划，形成严密的计划保证系统

施工项目的进度计划有：施工总进度计划，单位工程施工进度计划，分部分项工程施工进度计划等，它们都是围绕一个总任务而编制的，它们之间的关系是高层次的计划是低层次计划的依据，低层次计划是高层次计划的具体化。在贯彻执行时应当检查计划是否协调一致，计划目标是否层层分解、互相衔接和组成一个计划实施的保证系统。

b. 层层签订承包合同或下达施工任务书

施工项目经理、施工队和作业班组之间分别签订承包合同，按计划目标明确规定合同工期，相互承担经济责任、权限和利益。或者采用下达施工任务书，将作业下达到班组，明确具体施工任务、技术措施、质量要求等内容，使施工班组必须保证按作业计划完成规定的任务。

c. 计划全面交底，发动全体工作人员实施计划

施工进度计划的实施是全体工作人员的共同行为，要使有关人员都明确各项计划的目标、任务、实施方案和措施，使管理层和作业层协调一致，将计划变成全体工作人员的自觉行动。为此，在进度计划实施前要进行计划交底工作，可以根据计划的范围召开全体职工会议或各级生产会议进行交底落实工作。

其次，做好施工项目进度计划的实施工作

a. 编制月旬作业计划

为了实现施工进度计划，将规定的任务结合现场施工条件，如施工场地情况、劳动力机械等资源条件和施工的实际进度，在施工开始前和过程中不断地编制本月（旬）的作业计划，这就使施工计划更具体，切合实际和可行。在月（旬）计划中要明确：本月（旬）应完成的任务；所需要的各种资源量；提高劳动生产率和厉行节约的措施。

b. 签发施工任务书

编制好月（旬）作业计划以后，每项具体任务通过签发施工任务书的方式使其进一步落实。施工任务书是向班组下达任务实行责任承包、全面管理和原始记录的综合性文件，是计划和实施的纽带，作业班组必须保证指令任务的完成。

c. 做好施工进度记录，填好施工进度统计报表

在计划任务的完成过程中，施工进度计划的各级执行者都要跟踪做好施工记录，记载

计划中的每项工作开始日期,工作进度和完成日期。为工程项目进度检查分析提供信息,因此必须实事求是记载,并填好有关图表。

d. 做好施工调度工作。

施工中的调度是组织施工中各阶段、环节、专业和工种互相配合、进度协调的指挥核心,调度工作是使施工进度计划实施顺利进行的重要手段,其主要任务是掌握计划实施情况,协调各方面关系,采取措施,排除各种矛盾,加强薄弱环节,实现动态平衡,保证完成作业计划和实现进度。

2) 施工项目进度计划的检查过程

在工程项目实施过程中,进度控制人员(一般是监理工程师)应经常地、定期地跟踪检查进度计划的执行情况,发现问题及时解决。主要做的工作有:

a. 跟踪检查进度执行情况:

跟踪检查施工实际进度,是工程项目施工进度控制的关键措施,其目的是收集反映工程实际进度的有关数据。跟踪检查的时间和收集数据的质量,直接影响控制工作的质量和效果。

跟踪检查的时间与许多因素有关,可视工程的具体情况每月、每半月、或每旬、每周检查一次,如遇特殊情况,可每日检查一次。

收集数据资料的方式有三种:一是进度报表;二是定期召开进度工作汇报会;三是可派监理人员进驻现场,检查进度实际执行情况。

b. 整理统计、分析检查数据:

收集有关数据资料后,要进行必要的整理、统计,形成与计划进度具有可比性的数据资料。如根据现场本期实际完成的工程量确定累计完成的工程量;本期实际完成工程量的百分比,累计完成工程量的百分比等。

c. 比较实际进度与计划进度是否一致:

将上述实际进度数据资料与计划进度数据资料进行对比,通常可利用表格形成各种进度比较报表或直接绘制比较图形来直观地反映实际进度与计划进度的关系。判断出实际进度比计划进度是拖后、超前,还是一致。并将比较结果形成进度控制报告,向有关主管人员(项目经理)和部门汇报。

3) 施工项目进度计划的调整过程

在施工项目进度实施检查过程中,如果发现实际进度与计划进度不符,即出现了偏差,进度控制人员必须认真寻找分析产生偏差的原因,分析偏差对后续工作及总工期产生的影响,并采取相应的进度调整措施,以确保进度总目标的实现。具体过程如下:

a. 分析产生进度偏差的原因:

进度控制人员通过比较工程实际进度与计划进度的有关数据,做出两者是否一致的结论,若出现了拖后或超前情况,仅从有关数据资料中,很难找出产生偏差的原因,为此,进度控制人员必须深入施工现场,实地调查或召开现场会,与施工人员进行面对面的交谈,查清原因。

b. 分析偏差对后续 工作的影响及影响程度:

当进度出现偏差以后,为了采取相应的必要调整措施需要分析偏差对后续哪些工作产生影响,以及影响大小。

c．确定进度可调整的范围：

主要是指关键控制点以及总工期允许变化的范围。因为关键控制点或关键线路不能随意改变。

d．采取措施调整计划进度：

以关键控制点和总工期允许变化的范围作为限制条件，采取进度调整措施进行调整，以保证进度总目标的实现。

e．实施调整后的进度计划：

在工程后期施工中，执行经过调整后的进度计划。此时，进度控制人员应及时协调好后续各有关承包单位的关系，并采取相应的措施，施工项目进度调整过程见下图 7.6。

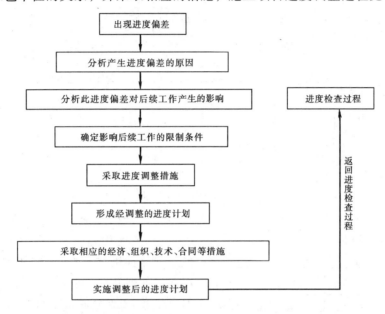

图 7.6　工程项目调整过程示意图

5．施工进度计划的调整措施

（1）施工进度计划出现偏差后，制定进度调整措施时，应考虑的问题。

当对进度偏差产生的原因以及由此带来的影响分析以后，便可以提出纠正偏差的措施，并制定相应的调整方案，而后继续执行。实际上，提出纠偏措施并不是一件容易的事情，必须进行全面系统的分析，既要根据进度控制人员丰富的实践经验，又要考虑施工的现实条件，必要时，还需定量分析与计算。所以，在制定进度调整措施时，应考虑以下问题：

1）合同对后续施工活动的工期要求

如果工程项目是由多个施工单位（承包商）承包，且各施工单位均代表自己的利益。既然负责后续工作的施工单位有按照合同规定的开、竣工日期组织施工的责任，他们就有权向对他们的施工活动带来不利影响的单位（无论是业主还其他施工单位）提出索赔。为了尽可能避免这类现象的发生，并使协调工作控制在尽可能小的范围内，在对施工进度进行调整时，就必须考虑后续工作合同工期的要求。

2）进度的调整给后续施工单位造成的损失

监理人员在考虑进度调整措施时，必须注意这个问题。有时候，在给出的进度调整方案中，初看起来好像对后续工作影响不大，监理人员可能会忽略一些潜在的索赔现象的发生。有些时候，虽然从监理的角度看，偏差所产生的时间变化是时差的范围内，而且对总工期不产生任何影响。但是当施工单位接到进度调整的变更通知后，都要分析此变动究竟对自己承担的施工活动产生什么影响，下面举一个例子来说明这种情况。

图 7.7 所示为某工程项目施工网络计划，如果由于业主的原因，比如由业主负责的施工材料未及时进场，而使工作 E（施工活动）的时间延长 6d，这时从网络计划来看，由

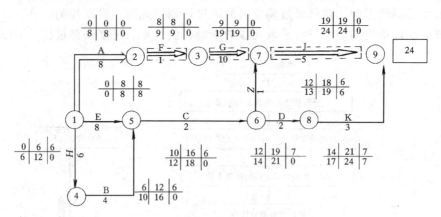

图 7.7 某工程项目施工网络计划

于该工作处于非关键线路上产生的变化在时差范围内，因此不会对总工期产生任何影响，如图 7.8 所示，但是由于施工活动工作 A、B、D 都要使用同一种施工机械，而可供施工单位使用的这种机械只有一台，且变动前施工机械的使用安排如图 7.9，即第 8 天完成工作 A 后转入工作 B、在第 12 天完成工作 B 后，在第 14 天转入工作 D，该机械的使用在第 16 天结束而转入其他工程项目施工。现在，由于工作 E 时间的延误，使得工作 C 的开工时间受到影响，而导致工作 D 开始时间的拖后，这时施工机械的使用安排必将发生变化，如图 7.10 所示。这就是说，

图 7.8 变动前机械使用进度安排

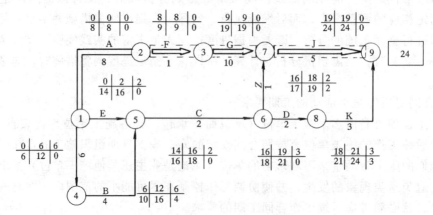

图 7.9 E 工作延长 6 天施工网络计划

由于E工作时间的延误,最终导致施工机械多闲置2d,因此施工单位会要求业主对这种强制的机械闲置时间给予补偿。

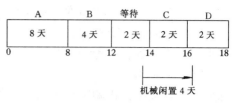

图7.10 变动后机械使用进度安排

3)对材料物资供应的影响

在进行进度调整时进度控制人员还应注意这种调整给材料物资供应带来的影响,重点分析如果采用调整后方案时,在材料物资供应上是否能够得到保证。

4)对劳动力需要数量的影响

加快施工进度往往需要增加更多的劳动力,因此劳务市场可能供应的劳动力是否足够,也是需要加以考虑的。

5)对投资分配的影响

进度计划调整后,必然使投资分配发生变化,因此必须分析按调整后施工进度计划实施时,资金是否能够保证。

6)外界自然条件的影响

道路工程施工的特点之一是露天作业多,受气候条件影响大,若在不宜季节施工,完成的工作量受限,工程进度也不能按设计执行。因此,在对施工进度计划进行调整时,也要考虑这一因素,尽量避开不利的气候条件,以保证施工顺利进行。

7)施工活动间的逻辑关系

在有的情况下,施工进度计划的调整是通过改变施工活动(工作,工序)间的搭接关系、逻辑关系或者是施工顺序来实现的。但无论采用何种调整途径,必须满足施工工艺和生产工艺的要求,并且符合施工程序,以保证项目总体目标的实现。

8)后续施工活动及总工期允许拖期的幅度(略)。

(2)施工进度计划的调整措施:

具体调整措施有

1)组织措施:

增加工作面,组织更多的施工队伍施工;增加每天持续作业时间(如二班制、三班制);增加施工人数;增加机械设备数量。

2)经济措施

提高奖金数额;对采取的技术措施给予经济补偿。

3)技术措施

改进施工工艺和施工技术,缩短各种间隙时间—技术革新;采用先进的施工方法,减少施工过程或工序的数量如混凝土现浇方案改为预制;采用更先进的施工机械。

4)其他配套措施

资源供应的保证;相应合同的保证;及时做好有关单位的协调工作。

6.施工进度计划的调整方法

为了实现进度目标,项目进度控制人员发现问题后,必须对实施进度进行调整,究竟采取哪种方法进行调整,要通过对实施进度的具体分析才能确定。调整进度的可行方案有多种,归纳起来主要有以下三种:

(1) 改变某些工作间的逻辑关系

网络计划的一个重要特点就是工作之间具有严格的逻辑关系，我们知道，工作之间的逻辑关系有两种，一种为工艺关系，这种工作顺序的逻辑关系一般是固定的，不能随意变化。另外一种为组织关系，这种工作顺序的逻辑关系一般是可以改变的。若检查的施工实际进度产生的偏差影响了总工期，在工作之间的逻辑关系允许改变的条件下，改变关键线路和超过计划工期的非关键线路上的有关工作之间的逻辑关系可达到缩短工期的目的，用这种方法调整的效果是很显著的，举两个例子：如钢筋混凝土施工中，绑扎钢筋和浇混凝土这两项工作，浇注混凝土一定要在绑扎钢筋这项工作完成之后才能进行，这两项工作之间的逻辑关系不能改变；一个施工队，若安排其施工A.B两座涵洞，这两座涵洞在工艺上无限制关系，那么在组织上可先施工A涵洞，再施工B涵洞，反过来也可以，由于A.B两座涵洞调整的工程量不同，采用不同的施工顺序（逻辑关系）就可能影响关键线路的时间，通过改变工作之间的逻辑关系，就可以达到缩短工期的目的。

(2) 改变某些工作之间的相互搭接关系

若原始进度计划是按比较保守的方法编制的，即各项工作采用顺序实施，也就是说某项工作结束后，另一项工作才能开始，这样，可以通过改变工作之间的相互搭接关系，便可达到缩短工期的目的。如表 7.8 所示为某桥梁钻孔灌注桩施工进度计划安排调整前后的情况，通过改变各工作开始施工的时间，总工期从48d缩短到40d，就各工作本身来看，其影响较小，仅是开始和结束时间发生变化，而持续时间并未改变。不过，如果原始计划中各工作有搭接并且安排紧凑的话，其可调范围，即总工期缩短的时间，会受到限制。另外，采用这种方法进行调整时，由于增加了各工作间的相互搭接时间，因而进度控制工作就更为重要，实施时必须做好协调工作。举例说明如下：

某工程进度计划安排调整前后　　　　　　　　　　　　　表 7.8

	工作内容	工　　期　　(d)										
		4	8	12	16	20	24	28	32	36	40	44	48
调整前	清理现场												
	钻孔准备												
	钻孔清孔												
	灌注水下混凝土												
调整后	清理现场												
	钻孔准备												
	钻孔清孔												
	灌注水下混凝土												

某水泥混凝土路面工程，包括底基层、基层、混凝土面层三个施工过程，各施工过程的持续时间分别为83d、114d、172d。如果采用顺序施工方式，则网络计划如图 7.11 所示。

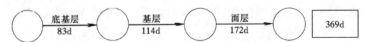

图 7.11　顺序施工网络计划（调整前）

为了缩短该路面工程施工的工期，可将各施工过程根据可能的工作面，划分成若干个施工段，假设划分成三个施工段，即 A.B.C 施工段，各时间参数如表 7.9，如果施工过程安排不同的专业队伍进行施工，则此时网络进度计划如图 7.12。通常以上调整后，该水泥混凝土路面工程总工期从 369d 缩短到 244d。

时间参数	时间：天		表 7.9
	A	B	C
底基层	30	28	25
基　层	42	39	33
面　层	60	57	55

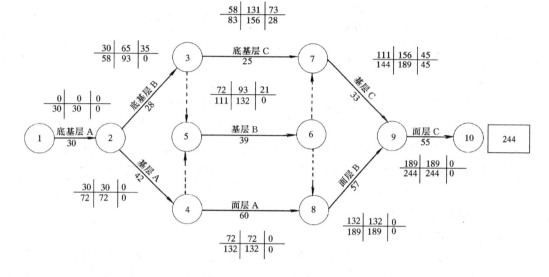

图 7.12 调整后网络计划

（3）改变某些工作的持续时间

这种方法是不改变工作之间的逻辑关系、搭接关系，而是着眼于关键线路上各工作本身的调整。例如，在工程进度拖延的情况下，可压缩关键线路上有关工作的持续时间，而使施工进度加快，以确保进度目标和工期目标的实现，具体调整时应根据限制条件和对后续工作的影响程度的不同具体确定调整方案。不过，要压缩关键线路上有关工作的持续时间，必然增加相应的资源，即在一定范围内，成本是随着工期的变化而变化的，应综合考虑工期与成本的相互关系，以期达到工期短、成本低的目的。

具体做法是：

1）研究后续工作持续时间压缩的可能性及其极限工作持续时间。

2）确定因进度计划调整、采取必要措施而引起的各工作的费用变化率。

3）选择直接引起拖期的工作其紧后工作优先压缩，以免拖期影响扩散。

4）选择费用变化率最小的工作优先压缩，以求花费最小代价，满足既定工期要求。

5）综合考虑上述 3）、4）条，确定调整计划。

如下例所示见图 7.13。

在上图中，第 20 天检查时，A 工作已完成，B 工作进度在正常范围内，C 工作尚需 3 天才能完成，因位于关键线路，将影响总工期，若要保持总工期 75 天不变，需在后续关

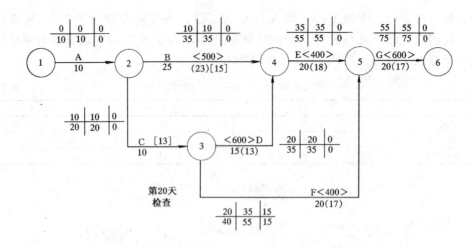

图 7.13 进度计划调整图

注：（ ）内：极限工作时间（d）　　（ ）外：计划工作时间（d）
　　[ ]内：尚需工作时间（d）　　〈 〉：费用变化率（元/天）

键线路上的工作中压缩工期 3 天，方案有多种，考虑到若在 D 工作能尽量压缩工期，以减少 D 工作拖期造成的损失。最后选择调整方案为 D 压缩 2 天，E 压缩 1 天。调整工期所花费用为 $600×2+400×1=1600$ 元

7.5.2 施工成本管理

1. 成本的概念和分类

（1）施工项目成本：施工项目成本是指某施工项目在施工中所发生的全部生产费用的总和，包括所消耗的主辅材料、构配件、周转材料的摊销费或租赁费，施工机械的台班费或租赁费，支付给生产工人的工资、奖金，以及项目经理部（或分公司、工程处）一级为组织和管理工程施工所发生的全部费用支出。

施工项目成本是施工企业的主要产品成本，亦称工程成本，一般以项目的单位工程作为成本核算对象，通过各单位工程成本核算的综合来反映施工项目成本。

施工项目管理的最终目标是优质、高效、低耗、安全。成本是这四项指标的综合反映，施工项目成本管理是施工项目管理的核心。

（2）成本分类

按成本发生的时间来划分

1）预算成本

工程预算成本，反映各地区市政施工企业的平均成本水平。它根据施工图由全国统一的工程量计算规划计算出工程量，全国统一的市政工程基础定额和由各地区的市场劳务价格、材料价格信息及价差系数，并按取费的指导性费率进行计算。预算成本是确定工程造价的基础。

2）计划成本

施工项目计划成本是指施工项目经理部根据计划期的有关资料；在实际成本发生前预先计算的成本。它是施工企业考虑降低成本措施后的成本计划数，反映了企业在计划期内应达到的成本水平。它对于加强施工企业和项目经理部的经济核算，建立和健全施工成本

管理责任制，控制施工过程中生产费用，降低施工项目成本具有十分重要的作用。

3）实际成本

实际成本是施工项目在报告期内实际发生的各项生产费用的总和。把实际成本与计划成本比较，可揭示成本的节约和超支，考核施工企业施工技术水平及技术组织措施的贯彻执行情况和企业的经营效果。实际成本与预算成本比较，可反映工程盈亏情况，因此，计划成本和实际成本都是反映施工企业成本水平的，它受企业本身的生产技术、施工条件及生产经营管理水平所制约。

A．按生产费用计入成本的方法来划分：

a．直接成本：是指直接耗用于并能直接计入工程对象的费用。

b．间接成本：是指非直接耗用于也无法直接计入工程对象，但为进行工程施工所必须发生的费用，通常是按直接成本的比例计算。

B．按生产费用与工程量的关系来划分：

a．固定成本：是指在一定期间和一定的工程量范围内，其发生的成本额不受工程量增减变动的影响而相对固定的成本。如折旧费、大修费、管理人员工资、办公费等。这一成本是为了保证企业一定的生产经营条件而发生的。一般来说，企业固定成本每年基本相同，但是，当工程量超过一定范围则需要增加机械设备和管理人员时，固定成本将会发生变动。

b．变动成本：是指发生总额随着工程量的增减而成正比例变动的费用。如直接用于工程的材料费，实行计件工资制的人工费等。

上述的固定成本和变动成本，都是对总额而言的，所谓固定成本，分配到每个项目单位工程量上的固定费用则是变动的。所谓变动成本，对于单位分项工程上的变动费用往往是不变的。

（3）成本构成

按成本经济性质和有关规定，施工企业工程成本，由直接成本和间接成本组成。

1）直接成本：是指施工过程中直接耗费在工程上或有助于工程实体形成的各项支出，包括人工费、材料费、机械使用费和其他直接费。

2）间接成本：

是指施工项目经理部为施工准备、组织和管理施工生产所发生的全部施工间接费的支出。（注意与间接费的区别）。

对于施工企业所发生的经营费用、企业管理费用和财务费用，则按规定计入当期损益，不得计入施工项目成本。

需要指出：企业下列支出不仅不得列入施工项目成本，也不得列入企业成本。如为购置和建造固定资产、无形资产和其他资产的支出；对外投资的支出；没收的财物；支付的滞纳金、罚款、违约金、赔偿金；以及企业赞助费，捐赠费；国家法律、法规规定以外的各种付费和国家规定不得列入成本费用的其他支出。

2．成本管理基本概念

施工项目成本管理，是指工程施工全过程中，围绕所有发生的费用和实际成本的形成所进行的一系列管理工作。

施工管理的目标是在确保承包合同规定的工期和质量要求的前提下，降低工程成本，提高企业经济效益,因此,成本管理与上述的质量管理和进度管理同等重要,也是施工管理的重要内容。

(1) 成本管理基本原则

1) 成本最低化原则

施工项目成本管理的最终目的,是要通过成本管理的各种手段,不断降低工程成本,实现最低的目标成本要求,但是在实行成本最低化原则时,应注意降低成本的可能性和合理的成本最低化。即一方面挖掘各种降低成本的潜力,使可能性变为现实;另一方面,从实际出发,制定通过主观努力可能达到的合理的最低成本水平,并据此进行分析、控制、考核、评比。

2) 全面成本管理原则

随着施工实践和管理科学的发展,成本管理已从过去的一般成本核算和成本的事后分析,发展成为现在的全面成本管理。其基本特点是:"全员、全过程、综合性和预防性"的成本管理。

a. 全员:即全体人员参加的成本管理。工程成本是由各业务部门各生产岗位的职工,通过所从事的各项施工活动、分散地、以不同的形式逐步形成的。因此,施工成本管理必须与每个职工的工作结合起来,需要全体员工共同参与管理。

b. 全过程:即对成本形成的全过程的每一环节进行的管理。首先,决定工程成本高低的主要因素,是施工组织设计的质量。在施工组织设计中确定的施工工艺、施工组织方案及技术组织措施等内容的质量如何,基本上就决定了工程项目的成本水平。其次是施工准备阶段和正式施工阶段的组织管理工作的质量,在一定程度上,影响工程成本的高低。

c. 综合性:工程成本的高低是由许多因素决定的。如施工组织、施工安全、施工质量、技术方案、机械设备利用、材料供应、劳动力调配等,都不同程度地影响着工程成本的高低。因此,成本水平是施工管理水平的综合反映,成本管理是综合性的管理。

d. 预防性:即成本管理应以成本预测和成本控制为重点。改变过去那种重成本核算和成本事后分析的做法,形成一种"算了再干"的成本管理工作作风和成本控制工作体系。

3) 成本责任制原则

为了实行全面成本管理,必须对施工项目成本层层分解,以分级、分工、分人的成本责任制作保证。施工项目经理部应对企业下达的成本指标负责,班组和每个职工个人对项目经理部的成本目标负责,以做到层层保证,定期考核评定。成本责任制的关键是划清责任范围,并与奖惩制度挂钩,使各部门、各班组和每个职工都来关心施工项目成本。

4) 成本管理有效化原则

成本管理有效化,一方面是促使施工项目经理部以最少的投入,获得最大的产出;另一方面,是以最少的人力和财力,完成较多的管理工作,提高工作效率。

5) 成本管理科学化原则

成本管理是施工项目管理中一项重要内容,是施工管理工作的出发点和落脚点,为此,要运用科学的管理理论、技术和方法进行卓有成效的管理。

(2) 成本管理的工作内容

a. 做好成本管理的基础工作,包括制定和贯彻各种定额,建立成本管理责任制。

定额是成本管理的基础,应当制定反映工程实际水平的材料消耗定额及费用定额、机械消耗定额、人工工资定额和其他间接费用标准。并建立成本管理责任制,做到奖罚分明,使成本管理过程中有据可依,成本控制目标落到实处。

b. 做好成本的事前控制即成本预测和成本计划。

c. 做好成本的事中控制即工程实体形成过程中的成本控制。

d. 做好成本的事后核算与分析。

做好成本的事后核算是对成本目标是否实现的最后检验,成本分析是为以后成本管理积累原始资料数据,进一步搞好今后的成本管理工作。成本管理工作程序如图 7.14

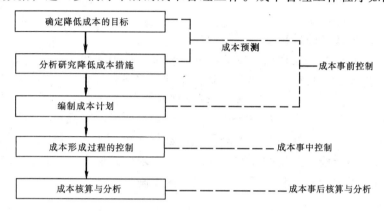

图 7.14 成本管理工作程序

3．成本预测

成本预测是在成本发生之前根据预计和施工工程项目施工过程中各种经济与技术要素对成本升降的影响,分析其成本水平变化的趋势及其规律性,测算成本的降低幅度,确定降低成本的目标,即预测出施工项目的实际成本。

(1) 降低施工项目成本的可能途径

1) 改进施工工艺,合理组织施工。

施工过程中的劳动力消耗、材料消耗、机械台班消耗以及费用支出,很大程度上都是由施工方案和施工组织设计水平控制的。施工方案和施工组织设计的合理性是最大的节约。所以,降低成本首先从施工方案和施工组织设计入手,进行认真细致的研究,必要时,应进行多方案比较。

2) 提高劳动生产率,节约开支。

劳动生产率是指施工全过程中的劳动效率。提高劳动生产率,意味着以一定的劳动消耗完成较多的工程量,劳动生产率的指标有两种形式。

价值指标:一般用全员劳动生产率表示,按总产值或净产值计算。

$$全员劳动生产率（元/人）= \frac{报告期实际完成产值}{报告期全部职工平均人数}$$

实物指标:一般按实物工程量计算

$$职工年人均完成工程量 = \frac{完成的工程量}{报告期全部职工平均人数}$$

3) 加强材料管理,节约材料费用。

节约材料费用应从量差和价差两方面着手,即从订货、采购、运输、入库验收、仓库保管、集中加工、合理下料、节约代用、回收利用到综合利用各环节严格控制。

4)加强机械设备管理,节约机械使用费。

5)实行全面质量管理,保证工程质量,减少和防止不合格品、废品损失和返工损失。

6)加强安全管理,杜绝安全事故,减少事故损失。

7)节约施工现场管理费用。

施工管理应本着艰苦奋斗,勤俭办事的方针,量入为出,精打细算,节约开支。主要是精简机构,减少管理层次,压缩非生产人员,避免人浮于事的现象,有计划地控制各项费用开支。

(2)确定降低成本的目标

工程项目目标成本=工程项目预算收入-税金-计划利润

$$\text{工程项目降低成本目标量（成本降低率）} = \frac{\text{项目预算成本}-\text{项目目标成本}}{\text{项目预算成本}} \times 100\%$$

按上述分析的降低成本的各种途径,计算出各自的成本降低率,相加即为测算的成本降低率。将测算的成本降低率与成本降低目标进行比较,如满足要求,即可把降低成本的措施落实下来,进行成本计划的编制;如不满足要求,则还需再分析,选择或采用其他的降低成本措施,再进行测算和比较,直到满足成本降低目标的要求为止。

4. 成本计划

成本计划就是费用开支计划。计划成本(目标成本)是费用开支的最高限额。通过编制成本计划,可以事先审查费用的支出是否合理,从而在降低成本工作中提高自觉性,减少盲目性,也为全体职工指明了降低成本的目标。成本计划也是工程项目实行成本控制的依据。

成本计划的编制方法有两种:

1)以预算成本为基础编制。

计划成本=预算成本-采取措施后的成本降低额

或计划成本=预算成本(1-计划成本降低率)

其中的预算成本,就是按现行的施工图预算的编制方法编制。因此,这种方法编制的计划成本,仍停留在预算定额的水平上,从内部经济控制要求看,成本项目较粗,不够准确。

2)以施工预算为基础编制。

计划成本=施工预算成本

施工预算可以以企业自己的施工定额为基础编制,既可以考虑到所采用的降低成本的措施,反映施工方案的经济效果;又可以考虑具体项目的施工管理水平。因此,用这种方法编制的计划成本,水平比较先进合理。

5. 成本控制

成本控制,是指在工程施工过程中,对工程成本的形成所消耗的人力资源、物质资源和各项费用开支,进行指导、监督、调节和限制,及时纠正将要发生和已经发生的偏差,把各项生产费用,控制在计划成本的范围之内,以保证成本目标的实现。

成本控制的基本内容如下:

(1)事前控制:体现在成本预测和成本计划编制阶段,在此不重述。

(2) 事中控制：即成本计划执行过程中的控制。

在施工准备阶段，除控制本阶段人力、物力消耗外，还要对实现计划成本所需的施工条件，即准备工作的质量和进度进行检查、监督和控制，否则会直接影响工程成本。

在工程正式施工过程中，应坚决按成本计划进行费用开支，保证实现已拟定的降低成本的技术组织措施，并与施工过程其他方面（进度、质量、安全等）的控制结合起来，使成本控制成为施工过程全面控制的一个有机组成部分。

a. 加强施工任务单和限额领料单的管理，特别要做好每一工序、部位或单位工程完工后验收（包括实际工程量的验收、工作内容、工程质量、文明施工的验收），以及实耗人工、材料的数量核对，以保证施工任务单和限额领料单的结算资料绝对正确，为成本控制提供真实可靠的数据。

b. 将施工任务单和限额领料单的结算资料与施工预算进行核对，计算工序、部位或单位工程的成本差异（实际成本超支或节约）。差异反映了各部门、岗位的工作质量和效果，要及时对成本差异进行分析，研究节约或超支的各种原因及其对完成本计划的影响，采取有效的纠偏措施。

c. 做好月度成本原始资料的收集和整理，正确计算月度成本，分析月度计划成本与实际成本的差异，对于一般成本差异要在充分注意不利差异的基础上，认真分析有利差异产生的原因，以防对后续作业成本，产生不利影响或因质量低劣而造成返工损失；对于盈亏比例异常的现象，要特别重视，并在查明原因的基础上，由成本管理人员向领导或职能人员编制实绩报告，提供成本差异信息，以便及时对原有不切实际的成本标准进行调整、修订或采取有效措施，尽快纠正。

d. 定期检查责任部门和责任者的成本控制情况，检查成本控制责、权、利的落实情况，发现成本偏高或偏低的情况，应会同责任部门或责任者分析产生差异的原因，并督促他们采取相应的对策来纠正差异；如果有因责、权、利不到位的影响成本控制工作的情况，应针对责、权、利不到位的原因，调整有关各方的关系，落实责、权、利相结合的原则，使成本控制工作得以顺利进行。

在工程竣工验收阶段，首先，要重视工程扫尾工作，精心安排，干净利落地完成工程竣工扫尾工作，采取"快刀斩乱麻"的方法，把竣工扫尾时间缩短到最低限度。其次，在验收以前，要准备好验收所需的各种书面资料（包括竣工图），送甲方备查；对验收中甲方提出的意见，应根据设计要求和合同内容认真处理，使工程顺利移交。如果涉及费用，应请甲方签证，列入工程结算。再次，及时办理工程结算，结算前，项目预算人员和成本人员要进行一次全面认真的核对，防止遗漏项目，造成不应有的损失。

6. 成本核算和成本分析

成本核算就是记录、汇总和计算工程项目各费用的支出，核算工程的实际成本。搞好成本核算，可以划清工程成本与其它费用开支的界限。如工程成本与购置新设备费用开支的界限，工程成本与违反政策、经济合同被罚款的界限等。进行成本核算时，要注意使实际成本与计划成本在核算对象、计算方法、计算期以及费用分摊等方面保持一致。

成本分析，就是利用有关资料（统计核算、会计核算、业务核算资料），对项目成本的形成过程和影响成本升降的因素进行评价和分析，以寻求进一步降低成本的途径（包括项目成本中的有利偏差的挖潜和不利偏差的纠正）；另一方面，通过成本分析，可从帐簿、报表反映的成本现象看清成本的实质,从而增强项目成本的透明度和可控性,为加强成本控制,实现项目成本目标创造条件。成本分析可以从以下几方面进行。

(1) 分析一定时期内降低成本的总情况。对同类项目的前后时期进行比较,观察成本变化情况及其发展趋势。

(2) 分析人工费节超的原因。从工人结构的变化、平均工资的变化、工时利用的水平、工效的升降等方面,分析主客观因素,查明劳动力使用和定额管理上的节约浪费的原因。

(3) 分析材料费节超的原因。从材料的采购、运输、管理、使用等环节着手,分析材料价差和量差的影响,着重分析采取各项技术组织措施(包括就地取材、修旧利废等)节约材料的效果,以及由于施工、管理不善所造成的浪费损失。

(4) 分析机械使用费节超的原因。根据施工方案的选择、机械化程度的变化、机械效率的高低、机械油耗定额以及机械维修保养、完好率和利用率等情况,具体分析台班产量定额的工效差及台班费用的成本差。着重分析提高机械效率措施的效果,以及管理不善造成的各种损失。

(5) 分析其他直接费节超的原因。着重分析二次搬运费的节约和浪费,以及现场施工用水、电、风、汽消耗量的节约和浪费。

(6) 分析管理费节超的原因。从施工生产任务和组织机构人员配备的变化、非生产人员的增减、各项开支的节约和浪费等方面,分析施工(生产)管理费绝对节超和相对节超的原因,着重分析贯彻节约制度的效果和费用开支管理上存在的问题。

(7) 分析合理化建议、技术革新对降低成本的作用和影响,避免片面追求节约,而忽视质量现象的发生。

(8) 分析开展班组核算和群众性的增产节约活动对降低成本的作用和影响。

(9) 分析开展全优工程竞赛对降低成本的作用和影响。

(10) 分析实行奖励制度对降低成本的作用和影响,检查有无因奖罚不分明而影响成本的现象。

(11) 对全优工程,还应根据其竣工成本结算,进行从开工到竣工整个施工过程的经济效果总分析。

7.5.3 质量、进度、成本三者的关系

有人把计划进度管理、质量管理和成本管理称之为施工管理的三大支柱。它们三者之间紧密联系,互为因果,相互制约。假如为了满足施工进度要求,便不顾工程质量,就必然造成工程质量低劣,或出工程质量事故。如果本来工程质量已符合技术要求,但为了片面追求高质量,为了更保险而盲目增加材料用量,则不仅会耽误工期,而且会加大工程成本。进度快,数量多,单位成本就低,但是突击赶工,成本反而增高;质量若好,成本就高;进度快,突击赶工,质量就会下降。因此,在施工管理中,要正确处理质量、进度、成本三者的关系,坚持做到好中求快,好中求省,严格按标准、规范和设计要求组织、指导施工。

第6节 文明施工与环境保护

文明施工是指在施工现场管理中,按现代化施工的客观要求,使施工现场保持良好的

施工环境和施工秩序,是施工现场管理的一项重要的基础工作,是现代化施工的一个重要标志。

环境保护是指保护和改善施工现场的环境。即按照国家、地方法规和行业、企业要求,采取相应措施控制施工现场的各种粉尘、废水、废气、废渣以及噪声、振动等对环境的污染和危害。环境保护是我国的一项基本国策,也是文明施工的重要组成部分,直接影响到企业的经济效益和社会效益,是现场管理的重要内容之一。

7.6.1 文明施工的意义及措施

1. 文明施工意义

(1) 文明施工是企业各级管理水平的综合反映

1) 市政工程体积庞大、结构复杂、工种工序繁多,立体交叉作业,平行流水施工,生产周期长,需用原材料多,工程能否顺利进行受环境影响很大。文明施工就是要通过对施工现场中的质量、安全防护、安全用电、机械设备、技术、消防保卫、场容、卫生、环保、材料等各个方面的管理,创造良好的施工环境和施工秩序,促进安全生产、加快施工进度、保证工程质量、降低工程成本、提高企业经济和社会效益。文明施工涉及人、财、物各个方面,贯穿于施工全过程之中,是企业各项管理在施工现场的综合反映。

2) 文明施工是现代化施工本身的客观要求

现代化施工采用先进的技术、工艺、材料和设备,需要严密的组织,严格的要求,标准化的管理,科学的施工方案和职工较高的素质等。如果现场管理混乱,不坚持文明施工,先进的设备,新的工艺与新的技术就不能充分发挥其作用,科技成果也不能很快转化为生产力。遵照文明施工的要求去做,就能实现现代化大生产的优质、高效、低耗的目的,企业才能有良好的经济效益和社会效益。

3) 文明施工是企业管理的对外窗口

目前,建筑市场竞争已变得非常激烈。市场与现场的关系更加密切,施工现场的地位和作用更加突出。企业进入市场就在拿出像样的产品,而市政工程产品是在现场生产的,施工现场成了企业的对外窗口。许多建设单位,在每项工程招投标过程中,总要到施工现场考察,文明施工给人以第一印象。如果施工现场脏、乱、差,到处"跑、冒、滴、漏",甚至"野蛮施工",建设单位就不会选择这样的队伍施工。实践证明,良好的施工环境与施工秩序,可以提高劳动生产率,降低工程成本可以得到建设单位的支持和信赖,提高企业的市场形象,增加市场竞争能力,获得更多的工程合同。

4) 文明施工有利于培养一支懂科学,善管理,讲文明的施工队伍。目前,施工企业中农民工占有很大比例,应加强农民工的管理和教育,提高他们的施工技术素质,增强文明施工的意识,明确标准,规范管理,严格要求,改变过去"习惯就是标准"的做法。

文明施工是一项科学的管理工作,也是现场管理中一项综合性基础管理工作。坚持文明施工,必然能促进、带动、完善企业整体管理,增强企业"内功",提高整体素质。文明施工的实践,不仅改善了生产环境和生产秩序,而且提高了职工队伍的文化、技术、思想素质,培养了尊重科学,遵守纪律,团结协作的大生产意识,从而促进了精神文明建设。

(2) 文明施工的措施

文明施工组织管理措施是落实文明施工标准,实现科学管理的重要途径。以下就文明施工组织管理措施和文明施工现场管理措施分别加以阐述。

  1）健全管理组织

  施工现场应成立以项目经理为组长，主管生产副经理、总工程师、生产、技术、质量、安全、消防、保卫、材料、环保、行政卫生等管理人员为成员的施工现场文明施工管理组织。

  施工现场分包单位应服从总包单位的统一管理，接受总包单位的监督检查，并负责本单位的文明施工工作。

  2）健全管理制度

  如文明施工个人岗位责任制、经济责任制、检查制度、奖惩制度、持证上岗制度、会议制度、各项专业管理制度等，做到责任明确、奖惩兑现。

  3）健全管理资料

  a. 上级关于文明施工的标准、规定、法律法规等资料齐全。

  b. 施工组织设计（方案）中应有质量、安全、保卫、消防、环境保护技术措施和对文明施工、环境卫生、材料节约等管理要求，并有施工各阶段施工现场的平面布置图和季节性施工方案。

  施工组织设计方案应有编制人、审批人签字及审批意见。补充、变更施工组织设计应按规定办好有关手续。

  c. 施工现场应有施工日志。施工日志中应有文明施工内容。

  d. 文明施工自检资料应完整，内容符合要求，签字手续齐全。

  e. 文明施工教育、培训、考核、记录均应有计划、资料。

  f. 文明施工活动记录，如会议记录、检查记录等。

  g. 施工管理各方面专业资料。

  4）加强教育培训工作：

  专业管理人员要熟悉掌握文明施工标准，并采取派出去，请进来，短期培训。上技术课，看录像、电视等方法加强教育培训。

  (3) 文明施工现场管理措施

  1）开展"5S"活动

  "5S"活动是指对施工现场各生产要素（主要是物的要素）所处状态不断地进行整理、整顿、清扫、清洁和素养。由于这五个词日语中罗马拼音的第一个字母都是"S"，所以简称为"5S"。

  a. 整理：所谓整理，就是对施工现场存在的人、事、物进行调查分析，按照有关要求区分需要和不需要，合理和不合理，把施工现场不需要和不合理的人、事、物及时处理。

  b. 整顿：所谓整顿，就是合理定置。通过上一步整理后，把施工现场所需要的人、机、物、料等按照施工现场平面布置图规定的位置，并根据有关法规、标准以及企业规定，科学合理地安排布置和堆码，使人才合理使用，物品合理定置，实现人、物、场所在空间上的最佳结合，从而达到科学施工，文明安全生产，培养人才，提高效率和质量的目的。

  c. 清扫，就是要对施工现场的设备、场地、物品勤加维护打扫，保持现场环境卫生，干净整齐，无垃圾，无污物，并使设备运转正常。清扫的目的就是通过清扫活动，创造一个明快，舒畅的工作、生活环境，以保证安全质量和高效率地工作。

　　d．清洁：就是维持整理、整顿、清扫，是前三项活动的继续和深入。从而预防疾病和食物中毒，消除发生安全事故的根源，使施工现场保持良好的施工与生活环境和施工秩序，并始终处于最佳状态。

　　e．素养：就是努力提高施工现场全体职工的素质，养成遵章守纪和文明施工习惯。它是开展"5S"活动的核心和精髓。

　　开展"5S"活动，要特别注意调动全体职工的积极性，自觉管理，自我实施，自我控制，贯穿施工全过程。全现场，由现场职工自己动手，创造一个整齐、清洁、方便、安全和标准化的施工环境。使全体职工养成遵守规章制度和操作规程的良好风尚。

　　开展"5S"活动，必须领导重视，加强组织，严格管理，要将"5S"活动纳入岗位责任制，并按照文明施工标准检查、评比与考核，不断提高施工现场的"5S"水平。

　　2）合理定置

　　合理定置是把全工地施工期间所需要的物在空间上合理布置、实现人与物、人与场所、物与场所、物与物之间的最佳结合，使施工现场秩序化、标准化、规范化，体现文明施工水平，它是现场管理的一项重要内容，是实现文明施工的一项重要措施，是谋求改善施工现场环境的一个科学的管理办法。

　　A．合理定置的内容有：

　　a．一切拟建的永久性建筑物、构筑物，建筑坐标网、测量放线标桩，弃土、取土场地。

　　b．垂直运输设备的位置。

　　c．生产、生活用临时设施。

　　d．各种材料，加工半成品，构配件和各类机具的存放位置。

　　e．安全防火设施。

　　B．合理定置的日常管理程序：

　　a．认真调查研究，查找问题。

　　b．通过施工运行实践分析，提出改善现场定置方案。

　　c．合理定置的设计或修改设计：施工组织设计中的施工现场平面布置图一般是在开工前设计的。施工现场千变万化，有很多不可预见的因素，工程量大，工期长的工程，原施工现场平面布置图必须根据实际情况及时修改、补充、调整，确保科学合理。同时，施工现场电气平面布置，环境卫生责任区平面布置等也应根据现场调整后提出的改善方案进行适当修改调整，使之更加合理。定置设计，实质是现场空间布置的细化、具体化。

　　d．合理定置方案的实施和考核：合理定置方案的实施，即按照设计和上级各项规定、标准的要求，对现场的各种材料、机具设备、预制构配件、各种临时设施、操作者、操作方法等进行科学的整理、整顿，将所有的物品定置。并要做到有物必有区，有区必有牌，按区按图定置，按标准、规定存放，图物相符。定置管理要依靠群众，自觉管理，一定吸收操作者参加，要对操作者进行教育培训。定置管理要贯穿施工全过程，并在整个现场实施。

$$合理定置率 = \frac{实际合理（合格）定置的物品个数（种类）}{定置图规定的定置物品个数（种类）} \times 100\%$$

3）目视管理

目视管理就是用眼睛看的管理，亦可称之为"看得见的管理"。它是利用形象直观、色彩适宜的各种视觉感知信息来组织现场施工生产活动，达到提高劳动生产率，保证工程质量，降低工程成本目的，是一种符合现代化施工要求和生理及心理需要的科学管理方式，是现场管理的一项内容，是搞好文明施工、安全生产的一项重要措施。

目视管理，有两个特征：

第一，以视觉显示为基本手段，大家一看就知道是正常还是不正常，并且对不正常情况采取临时性的或永久性的措施。

第二，以公开化为基本原则，尽可能地向全体职工全面提供所需的信息，让大家都能看得见，并形成一种大家都自觉参与完成单位目标的管理系统。

目视管理的内容和形式。目视管理以施工现场的人、物及其环境为对象，贯穿于施工的全过程，存在于施工现场管理的各项专业管理之中，并且还要覆盖作业者、作业环境和作业手段，这样目视管理的内容才是完整的。

a. 施工任务和完成情况要制成图表，公布于众，使每个工人都知道自行完成，任务按劳分配知多少。

b. 施工现场各项管理制度、操作规程、工作标准、施工现场管理实施细则布告等应该用看板、挂板或写后张贴墙上公布，展示清楚。

c. 在定置过程中，以清晰的、标准化的视觉显示信息落实定置设计，实现合理定置。

d. 施工现场管理岗位责任人标牌显示，简单易行。

e. 施工现场作业控制手段要形象直观，适用方便。

f. 现场合理利用各种色彩、安全色、安全标志等有利于生产，有利于职工安全与身心健康。

g. 施工现场管理各项检查结果张榜公布。

h. 信息显示手段科学化。

7.6.2 环境保护的意义及措施：

1. 环境保护的意义

（1）保护和改善施工环境是保证人们身体健康的需要

防止粉尘、噪声和水源污染，搞好施工现场环境卫生，改善作业环境，就能保证职工身体健康，积极投入施工生产。若环境污染严重，工人和周围居民均将直接受害。

（2）保护和改善施工现场环境是消除外部干扰保证施工顺利进行的需要

随着人们的法制观念和自我保护意识增强，尤其是城市施工，施工扰民问题反映突出，向政府主管部门反映的扰民事件增多。有的工地时常同周围居民发生冲突，影响施工生产，严重者，环保部门罚款，停工整治。如果及时采取防治措施，就能防止污染环境，消除外部干扰，使施工生产顺利进行。再者，企业的根本宗旨是为人民服务，保护和改善施工环境事关国计民生，责无旁贷。

（3）保护和改善施工环境是现代化大生产的客观要求

现代化施工广泛应用新设备、新技术、新的生产工艺，对环境质量要求很高，如果粉尘、振动超标就可能损坏设备、影响功能发挥，再好的设备，再先进的技术也难于发挥作用。

(4) 环境保护是国法和政府的要求，是企业行为准则

我国宪法第 11 条规定"国家保护环境和自然资源，防治污染和其他公害。"

《中华人民共和国环境保护法》第 18 条"积极试验和采用无污染或少污染环境的新工艺、新技术、新产品"。

"加强企业管理、实行文明生产，对于污染环境的废气，废水，废渣，要实行综合利用，化害为利；需要排放的，必须遵守国家规定的标准；一时达不到国家标准的要限期治理；逾期达不到国家标准的，要限制企业的生产规模"。

第 19 条"一切排烟装置、工业窑炉，机动车辆，船舶等，都要采取有效的消烟除尘措施，有害气体的排放，必须符合国家规定的标准"。

第 22 条"加强对城市和工业噪声、震动的管理。各种噪声大、振动大的机械设备，机动车辆：航空器等，都应装置消声、防振设施"。

第 23 条"散发有害气体、粉尘的单位，要积极采用密闭的生产设备和生产工艺，并安装通风、吸尘和净化、回收设施。劳动环境的有害气体和粉尘含量，必须符合国家工业卫生标准的规定"。

建设部令第 15 号"建设工程施工现场管理规定"第四章对环境管理提出了具体要求。各省市政府都对保护环境作了具体的规定。所以说，加强环境保护是国家和政府的要求，是符合人民根本利益和造福子孙后代的一件大事，是一项基本国策。

2．环境保护的措施

(1) 实行环保目标责任制

把环保指标以责任书的形式层层分解到有关单位和个人，列入承包合同和岗位责任制建立一支懂行善管的环保自我监控体系。

(2) 加强检查和控制工作

要加强检查、加强对施工现场粉尘、噪声、废气的监测和控制工作。要与文明施工现场管理一起检查、考核、奖罚。及时采取措施消除粉尘、废气和污水的污染。

(3) 保护和改善施工现场的环境，要进行综合治理

一方面施工单位要采取有效措施控制人为噪声、粉尘的污染和采取技术措施控制烟尘、污水、噪声污染。另一方面，建设单位应该负责协调外部关系，同当地居委会、村委会、办事处、派出所、居民、施工单位、环保部门加强联系。

(4) 要有技术措施，严格执行国家的法律、法规

在编制施工组织设计时，必须有环境保护的技术措施。在施工现场平面布置和组织施工过程中都要执行国家、地区、行业和企业有关防治空气污染、水源污染、噪声污染等环境保护的法律、法规和规章制度。

(5) 采取措施防止大气污染

1) 施工现场垃圾渣土要及时清理出现场。

2) 施工现场道路采用焦渣、级配砂石、粉煤灰级配砂石、沥青混凝土或水泥混凝土等，有条件的可利用永久性道路，并指定专人定期洒水清扫，形成制度，防止道路扬尘。

3) 袋装水泥、白灰、粉煤灰等易飞扬的细颗粒散体材料，应库内存放。室外临时露

天存放时,必须下垫上盖,严密遮盖防止扬尘。

散装水泥、粉煤灰、白灰等细颗粒粉状材料,应存放在固定容器(散灰罐)内,没有固定容器时,应设封闭式专库存放,并具备可靠的防扬尘措施。

运输水泥、粉煤灰、白灰等细颗粒粉状材料时,要采取遮盖措施,防止沿途遗洒。卸运时,应采取措施,减少扬尘。

4)车辆不带泥砂出现场措施。

5)除设有符合规定的装置外,禁止在施工现场焚烧油毡、橡胶、塑料、皮革、树叶、枯草、各种包皮等以及其他会产生有毒、有害烟尘和恶臭气体的物质。

6)机动车都要安装PCV阀,对那些尾气排放超标的车辆要安装净化消声器,确保不冒黑烟。

7)工地茶炉、大灶、锅炉,尽量采用消烟除尘型茶炉,锅炉和消烟节能加风灶,烟尘降至允许排放为止。

8)工地搅拌站除尘是治理的重点。有条件要修建集中搅拌站,由计算机控制进料、输运全过程,在进料仓上方安装除尘器,可使水泥、砂、石中的粉尘降至99%以上,采用现代化先进设备是解决工地粉尘污染的根本途径。

工地采用普通搅拌站,先将搅拌站封闭严密,尽量不使粉尘外泄,扬尘污染环境。并在搅拌机拌筒出料口安装活动胶皮罩,通过高压静电除尘器或旋风滤尘器等除尘装置将粉尘分开净化达到除尘目的。最简单易行的是将搅拌站封闭后,在抖筒进出料口上方和地上料斗侧面装几组喷雾器喷头,利用水雾除尘。

9)拆除旧有建筑物时,应适当洒水,防止扬尘。

(6)防止水源污染措施

1)禁止将有毒有害废弃物作土方回填。

2)施工现场搅拌站废水,现制水磨石的污水,电石(碳化钙)的污水须经沉淀池沉淀后再排入城市污水管道或河流。最好将沉淀水用于工地洒水降尘或采取措施回收利用。上述污水未经处理不得直接排入城市污水管道或河流中去。

3)现场存放油料,必须对库房地面进行防渗处理。如采用防渗混凝土地面,铺油毡等。使用时,要采取措施,防止油料跑、冒、滴、漏,污染水体。

4)施工现场100人以上的临时食堂,污水排放时可设置简易有效的隔油池,定期掏油和杂物,防止污染。

5)工地临时厕所,化粪池应采取防渗漏措施。中心城市施工现场的临时厕所可采取水冲式厕所,蹲坑上加盖,并有防蝇、灭蛆措施,防止污染水体和环境。

(7)防止噪声污染措施

1)严格控制人为噪声,进入施工现场不得高声喊叫、无故甩打模板、乱吹哨,限制高音喇叭的使用,最大限度地减少噪声扰民。

2)凡在人口稠密地区进行强噪声作业时,须严格控制作业时间,一般晚10点到次日早6点之间禁止强噪声作业。确系特殊情况必须昼夜施工时,尽量采取降低噪音措施,并会同建设单位找当地居委会、村委会或当地居民协调,出安民告示,求得群众谅解。

3)从声源上降低噪声。这是防止噪声污染的最根本的措施。

a.尽量选用低噪声设备和工艺代替高噪声设备与加工工艺。如低噪声振捣器、风机、电动空压机、电锯等。

b．在声源处安装消声器消声。即在通风机、鼓风机、压缩机燃气轮机、内燃机及各类排气放空装置等进出风管的适当位设置消声器。

4）在传播途径上控制噪声。采取吸声、隔声、隔振和阻尼等声学处理的方法来降低噪声。

第7节 工伤事故处理

市政工程项目施工，是露天加工作业，且常多工种立体交叉作业施工，有大量的临时设施，经常变化的作业面，除了"产品"固定外，人、机、物都在流动，若不重视安全，极易引发工伤事故。

工伤事故，即因工伤亡事故，是因生产与工作发生的伤亡事故。

7.7.1 工伤事故分类

1．按伤害程序和严重程度分类

(1) 轻伤

(2) 重伤

(3) 多人事故

(4) 急性中毒

(5) 重大伤亡事故

(6) 多人重大伤亡事故

(7) 特大伤亡事故

2．按经济损失分类

事故发生后不仅给职工造成人身伤害，同时还带来严重的经济损失，既包括直接经济损失，又包括间接经济损失，按经济损失不同，分为以下4类：

(1) 一般损失事故：指经济损失小于1万元的事故。

(2) 较大损失事故：指经济损失在1万元（含1万元）至10万元之内的事故。

(3) 重大损失事故：指经济损失在10万元至100万元之内的事故。

(4) 特大损失事故：指经济损失达100万元以上的事故。

7.7.2 工伤事故处理程序

1．迅速抢救伤员、保护事故现场

事故发生后，现场人员切不可惊慌失措，要有组织，统一指挥。首先抢救伤亡和排除险情，尽量制止事故蔓延扩大。同时注意，为了事故调查分析的需要，应保护好事故现场。如因抢救伤亡和排除险情而必须移动现场构件时，还应准确做出标记，最好拍出不同角度的照片，为事故调查提供可靠的原始事故现场。

2．组织调查组

企业在接到事故报告后，经理、主管经理、业务部门领导和有关人员立即赶赴现场组织抢救，并迅速组织调查组开展调查。发生人员轻伤、重伤事故，由企业负责人或指定的人员组织施工生产、技术、安全、劳资、工会等有关人员组成事故调查组，进行调查。死亡事故由企业主管部门会同现场所在地区的市（或区）劳动部门、公安部门、人民检察院、工会组成事故调查组进行调查。重大伤亡事故应按企业的隶属关系，由省、自治区、直辖市企业主管部门或国务院有关主管部门，公安、监察、检察部门、工会组成事故调查组进行调查。也可邀请有关专家和技术人员参加。调查组成员中与发生事故有直接利害关系的人员不得参加调查工作。

3. 现场勘察

调查组成立后，应立即对事故现场进行勘察。因现场勘察是项技术性很强的工作，它涉及广泛的科学技术知识和实践经验。因此勘察时必须及时、全面、细致、准确、客观地反映原始面貌，其勘察的主要内容有：

1）做出笔录

a. 发生事故的时间、地点、气象等；
b. 现场勘察人员的姓名、单位、职务；
c. 现场勘察起止时间、勘察过程；
d. 能量逸散造成的破坏情况、状态、程度；
e. 设施设备损坏或异常情况及事故发生前后的位置；
f. 事故发生前的劳动组合，现场人员的具体位置和行动；
g. 重要物证的特征、位置及检验情况等。

2）实物拍照

a. 方位拍照：反映事故现场周围环境中的位置；
b. 全面拍照：反映事故现场各部位之间的联系；
c. 中心拍照：反映事故现场的中心情况；
d. 细目拍照：揭示事故直接原因的痕迹物、致害物等；
e. 人体拍照：反映伤亡者主要受伤和造成伤害的部位。

3）现场绘图

a. 根据事故的类别和规模以及调查工作的需要应绘制出下列示意图；
b. 建筑物平面图、剖面图；
c. 事故发生时人员位置及疏散（活动）图；
d. 破坏物立体图或展开图；
e. 涉及范围图；
f. 设备或工、器具构造图等。

4. 分析事故原因、确定事故性质

事故调查分析的目的，是为了通过认真调查研究，搞清事故原因，以便从中吸取教训，采取相应措施，防止类似事故重复发生，分析步骤和要求是：

1）通过详细的调查、查明事故发生的经过。要弄清事故的各种产生因素，如人、物、生产和技术管理、生产和社会环境、机械设备的状态等方面的问题，经过认真、客观、全面、细致、准确地分析，确定事故的性质和责任。

2）事故分析时，首先整理和仔细阅读调查材料，按 GB 6411—86 标准附录 A，对受伤部位、受伤性质、起因物、致害物、伤害方法、不安全行为和不安全状态等七项内容进行分析。

3）在分析事故原因时，应根据调查所确认的事实，从直接原因入手，逐步深入到间接原因。通过对原因的分析、确定出事故的直接责任者和领导责任者，根据在事故发生中的作用，找出主要责任者。

4）确定事故的性质。工地发生伤亡事故的性质通常可分为责任事故，非责任事故和破坏性事故。事故的性质确定后，也就可以采取不同的处理方法和手段了。

5）根据事故发生的原因，找出防止发生类似事故的具体措施，并应定人、定时间、定标准，完成措施的全部内容。

5．写出事故调查报告

事故调查组在完成上述几项工作后，应立即把事故发生的经过、原因、责任分析和处理意见及本次事故的教训、估算实际发生的损失，对本事故单位提出的改进安全生产工作的意见和建议写成文字报告，经全体调查组同志会签后报有关部门审批。如组内意见不统一，应进一步弄清事实，对照政策法规反复研究，统一认识。不可强求一致，但报告上应言明情况，以便上级在必要时进行重点复查。

6．事故的审理和结案

事故的审理和处理结果，同企业的隶属关系及干部管理权限一致。一般情况下县办企业和县以下企业，由县审批；地、市办的企业由地、市审批；省、直辖市企业发生的重大事故，由直属主管部门提出处理意见，征得劳动部门意见，报主管委、办、厅批复。

建设部对事故的审理和结案的要求以下几点：

1）事故调查处理结论报出后，须经当地有关审批权限的机关审批后方能结案。并要求伤亡事故处理工作在90天内结案、特殊情况也不得超过180天。

2）对事故责任者的处理，应根据事故情节轻重、各种损失大小、责任轻重加以区分，予以严肃处理。

3）处理资料进行专案存档。事故调查和处理资料是用鲜血和教训换来的，是对职工进行教育的宝贵资料，也是伤亡人员和受到处罚人员的历史资料，因此应完整保存。

存档的主要内容有：

a．职工伤亡事故登记表；

b．职工重伤、死亡事故调查报告书、现场勘察资料记录、图纸、照片等；

c．技术鉴定和试验报告；

d．物证、人证调查材料；

e．医疗部门对伤亡者的诊断及影印件；

f．事故调查组的调查报告；

g．企业或主管部门对事故所作的结案申请报告；

h．受理人员的检查材料；

i．有关部门对事故的结案批复等。

7.7.3 事故责任的确定与处理

事故责任按常规分为直接责任、主要责任、重要责任、领导责任四种。

事故发生后，对造成事故的责任者，要进行严肃处理，使其认识到凡违反规章制度，不服管理或强令工人违章冒险作业，因而发生重大伤亡事故者，就是犯法行为，就构成了触犯"劳动法"、"刑法"，要受到法律制裁，情节较轻的也要受到党纪和行政处罚。有下列情况者，应给予必要的处分。

（1）已发现明显的事故征兆，不及时采取有力措施消除，以致发生事故，造成人员伤害和财产损失者。

（2）不执行规章制度，对各级检查人员发出的整改意见、指令拒不服从，带头或指使违章作业，造成事故者。

（3）已发生过事故，仍不接受教训，不采取和不执行预防措施致使事故重复发生者。

（4）经常违反劳动纪律和操作规程，屡教不改，以致引起事故造成自己或他人受到伤害或财产损失者。

（5）任意拆除安全设备和安全装置者。

（6）对工作不负责任或失职，造成事故者。

对事故责任者的严肃处罚，是企业和国家运用法律手段搞好安全生产的具体体现，也是对全体职工的一种教育，因此在事故处理过程中必须认真执行。

7.7.4 稳定队伍情绪，妥善处理善后工作，认真落实防范措施

事实证明，工地一旦发生伤亡事故，就会打乱正常的生产、工作和生活秩序。会使干部精神紧张，职工思想波动，队伍情绪低落，使企业的经济、社会效益受到不良影响，如果处理不好会影响企业内部乃至局部社会的安定团结局面。因此稳定队伍，妥善处理事故显得十分重要。一般情况应采取以下方法：

（1）事故发生以后，工地负责人应立即组织抢救伤员，并发出停工令，让大部分职（民）工撤离事故现场，防止事故扩大而增加损失。

（2）项目经理或主管领导应立即召开领导班子会议，研究应急措施，成立事故处理小组和行政生产管理小组，以便有秩序的开展工作。

（3）待事故调查组基本搞清事故发生的经过、原因和责任后，事故单位应在调查组参与下，组织事故分析会议，从事故事实中找出责任者和血的教训，提出改进安全工作的措施，用以教训和提高干部职（民）工的安全意识和自保能力。

（4）事故发生后，应尽快通知伤、亡者的家属，搞好接待和安抚工作，如实地向其亲属介绍事故情况，取得谅解和协助。

（5）根据国家和地区有关处理伤、亡事故的规定做好医疗和抚恤工作。

（6）在征得有关部门同意复工的批准时，首先组织有干部、专业人员和职工参加的检查组，对工地进行全面检查，并及时处理问题和隐患，另一方面组织全体参加施工的人员认真学习安全技术知识、规章制度、标准和操作规程，特别是应宣布本工地为避免事故发生的措施，鼓励干部职工认真吸取经验教训，把安全生产工作提高到一个新的水平。

为了确保安全生产，防止事故再次发生，要求编制防范措施。防范措施要有针对性、适用性、可操作性，要指定每项措施的执行者和完成措施的具体时限，项目经理、主管安全的领导和安全检查人员要及时组织检查验收，并向上级有关部门反馈工地整改情况。

习 题

1．什么是施工管理？施工管理的主要职能有哪些？
2．施工过程全面控制的内容有哪些？
3．施工管理制度的类型？
4．施工管理组织机构形式及各自的适用范围？

5. 质量管理的重要性和全面质量管理的内容？
6. 施工质量管理的工作程序？
7. 施工项目质量控制的原则是什么？
8. 影响施工项目质量的因素有哪些？
9. 施工阶段质量控制的三个阶段是什么？怎样进行？
10. 什么是质量缺陷？怎样避免？
11. 施工单位质量检验评定的方法和等级标准是怎样的？
12. 为什么要进行安全管理？安全管理的措施是什么？
13. 安全技术措施的优选顺序是怎样的？
14. 施工项目进度控制的方法，措施是什么？
15. 施工项目进度计划的实施过程是怎样的？
16. 施工进度出现偏差后，具体调整措施有哪些？调整方法是怎样的？
17. 什么是施工项目成本？它是怎样分类的？
18. 成本管理的原则和成本管理的工作内容是什么？
19. 质量、进度、成本三者间的关系是怎样的？
20. 文明施工与环境保护的意义是什么？
21. 文明施工和环境保护的具体措施是什么？
22. 何谓工伤事故？发生事故后，为什么要进行调查分析？工伤事故的处理程序？
23. 事故责任的类型与处理？